Der Funktionsauftrag des öffentlich-rechtlichen Rundfunks vor dem Hintergrund der Digitalisierung

Studien zum deutschen und europäischen Medienrecht

herausgegeben von Dieter Dörr und Udo Fink

mit Unterstützung der Dr. Feldbausch Stiftung

Bd. 20

PETER LANG

Frankfurt am Main · Berlin · Bern · Bruxelles · New York · Oxford · Wien

Stephanie Reese

Der Funktionsauftrag des öffentlich-rechtlichen Rundfunks vor dem Hintergrund der Digitalisierung

Zur Konkretisierung des Funktionsauftrages in § 11 Rundfunkstaatsvertrag

PETER LANG
Europäischer Verlag der Wissenschaften

Bibliografische Information Der Deutschen Bibliothek
Die Deutsche Bibliothek verzeichnet diese Publikation in der Deutschen Nationalbibliografie; detaillierte bibliografische Daten sind im Internet über <http://dnb.ddb.de> abrufbar.

Zugl.: Göttingen, Univ., Diss., 2006

D 7
ISSN 1438-4981
ISBN 3-631-55472-9

www.peterlang.de

Meinen Eltern

Vorwort

Die vorliegende Arbeit wurde im Wintersemester 2005/06 von der Juristischen Fakultät der Georg-August-Universität Göttingen als Dissertation angenommen. Rechtsprechung und Literatur befinden sich im Wesentlichen auf dem Stand Sommer 2005. Später veröffentlichte Urteile und Literatur sind nur noch kursorisch und ohne Anspruch auf Vollständigkeit berücksichtigt.

An dieser Stelle danke ich Frau Prof. Dr. Christine Langenfeld für die freundliche Begleitung und Betreuung der Dissertationsschrift sowie Herrn Prof. Dr. Dr. Michael Silagi für die außerordentlich schnelle Erstellung des Zweitgutachtens und die persönliche Unterstützung während meiner universitären Laufbahn. Mein Dank gilt weiterhin Frau Elena Nomikos und allen Kollegen am Lehrstuhl von Frau Prof. Dr. Christine Langenfeld für die schöne Zeit.

Zutiefst dankbar bin ich der Stiftung der Deutschen Wirtschaft, die meine Promotion durch die großzügige finanzielle Unterstützung ermöglicht und durch die ideelle Förderung zu einer unvergesslichen Zeit in meinem Leben gemacht hat.

Mein herzlicher Dank gilt darüber hinaus Herrn Prof. Dr. Dieter Dörr für die außerordentlich wertvollen Anregungen und die Aufnahme dieser Abhandlung in die Schriftenreihe „Studien zum deutschen und europäischen Medienrecht". Weiterhin danke ich Herrn Dr. Jörg Ukrow, Saarländischer Rundfunk, Herrn Dr. Hammann, Staatskanzlei Rheinland-Pfalz, Herrn Dr. Krone, ZDF, Herrn Prof. Dr. Thomas Mann und Herrn Prof. Dr. Peter Unruh für die wertvollen Gespräche und die Zurverfügungstellung unveröffentlichter Materialien.

Von ganzem Herzen danke ich meinem Bruder, Michael Reese, und meinen Freunden dafür, dass sie immer für mich da sind. Insbesondere möchte ich mich bei Frau Dr. Viola Sporleder-Geb für die unschätzbare akribische Sichtung meines Manuskripts und die kritischen Anmerkungen sowie bei Jan Liebertz, Christina Maushake, Yvonne Kuschminder und Mirko Sprengnether für ihre Unterstützung ganz herzlich bedanken.

Mehr als nur Dank schulde ich meinen Eltern, die mich auf meinem bisherigen Lebensweg in jeder nur erdenklichen Weise gefördert haben. Was sie für mich bedeuten, können Worte einer Danksagung nicht zum Ausdruck bringen. Ihnen ist diese Abhandlung in Liebe und Dankbarkeit gewidmet.

Hamburg, im März 2006 — Stephanie Reese

Inhaltsübersicht

Inhaltsverzeichnis

Abkürzungsverzeichnis

a.A.	anderer Ansicht
a.F.	alte Fassung
ABl.	Amtsblatt
Abs.	Absatz
AfP	Archiv für Presserecht (Zeitschrift)
AöR	Archiv für öffentliches Recht (Zeitschrift)
API	Application Programming Interface
ARD	Arbeitsgemeinschaft der öffentlich-rechtlichen Rundfunkanstalten Deutschlands
Art.	Artikel
ATSC	Advanced Television Systems Committee
BayMG	Bayerisches Mediengesetz
BayRFG	Bayerisches Rundfunkgesetz
BayGVBl.	Bayerisches Gesetz- und Verordnungsblatt
BayVBl.	Bayerische Verwaltungsblätter (Zeitschrift)
BayVerf	Bayerische Verfassung
BayVerfGH	Bayerischer Verfassungsgerichtshof
BayVerfGHE	Entscheidung des Bayerischen Verfassungsgerichtshofs
BBC	British Broadcasting Corporation
Bd.	Band
Bek.	Bekanntmachung
BGBl.	Bundesgesetzblatt
BK	Bonner Kommentar
BLM	Bayerische Landeszentrale für neue Medien
BRD	Bundesrepublik Deutschland
BRG	Radio-Bremen-Gesetz
bspw.	beispielsweise
BT-Drs.	Bundestagsdrucksache
BVerfG	Bundesverfassungsgericht
BVerfGE	Bundesverfassungsgerichtsentscheidung
BVerfGG	Bundesverfassungsgerichtsgesetz
BVerwG	Bundesverwaltungsgericht
BVerwGE	Bundesverwaltungsgerichtsentscheidung
bzw.	beziehungsweise
C.F.R.	Code of Federal Regulations
CA	Conditional-Access
CD	Compact Disc
CR	Computer und Recht (Zeitschrift)

d.h.	das heißt
DDR	Deutsche Demokratische Republik
ders.	derselbe
dies.	dieselbe, -n
Diss.	Dissertation
DLF	Deutschlandfunk
DLR	Deutschlandradio
DLR-StV	Deutschlandradio-Staatsvertrag
DÖV	Die Öffentliche Verwaltung (Zeitschrift)
Dr.	Doktor
Dt.	Deutsch, -e, -es, -er
DVB	Digital Video Broadcasting
DVB-C	Digital Video Broadcasting – Cable
DVB-S	Digital Video Broadcasting – Satellite
DVB-T	Digital Video Broadcasting – Terrestrial
DVBl.	Deutsches Verwaltungsblatt (Zeitschrift)
DVD	Digital Versatile Disc Digitale CD
DW	Deutsche Welle
DWG	Deutsche-Welle-Gesetz
e.V.	eingetragener Verein
E-Commerce	Electronic Commerce
EG	Europäische Gemeinschaft, Vertrag zur Gründung der Europäischen Gemeinschaft
EGV	Vertrag zur Gründung der Europäischen Gemeinschaft
EMRK	Europäische Menschenrechtskonvention
epd medien	Evangelischer Pressedienst Medien (Zeitschrift)
EPG	Electronic Programme Guide
etc.	et cetera
EU	Europäische Union
EuGH	Europäischer Gerichtshof
EuGRZ	Europäische Grundrechtezeitschrift (Zeitschrift)
EUV	Vertrag über die Europäische Union
EuVV	Verfassungsvertrag der Europäischen Union
EuZW	Europäische Zeitschrift für Wirtschaftsrecht (Zeitschrift)
EV	Einigungsvertrag
EWG	Europäische Wirtschaftsgemeinschaft
f.; ff.	folgend (e)
FK	Funkkorrespondenz (Zeitschrift)
FM	Frequenzmodulation
FRAG	Freie Rundfunkaktiengesellschaft in Gründung

GA	Generalanwalt
gem.	gemäß
GG	Grundgesetz
GmbH	Gesellschaft mit beschränkter Haftung
GVBl.	Gesetz- und Verordnungsblatt
GWB	Gesetz gegen Wettbewerbsbeschränkungen
HR	Hessischer Rundfunk
HR-Gesetz	Gesetz über den Hessischen Rundfunk
Hrsg.	Herausgeber, herausgegeben
i.d.F.	in der Fassung
i.S.	im Sinne
i.S.d.	im Sinne der/des
i.S.v.	im Sinne von
IBA	Independent Broadcasting Authority
IEC	International Electrotechnical Commission
insb.	insbesondere, -es, -er
IRD	Integrated Receiver Decoder
ISO	International Organization for Standardization
ITC	Independent Television Commission
ITV	Independent Television
IuKDG	Informations- und Kommunikationsdienstegesetz
JA	Juristische Arbeitsblätter (Zeitschrift)
JuS	Juristische Schulung (Zeitschrift)
JZ	Juristenzeitung (Zeitschrift)
K&R	Kommunikation und Recht (Zeitschrift)
Kap.	Kapitel
KDLM	Konferenz der Direktoren der Landesmedienanstalten
KEF	Kommission zur Überprüfung und Ermittlung des Finanzbedarfs der Rundfunkanstalten
KEK	Kommission zur Ermittlung der Konzentration im Medienbereich
LMedienG	Landesmediengesetz Baden-Württemberg
m.E.	meines Erachtens
m.w.N.	mit weiteren Nennungen
MABB	Medienanstalt Berlin Brandenburg
MDR	Mitteldeutscher Rundfunk

MDR-StV	Staatsvertrag über den Mitteldeutschen Rundfunk
MDStV	Mediendienstestaatsvertrag
MEG	Bayerisches Medienerprobungs- und -entwicklungsgesetz
MHP	Multi-Media Home Platform
MHz	Megahertz
MMR	Multimedia und Recht (Zeitschrift)
MPEG	Moving Pictures Experts Group
NDR	Norddeutscher Rundfunk
NDR-StV	Staatsvertrag über den Norddeutschen Rundfunk
Nds. GVBl.	Niedersächsisches Gesetz- und Verordnungsblatt
NJW	Neue Juristische Wochenschrift (Zeitschrift)
NRW	Nordrhein-Westfalen
NTSC	National Television System Committee
NVwZ	Neue Zeitschrift für Verwaltungsrecht (Zeitschrift)
NVwZ-RR	NVwZ-Rechtsprechungs-Report Verwaltungsrecht (Zeitschrift)
Ofcom	Office of Communication
ORB	Ostdeutscher Rundfunk
PAL	Phase Alternation line rate
PC	Personal Computer
RBB	Rundfunk Berlin-Brandenburg
RBB-StV	Staatsvertrag über die Errichtung einer gemeinsamen Rundfunkanstalt der Länder Berlin und Brandenburg
RBG	Radio-Bremen-Gesetz
RfÄndStV	Rundfunkänderungsstaatsvertrag
RfFinStV	Rundfunkfinanzierungsstaatsvertrag
RfGebStV	Rundfunkgebührenstaatsvertrag
RfStV, RuStV	Rundfunkstaatsvertrag
Rh.-Pf. LRG	Rheinland-Pfälzisches Landesrundfunkgesetz
Rh.-Pf.GVBl.	Rheinland-Pfälzisches Gesetz- und Verordnungsblatt
RIAS Berlin	Rundfunk im amerikanischen Sektor Berlin
Rn.	Randnummer
Rs.	Rechtssache
RTL	Radio Télé Luxemburg
RuF	Rundfunk und Fernsehen (Zeitschrift)
SAS	Subscriber Authority System
SchA	Schlussantrag
SDR	Süddeutscher Rundfunk

SECAM	Sequential Couleur avec Memoire
SFB	Sender Freies Berlin
SI	Service-Informationen
Slg.	Sammlung
SMG	Saarländisches Mediengesetz
SMS	Subscriber Management System
sog.	sogenannte, -es, -er
SPD	Sozialdemokratische Partei Deutschlands
SR	Saarländischer Rundfunk
StV	Staatsvertrag
SWR	Südwestrundfunk
SWR-StV	Staatsvertrag über den Südwestrundfunk
TCP/IP	Transmission Control Protocol/Internet Protocol
TDG	Teledienstegesetz
TFT	Thin Film Transistor
TPRG	Thüringer Privatrundfunkgesetz
TV	Television
u.a.	und andere / unter anderem
U.S.A.	United States of America
u.s.w.	und so weiter
u.U.	unter Umständen
Univ.	Universität
Urt.	Urteil
VerwArch	Verwaltungsarchiv (Zeitschrift)
vgl.	vergleiche
VPRT	Verband Private Rundfunk- und Telekommunikation
VVDStRL	Veröffentlichungen der Vereinigung Deutscher Staatsrechtslehrer
WDR	Westdeutscher Rundfunk
WDR-Gesetz	Gesetz über den „Westdeutschen Rundfunk Köln“
WiVerw	Wirtschaft und Verwaltung (Zeitschrift)
ZDF	Zweites Deutsches Fernsehen
ZDF-StV	Staatsvertrag über das Zweite Deutsche Fernsehen
ZG	Zeitschrift für Gesetzgebung (Zeitschrift)
ZRP	Zeitschrift für Rechtspolitik (Zeitschrift)
zugl.	zugleich
ZUM	Zeitschrift für Urheber- und Medienrecht (Zeitschrift)

Einleitung

A. Untersuchungsgegenstand

Der deutsche Durchschnittserwachsene sieht bereits heute täglich 217 Minuten fern. Es gibt in Industrie, Werbung und Politik Bestrebungen, dass es im Alltag bald keine fernsehfreien Zonen mehr geben soll. Technische Voraussetzungen sind beispielsweise die Entwicklung der neuen Flachbildschirmtechnologien Plasma und TFT, die den Fernseher handlicher machen. Zudem ermöglicht die Digitalisierung des Empfangs und der Übertragungswege eine Ortsunabhängigkeit bei zeitgleich verbesserter Qualität.
Nach der Vorstellung der Bundesregierung soll die Umstellung auf den neuen digitalen DVB-T Standard (Digital Video Broadcasting) bis 2010 abgeschlossen sein. Schon heute sind Ballungsräume wie Berlin oder das Ruhrgebiet „digitalisiert", analoger Rundfunk ist dort nicht mehr zu empfangen. Für den Rezipienten bedeutet dies, dass er ein Zusatzgerät, eine sog. Set-Top-Box, erwerben muss, die es ihm erst ermöglicht, mit seinem analogen Fernsehgerät digitales Fernsehen zu empfangen.

Die Digitalisierung hat weitreichende Folgen für den Zuschauer. Durch die Reduktions- und Kompressionstechnik wird sich die Anzahl der Programme vervielfacht, d.h. der Empfang mehrerer hundert Programme wird möglich sein. Es wird vorhergesagt, dass dadurch einerseits die Konkurrenzsituation der Sender und andererseits die Ausdifferenzierung des Programmangebots stark zunehmen wird. Damit wird beispielsweise für den Fitness-Interessierten ein Fitness-TV, für den Heimwerker ein Heimwerkerfernsehen und für den Immigranten der Empfang von Programmen in seiner Muttersprache möglich sein. Insbesondere wird aber eine Zunahme von Sportangeboten, Game-Shows und Erotik vorausgesagt. Zudem ist anzunehmen, dass sich die heute schon abzeichnende Verflachung des Niveaus der Sendungen fortsetzt. Dies ist gerade auch vor dem Hintergrund der Verschmelzung verschiedener Formate zu sehen: insbesondere bei Dokumentation und Unterhaltung zu „Infotainment"-Sendungen.

Vor diesem Hintergrund stellt sich die Frage, ob der Rundfunkmarkt nicht ebenso wie der Pressemarkt den marktwirtschaftlichen Funktionsbedingungen unterworfen werden muss. Bislang ist die Situation des Rundfunks von der Rechtsprechung des Bundesverfassungsgerichts in der Weise geprägt, dass dem Rundfunk aufgrund von technischen, wirtschaftlichen und politischen Sachgesetzlichkeiten eine Sondersituation zugestanden wird. Dies geschieht im Verhältnis zur Presse trotz des gleichen Wortlauts in Art. 5 Abs. 1 GG. Die bislang (noch) begrenzte Anzahl von Rundfunkfrequenzen, der hohe wirtschaftliche Aufwand für den Betrieb eines Rundfunkunternehmens und die politische Funktion des

Rundfunks für das demokratische Gemeinwesen haben das Bundesverfassungsgericht dazu veranlasst, die Rundfunkfreiheit vornehmlich als dienende Freiheit zu verstehen. Das bedeutet, dass die Rundfunkfreiheit nicht subjektiv-rechtlich zu verstehen ist, sondern nur unter verfassungsrechtlich determinierten gesetzlichen Regelungen gesehen werden kann. Aufgrund der Frequenzvermehrung durch die Einrichtung des Kabelfernsehens wird in der Literatur die verfassungsrechtliche Legitimation der Rechtsprechung des Bundesverfassungsgerichts diskutiert. So wird gefordert, dass aufgrund des Wegfalls der extremen Knappheit die reglementierte Kommunikationsordnung umfassend marktwirtschaftlich geöffnet wird. Das Bundesverfassungsgericht hingegen betont nunmehr stärker die Eigengesetzlichkeiten des Rundfunks, also die Breitenwirkung, die Aktualität und die Suggestivkraft des Rundfunks und die weitere Notwendigkeit einer rechtlichen Disziplinierung durch den Staat. Insoweit besteht die Sondersituation des Rundfunks nach der Rechtsprechung des Bundesverfassungsgerichts fort.

Diese Debatte verschärft sich angesichts der bevorstehenden Digitalisierung. Die auch zur Zeit von Kabel- und Satellitenfernsehen bestehende Frequenzknappheit wird von einer Situation nahezu unbegrenzter Übertragungsmöglichkeiten abgelöst. Man könnte annehmen, dass in dieser Situation genügend Platz für Minderheitenprogramme ist und sich Ausgewogenheit und Vielfalt ohne Weiteres durch den Markt einstellen werden. Der Grundversorgungsauftrag des öffentlich-rechtlichen Rundfunks besteht gerade darin, für Ausgewogenheit und Vielfalt zu sorgen und könnte bei einer solchen Prämisse in Frage gestellt werden. Ebenso könnte dann auch die Legitimation seiner Privilegierungen wie die Gebührenfinanzierung entfallen.

Geht man jedoch davon aus, dass eine Reihe von Gefahren für die Rundfunkfreiheit, insbesondere für die freie individuelle und öffentliche Meinungsbildung, weiterhin einen öffentlich-rechtlichen Rundfunk erforderlich machen und somit das Fortbestehen der dualen Rundfunkordnung, stellt sich die Frage nach dem Umfang der Tätigkeit des öffentlich-rechtlichen Rundfunk, denn aus der Rundfunkfreiheit lässt sich kein uneingeschränktes Recht des öffentlich-rechtlichen Rundfunks herleiten, sich in allen Programmangeboten und Diensten zu betätigen.

Lange Zeit fehlte eine materiell-rechtliche Konkretisierung des Funktionsauftrages des öffentlich-rechtlichen Rundfunks. Um die künftige Finanzierbarkeit angesichts der zunehmenden Angebote sicherzustellen und europarechtlichen Anforderungen nachzukommen, hat der Gesetzgeber mit dem 7. RfÄndStV in § 11 RfStV den Auftrag des öffentlich-rechtlichen Rundfunks erstmals materiell-rechtlich festgeschrieben. Dieser § 11 RfStV soll eine Grundnorm für die Formulierung des Funktionsauftrages sein. Eine weitere Konkretisierung erfolgt im

System der regulierten Selbstverpflichtung. Neben ansonsten eher programmatischen, sich auch in anderen Rechtsgrundlagen wiederfindenden Aussagen, haben sich einige wesentliche Veränderungen für den Online-Bereich ergeben. Diese Regelungen gilt es im Einzelnen zu beleuchten und auf ihre Verfassungsmäßigkeit hin zu überprüfen. Im Rahmen der Bewertung dieser Neuregelung ist insbesondere auf die Erfahrungen Großbritanniens mit der Selbstverpflichtung der BBC einzugehen, zumal diese als Vorlage für die Neuregelung des § 11 RfStV herangezogen wurde.

B. Gang der Untersuchung

Die Untersuchung wird durch die Darstellung des Rundfunkssystems in der Bundesrepublik zum gegenwärtigen Zeitpunkt eingeleitet (1. Teil). Hierbei wird zunächst die historische Entwicklung des Rundfunks in der Bundesrepublik dargestellt. Anschließend wird auf die verfassungsrechtlichen Grundlagen der Rundfunkfreiheit eingegangen, insbesondere auf die prägende Rechtsprechung des Bundesverfassungsgerichts. Der 1. Teil schließt mit einer Darstellung des heutigen dualen Rundfunksystems. Bei den Betrachtungen wird vornehmlich auf den öffentlich-rechtlichen Rundfunk eingegangen, der Thema dieser Arbeit ist, ohne ihn jedoch aus dem Zusammenhang der dualen Rundfunkordnung zu reißen.

Anschließend werden die künftigen Veränderungen des Medien- und Kommunikationssektors analysiert (2. Teil). Hierbei wird zunächst auf die technische Seite der Digitalisierung eingegangen. Die Erkenntnisse aus dieser Betrachtung sind im Folgenden die Grundlage für die Ausarbeitung der Frage, wie sich diese Veränderungen auf das Rundfunksystem und unsere Gesellschaft auswirken. Ein besonderes Augenmerk ist hierbei auf die Meinungsfreiheit zu legen, da ihre Gewährleistung nach der Rechtssprechung des Bundesverfassungsgerichts zu den Grundlagen der Rundfunkfreiheit gehört. Zum Abschluss dieses Teils wird vor dem Hintergrund der Digitalisierung die Zukunft des dualen Systems, insbesondere des öffentlich-rechtlichen Rundfunks analysiert.

Im 3. Teil werden die Erfordernisse einer Präzisierung des Funktionsauftrages des öffentlich-rechtlichen Rundfunks herausgearbeitet. In diesem Zusammenhang wird ein Bezug zum Europäischen Gemeinschaftsrecht hergestellt, denn hieraus ergeben sich ebenfalls verschiedene Anforderungen für die Präzisierung des Funktionsauftrages. Allerdings sind der Reichweite des Funktionsauftrages Grenzen gesetzt, die im Anschluss erläutert werden.

Der Hauptteil der Arbeit besteht in einer ausführlichen Betrachtung der mit dem 7. RfÄndStV neu eingeführten Auftragsdefinition des öffentlich-rechtlichen Rundfunks in § 11 RfStV. Diese Regelung wird mit den herausgearbeiteten Anforderungen an eine Präzisierung des Funktionsauftrages verglichen. Schließlich folgt eine Bewertung der Neuregelung, vor allem im Hinblick auf ihre Funktions- und Zukunftsfähigkeit und die Grenzen und Möglichkeiten, die sie dem öffentlich-rechtlichen Rundfunk gibt.

1. Teil: Entwicklung des Rundfunks und rechtlicher Rahmen

Einführend sollen die Entwicklung des Rundfunks in Deutschland (A) und der rechtliche Rahmen der Rundfunkfreiheit dargestellt werden. Hierbei ist insbesondere auf die verfassungsrechtlichen Grundlagen (B), d.h. die Rundfunkfreiheit nach Art. 5 Abs. 1 Satz 2 GG (I), ihre Verbindung zu den Strukturprinzipien des Grundgesetzes (II) und die Rundfunkurteile des Bundesverfassungsgerichts (III) einzugehen. Als Ergebnis dieser verfassungsrechtlichen Vorgaben wird anschließend die duale Rundfunkordnung erläutert (C).

A. Historischer Abriss

Der historische Abriss beginnt mit dem Wiederaufbau des Rundfunkwesens nach 1945 (I). Anschließend werden die drei Phasen der Entwicklung des Rundfunks in der Bundesrepublik erläutert: Erstens der Aufbau bundesstaatlicher Strukturen (II, 1), zweitens die Entwicklung des dualen Rundfunksystems (II, 2) und drittens die Phase der Digitalisierung und des Multimediazeitalters (III, 3). Letztere soll hier nur kurz im Zusammenhang beschrieben werden, da diese Phase zentrales Thema dieser Arbeit ist und deshalb im 2. Teil vertiefend dargestellt wird.[1]

I. Wiederaufbau des Rundfunks nach 1945

Die Geschichte von Aufbau und Organisation des Rundfunks beginnt nach der bedingungslosen Kapitulation des Deutschen Reichs am 8. Mai 1945 mit der Beschlagnahme sämtlicher Rundfunkeinrichtungen durch die alliierten Besatzungsmächte.[2]

Die Militärregierungen verbaten den deutschen Stellen die Sendung von Rundfunk und die Sendeanlagen wurden als Soldatensender verwendet, soweit sie im Krieg nicht völlig zerstört worden waren. Bald wurde jedoch damit begonnen,

---

1 Im Rahmen des historischen Abrisses soll lediglich die Entwicklung in der Bundesrepublik betrachtet werden, da nur diese für den Fortgang der Arbeit von Bedeutung ist.

2 Siehe dazu sowie zu den nachfolgenden Darstellungen ausführlich *Bausch*, in: ders. (Hrsg.), Rundfunk in Deutschland III, insb. Kap. 1, 2; Zu der Rundfunkpolitik im Dritten Reich siehe *Diller*, in: Bausch (Hrsg.), Rundfunk in Deutschland II.

Programme für die deutsche Bevölkerung auszustrahlen und schließlich wurden auch deutsche Rundfunkanstalten gegründet.[3]

Wesentliches Ziel der westlichen Alliierten beim Wiederaufbau des deutschen Rundfunkwesens war es, die Beherrschung der Massenmedien durch die Regierung und durch die mit der politischen Verantwortung ausgestatteten Parteien in Zukunft zu verhindern.[4] Der Rundfunk war während der nationalsozialistischen Diktatur als Herrschafts- und Manipulationsinstrument von den damaligen Machthabern missbraucht worden. Nun sollte der Rundfunk als Mittel der Demokratisierung der Westzonen eingesetzt werden.[5] Staatsferne, dezentrale Organisation des Rundfunks sowie die Sicherung politischer, kultureller und gesellschaftlicher Vielfalt wurden zu leitenden Prinzipien.[6] Somit war die Frage der Gestaltung des Rundfunks eng mit dem Bemühen um den Aufbau einer demokratischen Ordnung des (zu gründenden) Staates und der Hinführung seiner Bürger zur Demokratiefähigkeit verbunden.[7]
Hiermit korrespondierte der Vorschlag, das deutsche Rundfunkwesen nach dem Vorbild der BBC aufzubauen.[8] Dieser Vorschlag stieß auch in der französischen Besatzungszone auf Zustimmung, da das französische System auf einer engen Verflechtung zwischen Rundfunk und Staat beruht. Eine solche sollte in der Bundesrepublik Deutschland aber gerade verhindert werden.[9] So wurden unter Aufsicht der Alliierten in den westlichen Bundesländern Rundfunkanstalten als Anstalten öffentlichen Rechts gebildet.[10] Diese erhielten das Recht der Selbstverwaltung. Eine staatliche Aufsicht wurde entweder völlig ausgeschlossen oder nur in sehr beschränkter Form zugelassen.[11] Die Kontrolle über den Rundfunk wurde dem Rundfunkrat übertragen, einem pluralistisch zusammengesetzten Gremium, in dem Vertreter aller gesellschaftlich relevanten Gruppen saßen.[12] Für die Programmgestaltung wurden Leitsätze verbindlich vorgeschrieben, die als wichtigsten Punkt die Verpflichtung zu Ausgewogenheit, Unparteilichkeit und Objektivität beinhalteten. Die finanzielle Unabhängigkeit wurde dadurch gewährleistet, dass die Rundfunkanstalten den weit überwiegenden Teil des Rundfunkgebührenaufkommens erhielten. Somit war der Rundfunk weder staat-

---

3 Vgl. *Hain*, Rundfunkfreiheit und Rundfunkordnung, S. 15; *Ricker/Schiwy*, Rundfunkverfassungsrecht, A IV Rn. 38; *Hesse*, Rundfunkrecht, 1.24; *Herrmann/Lausen*, Rundfunkrecht, § 4 Rn. 23.

4 Vgl. *Hesse*, Rundfunkrecht, 1.25; *Herrmann/Lausen*, Rundfunkrecht, § 4 Rn. 28.

5 Vgl. *Hain*, Rundfunkfreiheit und Rundfunkordnung, S. 15.

6 Vgl. *Ricker/Schiwy*, Rundfunkverfassungsrecht, A IV Rn. 39 ff.

7 Vgl. *Hain*, Rundfunkfreiheit und Rundfunkordnung, S. 15.

8 Vgl. *Ricker/Schiwy*, Rundfunkverfassungsrecht, A IV Rn. 40.

9 Vgl. *Holznagel*, Der spezifische Funktionsauftrag, S. 27.

10 Vgl. *Ricker/Schiwy*, Rundfunkverfassungsrecht, A IV Rn. 40.

11 Vgl. *Gersdorf*, Grundzüge des Rundfunkrechts, S. 8.

12 Vgl. *Hesse*, Rundfunkrecht, 1.28.

lich gelenkt noch privaten Interessen unterworfen. Während diese Struktur bei allen Rundfunkanstalten einheitlich ausgestaltet war, bestanden Unterschiede in der Größe und Leistungsfähigkeit der einzelnen Rundfunkanstalten. 1948/49 entstanden der Nordwestdeutsche Rundfunk (Britische Besatzungszone), der Bayrische Rundfunk, der Hessische Rundfunk, Radio Bremen, der Süddeutsche Rundfunk (Amerikanische Besatzungszone) und der Südwestdeutsche Rundfunk (Französische Besatzungszone).[13] Somit war der Grundstein für eine föderale Struktur des deutschen Rundfunkwesens gelegt.

II. Rundfunk in der Bundesrepublik Deutschland

Die weitere Entwicklung des Rundfunks in der Bundesrepublik lässt sich in folgende drei Phasen teilen.

1. Erste Phase: Aufbau bundesstaatlicher Strukturen

Die erste Phase der Entwicklung ist durch zwei Prinzipien gekennzeichnet: Zum einen das Bemühen um Strukturen, die die Unabhängigkeit des Rundfunks vom Staat gewährleisten sollten und zum anderen den Aufbau einer föderalen und dezentralen Rundfunkorganisation.

Am 24. Mai 1949 trat das Grundgesetz der Bundesrepublik Deutschland in Kraft. In Art. 5 GG wurde neben der Meinungs-, Presse- und Rundfunkfreiheit erstmals aufgrund der negativen Erfahrungen während des Nationalsozialistischen Regimes die Informationsfreiheit festgeschrieben. Es begann der Aufbau des Rundfunks in den bis heute prägenden bundesstaatlichen Strukturen.
Um in Zeiten der Knappheit zu effizienten Arbeitsstrukturen zu gelangen, bestand ein hoher Kooperationsbedarf zwischen den Ländern und den neu errichteten Rundfunkanstalten.[14] Die Kooperation auf der Ebene der Rundfunkanstalten fand vor allem im Bereich von Programmfragen aber auch auf den Gebieten von Technik, Recht und Finanzen statt.[15] Hierbei sollte vermieden werden, dass Erinnerungen an die Reichsrundfunkgesellschaft, die das zentrale Organ des Rundfunks während des Nationalsozialistischen Regimes war, geweckt und die Unabhängigkeit der einzelnen Anstalten beeinträchtigt würde. So wurde von den Landesrundfunkanstalten die „Arbeitsgemeinschaft der öffentlich-rechtlichen

---

13 Vgl. *Bausch*, in: ders. (Hrsg.), Rundfunk in Deutschland III, S. 46 ff.; *Diller*, Rundfunkgeschichte, in: Fünfgeld (Hrsg.), Was Sie über Rundfunk wissen sollten, S. 312 (336).

14 Vgl. *Paschke*, Medienrecht, S. 21; *Ricker/Schiwy*, Rundfunkverfassungsrecht, A V Rn. 51.

15 Vgl. *Hesse*, Rundfunkrecht, 1.39.

Rundfunkanstalten Deutschlands“ (ARD) am 9. Juni 1950 als loser Zusammenschluss ohne Rechtspersönlichkeit durch eine Satzung eingerichtet.[16] Diese wurde durch zahlreiche Vereinbarungen ergänzt, wie beispielsweise den Fernsehvertrag vom 12. Juni 1953[17], der die Grundlage des ARD-Gemeinschaftsprogramms darstellt, das seit dem 1. November 1954 ausgestrahlt wird.

Nachdem die Bemühungen der Bundesregierung zur Schaffung eines bundeseigenen Rundfunks gescheitert waren, gründete die Bundesregierung unter Bundeskanzler Konrad Adenauer die „Deutschland-Fernseh-GmbH“.[18] Dies führte zu einem Bund-Länder-Streit vor dem Bundesverfassungsgericht. Das Bundesverfassungsgericht erließ 1961 sein berühmtes erstes Rundfunkurteil, das die weitere Entwicklung des Rundfunks in der Bundesrepublik maßgeblich mitgeprägt hat.[19] Die „Deutschland-Fernseh-GmbH“ wurde nicht nur wegen fehlender Zuständigkeit des Bundes für verfassungswidrig erklärt, sondern auch weil sie den Rundfunk dem Staat auslieferte, und darin nach der Auffassung des Gerichts ein Verstoß gegen die Rundfunkfreiheit zu sehen war.[20]
Die unmittelbare Konsequenz aus dem Urteil bestand darin, dass der Bund auf der Grundlage des in Teilen verabschiedeten Bundesrundfunkgesetzes[21] zwei Rundfunkanstalten[22] gründete.[23] Die Länder, deren Kompetenz durch das Urteil des Bundesverfassungsgericht bestätigt worden war, gründeten 1961 durch den

---

16 Vgl. *Ricker/Schiwy*, Rundfunkverfassungsrecht, A V Rn. 51; *Hesse*, Rundfunkrecht, 1.40; Zur Gründung der ARD siehe *Steinwärder*, Die Arbeitsgemeinschaft der öffentlich-rechtlichen Rundfunkanstalten der Bundesrepublik Deutschland, S. 43 ff.

17 Abgedruckt in der ersten Fassung bei *Bausch*, in: ders. (Hrsg.), Rundfunk in Deutschland III, S. 274.

18 Im Einzelnen siehe *Bausch*, in: ders. (Hrsg.), Rundfunk in Deutschland III, S. 376; *Ricker/Schiwy*, Rundfunkverfassungsrecht, A V Rn. 60 ff.

19 BVerfGE 12, 205 ff. – Deutschland-Fernsehen.

20 Ausführlich zu dem Urteil siehe 1. Teil B III 1.

21 Gesetz über die Errichtung von Rundfunkanstalten des Bundesrechts vom 29.11.1960, BGBl. 1960, Teil I, S. 862 ff., zuletzt geändert durch das Gesetz vom 30.4.1990, BGBl. 1990, Teil I, S. 823 ff. Die Gesetzgebungszuständigkeit kann insofern allenfalls auf seine Zuständigkeit für Auswärtige Angelegenheiten gem. Art. 73 Nr. 1 GG sowie auf Art. 87 Abs. 3 S. 1 GG hinsichtlich der Einrichtung der Anstalten gestützt werden. Offengelassen in BVerfGE 12, 205 (241 f.), woraus sich eine Beschränkung des Auftrages dieser Anstalten auf Sendungen für das Ausland und die Deutschen im Ausland ergibt, vgl. BVerfGE 12, 205 (250).

22 Die Deutsche Welle zur Veranstaltung von Kurzwellensendungen für das Ausland und den Deutschlandfunk zur Veranstaltung von Hörfunksendungen für die DDR und das Ausland.

23 Vgl. *Paschke*, Medienrecht, S. 22; *Herrmann/Lausen*, Rundfunkrecht, § 4 Rn. 55.

Staatsvertrag über das Zweite Deutsche Fernsehen vom 6. Juni 1961[24] eine weitere öffentlich-rechtliche Rundfunkanstalt, das Zweite Deutsche Fernsehen (ZDF).[25]
Flankierend schlossen die Bundesländer den Vertrag über die Regelung des Rundfunkgebührenwesens vom 5. Dezember 1974[26], mit dem die bis dahin geübte Praxis des Gebühreneinzugs durch die Bundespost beendet und die Verwaltung des Gebührenaufkommens einer von den Landesrundfunkanstalten gegründeten gemeinsamen Gebühreneinzugszentrale zugewiesen wurde.[27]

2. Zweite Phase: Das duale Rundfunksystem

Die zweite Phase der Entwicklung des Rundfunksystems ist von der Einführung des privaten Rundfunks und der Ausgestaltung der dualen Rundfunkordnung geprägt.

a) Einführung des privaten Rundfunks

Angestoßen wurde die Diskussion um die Einführung des privaten Rundfunks durch die fortschreitende Entwicklung im technischen Bereich (insb. Breitbandkabel und Satellit) und das bestehende Interesse potentieller Anbieter, sich im privaten Rundfunkbereich zu betätigen.[28] Aus diesem Grunde befassten sich die Länderparlamente mit der Normierung dieses neuen Rundfunkbereichs.

Wiederum hatte eine Entscheidung des Bundesverfassungsgerichts maßgeblichen Einfluss auf die Weiterentwicklung des Rundfunksystems. Das Bundesverfassungsgericht legte in seinem Urteil von 1981[29] die Kernelemente für die Einführung des privaten Rundfunks in Deutschland fest, nachdem es wegen eines

---

[24] Staatsvertrag über die Errichtung der Anstalt des öffentlichen Rechts „Zweites Deutsches Fernsehen" vom 6.6.1961, Nds. GVBl. 1962, S. 9 ff.; mittlerweile novelliert und als Art. 3 Bestandteil des Staatsvertrages über den Rundfunk im vereinten Deutschland.

[25] Vgl. *Ricker/Schiwy*, Rundfunkverfassungsrecht, A VI Rn. 71; *Fuhr*, ZDF-Staatsvertrag, S. 9 ff., 31 f.

[26] Staatsvertrag über die Regelung des Rundfunkgebührenwesens vom 26.5.1975, Nds. GVBl. 1975, S. 139 ff., zuletzt geändert durch den Staatsvertrag vom 1./3.4.1987, Nds. GVBl. 1987, S. 183.

[27] Vgl. *Paschke*, Medienrecht, S. 22; *Ricker/Schiwy*, Rundfunkverfassungsrecht, A VI Rn. 73 ff.

[28] Vgl. *Herzog*, in: Maunz/Dürig, GG, Art. 5, Rn. 22; *Hesse*, Rundfunkrecht, 1.69; *Ricker/Schiwy*, Rundfunkverfassungsrecht, A VI Rn. 76.

[29] BVerfGE 57, 295 ff. – FRAG-Urteil.

Rechtsstreits um die Vergabe einer Rundfunklizenz an die „Freie Rundfunk Aktiengesellschaft in Gründung" (FRAG) angerufen worden war.[30]
Es verlangte zur Gewährleistung der Rundfunkfreiheit insbesondere wirksame gesetzliche Vorkehrungen, die sicherstellen, dass alle gesellschaftlich relevanten Kräfte zu Wort kommen können.[31] Das Bundesverfassungsgericht nannte zwei idealtypische Modelle, mit denen die gebotene Ordnung erreicht werden könne: Zum einen das Modell des Binnenpluralismus, bei dem die gesellschaftlich relevanten Gruppen in pluralistisch zusammengesetzten Gremien an der Kontrolle des Rundfunks beteiligt werden (Modell des öffentlich-rechtlichen Rundfunks) und zum anderen das Modell des Außenpluralismus, bei dem jeder Veranstalter seine eigene Tendenz verfolgt, aber aus der Summe der Einzelprogramme ein alle Meinungsrichtungen widerspiegelndes Gesamtprogramm entsteht (ähnlich dem Modell des Pressewesens).[32] Damit wurde die Basis für weiterführende Pilotprojekte zur Einführung eines privaten Rundfunks geschaffen.[33]

Nach diesen verfassungsrechtlichen Vorgaben wurden ab 1984 sukzessive Privatrundfunkgesetze in allen Bundesländern erlassen[34], obwohl sowohl große Teile der Bevölkerung als auch der Politik der Einführung eines privaten Fern-

---

30 Ausführlich zu diesem Urteil siehe 1. Teil B III 3.

31 Vgl. BVerfGE 57, 295 (325); *Wendt*, in: v.Münch/Kunig, GG, Art. 5, Rn. 52.

32 Vgl. BVerfGE 57, 295 (326); *Herzog*, in: Maunz/Dürig, GG, Art. 5, Rn. 233 f.; *Wendt*, in: v.Münch/Kunig, GG, Art. 5, Rn. 54; *Bausch*, in: ders. (Hrsg.), Rundfunk in Deutschland III, S. 895 ff.

33 Siehe beispielsweise Rh.-Pf. Landesgesetz über einen Versuch mit Breitbandkabel vom 4.12.1980, Rh.-Pf. GVBl. 1980, S. 229 ff., außer Kraft gesetzt zum 1.1.1987 durch § 35 Rh.-Pf. LRG vom 24.6.1986, Rh.-Pf. GVBl. 1986, S. 159 ff. Zu den Kabelpilotprojekten siehe auch: *Ricker/Schiwy*, Rundfunkverfassungsrecht, A VI Rn. 77 und *Neudorf*, Grundversorgung und Wettbewerb im dualen Rundfunksystem, S. 20 ff.

34 Niedersachsen, Landesrundfunkgesetz vom 23.5.1984, GVBl. 1984, S. 147; Berlin, Kabelpilotprojektgesetz vom 17.7.1984, GVBl. 1984, S. 964; Bayern, Gesetz über die Erprobung und Entwicklung neuer Rundfunkangebote und anderer Mediendienste in Bayern (Medienerprobungs- und -entwicklungsgesetz – MEG) vom 22.11.1984, BayGVBl. 1984, S. 445 ff.; Schleswig-Holstein, Rundfunkgesetz vom 27.11.1984, GVBl. 1984, S. 214; Saarland, Rundfunkgesetz für das Saarland (Landesrundfunkgesetz) vom 28.11. 1984, Abl. 1984, S. 1249; Hamburg, Mediengesetz vom 3.12.1985, GVBl. I 1985, S. 315; Baden-Württemberg, Landesmediengesetz vom 16.12.1985, GVBl. 1985, S. 533; Nordrhein-Westfalen, Landesrundfunkgesetz vom 19.12.1986, GVBl. 1987, S. 22; Hessen, Gesetz über privaten Rundfunk in Hessen vom 30.11.1988, GVBl. 1988, S. 385; Bremen, Bremisches Landesmediengesetz vom 14.2.1989, GVBl. 1989, S. 77. Das Versuchsgesetz in Rheinland-Pfalz war bereits 1980 in Kraft getreten, Gesetz vom 4.12.1980, GVBl. 1980, S. 229 ff. und Landesgesetz zur Änderung des Änderungsgesetz vom 20.12.1984, GVBl. 1984, S. 241.

sehens eher skeptisch bis ablehnend gegenüber standen.[35] Aufgrund der ausländischen Erfahrungen befürchtete man negative Auswirkungen auf das Zusammenleben der Familien, auf das Kultur- und Bildungsniveau, auf die kulturelle Identität Europas durch eine Überfremdung aufgrund der übermäßigen Ausstrahlung amerikanischer Produktionen sowie eine Verflachung und Kommerzialisierung des Programmniveaus insgesamt.[36] Die Gegner des privaten Rundfunks wollten das öffentlich-rechtliche System stabilisieren, um so eine „publizistische Gewaltenteilung" zwischen privatrechtlicher Presse und öffentlich-rechtlichem Rundfunk beizubehalten.[37]
Eine weitere wichtige Forderung der Gegner des privaten Rundfunks war, dass zumindest eine Bestands- und Entwicklungsgarantie für den öffentlich-rechtlichen Rundfunk garantiert würde. Es wurde befürchtet, dass das öffentlich-rechtliche System „ausgetrocknet" würde, wenn alle Innovationen dem privaten Rundfunk vorbehalten blieben.[38]

Die Befürworter der Einführung des privaten Rundfunks begründeten ihre Sichtweise mit der in Art. 5 Abs. 1 Satz 2 GG verankerten Rundfunkfreiheit. Jeder Bürger sollte das Recht haben, Rundfunk zu veranstalten. Gegen diese individualrechtliche Auslegung sprach, dass das Bundesverfassungsgericht die öffentlich-rechtliche Monopolstellung als verfassungsmäßig angesehen hatte. Allerdings, so die Befürworter, beruhe diese Rechtsprechung auf der Sondersituation des Rundfunks und damit auf der Frequenzknappheit. Würde diese nun aufgrund der neuen Technologien entfallen, so müsse entsprechend der liberalen Grundrechtstradition die Rundfunkfreiheit als Individualgrundrecht anerkannt werden.[39] Weiterhin versprachen sich die Befürworter durch die Einführung pri-

---

35 Vgl. hierzu die Regierungserklärung des *Bundeskanzlers* vom 24.11.1980, abgedruckt, in: Zur Medienpolitik der Bundesregierung, S. 48 (49 f.): „Meine persönliche erhebliche Skepsis gegenüber der zunehmenden Fernseh-Berieselung der Heranwachsenden und gegenüber der Beeinträchtigung des Familienlebens durch die elektronischen Medien will ich Ihnen nicht verschweigen. Ich habe mich über die breite Zustimmung gefreut, die ich in diesem Punkt aus beiden Kirchen erhalten habe. Aber ich will gern einräumen, dass sich hier jeder selbst entscheiden muss." (Helmut Schmidt).

36 Vgl. *Lange*, in: Kabelpilotprojekt München, Bericht der Projektkommission, S. 123 ff.; *Hesse*, Rundfunkrecht, 1.74 f.

37 Vgl. *Stock*, Medienfreiheit als Funktionsgrundrecht, S. 441; *Herrmann/Lausen*, Rundfunkrecht, § 4 Rn. 61.

38 Vgl. Stuttgarter Erklärung der *ARD* zur Medienpolitik, Media Perspektiven 1983, S. 801; Schreiben der *ARD-Rundfunkanstalten* an die Ministerpräsidenten, Media Perspektiven 1984, S. 295 ff.; Medienpolitisches Aktionsprogramm der *SPD* 1984, in: Politik, Aktuelle Informationen der SPD, Nr. 2, März 1984, S. 2 (3).

39 Vgl. *Bullinger/Göbel*, Landesmediengesetz Baden-Württemberg, § 13 Rn. 18 ff.; *Hesse*, Rundfunkrecht, 1.71; *Kübler*, Rundfunkauftrag und Programminformation, S. 43; *Schmitt Glaeser*, BayVBl. 1985, S. 97 (103).

vater Konkurrenzprogramme eine Bereicherung des Meinungsspektrums, da der Fernsehzuschauer so eine größere Auswahlmöglichkeit habe. Des Weiteren glaubte man, auf diesem Wege die als zu extensiv angesehene Ausgabenpolitik des öffentlich-rechtlichen Rundfunks eindämmen zu können.[40] Zusätzlich spielte auch die Politik des Auslands eine Rolle. 1981 plante Luxemburg ein deutschsprachiges Programm unter der Beteiligung deutscher Verleger, das nach Deutschland ausgestrahlt werden sollte.[41] Eine derartige Abwanderung wollte man verhindern, denn eine Kontrolle wäre so nur noch bedingt möglich gewesen.[42] Letztlich sollte die Wettbewerbsfähigkeit der deutschen Kommunikationsindustrie erhalten bleiben.[43]

b) Staatsvertrag zur Neuordnung des Rundfunkwesens

Die Gesetze wurden in den einzelnen Ländern von der jeweiligen Landtagsmehrheit durchgesetzt, ohne dass es zu einem Konsens in grundlegenden Fragen mit der jeweiligen Opposition gekommen wäre. Aus diesem Grund wurden in der Folgezeit einige Landesrundfunkgesetze vom Bundesverfassungsgericht auf ihre Verfassungsmäßigkeit hin überprüft. Das erste derartige Verfahren war die Überprüfung des Niedersächsischen Landesrundfunkgesetzes mittels eines Normenkontrollantrages gemäß Art. 93 Abs. 1 Nr. 2 GG.[44] Es folgten die Überprüfung des bayrischen Medienerprobungsgesetzes vor dem Bayrischen Verfassungsgerichtshof[45] sowie der Landesmediengesetze von Baden-Württemberg[46] und Nordrhein-Westfalen vor dem Bundesverfassungsgericht[47].

Im Niedersachsen-Urteil legte das Bundesverfassungsgericht grundlegende Vorgaben für das Verhältnis zwischen privatem und öffentlich-rechtlichem Rundfunk fest. Entscheidend war die Aussage, dass es gerechtfertigt erscheine, an die Breite des Programmangebotes und an die Sicherung gleichgewichtiger Vielfalt im privaten Rundfunk nicht gleich hohe Anforderungen wie im öffentlich-rechtlichen Rundfunk zu stellen, solange und soweit der öffentlich-rechtliche Rundfunk die Grundversorgung sicherstellt.[48]

---

40 Vgl. *Hesse*, Rundfunkrecht, 1.72.; *Kübler*, Rundfunkauftrag und Programminformation, S. 43; *Schmitt Glaeser*, BayVBl. 1985, S. 97 (103).

41 Zum Einfluss Luxemburgs auf die deutsche Medienpolitik vgl. *Hartstein/Ring/Kreile/Dörr/Stettner*, RfStV I, B 1 Rn. 22 f.

42 Vgl. *Hartstein/Ring/Kreile/Dörr/Stettner*, RfStV I, B 1 Rn. 22.

43 Vgl. *Hesse*, Rundfunkrecht, 1.73.

44 Vgl. BVerfGE 73, 118 ff. – Niedersachsen-Urteil.

45 Vgl. BayVerfGHE 39, 96 ff.

46 Vgl. BVerfGE 74, 297 ff.

47 Vgl. BVerfGE 83, 238 ff.

48 Vgl. BVerfGE 73, 118 (158 f.); 74, 297 (325).

Als Folge dieses Urteils entspannte sich die medienpolitische Konfrontation: einerseits war die Zulässigkeit des privaten Rundfunks geklärt, andererseits der öffentlich-rechtliche Rundfunk gesichert. Am 3. April 1987 unterzeichneten die Länder den Staatsvertrag zur Neuordnung des Rundfunkwesens, der am 1. Dezember 1987 in Kraft trat.[49] Hierdurch wurde ein Ordnungsrahmen für den öffentlich-rechtlichen und den privaten Rundfunk geschaffen, der zusammen mit dem Niedersachsen-Urteil die Grundlage des dualen Systems bildet.

c) Rundfunk im vereinten Deutschland

Die Wiedervereinigung Deutschlands am 3. Oktober 1990 führte zur Errichtung einer Rundfunkordnung in den neuen Ländern, die in ihren wesentlichen Zügen der bestehenden Ordnung des Rundfunkwesens in den alten Ländern entspricht.[50] Nach Art. 36 Abs. 1 des Einigungsvertrages (EV)[51] sollten der „Rundfunk der DDR“ und der „Deutschen Fernsehfunk“ als gemeinschaftliche, staatsunabhängige und rechtsfähige Einrichtung in den fünf neuen Bundesländern und dem Ostteil Berlins bis spätestens zum 31. Dezember 1991 weitergeführt werden. Die Bevölkerung der ehemaligen DDR sollte nach den allgemeinen Grundsätzen des öffentlichen-rechtlichen Rundfunks mit Hörfunk und Fernsehen versorgt werden.[52]

1991 gründeten die Länder Sachsen, Sachsen-Anhalt und Thüringen den Mitteldeutschen Rundfunk (MDR) mit Sitz in Leipzig als staats-unabhängige Landesrundfunkanstalt des öffentlichen Rechts.[53] Als nächstes entstand in Brandenburg der Ostdeutsche Rundfunk Brandenburg (ORB). Als wirkliche Einigung ist die Neuaufnahme Mecklenburg-Vorpommerns in den Norddeutschen Rundfunk (NDR) im Jahre 1992 anzusehen. Die vier Länder Schleswig-Holstein, Hamburg, Niedersachsen und Mecklenburg-Vorpommern schlossen einen neuen NDR-StV, in dem Mecklenburg-Vorpommern gleichberechtigt neben den ande-

---

[49] Vgl. *Ricker/Schiwy*, Rundfunkverfassungsrecht, A VI Rn. 78; *Hartstein/Ring/Kreile/Dörr/Stettner*, RfStV I, B 1.

[50] Vgl. *Brinkmann*, ZUM 1992, S. 238 (240 ff.); *Herrmann/Lausen*, Rundfunkrecht, § 4 Rn. 123 ff.

[51] Vertrag zwischen der Bundesrepublik Deutschland und der Deutschen Demokratischen Republik über die Herstellung der Einheit Deutschlands vom 31.8.1990, BGBl. 1990, Teil II, S. 889 ff.; die Zustimmung zum Einigungsvertrag erging im Rahmen des Einigungsvertragsgesetzes vom 23.9.1990, BGBl. 1990, Teil II, S. 885 ff.

[52] Art. 36 Abs. 1 Satz 2 EV.

[53] Staatsvertrag über den Mitteldeutschen Rundfunk vom 30.5.1991, Sächsisches GVBl. 1991, S. 169 ff.

ren Bundesländern steht.[54] Im selben Jahr übernahm der Sender Freies Berlin (SFB) die Rundfunkgrundversorgung für Ost-Berlin.[55]

Der öffentlich-rechtliche Hörfunk bedurfte einer besonderen Neuregelung, weil der Deutschlandfunk (DLF) als Rundfunkanstalt des Bundes nach der Wiedervereinigung zumindest einen Teil seines Programmauftrages eingebüßt und RIAS Berlin als Sender der ehemaligen Besatzungsmächte seine Existenzberechtigung verloren hatte. Da diese Sender trotzdem fortgeführt werden sollten, wurde am 17. Juni 1993 der DLR-StV geschlossen. Dadurch wurde das DLR als öffentlich-rechtliche Körperschaft mit den Trägern ARD und ZDF gegründet,[56] das zwei nationale Hörfunkprogramme veranstaltet, das Deutschlandradio (Schwerpunkt: Kultur) und den Deutschlandfunk (Schwerpunkt: Information).[57]

Art. 36 EV machte keine Vorgaben bezüglich des privaten Rundfunks. Es war jedoch klar, dass auch in den neuen Bundesländern das duale System eingeführt werden sollte. So wurde der private Rundfunk in dem Medienstaatsvertrag Berlin-Brandenburg und in den vier Landesmediengesetzen gesetzlich geordnet.[58]

d) Staatsvertrag über den Rundfunk im vereinten Deutschland

Ihren vorläufigen Abschluss fand die Entwicklung der Rundfunkordnung im Staatsvertrag über den Rundfunk im vereinigten Deutschland, der am 31. August 1991 von den 16 Bundesländern unterzeichnet wurde und am 1. Januar 1992

---

[54] Staatsvertrag über den Norddeutschen Rundfunk (NDR) vom 18.2.1992, GVBl. Mecklenburg-Vorpommern 1992, S. 78 ff.

[55] Gesetz über die Vereinheitlichung des Berliner Landesrechts vom 28.9.1990, GVBl. Berlin 1990, S. 2119, wodurch die Geltung der Westberliner Gesetze auf Ostberlin erstreckt wurde.

[56] Staatsvertrag zwischen der Bundesrepublik Deutschland und den Ländern über die Überleitung von Rechten und Pflichten des Deutschlandfunks und des RIAS Berlin auf die Körperschaft des öffentlichen Rechts „Deutschlandradio" – Hörfunküberleitungsvertrag, BayGVBl. 1993, S. 1017 ff.

[57] Staatsvertrag über die Körperschaft des öffentlichen Rechts „Deutschlandradio" (Deutschlandradio-Staatsvertrag – DLR-StV) i.d.F. der Bek. vom 27.7.2001, GVBl. S. 529, zuletzt geändert durch Art. 4 des 7. RfÄndStV vom 25.9.2003.

[58] Gesetz über den privaten Rundfunk in Sachsen-Anhalt vom 22.5.1991, GVBl. 1991, S. 87 ff.; Gesetz über den privaten Rundfunk und neue Medien in Sachsen vom 27.6.1991, GVBl. 1991, S. 178 ff.; Rundfunkgesetz für das Land Mecklenburg-Vorpommern (RGMV) vom 9.7.1991, GVBl. 1991, S. 194; Thüringer Privatrundfunkgesetz (TPRG) vom 31.7.1991, GVBl. 1991, S. 255 ff.; Staatsvertrag über die Zusammenarbeit zwischen Berlin und Brandenburg im Bereich des Rundfunks vom 29.2.1992, GVBl. 1992, S. 142 ff.

nach Zustimmung der Länderparlamente in Kraft trat.[59] Dieser Vertrag enthält die Grundlagen für ein duales Rundfunksystem im vereinten Deutschland und wurde mehrfach geändert.[60] Dieses Staatsvertragspaket beinhaltet neben Regelungen für den öffentlich-rechtlichen und privaten Rundfunk (Art. 1: Rundfunkstaatsvertrag) in weiteren Artikeln die Rechtsgrundlagen für das Erste Fernsehprogramm der ARD (Art. 2: ARD-Staatsvertrag) und für das ZDF (Art. 3: ZDF-Staatsvertrag) sowie Regelungen bezüglich der Finanzierung des öffentlich-rechtlichen Rundfunks (Art. 4 und 5: Rundfunkgebühren und Rundfunkfinanzierungsstaatsvertrag).
In der Folgezeit kam es zu weiteren, regional begrenzten Umstrukturierungen. So gründeten die Länder Baden-Württemberg und Rheinland-Pfalz die öffentlich-rechtliche Rundfunkanstalt Südwestrundfunk (SWR) als Nachfolgeanstalt des Süddeutschen Rundfunks (SDR) und des SWR am 15. April 1997.[61] Der geplante Zusammenschluss von SFB und ORB rückte nach der Ablehnung der Fusion der Länder Berlin und Brandenburg durch Volksentscheid zwar zunächst in weite Ferne, dennoch wurde sogleich die Zusammenarbeit der beiden Rundfunkanstalten intensiviert.[62] Mit dem Staatsvertrag über die Einrichtung einer gemeinsamen Rundfunkanstalt der Länder Berlin und Brandenburg, der am 25. Juni 2002 unterzeichnet wurde, wurde die Errichtung des Rundfunks Berlin-Brandenburg (RBB) vollendet.

3. Dritte Phase: Digitalisierung und Multimediazeitalter

Die Entwicklung des Rundfunks ist nunmehr in eine dritte Phase gelangt. Wurde bisher für jedes Programm ein Kabelkanal benötigt, so ist man aufgrund neuer technischer Möglichkeiten in der Lage, in einem Kabelkanal künftig sechs bis zehn Programme zu transportieren, so dass es zu einer explosionsartigen Vermehrung der Programme kommt.[63] Die Digitalisierung ermöglicht die Konvergenz der Medien, d.h. eine Verschmelzung bisher getrennter Übertragungswege, Endgeräte und Branchen. Durch diese neuen Herausforderungen für den Rundfunk wird aber auch der bisherige rechtliche Rahmen in Frage gestellt. Es ist

---

[59] Vgl. Zustimmungsgesetze der Länder: Brandenburg, GVBl. 1991, S. 580; Mecklenburg-Vorpommern, GVBl. 1991, S. 494, Sachsen, GVBl. 1991, S. 457; Sachsen-Anhalt, GVBl. 1991, S. 478; Thüringen, GVBl. 1991, S. 635.

[60] Rundfunkstaatsvertrag (RfStV) i.d.F. vom 27.7.2001, GVBl. S. 502, zuletzt geändert durch Art. 1 des 7. RfÄndStV vom 25.9.2003, GVBl. S. 613.

[61] Landesgesetz zu dem Staatsvertrag über den Südwestrundfunk (Baden-Württemberg/ Rheinland-Pfalz) vom 29.7.1997, GVBl. S. 260, geändert durch § 3 des Gesetzes vom 8. 3.2000, GVBl. S. 117.

[62] Vgl. bspw. die Vereinbarung zwischen ORB und SFB zur Kooperation im Hörfunk vom 28.2.1997, abgedruckt in Funk-Korrespondenz 12/1997, S. 37 ff.

[63] Siehe 2. Teil A I 2.

fraglich, ob in Zukunft dieselben Regelungserfordernisse bestehen wie bisher, zumal die Frequenzknappheit zu entfallen scheint, die zumindest in der ersten Phase des Rundfunks bestand. Der Rundfunk könnte aufgrund der zunehmenden Individualisierung etwa durch Pay-TV und On-Demand-Dienste zu einem gewöhnlichen Wirtschaftsgut werden, das keiner besonderen Regulierung bedarf.[64] Insofern wird zu klären sein, ob der öffentlich-rechtliche Rundfunk an allen Möglichkeiten und Perspektiven, die die Digitalisierung bietet, teilhaben und weiterhin privilegiert werden darf. Es stellt sich die Frage, wie weit der öffentlich-rechtliche Rundfunk zu begrenzen ist und damit verbunden, wie der Funktionsauftrag präzisiert werden kann, der die Grundlage der Tätigkeit des öffentlich-rechtlichen Rundfunks darstellt.[65]

B. Verfassungsrechtliche Grundlagen

Nachfolgend werden zunächst die verfassungsrechtlichen Grundlagen des Rundfunks dargestellt. Die Rundfunkfreiheit ist in Art. 5 Abs. 1 Satz 2 GG festgeschrieben (I). Sie weist zudem diverse Bezüge zu den Staatsstrukturprinzipien des Grundgesetzes auf, die unter II erläutert werden. Das Bundesverfassungsgericht hat seit 1961 in kontinuierlicher Rechtsprechung die Grundlinien einer verfassungsmäßigen Rundfunkordnung entwickelt. Diese Urteile sollen im Anschluss umrissen werden (III).

I. Rundfunkfreiheit nach Art. 5 Abs. 1 Satz 2 GG

Die zweite Alternative des Art. 5 Abs. 1 Satz 2 GG betrifft das neben der Presse verbreitetste und wichtigste Massenkommunikationsmittel, nämlich die Berichterstattung durch den Rundfunk. Ebenso wie der Presse spricht das Bundesverfassungsgericht auch dem Rundfunk eine schlechthin konstituierende Bedeutung für die freiheitlich-demokratische Grundordnung zu.[66] Diese Bedeutung und der Missbrauch des Rundfunks während des „Dritten Reichs" prägen die Interpretation der Rundfunkfreiheit.

---

64 Vgl. *Eberle*, ZUM 1995, S. 249 (250 ff.); *Holznagel*, ZUM 1996, S. 16 (19 ff.).

65 Auf diese Fragen soll detailliert im Folgenden, insbesondere im 3. und 4. Teil, eingegangen werden.

66 Vgl. BVerfGE 12, 205 (259 ff.); 20, 56 (87, 97 f.); 20, 162 (174 ff.); 35, 202 (221 f.); *Jarass*, in: Jarass/ Pieroth, GG, Art. 5, Rn. 35; *Bethge*, in: Sachs, GG, Art. 5, Rn. 17; *Kannengießer*, in: Schmidt-Bleibtreu/Klein, GG, Art. 5, Rn. 11 c; *Schulze-Fielitz*, in: Dreier I, GG, Art. 5, Rn. 43.

1. Funktion des Rundfunks

Die Funktion des Rundfunks besteht aus drei unterschiedlichen Komponenten: Erstens die individualrechtliche, zweitens die demokratische und drittens die kulturelle Komponente.

Die in Art. 5 Abs. 1 GG aufgeführten Grundrechte schützen die individuelle und öffentliche Kommunikation in umfassender Weise.[67] Da der Rundfunk in diesem Prozess eine wichtige Funktion übernimmt, kann er nicht von ihm losgelöst betrachtet werden. Die in Art. 5 Abs. 1 Satz 1 GG normierten Individualgrundrechte der Meinungsäußerungsfreiheit und der Informationsfreiheit dienen der freien Entfaltung der geistigen Persönlichkeit, da es zu den menschlichen Grundbedürfnissen gehört, sich über die eigene Umwelt zu informieren, mit ihr in Kontakt zu treten und zu sagen, was man denkt.[68] Die öffentliche Kommunikation setzt zudem die private voraus.[69] Somit beinhaltet die Rundfunkfreiheit eine individualrechtlichen Komponente.[70]

Die zweite Komponente der Rundfunkfreiheit, die demokratische Komponente, ergibt sich aus der Funktion des Rundfunks, die öffentliche Meinungsbildung zu schützen.[71] Der Rundfunk ermöglicht eine ständige geistige Auseinandersetzung der verschiedenen geistigen Richtungen im Staat, indem er ein Forum für den Meinungsaustausch bildet. Zudem bietet er auch Minderheiten die Chance, Gehör zu finden. Weiterhin ist es für die Demokratie von elementarer Bedeutung, dass der politische Prozess transparent ist, weil lediglich der informierte Bürger in der Lage ist, sich ein Urteil über die zu entscheidenden Fragen zu bilden.[72] Das Bundesverfassungsgericht hat den Rundfunk daher auch als schlechthin konstituierend für die freiheitlich-demokratische Grundordnung bezeichnet.[73] Insofern kommt der Rundfunkfreiheit eine objektiv-rechtliche Komponente zu.[74]

---

67 Vgl. *Schulze-Fielitz*, in: Dreier I, GG, Art. 5, Rn. 40; *Herzog*, in: Maunz/Dürig, GG, Art. 5, Rn. 193; *Schoch*, VVDStRL 57, S. 158 (186 ff.).

68 Vgl. *Hesse*, Rundfunkrecht, 2.30.

69 Vgl. *Schmidt Glaeser*, AöR 113 (1988), S. 53 (54 f.); *Herzog*, in: Maunz/Dürig, Art. 5, Rn. 194; *Degenhart*, in: Dolzer/Vogel/Graßhof (Hrsg.), BK, Art. 5, Rn. 23.

70 Vgl. *Schulze-Fielitz*, in: Dreier I, GG, Art. 5, Rn. 107; *Degenhart*, in: Dolzer/Vogel/Graßhof (Hrsg.), BK, Art. 5, Rn. 50.

71 Vgl. *Kannengießer*, in: Schmidt-Bleibtreu, GG, Art. 5, Rn. 11 a; *Degenhart*, in: Dolzer/Vogel/Graßhof (Hrsg.), BK, Art. 5, Rn. 54; *Bethge*, in: Sachs, GG, Art. 5, Rn. 17: Auf die demokratische Funktion des Rundfunks wird im Einzelnen unter 1. Teil B II 1 eingegangen.

72 Vgl. *Hesse*, Rundfunkrecht, 2.31 ff.

73 Siehe 1. Teil B I.

74 Vgl. BVerfGE 57, 295 (319 f.); 74, 297 (323); *Jarass*, in: Jarass/Pieroth, GG, Art. 5, Rn. 35.

Neuerdings wird als dritte Komponente der Rundfunkfreiheit die kulturelle Verantwortung des Rundfunks genannt.[75] Hierbei geht es vornehmlich um die Vermittlung von Werten und Kultur. Für eine hohe Wertedemokratie, wie sie die Bundesrepublik Deutschland ist, ist es entscheidend, dass ihre Werte und ihre Kultur weitervermittelt und gepflegt werden, um sie so zu erhalten und eine dauerhafte Basis bilden zu können. Dies geschieht vornehmlich in der Schule und durch die Medien, insbesondere durch den öffentlich-rechtlichen Rundfunk. Insofern kommt dem Rundfunk eine entscheidende Rolle als Vermittler von Werten und Kultur zu.

2. Staatsfreiheit

Diese Funktionen kann der Rundfunk jedoch nur erfüllen, wenn er frei von staatlicher Beherrschung und Einflussnahme ist. Das heißt, dass dem Staat jegliche Einflussnahme auf das Programm verwehrt ist, da die maßgeblichen Wertauffassungen der Gesellschaft ohne den Staat gebildet werden sollen. Der Staat darf folglich keinen Einfluss auf die Auswahl, den Inhalt oder die Ausgestaltung des Programms nehmen.[76] Jede Form der politischen Instrumentalisierung des Rundfunks soll ausgeschlossen sein – auch die durch subtile Mittel und indirekte Einwirkung, mit denen sich der Staat Einfluss auf das Programm verschafft oder Druck auf die im Rundfunk Tätigen ausübt.[77] Insofern kommt der Rundfunkfreiheit eine abwehrende Bedeutung zu.[78]

Das Gebot der Staatsfreiheit richtet sich zunächst an die Exekutive. Für diese bedeutet das Gebot insbesondere, dass Einzelmaßnahmen verboten sind, die sich beispielsweise auf Programmangelegenheiten beziehen oder die sich gegen das Redaktionsgeheimnis oder den Informantenschutz richten. Insofern handelt es sich bei der Rundfunkfreiheit um eine Rundfunkveranstalterfreiheit.[79]

Auch der Gesetzgeber ist an die Rundfunkfreiheit gebunden (Art. 1 Abs. 3 GG). Dies wirkt sich zum Beispiel bei der Schaffung rundfunkorganisatorischer Regelungen aus. So darf der Staat in den Aufsichtsgremien der Rundfunkanstalten keinen beherrschenden Einfluss ausüben.[80] Andernfalls würde die Staatsfreiheit

---

75 Vgl. BVerfGE 73, 118 (158); 74, 297 (324); *Schmidt*, ZUM 1989, S. 263 ff.

76 Vgl. BVerfGE 57, 295 (320); 74, 297 (324); 83, 238 (322); 90, 60 (88); *Bethge*, in: Sachs, GG, Art. 5, Rn. 96; *Herzog*, in: Maunz/Dürig, Art. 5, Rn. 213.

77 Vgl. BVerfGE 90, 60 (88); *Preuss Neudorf*, Grundversorgung und Wettbewerb im dualen Rundfunksystem, S. 31.

78 Vgl. BVerfGE 57, 295 (320); 73, 118 (152); 90, 60 (88).

79 Vgl. BayVerfGH, DÖV 1994, S. 690 (692); *Paschke*, Medienrecht, Rn. 222; *Degenhart*, in: Dolzer/Vogel/Graßhof (Hrsg.), BK, Art. 5, Rn. 641, 709.

80 Vgl. BVerfGE 12, 205 (263); 83, 238 (330).

leer laufen, da so der verbotene Einfluss ohne äußere Maßnahmen durch die Beteiligung an der internen Beschlussfassung möglich wäre. Somit besteht auch ein Verbot des Staatsrundfunks.[81] Die öffentlich-rechtlichen Rundfunkanstalten dürfen daher nicht als Behörden, sondern nur als unabhängige juristische Personen des öffentlichen Rechts organisiert sein.[82]
Eine weitere Konsequenz der Staatsfreiheit ist, dass der Gesetzgeber nicht völlig frei ist, einmal geschaffene Regelungen zu ändern oder aufzuheben. Nach Auffassung des Bundesverfassungsgerichts muss durch eine Neuregelung die Ausgestaltung der Rundfunkordnung verbessert werden oder zumindest gleichwertig bleiben.[83]

3. Programmautonomie

Die Bestimmung dessen, was die verfassungsrechtlich vorgegebene und gesetzlich näher umschriebene Funktionserfüllung publizistisch erfordert, unterliegt der Programmautonomie der einzelnen Rundfunkanstalt.[84] Das Bundesverfassungsgericht hat ausdrücklich darauf hingewiesen, dass die Rundfunkanstalten in der Art und Weise der Funktionserfüllung grundsätzlich frei seien.[85] Die Bestimmung dessen, was die verfassungsrechtlich vorgegebene und gesetzlich näher umschriebene Funktion publizistisch erfordere, stehe ihnen zu.[86] Das sei der Sinn der grundrechtlichen Gewährleistung des Art. 5 Abs. 1 Satz 2 GG. Sie beziehe sich in erster Linie auf Inhalt und Form der Programme.[87] In der Entscheidung über die als nötig angesehenen Inhalte und Formen liege zugleich eine Entscheidung über die zu ihrer Verwirklichung benötigte Zeit und damit auch über die Anzahl und den Umfang der Programme.[88] Diese Entscheidung werde

---

BVerfGE 83, 238 (331): Verfassungsgemäß ist eine Beteiligung einer Gemeinde an Veranstaltergemeinschaften des Lokalrundfunks mit einer Minderheitsbeteiligung bis zu 25 % an der Betriebsgesellschaft (kritisch: *Herrmann*, ZUM 1991, S. 325 (331)).

81 Vgl. *Degenhart*, in: Dolzer/Vogel/Graßhof (Hrsg.), BK, Art. 5, Rn. 724; *Herzog*, in: Maunz/Dürig, GG, Art. 5, Rn. 213; v.*Mangoldt/Klein/Starck*, Art. 5, Rn. 17; *Jarass*, Die Freiheit des Rundfunks vom Staat, S. 11 ff.

82 Vgl. *Paschke*, Medienrecht, Rn. 222. Im Gegensatz zum ZDF verfügt die ARD nicht über eine eigene Rechtspersönlichkeit, sondern ist eine Vereinigung der ihr angehörenden Länderanstalten. Siehe dazu 4. Teil D IV 1 a).

83 Vgl. BVerfGE 74, 297 (334).

84 Vgl. *Degenhart*, in: Dolzer/Vogel/Graßhof (Hrsg.), BK, Art. 5, Rn. 733; *Schulze-Fielitz*, in: Dreier I, Art. 5, Rn. 103.

85 Vgl. BVerfGE 90, 60 (91).

86 Vgl. BVerfGE 90, 60 (91).

87 Vgl. BVerfGE 90, 60 (91).

88 Vgl. BVerfGE 90, 60 (92 f.).

daher ebenfalls grundsätzlich vom Schutz der Rundfunkfreiheit umfasst und sei folglich primär Sache der Rundfunkanstalten.[89]

4. Besonderheiten der Rundfunkfreiheit

Eine Besonderheit des Rundfunkrechts ist die organisatorische Durchformung auf einer gesetzlichen Grundlage. Der Auftrag zu dieser Durchformung ergibt sich vornehmlich aus der Rechtsprechung des Bundesverfassungsgericht, die die Rundfunkfreiheit als eine „dienende Freiheit" ansieht. Diese Interpretation soll zunächst erläutert werden (a). Im Anschluss soll die Kritik an dieser Rechtsprechung dargestellt (b) und eine Stellungnahme (c) abgegeben werden.

a) Bundesverfassungsgericht: Rundfunkfreiheit als „dienende Freiheit"

Ausgangspunkt der dienenden Freiheit sind die Aufgabe und Eigenart der Gewährleistung der Rundfunkfreiheit im Prozess individueller und öffentlicher Meinungsbildung.[90] Das Bundesverfassungsgericht beschreibt diesen Prozess folgender Maßen:

„Freie Meinungsbildung vollzieht sich im Prozess der Kommunikation. Sie setzt auf der einen Seite die Freiheit voraus, Meinungen zu äußern und zu verbreiten, auf der anderen Seite die Freiheit, geäußerte Meinungen zur Kenntnis zu nehmen und sich zu informieren. Indem Art. 5 Abs. 1 GG Meinungsäußerungs-, Meinungsverbreitungs- und Informationsfreiheit als Menschenrechte gewährleistet, sucht er zugleich diesen Prozess verfassungsrechtlich zu schützen. Er begründet insoweit subjektive Rechte. Im Zusammenhang damit normiert er die Meinungsfreiheit als objektives Prinzip der Gesamtrechtsordnung, wobei subjektiv- und objektiv-rechtliche Elemente einander bedingen und stützen. Der Rundfunk ist Medium und Faktor dieses verfassungsrechtlich geschützten Prozesses freier Meinungsbildung. Demgemäss ist die Rundfunkfreiheit eine der Freiheit der Meinungsbildung in ihren subjektiv- und objektivrechtlichen Elementen dienende Freiheit: Sie bildet unter den Bedingungen der modernen Massenkommunikation eine notwendige Ergänzung und Verstärkung dieser Freiheit; sie dient der Aufgabe, freie und umfassende Meinungsbildung durch den Rundfunk zu gewährleisten."[91]

---

[89] Vgl. BVerfGE 87, 181 (201); 90, 60 (92).

[90] Vgl. *Degenhart*, in: Dolzer/Vogel/Graßhof (Hrsg.), BK, Art. 5, Rn. 623; *Kannengießer*, in: Schmidt-Bleibtreu/Klein, GG, Art. 5, Rn. 11 c.

[91] Vgl. BVerfGE 57, 295 (319 f.); 73, 118 (323); 83, 238 (295).

Die Rundfunkfreiheit hat also, wie alle anderen Freiheiten des Art. 5 Abs. 1 GG auch, zunächst einen *status negativus*, der bestimmte Verhaltensweisen schützt und dem Grundrechtsträger ein Abwehrrecht gegen staatliche Eingriffe verleiht.[92] Daneben kommt der Rundfunkfreiheit eine objektiv-rechtliche Bedeutung zu[93], die nach der Auffassung des Gerichts den subjektiv-rechtlichen Gehalt der Rundfunkfreiheit überlagert.[94] Demnach ist die Rundfunkfreiheit kein Grundrecht, das seinem Träger zum Zweck der Persönlichkeitsentfaltung oder Interessenverfolgung eingeräumt ist.[95]

Die Meinungsbildung vollzieht sich im Prozess der Kommunikation,[96] der heute ohne die Medien nicht mehr aufrecht erhalten werden könnte.[97] Der Rundfunk ist hierbei aufgrund seiner Breitenwirkung, seiner Aktualität und seiner Suggestivkraft von besonderer Bedeutung.[98] Dem entspricht seine besondere Verantwortung im Kommunikationsprozess, die mitunter auch als „öffentliche Aufgabe" des Rundfunks bezeichnet wird.[99]

Der Rundfunk übernimmt in dem Kommunikationsprozess der Bürger untereinander zum einen die Rolle eines „Mediums", d.h. er verbreitet die Informationen und Meinungen anderer.[100] Zum anderen ist er aber auch „eminenter Faktor" der Meinungsbildung. Als solcher vertritt er eigene Auffassungen. Diese kommen in Form von Kommentaren und Stellungnahmen zum Ausdruck.[101] Sie werden aber auch durch die notwendige publizistische Auswahl, Deutung und Aufbereitung des zur Verfügung stehenden Materials subtil vermittelt.[102]

Der Rundfunk gibt sowohl dem Einzelnen als auch den gesellschaftlichen Gruppen die Gelegenheit zu meinungsbildendem Wirken und ist auch selbst an die-

---

92 Vgl. *Degenhart*, in: Dolzer/Vogel/Graßhof (Hrsg.), BK, Art. 5, Rn. 623.
93 Vgl. *Ladeur*, AfP 1998, S. 141 (143 f.).
94 Vgl. *Degenhart*, in: Dolzer/Vogel/Graßhof (Hrsg.), BK, Art. 5, Rn. 641; *Scholz*, JZ 1981, S. 561 (563); *Scheuner*, Das Grundrecht der Rundfunkfreiheit, S. 22 ff.; *Bullinger*, Kommunikationsfreiheit im Strukturwandel der Telekommunikation, S. 68 ff.; v.*Mangoldt/Klein/Starck*, GG, Art. 5, Rn. 68; *Starck*, in: Festschrift für Stern, S. 777 (793 ff.).
95 Vgl. BVerfGE 87, 181 (197).
96 Vgl. BVerfGE 57, 295 (319); 74, 297 (323); 83, 238 (295).
97 Vgl. BVerfGE 90, 60 (87).
98 Vgl. BVerfGE 90, 60 (87); *Jarass*, in: Jarass/Pieroth, GG, Art. 5, Rn. 35.
99 Vgl. BVerfGE 31, 314 (329); *Ricker/Schiwy*, Rundfunkverfassungsrecht, B 102 ff.; wobei das Verfassungsgericht den Begriff in seiner neueren Rechtsprechung nicht mehr verwendet.
100 Vgl. *Bethge*, in: Sachs, GG, Art. 5, Rn. 17.
101 Vgl. BVerfGE 12, 205 (260); 57, 295 (320); 73, 118 (152).
102 Vgl. BVerfG, MMR 1998, 202 (207).

sem Prozess der Meinungsbildung beteiligt.[103] Nach Auffassung des Bundesverfassungsgerichts beschränkt sich dieser normative Auftrag aus Art. 5 Abs. 1 Satz 2 GG nicht auf die bloße Berichterstattung über und die Verbreitung von politischen Meinungen. Vielmehr ist Meinungsbildung in einem umfassenden Sinne zu verstehen, d.h. es werden ebenso Hör- und Fernsehspiele, musikalische Darbietungen und Sport- und Unterhaltungssendungen mit umfasst.[104] Dies ist damit zu begründen, dass durch die Auswahl und Gestaltung jedes Rundfunkprogramms eine gewisse Tendenz entsteht.[105] Es wird also jede Vermittlung von Informationen und Meinungen von der Rundfunkfreiheit erfasst.[106]

aa) Erfordernis einer positiven Ordnung

Eben diesem Prozess dient die Rundfunkfreiheit, wenn sie dem Prozess freier individueller und öffentlicher Meinungsbildung dient. Durch diese Aufgabe wird die Eigenart und die Bedeutung der Rundfunkfreiheit bestimmt. Die freie individuelle und öffentliche Meinungsbildung verlangt die Freiheit des Rundfunks von staatlicher Beherrschung und Einflussnahme.[107] Doch diese abwehrende Bedeutung genügt nicht, um eine freie Meinungsbildung sicherzustellen.

Es bedarf vielmehr weiterhin einer positiven Ordnung, die sicherstellt, dass die Vielfalt der vorhandenen Meinungen im Rundfunk in möglichster Breite und Vollständigkeit Ausdruck findet und dass auf diese Weise umfassende Information geboten wird.[108] Diese Anforderung einer positiven Ordnung entspringt der Erkenntnis, dass eine lediglich negatorische Gestaltung, aus der die Staatsfreiheit des Rundfunks folgt, nicht genügt, um eine freie und umfassende Meinungsbildung durch den Rundfunk zu ermöglichen.[109] Insofern sind materielle, organisatorische und Verfahrensregelungen erforderlich, die an der Aufgabe der Rundfunkfreiheit orientiert und deshalb geeignet sind, eine freie individuelle und öffentliche Meinungsbildung zu fördern.[110]

Um jedoch der Aufgabe als Medium und Faktor gerecht zu werden und eine freie individuelle und öffentliche Meinungsbildung zu garantieren, ist es erforderlich, dass der Prozess der Meinungsbildung vor einseitiger Einflussnahme

---

103 Vgl. BVerfGE 73, 118 (152).
104 Vgl. BVerfGE 59, 231 (257 f.); 73, 118 (152); *Jarass*, in: Jarass/Pieroth, GG, Art. 5, Rn. 35.
105 Vgl. BVerfGE 12, 205 (260).
106 Vgl. BVerfGE 57, 295 (319); 74, 297 (323); 83, 238 (295).
107 Siehe 1. Teil B I 2.
108 Vgl. BVerfGE 57, 295 (320); 83, 238 (296); 87, 181 (198).
109 Vgl. BVerfGE 57, 295 (320); 74, 297 (324); 87, 181 (198).
110 Vgl. BVerfGE 74, 297 (324); 83, 238 (296); 87, 181 (198).

und Beherrschung durch Einzelne oder einzelne gesellschaftliche Gruppen geschützt wird.
Laut Bundesverfassungsgericht muss sichergestellt werden, dass die Vielfalt der bestehenden Meinungsrichtungen im Rundfunk in möglichster Breite und Vollständigkeit Ausdruck findet und alle gesellschaftlich relevanten Kräfte zum Ausdruck kommen.[111] Diese umfassende programmliche Vielfalt ist Voraussetzung dafür, dass der Rundfunk eine integrierende Wirkung für alle gesellschaftlichen Gruppen hat.[112] Es sind also besondere Vorkehrungen zu treffen, die die Aufrechterhaltung und Verwirklichung der Rundfunkfreiheit garantieren.[113]

bb) Die gesetzliche Regelung

(1) Bindung an den Parlamentsvorbehalt

Die rechtliche Ausgestaltung der rundfunkrechtlichen Ordnung unterliegt nach der Auffassung des Bundesverfassungsgerichts dem Vorbehalt des Gesetzes.[114] Hierzu hat das Bundesverfassungsgericht die Wesentlichkeitstheorie herangezogen, wonach alle wesentlichen Entscheidungen vom Gesetzgeber selbst zu treffen sind.[115] Zu solchen wesentlichen Entscheidungen gehören Eingriffe in die Rechtssphäre des einzelnen Bürgers, Entscheidungen im grundrechtsrelevanten Bereich und solche, die für die Verwirklichung von Grundrechten notwendig sind.[116]
Der Rundfunk ist schlechthin konstituierend für die freiheitlich demokratische Grundordnung. Er hat eine herausragende Bedeutung für die Meinungsbildung der Bürger. Letztlich kann es in diesem Bereich zu Grundrechtskollisionen kommen insbesondere zwischen der Informationsfreiheit der Rezipienten und der Rundfunkfreiheit der Rundfunkveranstalter. Somit ist die Entscheidung über die Rundfunkordnung als wesentlich im Sinne der Wesentlichkeitstheorie anzusehen.

Folglich muss der Gesetzgeber eine formellgesetzliche Regelung treffen, wobei er die wesentlichen Regelungen selbst vornehmen muss. Somit ist der Gesetzgeber daran gehindert, wesentliche Fragen der Rundfunkordnung der Exekutive zu

---

111 Vgl. BVerfGE 12, 205 (262).
112 Vgl. BVerfGE 31, 314 (329).
113 Vgl. BVerfGE 12, 205 (263); 57, 295 (320).
114 Vgl. *Bethge*, in: Sachs, GG, Art. 5, Rn. 97.
115 Vgl. BVerfGE 41, 251 (260); 47, 46 (78); 49, 89 (126).
116 Vgl. BVerfGE 47, 46 (79); 57, 295 (321).

überlassen. Allerdings ist es ihm ebenfalls verwehrt, die gesamte Materie strikt durchzuordnen, insbesondere im Bereich der Programmgestaltung.[117]
Wesentlich sind nach Auffassung des Bundesverfassungsgerichts Vorkehrungen, die sicherstellen, dass der Rundfunk nicht Einzelnen oder einzelnen gesellschaftlichen Gruppen ausgeliefert wird (Vielfaltsanforderungen). Weiterhin sind für den Inhalt des Gesamtprogramms Leitgrundsätze festzulegen, die ein Mindestmaß an Ausgewogenheit und Sachlichkeit gewährleisten (Programmanforderungen). Der Zugang zur Veranstaltung von Rundfunk ist gesetzlich zu regeln und darf allein an Voraussetzungen gebunden werden, die der Gewährleistung der Rundfunkfreiheit dienen (Zugangsregeln). Schließlich ist vom Gesetzgeber eine begrenzte Staatsaufsicht vorzusehen, die die Einhaltung der gesetzlichen Bestimmungen überwacht.[118]
Besonders wichtig sind die Regelungen im Bereich von Verfahren und Organisation, da diese am ehesten die Neutralität gegenüber den Programminhalten ermöglichen und die verfassungsrechtlich gebotene Schutzfunktion erfüllen.[119] Aus dem Vorbehalt des Gesetzes folgt die Notwendigkeit eines freiheitssichernden Organisationsgesetzes.[120]

(2) Gestaltungsspielraum des Gesetzgebers

Art. 5 Abs. 1 Satz 2 GG legt keine bestimmte Organisationsform des Rundfunks fest, an die sich der Gesetzgeber halten muss. Insofern besteht ein Gestaltungsspielraum des Gesetzgebers.[121] Vielmehr wird nur das Ziel bestimmt, dass die positive Ordnung eine freie, umfassende und wahrheitsgemäße Meinungsbildung gewährleisten muss und der Rundfunk so seine „dienende Funktion" für die individuelle und öffentliche Meinungsbildung erfüllt.[122]
Diese Regelungen stehen unter dem Vorbehalt des Gesetzes, wobei zu beachten ist, dass hieraus keine Beschränkung des Grundrechts folgen darf. Die Entscheidung für einen bestimmten Ordnungsrahmen ist eine Ausgestaltung und keine Einschränkung der Rundfunkfreiheit. Eine solche wäre nur unter den Voraussetzungen des Art. 5 Abs. 2 GG möglich.[123] Auf der einen Seite sind derartige Ausgestaltungsregelungen nur erforderlich, soweit sie der Sicherung der dienenden Funktion des Rundfunks bestimmt sind. Auf der anderen Seite sind die aus-

---

[117] Vgl. *Bethge*, Der verfassungsrechtliche Standort des öffentlich-rechtlichen Rundfunks, S. 33 f.
[118] Vgl. näher *Bethge*, DVBl. 1983, S. 369 (374); siehe auch 1. Teil C II 6.
[119] Vgl. *Schulze-Fielitz*, in: Dreier I, GG, Art. 5, Rn. 253 ff.
[120] Vgl. *Hesse*, Rundfunkrecht, 2. 55; *Bethge*, DVBl. 1983, S. 369 (375).
[121] Vgl. BVerfGE 57, 295 (321).
[122] Vgl. BVerfGE 83, 238 (305).
[123] Vgl. BVerfGE 57, 295 (321).

gestaltenden Gesetze nicht an dem Schrankenvorbehalt des Art. 5 Abs. 2 GG zu messen.

Die Grenze des Gestaltungsspielraums des Gesetzgebers liegt erstens dort, wo er zwingende Anforderungen des Art. 5 Abs. 1 Satz 2 GG außer acht lässt, zweitens die Regelungen die dienende Funktion der Rundfunkfreiheit nicht wirksam sichern[124] oder drittens die Erforderlichkeit der Regelung sich nicht aus konkreten Gründen ergibt[125]. Weiterhin darf der private Rundfunk nicht von Voraussetzungen abhängig gemacht werden, die ihn erheblich erschweren oder gar unmöglich machen.[126] Letztlich müssen auch bei der Ausgestaltung dieser Regelungen die rechtsstaatlichen Grundsätze von Rechtssicherheit und Rechtsklarheit beachtet werden. Die Veranstalter von Rundfunksendungen müssen klar erkennen können, welchen Anforderungen sie unterliegen und mit welchen Sanktionen das Nichteinhalten belegt wird.[127]

cc) Begründung: Die Sondersituation des Rundfunks

Diese Rechtsprechung des Bundesverfassungsgerichts beruht auf der Sondersituation des Rundfunks im Verhältnis zur Presse, die das Bundesverfassungsgericht bereits in seinem ersten Rundfunkurteil herausgearbeitet hat.[128] Diese Sondersituation wurde zum einen finanziell und zum anderen technisch begründet. Im Gegensatz zur Presse, bei der eine Vielzahl von in der Tendenz unterschiedlichen, miteinander konkurrierenden Unternehmen existiere, erfordere die Veranstaltung von Rundfunksendungen einen erheblich größeren finanziellen Aufwand.[129] Zudem bestehe in technischer Hinsicht nur die Möglichkeit, Programme über terrestrische Frequenzen auszustrahlen, die lediglich in begrenzter Zahl zur Verfügung stünden.[130] Aus diesen Gründen müsse die Anzahl der Träger solcher Veranstaltungen im Rundfunkbereich verhältnismäßig gering bleiben. Deshalb sei eine dem Pressewesen entsprechende Vielfalt von miteinander konkurrierenden Darbietungen nicht möglich.[131] Damit seien wiederum besondere Vorkehrungen zur Verwirklichung und Aufrechterhaltung der Rundfunkfreiheit erforderlich.[132]

---

124 Vgl. BVerfGE 83, 238 (324).
125 Vgl. BVerfGE 74, 297 (334).
126 Vgl. BVerfGE 73, 118 (157); 83, 238 (297).
127 Vgl. BVerfGE 73, 118 (164).
128 Vgl. BVerfGE 12, 205 (261).
129 Vgl. BVerfGE 12, 205 (261).
130 Vgl. BVerfGE 12, 205 (261).
131 Vgl. BVerfGE 12, 205 (261); 57, 295 (323).
132 Vgl. BVerfGE 12, 205 (261).

Dieser Ansatz wurde auch im Mehrwertsteuerurteil von 1971[133] aufrecht erhalten. Das Gericht ergänzte seine Ausführungen jedoch um die Feststellung, dass sich der Rundfunk zu einem der mächtigsten Kommunikationsmittel entwickelt habe und wegen seiner weitreichenden Wirkung und der Gefahr des Missbrauchs nicht dem freien Spiel der Kräfte überlassen werden dürfe.[134] Zudem seien eingetretene Fehlentwicklungen – wenn überhaupt – nur bedingt und nur unter erheblichen Schwierigkeiten rückgängig zu machen. Somit liege es in der Verantwortung des Gesetzgebers, dass ein Gesamtangebot bestehe, in dem die für die freiheitliche Demokratie konstitutive Meinungsvielfalt zur Darstellung gelange.[135] Deshalb gewährleiste Art. 5 GG die institutionelle Freiheit des Rundfunks.[136]

b) Kritik an der Konzeption der dienenden Freiheit

Diese Rechtsprechung des Bundesverfassungsgerichts ist in der Literatur heftig kritisiert worden. Dem als eher restriktiv anzusehenden Verständnis der Rundfunkfreiheit als „dienende Freiheit" steht die Auffassung gegenüber, die in dem Grundrecht ein klassisches Freiheitsrecht sieht. Eine Freiheit, die zum Dienen verpflichtet werde, sei keine Freiheit mehr, sondern werde zu einer Freiheit nach Maßgabe des Gesetzes.[137]
Begründet wird diese Ansicht mit dem Hinweis auf den systematischen Zusammenhang zwischen der Rundfunkfreiheit und den anderen Freiheitsrechten, insbesondere der Presse- und Filmfreiheit, im Grundrechtsteil der Verfassung.[138] Wenn die Rundfunkfreiheit den gleichen Zielen diene wie alle Teilfreiheiten des Art. 5 Abs. 1 GG, nämlich der Gewährleistung freier und individueller Meinungsbildung, so könne auch nichts dagegen sprechen, sie den anderen Freiheiten, insbesondere der Pressefreiheit gleichzustellen.[139] So müsse auch bei der Rundfunkfreiheit die subjektiv-rechtliche Seite im Vordergrund stehen.[140] Denn

---

133 BVerfGE 31, 314 ff. – Mehrwertsteuerurteil.

134 Vgl. BVerfGE 31, 314 (325); 57, 295 (323); zur Wirkung des Rundfunks BVerfGE 35, 202 (222).

135 Vgl. BVerfGE 75, 295 (323).

136 Vgl. BVerfGE 12, 205 (261); 31, 314 (326).

137 Vgl. *Pestalozza*, NJW 1981, S. 2158 (2160 ff.); *Weber*, in: Festschrift für Forsthoff, S. 467 (478 ff.); *Kloepfer*, AfP 1983, S. 447 (450); *Klein*, Der Staat 20 (1981), S. 177 (197); *Kull*, in: Festschrift für Lerche, S. 663 (670 f.); *Engel*, AfP 1994, S. 185 (186 ff.); *Fink*, DÖV 1992, S. 805 (807 ff.); *Scholz*, AfP 1995, S. 357 (358 ff.).

138 Vgl. *Klein*, Die Rundfunkfreiheit, S. 41 f.

139 Vgl. *Degenhart*, in: Dolzer/Vogel/Graßhof (Hrsg.), BK, Art. 5, Rn. 643.

140 Vgl. *Klöpfer*, AfP 1983, S. 447 (450); *Kull*, AfP 1981, S. 378 (380).

Zweck des Grundrechts sei es generell, das Individuum in dem jeweils geschützten Freiheitsbereich vor Übergriffen des Staates zu schützen.[141]
Die Sondersituation, auf die das Bundesverfassungsgericht zur Begründung abstellt, sei in ihrer ursprünglichen Form entfallen und wird durch die Grundversorgungsaufgabe substituiert.[142] Damit wird, um das Schutzziel freier Meinungsbildung zu verwirklichen, der Rundfunkfreiheit die entscheidende individualrechtliche Komponente des Grundrechts entzogen.[143] Trotz der Grundrechtsbindung wird es damit dem Gesetzgeber überlassen, über realisationsfähige Grundrechtspositionen zu entscheiden.[144]

c) Stellungnahme

Die Gegner des Konzepts der dienenden Freiheit verkennen die Besonderheiten der Rundfunkfreiheit, die dafür sprechen, dieselbe als „dienende Freiheit" zu betrachten.

Zunächst ist den Kritikern entgegenzuhalten, dass sie nicht auf den Grund eingehen und diesbezüglich Lösungsansätze entwickeln, weshalb das Bundesverfassungsgericht an der „dienenden Funktion" festhält. Das Bundesverfassungsgericht betrachtet nämlich den Gesamtprozess der Meinungsbildung und sieht die Rundfunkfreiheit nicht als ein bloßes Veranstaltergrundrecht an, sondern betrachtet ebenfalls die Position der Rundfunkteilnehmer.[145] In der heutigen Zeit wird Rundfunk von einigen wenigen kapitalstarken Großkonzernen veranstaltet, so dass es verfehlt wäre, nur diese unter den Schutz der Rundfunkfreiheit zu stellen und die Interessen der zahlreichen Rundfunkteilnehmer unberücksichtigt zu lassen.[146]

Die Freiheit, die die Rundfunkfreiheit gewährleisten will, kann nicht nur von staatlicher Seite, sondern auch durch private Meinungsmacht bedroht werden. Grundrechte sind Antworten auf Gefährdungslagen und entfalten ihre Wirkung nicht losgelöst von, sondern gerade im Hinblick auf einen konkreten Lebenssachverhalt.[147] Insofern können dem Gesetzgeber, wenn er Regelungen zur Sicherung der freie individuellen und öffentlichen Meinungsbildung im Rundfunk

---

[141] Vgl. *Degenhardt*, DÖV 1981, S. 963; *Kull*, AfP 1981, S. 378 (381); *Klein*, Die Rundfunkfreiheit, S. 41 f.
[142] Vgl. *Degenhart*, in: Dolzer/Vogel/Graßhof (Hrsg.), BK, Art. 5, Rn. 644.
[143] Vgl. *Burmeister*, in: Festschrift für Stern, S. 835 (835 ff.).
[144] Vgl. *Marko*, Subjektive öffentliche Rechte, S. 114 ff.
[145] Vgl. *Mahrenholz*, ZUM Sonderheft 1995, S. 508 (509); *Hesse*, Rundfunkrecht, 2.46.
[146] Vgl. *Bethge*, DVBl. 1983, S. 369 (374).
[147] Vgl. *Hesse*, Grundzüge des Verfassungsrechts, Rn. 64; *Müller/Christensen*, Juristische Methodik, S. 270 ff.

trifft, nicht die finanziellen Interessen der Rundfunkveranstalter entgegengehalten werden.[148]
Insofern gibt es eine Notwendigkeit im Bereich des Rundfunks im Gegensatz zur Presse, die eine gesetzliche Ordnung erforderlich macht, da die freie individuelle und öffentliche Meinungsbildung dadurch gefährdet werden kann, dass diejenigen, die im Besitz der Rundfunksender und der technischen Übertragungsmöglichkeiten sind, die Meinungsbildung beeinflussen können.

Eine gesetzliche Ordnung ist zudem notwendig, weil der Rundfunk für Missbrauch, gerade in Krisenzeiten, besonders anfällig ist.[149] Gesetzliche Vorkehrungen sind insofern notwendig, als dass es keine andere Institution außerhalb der staatlichen Sphäre gibt, die diese Gefahr abwehren könnte. Auch die Gesellschaft selbst kann diese Aufgabe nicht erfüllen, da sie nicht institutionalisierbar ist und über keine entsprechenden Machtmittel verfügt.[150]

Aber auch die Vertreter der dienenden Freiheit erkennen die Gefahr, die von einem potentiellen staatlichen Einfluss auf die Rundfunkfreiheit ausgeht. Insofern wird zu Recht verlangt, dass der Staat kein Ermessen besitzt, wie er über den Freiheitsbereich bestimmt.[151] Hierbei hat er sich vielmehr ausschließlich an der dienenden Funktion zu orientieren, also an der Herstellung und Offenhaltung eines allgemeinen Meinungsmarktes.[152] Dies bedeutet, dass erforderliche Konkretisierungen im Einzelfall nicht dem Staat überlassen bleiben dürfen, sondern durch die pluralistisch zusammengesetzten Gremien vorzunehmen sind.[153]

Ein weiterer Schutz gegen eine mögliche staatliche Einflussnahme ist in der Kontrolle durch die Judikative, insbesondere die Rechtsprechung des Bundesverfassungsgerichts, zu sehen. Das Bundesverfassungsgericht hat wiederholt in diesem Sinne geurteilt, so zum Beispiel bei dem Verbot des Staatsfernsehens in seinem ersten Rundfunkurteil[154], der Aufstellung der Anforderungen an die Rahmenordnung privaten Rundfunks in der FRAG-Entscheidung[155] oder dem Ausschluss staatlicher Ermessensspielräume bei der Zulassung privater Veranstalter im Niedersachsen-Urteil[156].

---

148 Vgl. *Hesse*, Rundfunkrecht, 2.46.
149 Vgl. BVerfGE 57, 295 (323).
150 Vgl. *Ricker/Schiwy*, Rundfunkverfassungsrecht, B I Rn. 87.
151 Vgl. *Jarass*, Die Freiheit des Rundfunks vom Staat, S. 48; *Wieland*, Die Freiheit des Rundfunks, S. 57 ff.; *Hesse*, Rundfunkrecht, 2.46.
152 Vgl. BVerfGE 57, 295 (323).
153 Vgl. *Ricker/Schiwy*, Rundfunkverfassungsrecht, B I Rn. 88.
154 Vgl. BVerfGE 12, 205 ff. – „Deutschland-Fernseh-GmbH“.
155 Vgl. BVerfGE 57, 295 ff. – „FRAG-Entscheidung“.
156 BVerfGE 73, 118 ff. – Niedersachsen-Urteil.

In dieser Arbeit wird also der Interpretation des Bundesverfassungsgerichts der Rundfunkfreiheit als dienender Freiheit gefolgt.

II. Rundfunkfreiheit und die Strukturprinzipien des Grundgesetzes

1. Rundfunkfreiheit und das Demokratieprinzip

Nach Art. 20 Abs. 1 GG ist die Bundesrepublik Deutschland ein demokratischer und sozialer Staat. In Abs. 2 des Art. 20 GG wird demokratisch mit den Worten „Alle Staatsgewalt geht vom Volke aus" näher erläutert.

Der Demokratiebegriff selbst ist weit und offen zu verstehen.[157] Die Demokratie ist die Herrschaftsform Freier und Gleicher.[158] Grundlegende Prinzipien der Demokratie sind Mehrheitsprinzip und Minderheitenschutz, die Herrschaft auf Zeit und die Existenz einer Opposition.[159]
Um wechselnde Mehrheiten bilden zu können und somit die Voraussetzung für eine Demokratie zu schaffen, ist die ständige geistige Auseinandersetzung zwischen den im Staat auftretenden sozialen Kräften und Interessen, den politischen Ideen und Parteien notwendig. Ein offener Kommunikations- und Willensbildungsprozess ist mithin erforderlich. Dieser Prozess der offenen Willensbildung ist nicht nur für die Entscheidungsfindung, sondern auch für die Kontrolle, Kritik und gegebenenfalls auch die Aufhebung der getroffenen Entscheidungen notwendig. Es geht in der Demokratie in erster Linie nicht darum, ein objektiv richtiges Ergebnis, sondern vielmehr auf dem Weg des *trial and error* eine relativ richtige Linie zu finden.[160] Durch die Offenheit des Prozesses und dessen Transparenz wird eine ständige geistige Kontrolle und Kritik der Ergebnisse ermöglicht und werden diese immer wieder aufs Neue überdacht. Durch diesen Prozess wird ein Erstarren des Gemeinwesens verhindert.[161] Es kommt zu einem Ausgleich zwischen den im Staat wirkenden Kräften. Einzelne Gruppen können

---

157 Vgl. *Stern*, Staatsrecht I, S. 588 ff.; *v.Münch*, Staatsrecht I, Rn. 119 ff. Eine detaillierte Auseinandersetzung mit dem Demokratiebegriff ist für die vorliegende Arbeit nicht notwendig und würde insofern zu weit führen, so dass hierauf verzichtet wird.

158 Vgl. *Dreier*, in: Dreier II, GG, Art. 20, Rn. 58 ff; *Sachs*, in: Sachs, GG, Art. 20, Rn. 16; *Pieroth*, in: Jarass/Pieroth, GG, Art. 20, Rn. 8; *Herzog*, in: Maunz/Dürig, GG, Art. 20, Rn. 6 ff.

159 Vgl. *Dreier*, in: Dreier II, GG, Art. 20, Rn. 63; *Sommermann*, in: v.Mangoldt/Klein/Starck, GG, Art. 20, Rn. 79 ff.; *Schnapp*, in: v.Münch/Kunig, GG, Art. 20, Rn. 15 f.; *Pieroth*, in: Jarass/Pieroth, GG, Art. 20, Rn. 15; *Hesse*, Grundzüge des Verfassungsrecht, Rn. 131.

160 Vgl. *Katz*, Staatsrecht, Rn. 140.

161 Vgl. BVerfGE 5, 85 (205).

ihre Belange zu Gehör bringen, so dass die Voraussetzung für das Finden von Kompromissen geschaffen wird und damit die Basis für soziale Gerechtigkeit.[162] Zudem wird auf diese Weise eine gewaltfreie Lösung von Konflikten ermöglicht.
Dem Volk wird die Gelegenheit zu einer effektiven politischen Willensbildung gegeben. Aufgrund der öffentlichen Diskussion stellt sich heraus, welche Fragen und Probleme im Staat relevant sind.[163] Hiermit wird der Mangel in Art. 20 GG ausgeglichen, wonach zwar alle Macht vom Volke ausgeht, der direkte Einfluss des Volkes aber auf die Teilnahme an Wahlen beschränkt ist, so dass auf diesem Weg der Kommunikation zumindest mittelbar auf die politische Willensbildung Einfluss genommen werden kann.[164]

Grundlage dieses Prozesses der geistigen Auseinandersetzung ist die Gewährleistung von Grundrechten. Für die politische Willensbildung sind die Grundrechte Voraussetzung, die die Kommunikation zwischen verschiedenen gesellschaftlichen Gruppen ermöglichen, die Offenheit des Prozesses und die Meinungsbildung schützen. Besondere Bedeutung für die geistige Auseinandersetzung und den Wettstreit der Meinungen haben die Kommunikations- und Gleichheitsrechte. Dazu zählen vor allem Art. 5, 8 und 9 GG, die politische Freiheit, das Selbstbestimmungsrecht und das politische Gleichheitsrecht. Diese garantieren die verfassungsrechtlichen Voraussetzungen des freien und offenen Prozesses der Meinungs- und Willensbildung des Volkes.[165] Damit sind die Grundrechte fundamentaler und integraler Bestandteil der demokratischen Prozesse.

Weiterhin verlangt das Menschenbild des Grundgesetzes und die ihm entsprechende Gestaltung der staatlichen Gemeinschaft ein friedliches Lebensklima, wie es ohne eine freie Kommunikation nicht denkbar ist.[166] Meinungs- und Informationsfreiheit sind elementare Voraussetzungen der freiheitlichen Demokratie, gerade weil der Einzelne hierdurch ermutigt wird, eigenverantwortlich im privaten und öffentlichen Bereich zu handeln.[167]

Wichtige Voraussetzung der Demokratie ist die Publizität ihrer Prozesse, weil nur der informierte Bürger sich ein Urteil bilden kann. Insofern ist der Rundfunk bei der Vermittlung von vorhandenen Informationen und Meinungen „Medium".

---

162 Vgl. *Hesse*, Rundfunkrecht, 2.31.
163 Vgl. *Hesse*, Rundfunkrecht, 2.31.
164 Vgl. *Hesse*, Grundzüge des Verfassungsrechts, Rn. 148; *Sachs*, in: Sachs, GG, Art. 20, Rn. 31 ff.; *Schnapp*, in: v.Münch/Kunig, GG, Art. 20, Rn. 18 ff.
165 Vgl. BVerfGE 44, 125 (139).
166 Vgl. BVerfGE 35, 202 (225).
167 Vgl. BVerfGE 27, 71 (81).

Darüber hinaus beeinflusst der Rundfunk die öffentliche Meinung durch politische Sendungen und Kommentare, aber auch durch die Auswahl der Sendungen und Inhalte der Berichte. Insofern ist der Rundfunk zugleich eminenter „Faktor" der Meinungsbildung.[168]
Des Weiteren bilden die Medien das Forum für die Artikulation der öffentlichen Meinung und lassen ihre Breitenwirkung erst entstehen.
In der modernen Gesellschaft haben die Massenmedien eine wesentliche Bedeutung für die Bildung einer öffentlichen Meinung, die Voraussetzung für das Funktionieren der Demokratie ist.[169] Durch das Fernsehen verbreitete Aussagen können in ein und derselben Sekunde in Bild und Ton an ein Millionenpublikum übermittelt werden. Der Rundfunk hat aufgrund seiner Breitenwirkung, Suggestivkraft und aufgrund des hohen Maßes an Aktualität eine extreme Massenwirksamkeit.[170] Durch das Fernsehen bekommt der Zuschauer ein Gefühl von Authentizität und Miterleben. Dieser Multiplikationseffekt ist auf dem Gebiet der Kommunikation einmalig. Damit hat das durch die Massenmedien verbreitete Wort nicht nur eine quantitativ höhere Bedeutung, sondern auch unter dem Aspekt der öffentlichen Meinungsbildung eine qualitativ höhere.[171] Weiterhin sind die durch das Fernsehen vermittelten Informationen bequem verfügbar, so dass sie in zeitlicher und inhaltlicher Hinsicht wesentlich intensiver als andere Medien genutzt werden. Zudem deckt der größte Teil der Bevölkerung seinen Informationsbedarf über das Fernsehen.[172] Insofern kann man von der Macht des Rundfunks sprechen.[173]

Aufgrund dieser Bedeutung des Rundfunks folgt aus dem Demokratieprinzip das verfassungsrechtliche Gebot, dass die Freiheit und Unabhängigkeit der allgemeinen Meinungsbildung vor einer Beherrschung durch staatliche Organe zu schützen und die Chancengleichheit der an der öffentlichen Meinungsbildung Mitwirkenden zu gewährleisten ist. Diese Grundsätze finden in Art. 5, 20, 79 Abs. 3 GG, aber auch in Art. 3 und 38 GG (Gleichheit und Allgemeinheit der Wahl) Ausdruck.
Abschließend lässt sich mit den Worten des Bundesverfassungsgerichts sagen, dass der Rundfunk schlechthin konstituierend für die freiheitlich demokratische Grundordnung ist.[174]

---

168 Siehe 1. Teil B I 4 a).
169 Vgl. *Herrmann/Lausen*, Rundfunkrecht, § 6 Rn. 5; *Stolte*, Fernsehen am Wendepunkt, S. 135.
170 Vgl. BVerfGE 90, 60 (87).
171 Vgl. *Herrmann/Lausen*, Rundfunkrecht, § 5 Rn. 20.
172 Vgl. BVerfGE 73, 118 (156 f.).
173 Vgl. *Herrmann/Lausen*, Rundfunkrecht, § 6 Rn. 5.
174 Siehe 1. Teil B I 4 a).

2. Rundfunkfreiheit und das Sozialstaatsprinzip

Auch das Sozialstaatsprinzip (Art. 20, 28 GG) ist in der Ausprägung des Gebotes der sozialen Gerechtigkeit für die Rundfunkfreiheit von Bedeutung. Das Gebot der sozialen Gerechtigkeit besagt, dass jeder Schicht und jeder gesellschaftlichen Gruppe die ihr zukommenden Rechte einzuräumen sind, d.h. insbesondere die wirtschaftliche und kulturelle Lebensfähigkeit auf ein angemessenes Niveau zu bringen und aufrecht zu erhalten ist.[175] Die Bedeutung des Rundfunks für die öffentliche Meinungsbildung wurde bereits dargestellt.[176] In der modernen Massengesellschaft, die nicht umsonst auch als Kommunikationsgesellschaft bezeichnet wird, ist die Teilhabe an den modernen Massenmedien unerlässlich. Ohne diese Teilhabe an Wissen, Kommunikation und Information ist es nicht möglich, an den grundlegenden Elementen der Gesellschaft teilzunehmen. Insofern gehört die Grundversorgung mit Rundfunk auch zum allgemeinen Lebensstandard in einer modernen Massengesellschaft.
Deshalb besteht eine Verpflichtung des Staates, für eine wenigstens in ihrem Grundbestand sozial gestaltete Rundfunkkommunikation zu sorgen. Das Sozialstaatsgebot stützt positiv-verfassungsrechtlich die Aussage, dass eine vollständige Kommerzialisierung des Rundfunks in Deutschland unzulässig wäre. Diese Aussage korrespondiert mit dem Demokratieprinzip, wonach die Allgemeinheit mit einem Mindestmaß an wichtigen Informationen versorgt werden muss.

3. Rundfunkfreiheit und das Bundesstaatsprinzip

Das Bundesstaatsprinzip nach Art. 20, 28 GG hängt mit der Rundfunkfreiheit auf zwei verschiedene Arten zusammen. Zum einen geht es darum, ob der Bund oder die Länder die allgemeinen Gesetze erlassen dürfen, die die Rundfunkfreiheit gewährleisten. Zum anderen kann die föderale Ordnung auch materielle Aussagen über die Struktur des Rundfunks enthalten.

a) Zuständigkeiten

Der Bund ist lediglich dann für die Gesetzgebung zuständig, wenn ihm das Grundgesetz eine solche Zuständigkeit ausdrücklich zuweist (Art. 30, 70 ff. GG). Dies geschieht für den Bereich des „Post- und Fernmeldewesens" in Art. 73 Nr. 7 GG a.F. Unter Fernmeldewesen wird die Fernmeldetechnik verstanden, nicht jedoch organisatorische Regelungen für den Betrieb von Rundfunksende-

---

175 Vgl. *Sommermann*, in: v.Mangoldt/Klein/Starck, GG, Art. 20, Rn. 98 ff; *Sachs*, in: Sachs, GG, Art. 20, Rn. 46 f.; *Jarass*, in: Jarass/Pieroth, GG, Art. 20, Rn. 104.

176 Siehe 1. Teil B II 1.

anlagen oder für die Verbreitung von Programmen.[177] Weiterhin steht dem Bund die ausschließliche Gesetzgebungskompetenz für „auswärtige Angelegenheiten" nach Art. 73 Nr. 1 GG zu, wonach der Bund für den Auslandsfunk und ausländische Stationen im Bundesgebiet zuständig ist.[178] Des Weiteren ergeben sich Zuständigkeiten des Bundes durch die Berührung anderer Kompetenzen wie beispielsweise das Urheberrecht nach Art. 73 Nr. 9 GG und das Recht der Wirtschaft nach Art. 74 Nr. 11 GG.

Das Rundfunkwesen fällt im Übrigen unter die Kulturhoheit der Länder und damit in ihren Zuständigkeitsbereich (Art. 30, 70 GG).[179] Die Länder sind somit zuständig, die Rundfunkfreiheit zu sichern und eine Rundfunkordnung zu schaffen.

b) Rundfunkföderalismus und Bundestreue

Die sich aus der Länderzuständigkeit ergebende „publizistische Gewaltenteilung" ist historisch bedingt, um die Macht des Zentralstaates zu mindern.[180] Die Schaffung des sog. Rundfunkföderalismus war ein bewusster Akt „publizistischer Gewaltenteilung".
Das Bundesverfassungsgericht hat in seinem ersten Rundfunkurteil den Grundsatz der Bundestreue besonders betont. Der Bund muss im Rahmen seiner Zuständigkeit die landesrechtliche Rundfunkorganisation berücksichtigen. Aber auch das Verhalten der Länder untereinander soll durch den Grundsatz bundesfreundlichen Verhaltens bestimmt werden.[181]

4. Rundfunkfreiheit und das Rechtsstaatsprinzip

Das Rechtsstaatsgebot des Grundgesetzes nach Art. 20, 28 GG gilt auch für das Rundfunkwesen.
Zunächst muss die Rundfunkfreiheit gesichert werden und die Ausgestaltung ihrer Schranken in rechtsstaatlicher Form geschehen. So hat die staatliche Gewalt, insbesondere Legislative und Judikative, die Würde des Menschen (Art. 1 Abs. 1 GG) vor Verletzungen durch Rundfunkinhalte zu schützen. Sie muss ei-

---

[177] Vgl. *Pieroth*, in: Jarass/Pieroth, GG, Art. 73, Rn. 17; *Degenhart*, in: Sachs, GG, Art. 73, Rn. 32 ff.; *Heintzen*, in: v. Mangoldt/Klein/Starck, GG, Art. 73 Nr. 7, Rn. 76.

[178] Vgl. BVerwGE 75, 79 (81); *Pieroth*, in: Jarass/Pieroth, GG, Art. 73, Rn. 3; *Badura*, in: Dolzer/Vogel/Graßhof (Hrsg.), BK, Art. 73, Rn. 30.

[179] Vgl. BVerfGE 12, 205 (229); 92, 203 (238); *Pieroth*, in: Jarass/Pieroth, GG, Art. 70, Rn. 12.

[180] Siehe 1. Teil A II 1.

[181] Vgl. BVerfGE 12, 205 (255 ff.).

nen gerechten Interessenausgleich zwischen dem Recht auf freie Persönlichkeitsentfaltung (Art. 2 Abs. 1 GG), der Rundfunkfreiheit (Art. 5 Abs. 1 GG), dem Eigentumsrecht (Art. 14 Abs. 1 GG) und dem Recht auf freie Berufsausübung (Art. 12 Abs. 1 GG) der Rundfunkveranstalter und den verfassungsrechtlich geschützten Interessen der Rezipienten (Art. 5 Abs. 1 GG, Art. 2 Abs. 1 GG) finden.
Weiterhin ist es Aufgabe des Gesetzgebers, eine positive Ordnung zu schaffen, welche sicherstellt, dass die Vielfalt der bestehenden Meinungen im Rundfunk in möglichster Breite und Vollständigkeit Ausdruck findet.[182]
Letztlich hat der Gesetzgeber, wie bereits angesprochen, das Wesentlichkeitsgebot zu beachten, d.h. alle grundrechtlich wesentlichen Entscheidungen selbst zu treffen.[183]

III. Urteile des Bundesverfassungsgerichts

Die Rundfunkfreiheit nach Art. 5 Abs. 1 Satz 2 GG ist in ihrer Ausgestaltung wie kaum ein anderes Grundrecht von der Rechtsprechung des Bundesverfassungsgerichts geprägt. Diese Rechtsprechung ist deshalb für das Verständnis der Rundfunkfreiheit und die Entwicklung und Gestaltung der Rundfunkordnung in der Bundesrepublik von großer Bedeutung.

1. Das erste Rundfunkurteil – „Deutschland-Fernseh-GmbH"

Das Bundesverfassungsgericht hatte in seinem ersten Rundfunkurteil vom 28. Februar 1961[184] über die Kompetenzverteilung zwischen Bund und Ländern im Rundfunkbereich zu befinden.[185] Das Bundesverfassungsgericht erklärte die unter maßgeblicher Mitwirkung des damaligen Bundeskanzlers Konrad Adenauer gegründete „Deutschland-Fernseh-GmbH" für verfassungswidrig und begründete dies damit, dass der Bund zwar für die Übertragungstechnik (Telekommunikation, Art. 73 Nr. 7, 87 f. GG)[186], die Länder aber für die Rundfunkorganisation und den Inhalt der Sendungen zuständig seien (Art. 70, 30 GG)[187].
Neben diesen Aussagen zur Kompetenzabgrenzung enthält das Urteil auch Anforderungen an die Rundfunkorganisation unter Einschluss des Erfordernisses der Vielfaltssicherung und zur Sicherung der Rundfunkfreiheit im Fernsehbe-

---

182 Siehe 1. Teil B 4 a) aa).
183 Siehe 1. Teil B 4 a) bb).
184 BVerfGE 12, 205 ff. – „Deutschland-Fernseh-GmbH".
185 Ausführlich zu diesem Urteil *Odendahl*, JA 2002, S. 286 ff.
186 Vgl. BVerfGE 12, 205 (248).
187 Vgl. BVerfGE 12, 205 (249).

reich.[188] Aufgrund der Sondersituation des Rundfunks, die sich aus der Frequenzknappheit und dem hohen finanziellen Aufwand ergibt, sei es aus verfassungsrechtlichen Gründen erforderlich, dass der Rundfunk als wichtiges Instrument der Meinungsbildung nicht Einzelnen oder einzelnen gesellschaftlichen Gruppe ausgeliefert werde.[189] Der Gesetzgeber habe eine gesetzliche Ordnung zu schaffen, die hinreichend Gewähr dafür bieten könne, dass alle gesellschaftlich relevanten Kräfte zu Wort kommen können und die Freiheit der Berichterstattung unangetastet bleibe.[190] Im Falle der „Deutschland-Fernseh-GmbH" sah das Bundesverfassungsgericht den Rundfunk hingegen an den Staat ausgeliefert und bejahte insofern auch einen Verstoß gegen die Rundfunkfreiheit.[191]
Das Urteil gilt aufgrund seiner Bedeutung als die „Magna Charta des Rundfunkrechts"[192] in der Bundesrepublik Deutschland und hat die weitere Entwicklung des deutschen Rundfunkwesens entscheidend geprägt.[193]

2. Das zweite Rundfunkurteil – „Umsatzsteuerurteil"

Das Bundesverfassungsgericht erklärte in seinem 2. Rundfunkurteil vom 27. Juli 1971[194] die Regelung des Umsatzsteuergesetzes von 1967 für verfassungswidrig, nach der die Tätigkeiten der Landesrundfunkanstalten als „gewerbliche oder berufliche Tätigkeit" i.S.d. Umsatzsteuerrechts eingestuft wurden.
Als Begründung führte das Gericht an, dass die Rundfunkanstalten aufgrund ihrer Organisationsform und ihrer Aufgabe nicht als Unternehmen gelten könnten, die eine gewerbliche oder berufliche Tätigkeit ausübten. Die öffentlich-rechtlichen Rundfunkanstalten erfüllten nämlich eine öffentliche Aufgabe.[195] Weiterhin stünden sie in öffentlicher Verantwortung und erfüllten zugleich eine integrierende Funktion für das Staatsganze.[196] Ob daneben gewisse Tätigkeiten der Rundfunkanstalten, wie etwa die entgeltliche Abgabe von Filmen oder die Verwertung überzähligen Inventars, ferner der gesamte Bereich der Hörfunk- und Fernsehwerbung gewerblicher Art seien, ließ das Bundesverfassungsgericht ausdrücklich offen.[197] Dieses Urteil bedeutete eine Bekräftigung der öffentlichen und somit eben nicht der gewerblichen Aufgabe des öffentlich-rechtlichen

---

188 Vgl. BVerfGE 12, 205 (259 ff.).
189 Vgl. BVerfGE 12, 205 (261).
190 Vgl. BVerfGE 12, 205 (262).
191 Vgl. BVerfGE 12, 205 (263 f.).
192 Vgl. *Stern*, Föderative und unitarische Aspekte im deutschen Rundfunkwesen, S. 26 (27).
193 Vgl. *Odendahl*, JA 2002, 286 (289).
194 BVerfGE 31, 314 ff. – Umsatzsteuerurteil.
195 Vgl. BVerfGE 31, 314 (329).
196 Vgl. BVerfGE 31, 314 (329).
197 Vgl. BVerfGE 31, 314 (324).

Rundfunks. Diese Aussage wirkte sich auch später auf die Behandlung privater Rundfunkanstalten aus.[198]
Relevant war weiterhin die Aussage des Gerichts, dass aufgrund der Bedeutung des Rundfunks für die öffentliche Meinungsbildung der Rundfunk nicht dem freien Spiel der Kräfte überlassen werden dürfe.[199] Es müsse also ein Schutz vor einseitiger Einflussnahme auf die öffentliche Meinung durch überparteiliche und staatsferne Organisation gewährleistet werden. Der Rundfunk sei Sache der Allgemeinheit, überparteilich und unter Mitwirkung aller maßgeblichen gesellschaftlich Kräfte zu organisieren.[200]

3. Das dritte Rundfunkurteil – „FRAG-Entscheidung"

Im 3. Rundfunkurteil vom 16. Juni 1981[201] – der sogenannten „FRAG-Entscheidung" – hatte das Bundesverfassungsgericht über die Verfassungsmäßigkeit des Saarländischen Gesetzes zur Veranstaltung von Rundfunksendungen zu entscheiden, das privaten Rundfunk zuließ.[202] Ausgangspunkt war die Ablehnung des Konzessionsantrages der „Freien Rundfunkaktiengesellschaft in Gründung" (FRAG) zur Veranstaltung von Rundfunk mit der Begründung, dass andernfalls eine Existenzgefährdung für die betroffene öffentlich-rechtliche Rundfunkanstalt (Saarländischer Rundfunk) drohe.
Das Bundesverfassungsgericht erklärte den privaten Rundfunk in Fortentwicklung des ersten Rundfunkurteils für grundsätzlich verfassungsgemäß, stellte aber strenge Voraussetzungen an dessen Zulassung.[203] Es verlangte wirksame gesetzliche Vorkehrungen, die sicherstellen, dass in dem Gesamtangebot alle gesellschaftlich relevanten Kräfte zu Worte kommen könnten.[204] Privater Rundfunk sei nur erlaubt, wenn der (Landes-) Gesetzgeber ihn ausdrücklich zulasse[205] und der Gesetzgeber organisatorische und materielle Bestimmungen erlasse, die den Anforderungen des Gerichts, insbesondere hinsichtlich inhaltlicher Ausgewogenheit, Sachlichkeit und gegenseitiger Achtung, genügten.[206] Diese Notwendigkeit bestünde aufgrund der enormen Bedeutung der Rundfunkfreiheit auch dann, wenn die durch die Knappheit der Sendefrequenzen und den hohen finanziellen Aufwand für die Veranstaltung von Rundfunksendungen bedingte Sondersituation des Rundfunks – wie sie das Bundesverfassungsgericht im ersten

[198] Vgl. BVerfGE 57, 295 ff.; 73, 118 ff.
[199] Vgl. BVerfGE 31, 314 (325).
[200] Vgl. BVerfGE 31, 314 (326).
[201] BVerfGE 57, 295 ff. – FRAG-Urteil.
[202] Ausführlich *Ricker*, NJW 1981, S. 1925 ff.; *Groß*, DVBl. 1982, S. 561 ff.
[203] Vgl. BVerfGE 57, 295 (318 ff.).
[204] Vgl. BVerfGE 57, 295 (320).
[205] Vgl. BVerfGE 57, 295 (324).
[206] Vgl. BVerfGE 57, 295 (325 f.).

Fernsehurteil dargestellt und damals als Begründung für den damaligen Ausschluss privater Rundfunkveranstalter herangezogen hatte – infolge moderner Entwicklungen entfalle.[207]
Da das Saarländische Gesetz den Anforderungen an die Meinungsvielfalt nicht entsprach, wurde es vom Bundesverfassungsgericht für verfassungswidrig erklärt.[208]
Das Bundesverfassungsgericht präzisierte in diesem Urteil die Bedingungen für die Zulassung von privatem Rundfunk und schuf somit die Basis für das duale System. Insofern hatte diese Entscheidung große Bedeutung für die sich zu diesem Zeitpunkt entwickelnden bzw. in parlamentarischen Beratungen befindlichen Landesmediengesetze.[209] Zusammen mit dem 4. Rundfunkurteil hat dieses Urteil die duale Rundfunkordnung mit dem Nebeneinander von privatem und öffentlich-rechtlichem Rundfunk entscheidend geprägt.

4. Das vierte Rundfunkurteil – „Niedersachsen-Urteil“

Im Niedersachsen-Urteil vom 4. November 1986[210] ging es um die Verfassungsmäßigkeit des Niedersächsischen Landesrundfunkgesetzes, das einen Ordnungsrahmen für den privaten Rundfunk in Niedersachsen geschaffen hatte.[211]
Nach Ansicht des Bundesverfassungsgerichts war dieses Gesetz prinzipiell verfassungsgemäß, allerdings erklärte es eine Reihe von Regelungen (zum Erlaubnisverfahren, zur Sendezeitenzuweisung, zu Vorkehrungen gegen vorherrschende Meinungsmacht und zur programmlichen Ausgewogenheit) für ganz oder teilweise verfassungswidrig, weil sie die Rundfunkfreiheit nicht in der gebotenen Weise zu gewährleisten vermochten.[212]
Das Bundesverfassungsgericht arbeitete die Vielfaltsanforderungen an den Rundfunk in einer pluralistischen Rundfunkordnung heraus.[213] Mit dem Begriff der „Grundversorgung“ beschrieb das Gericht erstmalig die zentrale Aufgabe des öffentlich-rechtlichen Rundfunks. Aufgrund dieser sei es notwendig, dass die technischen, organisatorischen, personellen und finanziellen Vorbedingungen ihrer Erfüllung sichergestellt würden.[214]

---

207 Vgl. BVerfGE 57, 295 (322).
208 Vgl. BVerfGE 57, 295 (327).
209 Siehe 1. Teil A II 2 a).
210 BVerfGE 73, 118 ff. – Niedersachsen-Urteil.
211 Ausführlich zu diesem Urteil *Hesse*, ZUM 2000, S. 183 ff.; *Pappi*, ZUM 2000, S. 203 ff.; *Ring*, ZUM 2000, S. 177 ff.; *Kull*, AfP 1987, S. 365 ff.; *Schmidt Glaeser*, DVBl. 1987, S. 14 ff.; *Fuhr*, ZUM 1987, S. 145 ff.; *Seemann*, DÖV 1987, S. 129 ff.
212 Vgl. BVerfGE 73, 118 (160 ff.).
213 Vgl. BVerfGE 73, 118 (156).
214 Vgl. BVerfGE 73, 118 (158).

Solange und soweit die Wahrnehmung dieser Grundversorgungsaufgabe durch den öffentlich-rechtlichen Rundfunk wirksam gesichert sei, erscheine es gerechtfertigt, an die Breite des Programmangebotes und die Sicherung gleichgewichtiger Vielfalt im privaten Rundfunk nicht gleich hohe Anforderungen wie im öffentlich-rechtlichen Rundfunk zu stellen.[215] Allerdings müsse auch hier ein Grundstandard an Meinungsvielfalt gewährleistet sein.[216]
Das Bundesverfassungsgericht hat in dieser Entscheidung die sich entwickelnde duale Rundfunkordnung anerkannt, die bis heute Grundlage unserer Rundfunkordnung ist.

5. Das fünfte Rundfunkurteil – „Baden-Württemberg-Beschluss"

Mit dem Beschluss vom 24. März 1987[217] hob das Bundesverfassungsgericht diejenigen Vorschriften des baden-württembergischen Mediengesetzes auf, die öffentlich-rechtliche Rundfunkanstalten von der Veranstaltung von Spartenprogrammen und Online-Diensten ausschlossen.[218]
Das Gericht begründete den Beschluss damit, dass auch solche Angebote der Grundversorgung unterfallen könnten. Bei der Grundversorgungsaufgabe handle es sich weder um die Beschränkung der öffentlich-rechtlichen Rundfunkanstalten auf eine Mindestversorgung, noch gehe es um eine Grenzziehung oder Aufgabenteilung zwischen öffentlich-rechtlichem und privatem Rundfunk.[219] Das Gericht formulierte weiterhin insofern eine Bestandsgarantie für den öffentlich-rechtlichen Rundfunk, als zumindest die im November 1986 terrestrisch verbreiteten öffentlich-rechtlichen Programme der unerlässlichen Grundversorgung zuzurechnen seien.[220]
Das Gericht präzisierte mithin die verfassungsrechtlichen Gewährleistungen sowohl für den öffentlich-rechtlichen als auch für den privaten Rundfunk.

6. Das sechste Rundfunkurteil – „Nordrhein-Westfalen-Urteil"

Mit dem 6. Rundfunkurteil vom 5. Februar 1991[221] bestätigte das Bundesverfassungsgericht die Verfassungsmäßigkeit des nordrhein-westfälischen Gesetzes über den Westdeutschen Rundfunk Köln (WDR-Gesetz) sowie des Landesrund-

---

215 Vgl. BVerfGE 73, 118 (158 f.).
216 Vgl. BVerfGE 73, 118 (159 f.).
217 BVerfGE 74, 297 ff. – Baden-Württemberg-Beschluss.
218 Vgl. BVerfGE 74, 297 (350 ff.). Ausführlich zu diesem Urteil *Ory*, ZUM 1987, S. 427 ff.; *Seemann*, DÖV 1987, S. 844 ff.; *Kull*, AfP 1987, S. 568 ff.
219 Vgl. BVerfGE 74, 297 (326 f.).
220 Vgl. BVerfGE 74, 297 (326).
221 BVerfGE 83, 238 ff. – Nordrhein-Westfalen-Urteil.

funkgesetzes mit Ausnahme der die Zuordnung von Übertragungskapazitäten regelnden Vorschriften.[222] Das Urteil enthält eine Vielzahl präzisierender Aussagen zum öffentlich-rechtlichen Rundfunk:
In der dualen Rundfunkordnung, in der öffentlich-rechtlicher und privater Rundfunk nebeneinander stehen, soll die gleichgewichtige Vielfalt im Ergebnis durch das Gesamtangebot aller Veranstalter erreicht werden.[223] Zudem erweiterte das Bundesverfassungsgericht die Bestandsgarantie zu einer Bestands- und Entwicklungsgarantie.[224] Weiterhin traf das Gericht Aussagen zur Mischfinanzierung[225], zur Übernahme von neuen Diensten[226], zur Ausgestaltung der Programmanforderungen für den privaten Rundfunk[227] und zur Kooperation zwischen privaten und öffentlich-rechtlichen Sendern[228].

7. Das siebte Rundfunkurteil – „HR 3-Beschluss“

Gegenstand des 7. Rundfunkurteils war die Gebührenfinanzierung des öffentlich-rechtlichen Rundfunks. Im HR 3-Beschluss vom 6. Oktober 1992[229] stellte das Bundesverfassungsgericht klar, dass ein gesetzliches Werbeverbot für öffentlich-rechtliche Rundfunkanstalten keinen Eingriff in ihre Rundfunkfreiheit bedeute. Vielmehr handele es sich um eine zulässige Ausgestaltung der Rundfunkfreiheit.[230]
Das Bundesverfassungsgericht führte aus, dass die Gebührenfinanzierung die dem öffentlich-rechtlichen Rundfunk gemäße Finanzierungsart sei, da so die finanzielle Unabhängigkeit gewährleistet sei, d.h. die Freiheit von Zwängen, die sich aus der Finanzierung vornehmlich aus Werbeeinnahmen ergäben.[231] Andere Finanzierungsquellen seien dem öffentlich-rechtlichen Rundfunk jedoch nicht versagt. Eine Mehrzahl von Finanzierungsquellen könne geeignet sein, einseitige Abhängigkeiten zu lockern und die Programmgestaltungsfreiheit der Rundfunkanstalten zu stärken.[232] Ein Anspruch der öffentlich-rechtlichen Rundfunkanstalten auf eine bestimmte Finanzierungsart bestehe jedoch nicht. Vielmehr liege die Auswahl dieser im Ermessen des Gesetzgebers, wobei die vorrangige

---

222 Ausführlich zu diesem Urteil *Herrmann*, ZUM 1991, S. 325 ff.; *Jach*, DÖV 1992, S. 730 ff.; *Degenhart*, DVBl. 1991, S. 510 ff.; *Kull*, AfP 1991, S. 716 ff.

223 Vgl. BVerfGE 83, 238 (296 f.).

224 Vgl. BVerfGE 83, 238 (299).

225 Vgl. BVerfGE 83, 238 (297).

226 Vgl. BVerfGE 83, 238 (302 f.).

227 Vgl. BVerfGE 83, 238 (316 f.).

228 Vgl. BVerfGE 83, 238 (303 ff.).

229 BVerfGE 87, 181 ff. – HR 3-Beschluss.

230 Vgl. BVerfGE 87, 181 (205 f.).

231 Vgl. BVerfGE 87, 181 (199).

232 Vgl. BVerfGE 87, 181 (200).

Finanzierungsquelle die Gebühr bleiben müsse. Die Anstalt habe nur einen Anspruch auf eine ausreichende Finanzierung.[233]

8. Das achte Rundfunkurteil – „Gebührenurteil"

Das Bundesverfassungsgericht erklärte im 8. Rundfunkurteil am 22. Februar 1994[234] das damalige Verfahren der Rundfunkgebührenfestsetzung für mit der Rundfunkfreiheit nach Art. 5 Abs. 1 Satz 2 GG unvereinbar.[235]
Das damalige Verfahren habe laut Bundesverfassungsgericht den verfassungsrechtlichen Anforderungen nicht in vollem Umfang entsprochen, da es weder sicherstelle, dass die öffentlich-rechtlichen Rundfunkanstalten über die finanziellen Mittel verfügten, die zur Erfüllung des Rundfunkauftrages notwendig seien, noch eine staatliche Einflussnahme durch die Rundfunkgebühr ausgeschlossen werde.[236] Das Gericht schlug deshalb ein dreistufiges Verfahren zur Gebührenfestsetzung vor, das im Folgenden durch den 3. RfÄndStV durch Neuregelungen im RfStV und im RfFinStV umgesetzt wurde: Bedarfsanmeldung der Anstalten; fachliche Überprüfung durch die unabhängige „Kommission zur Überprüfung und Ermittlung des Finanzbedarfs der Rundfunkanstalten" (KEF) und schließlich die eigentliche Gebührenfestsetzung durch die Landesparlamente.[237]

9. Das neunte Rundfunkurteil – „EG-Fernsehrichtlinien-Urteil"

Das Bundesverfassungsgericht befasste sich in seinem 9. Rundfunkurteil, dem „EG-Fernsehrichtlinien-Urteil" vom 22. Februar 1995,[238] mit der Klage des Freistaates Bayern und einiger anderer Bundesländer, die sich durch die Zustimmung des Bundes zur EG-Fernsehrichtlinie in Art. 70 Abs. 1, 24 Abs. 1 GG verletzt sahen.
Das Urteil enthält grundlegende Aussagen zur Kompetenzabgrenzung zwischen der Europäischer Union, dem Bund und den Ländern im Bereich des Rundfunkrechts.[239]

---

233 Vgl. BVerfGE 87, 181 (200).
234 BVerfGE 90, 60 ff. – Gebührenurteil.
235 Ausführlich zu diesem Urteil *Hümmerich/Heinze*, ZUM 1994, S. 488 ff.; *Libertus*, ZUM 1996, S. 947 ff.; *Lehmert*, ZUM 1994, S. 617 ff.; *Kresse/Kennel*, ZUM 1994, S. 159 ff.; *Hümmerich*, AfP 1996, S. 25 ff.; *Rühl*, ZUM 1995, S. 167 ff.
236 Vgl. BVerfGE 90, 60 (96 f.).
237 Vgl. BVerfGE 90, 60 (97 ff.); *Dörr*, VerwArch 92 (2001), S. 149 (167 ff.).
238 BVerfGE 92, 203 ff. – EG-Fernsehrichtlinien-Urteil.
239 Vgl. BVerfGE 92, 203 (230 ff.).

10. „Kurzberichterstattung“[240]

In seinem Urteil zur Kurzberichterstattung vom 17. Februar 1998[241] entschied das Bundesverfassungsgericht über die Vorschriften des § 3 a WDR-Gesetz und des § 3 a Landesrundfunkgesetz (NRW) zum Recht auf unentgeltliche Kurzberichterstattung. Ziel der Regelungen ist es, dass eine umfassende Information im Free-TV gesichert wird. Das Privatfernsehen wollte seinen Zuschaueranteil durch den Erwerb von Exklusivrechten immer weiter ausdehnen.
Das Bundesverfassungsgericht beurteilte die Regelungen als verfassungsgemäß, weil sie zum einen der Verhinderung von Informationsmonopolen dienten und zum anderen dem Gesetzgeber einen weiten Gestaltungsspielraum zusprächen.[242] Ein Verstoß gegen Art. 12 Abs. 1 GG sah das Bundesverfassungsgericht nur in der Regelung, die bei berufsmäßig durchgeführten Veranstaltungen eine Unentgeltlichkeit vorsah.[243] Insofern hielt das Bundesverfassungsgericht die Zahlung eines angemessenen Entgelts für zumutbar und geboten, weil andernfalls der Ertrag der beruflichen Leistung den konkurrierenden Sendern zugute käme.[244]

11. „Extra Radio“

Am 20. Februar 1998 erließ das Bundesverfassungsgericht eine Entscheidung zur Rundfunkunternehmerfreiheit.[245] Der Antrag der Beschwerdeführerin („Extra Radio“ in Bayern) hatte Erfolg, da das Bundesverfassungsgericht eine Verletzung des Grundrechts aus Art. 5 Abs. 1 Satz 2 GG als gegeben ansah.
Streitgegenstand war Art. 111a BayVerf. Dieser wurde nachträglich durch einen Volksentscheid in die Bayerische Verfassung aufgenommen. Abs. 2 legt fest, dass Rundfunk in öffentlicher Verantwortung und in öffentlich-rechtlicher Trägerschaft betrieben werden muss. Der Bayerische Verfassungsgerichtshof sah die Bayerische Landeszentrale für Neue Medien (BLM) als Träger des Grundrechts an.[246] Das Bundesverfassungsgericht hat in seiner Entscheidung hinsichtlich des Art. 5 Abs. 1 Satz 2 GG festgestellt, dass die Programmanbieter nach

---

240 Die Nummerierung der Urteile ist in der Literatur nicht einheitlich. Die Frage, ob die Urteile weiter nummeriert werden sollen, ist von rein akademischer Natur und soll hier nicht weiter verfolgt werden. Es soll jedoch darauf hingewiesen werden, dass die folgenden Urteile nicht weniger bedeutend sind.
241 BVerfGE 97, 228 ff. – Kurzberichterstattung.
242 Vgl. BVerfGE 97, 228 (258 ff.).
243 Vgl. BVerfGE 97, 228 (261 f.).
244 Vgl. BVerfGE 97, 228 (263).
245 BVerfGE 97, 298 ff. – Extra-Radio Beschluss.
246 Vgl. BayVerfGH, AfP 1987, S. 394 (398 ff.).

dem Bayerischen Mediengesetz als Grundrechtsträger anzusehen seien.[247] Da Landesgrundrechte nicht im Widerspruch zu den Grundrechten des Grundgesetzes stehen dürfen, müssen sich Programmanbieter nach dem Bayerischen Mediengesetz insbesondere gegenüber der BLM als Aufsichtsanstalt auf das Grundrecht der Rundfunkfreiheit berufen können, sowohl auf Grundlage des Art. 5 Abs. 1 Satz 2 GG als auch auf Grundlage das Art. 111a Abs. 1 BayVerf.
Zudem wurde festgestellt, dass bereits die Bewerber im Zulassungsverfahren als Grundrechtsträger der Rundfunkfreiheit anzusehen seien und damit als Inhaber der grundgesetzlich geschützten subjektiv-rechtlichen Rechtsposition.[248] Dieses Ergebnis wurde dogmatisch über eine „Vorwirkung" der späteren Programmfreiheit hergeleitet.[249]

12. „Radio Bremen"

In seinem Beschluss vom 15. Januar 1999[250] hat das Bundesverfassungsgericht die Verfassungsbeschwerde der Rundfunkanstalt „Radio Bremen" abgelehnt, da nach seiner Ansicht die Voraussetzungen des § 93 a Abs. 2 BVerfGG nicht vorlagen. In seiner Begründung hat das Bundesverfassungsgericht Voraussetzungen für die Beendigung der Amtszeit des Intendanten aufgeführt.
Grundsätzlich dürfe der Gesetzgeber die Organisationsstruktur von Rundfunkanstalten ändern, ohne dass ein Verstoß gegen die verfassungsrechtlich garantierte Rundfunkfreiheit vorliege.[251] Allerdings dürften derartige Änderungen nicht zu einer Einflussnahme auf die publizistische Tätigkeit des Rundfunks führen.[252]
In Bezug auf bestimmte Personen, insbesondere den Intendanten, dürften derartige Änderungen nicht erfolgen, um ein Verhalten des Amtsträgers zu sanktionieren. Gerade Änderungen in einer laufenden Amtsperiode seien dem Missbrauchsverdacht ausgesetzt. Insofern müsse ein akuter und zwingender Änderungsbedarf bestehen[253], der im zu entscheidenden Fall als gegeben angesehen wurde (Fall der Existenzbedrohung)[254].

[247] Vgl. BVerfGE 97, 298 (312).
[248] Vgl. BVerfGE 97, 298 (312).
[249] Vgl. BVerfGE 97, 298 (313 f.).
[250] BVerfG, NVwZ-RR 1999, 376 ff. = EuGRZ 1999, 161 ff. – Radio Bremen.
[251] Vgl. BVerfG, NVwZ-RR 1999, S. 376 (377).
[252] Vgl. BVerfG, NVwZ-RR 1999, S. 376 (377).
[253] Vgl. BVerfG, NVwZ-RR 1999, S. 376 (377).
[254] Vgl. BVerfG, NVwZ-RR 1999, S. 376 (377 f.).

C. Ergebnis: Die duale Rundfunkordnung

Das Erfordernis der Ausgestaltung der Rundfunkfreiheit im Rahmen einer positiven Ordnung wird aus der objektiv-institutionellen Grundrechtsinterpretation hergeleitet.[255] Zu den Grundlinien der Rundfunkordnung, die der Gesetzgeber zu regeln hat, gehört die Entscheidung für ein bestimmtes Ordnungsmodell.
Wie bereits erwähnt, wird die Organisation des Rundfunks grundsätzlich als Ausgestaltung des Grundrechts und nicht als Eingriff gewertet, so dass die bisherigen Grundentscheidungen des Gesetzgebers zunächst für ein öffentlich-rechtliches Monopol und dann für eine duale Ordnung mit einer besonders hervorgehobenen Position des öffentlich-rechtlichen Rundfunks als verfassungskonform gewertet werden.[256]

Der Rundfunkgesetzgeber hat das „duale System" im Rundfunkstaatsvertrag festgeschrieben. Hierbei hat er sich weitgehend an die Vorgaben des Bundesverfassungsgerichts gehalten.[257] Charakteristisch für das duale System ist, dass öffentlich-rechtlicher und privater Rundfunk nebeneinander stehen und ein einheitliches Gesamtsystem bilden. Beide zusammen sind insgesamt dem Ziel verpflichtet, für eine freie, umfassende und den Grundsätzen gleichgewichtiger Meinungsvielfalt entsprechende Berichterstattung Sorge zu tragen.[258] Die jeweiligen Anforderungen an privaten und öffentlich-rechtlichen Rundfunk unterscheiden sich jedoch erheblich.

I. Privater Rundfunk

Ob unmittelbar aus Art. 5 Abs. 1 Satz 2 GG ein subjektives Recht auf Zulassung zum Rundfunk i. S. einer originären Rundfunkveranstalterfreiheit abzuleiten ist, wurde vom Bundesverfassungsgericht bisher nicht ausdrücklich entschieden, wird jedoch zunehmend im Einklang mit dem europäischen Recht bejaht.[259] Jedenfalls sind private Veranstalter, wenn sie vom Gesetzgeber einmal zugelassen sind – bereits im Bewerberstadium – durch das Grundrecht der Rundfunkfreiheit geschützt.[260]

---

[255] Siehe 1. Teil B I 4 a).

[256] Vgl. *Degenhart*, in: Dolzer/Vogel/Graßhof (Hrsg.), BK, Art. 5, Rn. 758; *Wendt*, in: v. Münch/Kunig, GG, Art. 5, Rn. 49 f.; *Schutze-Fielitz*, in: Dreier I, GG, Art. 5, Rn. 54; *Hoffmann-Riem*, Rundfunkrecht neben Wirtschaftsrecht, S. 70 ff.

[257] Siehe 1. Teil B III.

[258] Vgl. BVerfGE 73, 118 (157).

[259] Vgl. *Degenhart*, in: Dolzer/Vogel/Graßhof (Hrsg.), BK, Art. 5, Rn. 831.

[260] Vgl. BVerfGE 97, 298 (312).

Das Bundesverfassungsgericht stand zwar von Beginn seiner Rundfunkrechtsprechung der Einführung eines privaten Rundfunks positiv gegenüber.[261] Nachdem zu Beginn der achtziger Jahre tatsächlich privater Rundfunk zugelassen wurde, stellte das Bundesverfassungsgericht aber fest, dass auch dieser der Pluralität genügen müsse und forderte wirksame gesetzliche Vorkehrungen, die sicherstellen sollten, dass alle gesellschaftlich relevanten Kräfte zu Wort kommen können.[262] Der private Rundfunk konnte aus verschiedenen Gründen diesen Pluralitätsanforderungen nicht genügen. Ein außenpluralistisches Modell war im Rahmen des privaten Rundfunks aufgrund der geringen Anzahl der Anbieter ebenso unmöglich wie ein binnenplurales System, das dem Gedanken des privaten Rundfunks grundsätzlich widerspricht.[263] Weiterhin bestand die Gefahr, dass privater Rundfunk aus dem Ausland in die Bundesrepublik gesendet würde. Das Bundesverfassungsgericht erkannte, dass die Einführung des privaten Rundfunks unvermeidbar war und die nationalen Steuerungsmöglichkeiten gerade im Hinblick auf die Entwicklungen im europäischen Bereich begrenzt waren.[264]

Das Bundesverfassungsgericht knüpft die Zulässigkeit des privaten Rundfunks an das Erfordernis einer gesetzlichen Grundlage und einer parlamentarischen Entscheidung.[265] Die gesetzliche Regelung muss sicherstellen, dass der Rundfunk nicht einer oder einzelnen gesellschaftlichen Gruppe ausgeliefert wird, also keine vorherrschende Meinungsmacht entsteht. Weiterhin müssen alle in Betracht kommenden Kräfte im Gesamtprogramm zu Wort kommen können, so dass das Programm insgesamt als ausgewogen und vielfältig zu bezeichnen ist.[266] Zu begründen sind diese Voraussetzungen damit, dass auch die Rundfunkfreiheit privater Rundfunkveranstalter als dienend gesehen wird[267], so dass durch die positive Ordnung auch der private Rundfunk das Schutzziel, freie individuelle und öffentliche Meinungsbildung im Rundfunk, gewährleisten muss.[268] Das verfassungsrechtliche Ziel der freien Meinungsbildung i.S.v. Art. 5 GG wird in § 25 Abs. 1 Satz 1 RfStV und in § 41 Abs. 2 RfStV ausdrücklich genannt.

Die Vielfaltsanforderungen an den privaten Rundfunk bleiben jedoch deutlich hinter den verfassungsrechtlichen Vorgaben für den öffentlich-rechtlichen Rundfunk zurück. Das Bundesverfassungsgericht hat festgestellt, dass der private Rundfunk aufgrund der Werbefinanzierung der Aufgabe umfassender Infor-

---

261 Siehe 1. Teil B III 3.
262 Vgl. BVerfGE 57, 295 (324).
263 Vgl. BVerfGE 57, 295 (322 f.).
264 Siehe 1. Teil A II 2 a).
265 Vgl. BVerfGE 57, 295 (324); 73, 118 (153); 74, 297 (324); 83, 238 (296 f.).
266 Vgl. BVerfGE 57, 295 (325); 73, 118 (153).
267 Vgl. *Stock*, AfP 1995, S. 550.
268 Vgl. *Degenhart*, in: Dolzer/Vogel/Graßhof (Hrsg.), BK, Art. 5, Rn. 831.

mation nicht in vollem Umfang gerecht werden könne.[269] Die privaten Rundfunkanstalten sind auf hohe Einschaltquoten angewiesen, d.h. sie müssen möglichst massenattraktive, auf hohe Reichweiten zielende Programme zu möglichst niedrigen Kosten verbreiten.[270] Damit besteht die Gefahr, dass Minderheitenprogramme und kostspielige Kultursendungen vernachlässigt werden könnten. Um den nach der Rechtsprechung des Bundesverfassungsgerichts vom Grundgesetz grundsätzlich erwünschten[271] privaten Rundfunk nicht praktisch unmöglich zu machen, hat das Bundesverfassungsgericht über einen Vorbehalt des Möglichen die normativen Anforderungen an das Maß gleichgewichtiger Vielfalt reduziert. So erklärte das Bundesverfassungsgericht, dass nur das „Rundfunksystem in seiner Gesamtheit" den Anforderungen der Pluralität genügen müsse. Die Anforderungen an den privaten Rundfunk wurden auf einen „Grundstandard gleichgewichtiger Vielfalt" zurückgeschraubt.[272]

Der Rundfunkstaatsvertrag sieht zur Erreichung dieses Grundstandards ein außenpluralistisches Modell vor. Hierbei soll sich die Ausgewogenheit und Vielfalt des Programms aus dem Gesamtangebot der miteinander im publizistischen Wettbewerb konkurrierenden Rundfunkveranstalter ergeben.[273]
Allein der wirtschaftliche Wettbewerb ist nach Ansicht des Bundesverfassungsgerichts nicht geeignet, den geforderten Grundstandard gleichgewichtiger Vielfalt zu gewährleisten. Es müssen also effektive Regelungen hinzutreten, die diesen Standard sicherstellen. Diesen Ansprüchen ist der Gesetzgeber beispielsweise durch den Zulassungsvorbehalt in § 20 Abs. 1 Satz 2 RfStV und die spezifischen Rundfunkkonzentrationsregeln der §§ 26 ff. RfStV nachgekommen. Weiterhin hat das Bundesverfassungsgericht eine Aufsichtsinstanz gefordert[274], die für den privaten Rundfunk die Landesmedienanstalten darstellen.[275] Mit dem 3. RfÄndStV wurden als weitere Gremien die Kommission zur Ermittlung der Konzentration im Medienbereich (KEK) und die Konferenz der Direktoren der Landesmedienanstalten (KDLM) geschaffen, um das System des privaten Rundfunks weniger konfliktträchtig und effektiver zu gestalten.[276]

---

[269] Vgl. BVerfGE 73, 118 (155).
[270] Vgl. BVerfGE 73, 118 (155).
[271] Siehe 1. Teil B III 3.
[272] Vgl. BVerfGE 73, 118 (159 f.).
[273] Vgl. *Gounalakis*, Konvergenz der Medien, C 49.
[274] Vgl. BVerfGE 57, 295 (325 f.); 73, 118 (159 f.).
[275] Zu der Aufsicht der Landesmedienanstalten siehe *Degenhart*, in: Dolzer/Vogel/Graßhof (Hrsg.), BK, Art. 5, Rn. 834.
[276] Vgl. *Gounalakis*, Konvergenz der Medien, C 50.

II. Öffentlich-rechtlicher Rundfunk

Im dualen System kommt dem öffentlich-rechtlichen Rundfunk die Aufgabe der Grundversorgung zu (1). Diese Aufgabe stellt zugleich die Grundlage für die Legitimation und die Besonderheiten des öffentlich-rechtlichen Rundfunks dar. Nachdem während der Einführungsphase des privaten Rundfunks das Bundesverfassungsgericht auf den Begriff der Grundversorgung setzte, kam es in der weiteren Rechtsprechung zu einem Wandel hin zum Begriff des Funktionsauftrags (2). Dieser Begriff wird heute in der Medienpolitik verwandt, um eine konkrete Umschreibung des Tätigkeitsfeldes des öffentlich-rechtlichen Rundfunks zu erlangen (3).
Abschließend sollen kurz die Organisation des öffentlich-rechtlichen Rundfunks (4), die Möglichkeit der wirtschaftlichen Betätigung (5), die staatliche Aufsicht (6) und die Finanzierung des öffentlich-rechtlichen Rundfunks (7) dargestellt werden.

1. Die Grundversorgung im dualen System

Die Grundversorgungsaufgabe des öffentlich-rechtlichen Rundfunks wurde vom Bundesverfassungsgericht entwickelt (a) und setzt sich aus drei Elementen zusammen (b): Übertragungstechnik für alle, Erfüllung des klassischen Rundfunkauftrages und die Sicherung der Meinungsvielfalt. Weiterhin wird der Programmauftrag beschrieben (c). In enger Verbindung mit der Grundversorgungsaufgabe steht die Bestands- und Entwicklungsgarantie des öffentlich-rechtlichen Rundfunks (d).

a) Rechtsprechung des Bundesverfassungsgerichts

Das erste Mal wurde der Begriff der Grundversorgung vom Bundesverfassungsgericht in seinem 4. Rundfunkurteil verwendet. Der Begriff ist kein Verfassungsbegriff, da er selbst nicht im Grundgesetz vorkommt, sondern ein bei der Verfassungsauslegung gewonnener Hilfsbegriff.[277] Obwohl der Begriff in der Entscheidung zweimal und sogar einmal im Leitsatz vorkommt, hat das Bundesverfassungsgericht diesen nicht definiert.[278]

In den folgenden Rundfunkentscheidungen des Bundesverfassungsgerichts wurde der Begriff zunächst verstärkt verwendet[279], wurde aber bald in den Hinter-

277 Vgl. *Starck*, in: Festschrift für Stern, S. 777 (783).
278 Vgl. *Libertus*, Media Perspektiven 1991, S. 452 (453).
279 Bis zu 25 Mal in einer Entscheidung (6. Rundfunkurteil).

grund gedrängt.[280] Seinen Höhepunkt hatte die Verwendung des Begriffs zur Zeit der Einführung des privaten Rundfunks. Mit dem Begriff der Grundversorgung wurde die Aufgabe des öffentlich-rechtlichen Rundfunks umrissen, die dieser zu garantieren hatte, in einer Zeit, in der das duale System von einem starken öffentlich-rechtlichen Rundfunk und wenigen, wirtschaftlich schwachen Privatsendern geprägt wurde.[281] Der Begriff ist, obwohl sich das Bundesverfassungsgericht mit dem Erstarken des privaten Rundfunks dem Begriff des Funktionsauftrages zuwandte, nicht als historisch zu betrachten, sondern ist auch heute noch für die Aufgabenbeschreibung des öffentlich-rechtlichen Rundfunks von Bedeutung.

Das eben beschriebene Zurückbleiben[282] der Anforderungen an den privaten Rundfunk bezüglich der Breite des Programmangebots und der Sicherung gleichgewichtiger Vielfalt hinter den verfassungsrechtlichen Vorgaben des Art. 5 Abs. 1 Satz 2 GG ist nach der Ansicht des Bundesverfassungsgerichts nur möglich, wenn der öffentlich-rechtliche Rundfunk gewährleistet, dass im Gesamtangebot die Anforderungen gleichgewichtiger Vielfalt erfüllt werden.[283] Dementsprechend hat das Bundesverfassungsgericht dem öffentlich-rechtlichen Rundfunk die Aufgabe zugewiesen, dass für die Gesamtheit der Bevölkerung Programme geboten werden, die umfassend und in der vollen Breite des klassischen Rundfunkauftrages informieren und die Meinungsvielfalt in der verfassungsrechtlich gebotenen Weise sichern.[284]

Voraussetzung für die Zulässigkeit des privaten Rundfunks ist also, dass das dargestellte Ungleichgewicht im privaten Rundfunk keinen erheblichen Umfang annehmen darf und dass der öffentlich-rechtliche Rundfunk jedenfalls den verfassungsrechtlichen Vorgaben uneingeschränkt genügt und die Grundversorgung der Bevölkerung aufrecht erhält.[285] Hieraus ergibt sich auch die Legitimation des öffentlich-rechtlichen Rundfunks.

---

280 Im 8. Rundfunkurteil wurde der Begriff nur noch vier Mal verwandt.
281 Vgl. *Brenner*, Zur Gewährleistung des Funktionsauftrages, S. 60.
282 Siehe 1. Teil C I.
283 Vgl. BVerfGE 83, 238 (297).
284 Vgl. BVerfGE 74, 297 (325 f.); 73, 118 (157 f.).
285 Vgl. BVerfGE 73, 118 (157 f.); 87, 181 (199).

b) Elemente der Grundversorgung

Das Bundesverfassungsgericht hat mit dem Begriff der Grundversorgung die Voraussetzungen, die von der Verfassung für die Veranstaltung von Rundfunk gefordert werden, in einem Wort zusammengefasst.[286]
Danach sind für die Grundversorgung drei Elemente wesentlich: Erstens müsse eine Übertragungstechnik gewählt werden, bei der ein Empfang für alle sichergestellt ist (bis auf weiteres mithin die herkömmliche terrestrische Technik). Zweitens müsse der inhaltliche Standard der Programme im Sinne eines Angebotes gewährleisten, dass er nach seinen Gegenständen und der Art ihrer Darbietungen oder Behandlung dem dargelegten Auftrag des Rundfunks nicht nur zu einem Teil, sondern voll entspreche. Drittens müsse die wirksame Sicherung gleichgewichtiger Vielfalt in der Darstellung der Meinungsrichtungen durch organisatorische und verfahrensrechtliche Vorkehrungen gewährleistet sein.[287]

Daraus ergibt sich, dass die Grundversorgung für die gesamte Bevölkerung ein umfassendes Programmangebot enthalten soll. Deshalb ist eine Mehrzahl von öffentlich-rechtlichen Programmen notwendig,[288] da nicht alle gebotenen Inhalte in einem Programm untergebracht werden können. Das Bundesverfassungsgericht hat auf jeden Fall die zum Zeitpunkt des Niedersachsen-Urteils verbreiteten Programme als der Grundversorgung zugehörig anerkannt.[289] Allerdings können die Rundfunkanstalten nicht auf exakt diesen Zustand verwiesen werden, sondern es muss die Möglichkeit bestehen, die Programmanzahl möglichen Veränderungen anzupassen.[290]
Letztlich beeinflusst die Grundversorgungsaufgabe auch die Programmgestaltung. So kann den Rundfunkanstalten aufgegeben werden, einen bestimmten Anteil an Eigenproduktionen zu senden, um dem Kulturauftrag gerecht zu werden. Des Weiteren ist beispielsweise erforderlich, dass die Sendungen, die wesentlich für die Grundversorgung sind, zu Tageszeiten ausgestrahlt werden, zu denen sie auch tatsächlich von der gesamten Bevölkerung genutzt werden können.

---

286 Vgl. *Brenner*, Zur Gewährleistung des Funktionsauftrages, S. 62.
287 Vgl. BVerfGE 74, 297 (326); *Ricker/Schiwy*, Rundfunkverfassungsrecht, B I Rn. 138; *Hesse*, Rundfunkrecht, 4.5.
288 Vgl. BVerfGE 74, 297 (326).
289 Vgl. 1. Teil B III 5.
290 Vgl. *Hesse*, Rundfunkrecht, 4.5.

c) Die Grundversorgung als umfassender Programmauftrag

Da die Ausführungen des Bundesverfassungsgerichts zum Grundversorgungsauftrag sehr vage waren, entbrannte in der Wissenschaft ein Streit um die Frage, was unter dem Begriff der Grundversorgung zu verstehen ist[291]. Die einen sahen den öffentlich-rechtlichen Rundfunk vom Bundesverfassungsgericht in die Schranken gewiesen und verstanden die Grundversorgung als ein Basisprogramm zur Minderheitenversorgung.[292] Die anderen interpretierten die Grundversorgung als eine alles umfassende „Vollversorgung“[293].

Im Baden-Württemberg-Beschluss hatte das Bundesverfassungsgericht Gelegenheit, zu dem Streit Stellung zu nehmen. Seine grundsätzlich eher liberale Haltung hatte das Gericht schon im 4. Rundfunkurteil durchbrochen und den öffentlich-rechtlichen Rundfunk gestärkt. Diese Linie setzte es nun fort.
Das Bundesverfassungsgericht erklärte, dass unter der Grundversorgung ausdrücklich keine Mindestversorgung zu verstehen sei, auf die der öffentlich-rechtliche Rundfunk beschränkt sei und dass es keine Grenzziehung zwischen öffentlich-rechtlichem und privatem Rundfunk gäbe, wonach bestimmte Sendungen ausschließlich einem der beiden Systeme unter Ausschluss des anderen zuzuordnen seien.[294] Der Begriff der Grundversorgung entziehe sich einer exakten Definition.[295] Es handele sich vielmehr um einen Zielwert, den es bestmöglich zu erreichen gelte.
Abschließend ist festzuhalten, dass es für das Bundesverfassungsgericht von entscheidender Bedeutung war, dass der öffentlich-rechtliche Rundfunk als ernst zu nehmender publizistischer Faktor erhalten bleibt, der in der Lage ist, ein Gegengewicht zum kommerziellen Rundfunk darzustellen.[296]

---

291 Vgl. *Scheble*, Perspektiven der Grundversorgung, S. 47 f.; vgl. die Nachweise in den folgenden Fußnoten.

292 Vgl. *Starck*, NJW 1992, S. 3257 (3262 f.); *Kull*, ZUM 1987, S. 355 (356 f.); *Ricker/Müller-Malm*, ZUM 1987, S. 208 (209 f.); *Seemann*, ZUM 1987, S. 255 (260 f.); *Klein*, Rundfunkfreiheit, S. 79; *Scholz*, JZ 1981, S. 561 (563); *Bullinger*, Kommunikationsfreiheit im Strukturwandel der Telekommunikation, S. 94 f.

293 Vgl. *Fuhr*, ZUM 1987, S. 145 (151 f.); *Stock*, NJW 1987, S. 217 (219 ff.); *Bethge*, Rundfunkfreiheit und öffentlich-rechtlicher Organisationsvorbehalt, S. 49; *Berg*, AfP 1987, S. 457 (459); *Bethge*, ZUM 1987, S. 199 (202).

294 Siehe 1. Teil B III 5.

295 Vgl. BVerfGE 90, 60 (95).

296 Vgl. *Hesse*, Rundfunkrecht, 4.11.

d) Bestands- und Entwicklungsgarantie

In einem engen Zusammenhang mit der Grundversorgungsaufgabe steht die Bestands- und Entwicklungsgarantie des öffentlich-rechtlichen Rundfunks. Das Bundesverfassungsgericht machte mit seiner Rechtsprechung zur Bestands- und Entwicklungsgarantie des öffentlich-rechtlichen Rundfunks deutlich, dass es auch künftig auf einen starken öffentlich-rechtlichen Rundfunk zur Gewährleistung der Grundversorgung setzt.

aa) Die Dynamik der Grundversorgung

In seinem 6. Rundfunkurteil stellte das Bundesverfassungsgericht ausdrücklich fest, dass der Begriff der Grundversorgung nicht an einen bestimmten Zeitpunkt gebunden, sondern dynamisch zu verstehen ist, damit die Funktion auch tatsächlich erfüllt werden kann.[297]

Das Bundesverfassungsgericht führte aus, dass „angesichts der schnellen Entwicklung des Rundfunkwesens, namentlich der Rundfunktechnik, eine auf den gegenwärtigen Zustand bezogene Garantie nicht ausreichen [würde], die Wahrnehmung der Grundversorgungsaufgabe sicherzustellen. Die Garantie kann sich daher nicht auf die herkömmliche Technik der terrestrischen Übertragung beschränken. Wenn neben diese andere Übertragungsformen träten oder sie verdrängten, wird auch die Nutzung der neuen Übertragungsformen von der Gewährleistung der Grundversorgung umfasst. Dasselbe gilt für das Programmangebot der öffentlich-rechtlichen Anstalten, das für neue Publikumsinteressen oder neue Formen und Inhalte offen bleiben muss. Gegenständlich, zeitlich offen und dynamisch ist der Begriff der Grundversorgung allein an die Funktion gebunden, die der Rundfunk im Rahmen des von Art. 5 Abs. 1 GG geschützten Kommunikationsprozesses zu erfüllen hat."[298]

Seiner Aufgabe, ein umfassendes und vielfältiges Programmangebot herzustellen, kann der öffentlich-rechtliche Rundfunk also nach Ansicht des Bundesverfassungsgerichts in einer sich ständig verändernden Welt nur dann nachkommen, wenn der Grundversorgungsauftrag dynamisch verstanden wird. Dies kommt zum einen durch die Anzahl der zur Grundversorgung zuzurechnenden Programme und zum anderen durch das Programmangebot zum Ausdruck.[299] Sollte zur umfassenden Information der Bevölkerung in voller Breite des klassi-

---

[297] Vgl. *Hesse*, Rundfunkrecht, 4.14; *Fromm*, Öffentlich-rechtlicher Programmauftrag und Rundfunkföderalismus, S. 88.

[298] Vgl. BVerfGE 83, 238 (299).

[299] Vgl. *Brenner*, Zur Gewährleistung des Funktionsauftrages, S. 77.

schen Rundfunkauftrags eine Erweiterung der Programme der öffentlich-rechtlichen Rundfunkanstalten notwendig sein, ist diese von der dynamischen Grundversorgungsaufgabe gedeckt.

Das dynamische Verständnis der Grundversorgung bedeutet jedoch nicht, dass das Gebot zur Gewährleistung von Vielfalt und Ausgewogenheit der verschiedenen Meinungsrichtungen obsolet wird, denn dieser Kern des Rundfunkauftrages muss weiterhin gewahrt werden.[300] Die Dynamik ist lediglich das Mittel, um den Rundfunkauftrag auch tatsächlich garantieren zu können.[301] Die Bestands- und Entwicklungsgarantie hat das Bundesverfassungsgericht aufgrund der Entscheidung des Gesetzgebers für das duale System als verfassungsrechtliche Sicherung festgelegt, da die verfassungsrechtliche Zulässigkeit der dualen Rundfunkordnung von der Funktionstüchtigkeit des öffentlich-rechtlichen Rundfunks abhängt.[302]

bb) Inhalt der Bestands- und Entwicklungsgarantie

Die Bestands- und Entwicklungsgarantie enthält drei Komponenten, die sich mit den Elementen der Grundversorgung decken.[303] Erstens ist der öffentlich-rechtliche Rundfunk in übertragungstechnischer Hinsicht so auszustatten, dass ihm ausreichend Übertragungskapazitäten (Frequenzen) zur Verfügung gestellt werden. Zweitens ist er in programmlich-organisatorischer Hinsicht so zu stellen, dass er in der Lage ist, seine Programmfunktion zu erfüllen. Drittens ist der öffentlich-rechtliche Rundfunk in finanzieller Hinsicht so auszustatten, dass ihm die zur Erfüllung seiner Funktion erforderlichen finanziellen Mittel zur Verfügung stehen.[304]

Inhaltlich ist zwischen der Bestands- und der Entwicklungsgarantie zu unterscheiden. Bei der Bestandsgarantie geht es um die normative Sicherung des Status-quo der öffentlich-rechtlichen Rundfunkanstalten. Insoweit handelt es sich um ein statisches Element, das den erreichten Bestand schützt.[305] Im Einzelnen geht es hier beispielsweise um die Erhaltung der bestehenden Senderechte oder die Garantie der bestehenden Finanzierungsgrundlagen unter Einschluss eines Anteils am Werbeaufkommen.[306]

---

300 Vgl. *Brenner*, Zur Gewährleistung des Funktionsauftrages, S. 78.
301 Vgl. *Fromm*, Öffentlich-rechtlicher Programmauftrag und Rundfunkföderalismus, S. 89.
302 Vgl. *Bethge*, Rundfunkfreiheit und öffentlich-rechtlicher Organisationsvorbehalt, S. 61.
303 Siehe 1. Teil C II 1 b).
304 Vgl. *Degenhart*, in: Dolzer/Vogel/Graßhof (Hrsg.), BK, Art. 5, Rn. 801, 803, 807.
305 Vgl. *Preuss Neudorf*, Grundversorgung und Wettbewerb im dualen Rundfunksystem, S. 97.
306 Vgl. Art. 36 Abs. 2 BayMG und Art. 15 Abs. 1 Satz 1 BayRG.

Die Entwicklungsgarantie bedeutet demgegenüber die rechtliche Absicherung der Rundfunkanstalten, an den Entwicklungen im Bereich der Telekommunikation teilzunehmen,[307] um auch künftig die dynamische Grundversorgung leisten zu können.[308] Die Entwicklungsgarantie bezieht sich beispielsweise auf eine mögliche Nutzung neuer Übertragungstechniken und die mögliche quantitative Ausweitung des Programmangebotes in zeitlicher und örtlicher Hinsicht. Weiterhin kann hierzu die erwerbswirtschaftliche Nutzung der „Neuen Medien" und die Ausdehnung der Kooperationsmöglichkeiten gehören. Einschränkungen sind jedoch geboten: Es geht hierbei um die Grundversorgung mit Rundfunk und nicht mit Diensten, die zusätzlich vom öffentlich-rechtlichen Rundfunk angeboten werden.
Auch kann die Grundversorgung nicht einseitig expansiv verstanden werden. Maßgeblich ist vielmehr die Funktion des öffentlich-rechtlichen Rundfunks, ein inhaltliches Gegengewicht zu den Angeboten des privaten Rundfunks zu bilden.[309]
Wie weit die Inhalte der einzelnen Aspekte führen, wird im weiteren Verlauf der Arbeit zu klären sein.[310]

2. Vom Grundversorgungs- zum Funktionsauftrag

Nachdem das Bundesverfassungsgericht zu Beginn der dualen Rundfunkordnung die Aufgaben des öffentlich-rechtlichen Rundfunks mit dem Begriff der Grundversorgung beschrieb, bemühte es sich in seinen jüngeren Entscheidungen, den Begriff mehr und mehr in den Hintergrund treten zu lassen.[311] Stattdessen stellte das Bundesverfassungsgericht zunehmend auf den Begriff des Funktionsauftrages ab.

a) Die Entwicklung in der Rechtsprechung des Bundesverfassungsgerichts

Bereits im 5. Rundfunkurteil sprach das Bundesverfassungsgericht mit Blick auf die Grundversorgung von der „Grundfunktion" des öffentlich-rechtlichen Rundfunks[312] und den „essentiellen Funktionen des Rundfunks für die demokratische

---

[307] Vgl. *Libertus*, Grundversorgungsauftrag und Funktionsgarantie, S. 132; *Tettinger*, JZ 1986, S. 806 (807).
[308] Vgl. ausführlich *Libertus*, ZUM 1992, S. 224 ff.
[309] Vgl. *Eberle*, ZUM 1995, S. 249 (256); *Degenhart*, in: Dolzer/Vogel/Graßhof (Hrsg.), BK, Art. 5, Rn. 789.
[310] Siehe 3. und 4. Teil.
[311] Vgl. *Holznagel/Vesting*, Sparten- und Zielgruppenprogramme, S. 55; *Holznagel*, Der spezifische Funktionsauftrag, S. 20.
[312] Vgl. BVerfGE 73, 118 (163).

Ordnung ebenso wie für das kulturelle Leben in der Bundesrepublik"[313]. Im 6. Rundfunkurteil erklärt das Bundesverfassungsgericht, dass der Begriff der Grundversorgung allein an die Funktion gebunden sei, die der Rundfunk im Rahmen des von Art. 5 Abs. 1 GG geschützten Kommunikationsprozesses zu erfüllen habe.[314] Teilweise wurde der öffentlich-rechtliche Auftrag vom Bundesverfassungsgericht auch als der „klassische Auftrag" des öffentlich-rechtlichen Rundfunks bezeichnet, der „neben seiner Rolle für die Meinungs- und Willensbildung, neben Unterhaltung und Information seine kulturelle Verantwortung umfasst"[315].
Fraglich ist allerdings, ob beide Begriffe, wie teilweise in der Literatur angenommen[316], deckungsgleich sind, oder ob es einen Unterschied gibt. Das Bundesverfassungsgericht hat in dem 7. Rundfunkurteil erklärt, dass der öffentlich-rechtliche Rundfunk auch Programme gestalten dürfen müsse, die nicht zur Grundversorgung gehörten, gleichwohl aber den Funktionen des Rundfunks entsprächen.[317]
Hieraus und aus den vorherigen Ausführungen lässt sich schließen, dass die „Funktion des öffentlich-rechtlichen Rundfunks" und die Grundversorgung nicht deckungsgleich sind.[318] Vielmehr ist die Grundversorgung nur ein Teilaspekt – wenngleich der wichtigste – der Funktionen des öffentlich-rechtlichen Rundfunks. Damit umfassen die Aufgaben des öffentlich-rechtlichen Rundfunks neben der Grundversorgung noch weitergehende Funktionen.
Der Begriff des Funktionsauftrags erschöpft umfassend die Aufgabenbeschreibung des öffentlich-rechtlichen Rundfunks.

b) Der klassische Rundfunkauftrag

Nach der Rechtsprechung des Bundesverfassungsgerichts werden mit dem Begriff des klassischen Rundfunkauftrags die Aufgaben des öffentlich-rechtlichen Rundfunks in Bezug auf die inhaltliche Programmgestaltung und die Art und Weise der Programmgestaltung näher beschrieben.

---

313 Vgl. BVerfGE 73, 118 Leitsatz 1a und S. 157 f.
314 Vgl. BVerfGE 83, 238 (299).
315 Vgl. BVerfGE 73, 117 (158); 90, 60 (90).
316 Vgl. *Mahrenholz*, Verfassungsfragen des Rundfunkfinanzierungsausgleichs, S. 18 ff; Udo *Reiter*, MDR-Indendant, 3.2.1999, in: Fernseh-Informationen 2/1999, S. 11.
317 Vgl. BVerfGE 87, 181 (204).
318 Vgl. *Scheble*, Perspektiven der Grundversorgung, S. 31; *Fromm*, Öffentlich-rechtlicher Programmauftrag und Rundfunkföderalismus, S. 51.

aa) Die Vorgaben des Bundesverfassungsgerichts

Das Bundesverfassungsgericht verwendet den Begriff des klassischen Rundfunkauftrags zum ersten Mal im 4. Rundfunkurteil. Es bezeichnet den klassischen Rundfunkauftrag als „Auftrag, der neben seiner Rolle für die Meinungs- und politische Willensbildung, neben Unterhaltung und über laufende Berichterstattung hinausgehender Information seine kulturelle Verantwortung umfasst"[319]. Der klassische Programmauftrag wird somit in die Programmbereiche Information, Bildung, Unterhaltung und Kultur unterteilt, wobei jeder dieser Programmgegenstände wesentlich zur Meinungs- und politischen Willensbildung, dem Zweck des Auftrages, beiträgt.[320]
Vorgaben zur Art und Weise des Angebotes werden durch das Gericht insofern gemacht, als dass alle Rundfunksendungen zumindest einem der Gegenstände Information, Bildung, Unterhaltung oder Kultur zugeordnet werden können müssen.[321]
Aufgrund des zusätzlichen Merkmals „klassisch" könnte davon auszugehen sein, dass sich das öffentlich-rechtliche Programm an das Traditionelle, Herkömmliche, Ausgereifte und Vorbildliche halten muss.[322] Gegen eine derartige Interpretation spricht jedoch, dass sich das Bundesverfassungsgericht zu einer Bestands- und Entwicklungsgarantie des öffentlich-rechtlichen Rundfunks bekannt hat.[323] Insofern wäre es widersprüchlich, den öffentlich-rechtlichen Rundfunk auf das Traditionelle und Herkömmliche zu beschränken und ihm die Teilnahme an allem Neuen und Modernen zu verweigern.

Der Begriff der essentiellen Funktionen und der des klassischen Programmauftrages wurden vom Bundesverfassungsgericht in zwei unmittelbar aufeinanderfolgenden Sätzen zur Beschreibung desselben Sachverhaltes verwandt[324], was dafür spricht, dass die beiden Begriffe gleichzustellen sind.[325] Weiteres Argument für eine Gleichstellung ist, dass laut Bundesverfassungsgericht beide der Demokratie und dem Kulturgebot verpflichtet sind.

---

319 Vgl. BVerfGE 73, 118 (158); siehe auch BVerfGE 74, 297 (324); 83, 238 (298); 87, 181 (199).

320 Vgl. *Scheble*, Perspektiven der Grundversorgung, S. 107.

321 Vgl. *Fromm*, Öffentlich-rechtlicher Programmauftrag und Rundfunkföderalismus, S. 56; *Scheble*, Perspektiven der Grundversorgung, S. 108.

322 Vgl. *Niepalla*, Die Grundversorgung durch die öffentlich-rechtlichen Rundfunkanstalten, S. 82; *Fromm*, Öffentlich-rechtlicher Programmauftrag und Rundfunkföderalismus, S. 56; *Brenner*, Zur Gewährleistung des Funktionsauftrages, S. 85.

323 Siehe 1. Teil C II 1 d).

324 Vgl. BVerfGE 73, 118 (157 f.).

325 Vgl. *Niepalla*, Die Grundversorgung durch die öffentlich-rechtlichen Rundfunkanstalten, S. 81; *Libertus*, Grundversorgungsauftrag und Funktionsgarantie, S. 93; *Badura*, JA 1987, S. 180 (186); a.A. *Brenner*, Zur Gewährleistung des Funktionsauftrages, S. 86.

bb) Klassische Programmgegenstände

Wie soeben dargestellt, führt das Bundesverfassungsgericht in seiner Rechtsprechung Information, Bildung, Unterhaltung und Kultur als klassische Programmgegenstände auf. Sie tragen alle zur demokratischen Ordnung bei, indem sie Inhalte vermitteln, die die Meinungsbildung fördern.[326] Im Folgenden sollen sie näher beleuchtet werden.

Unter Information fallen nicht nur Nachrichtensendungen, sondern auch Dokumentationen, Kommentare, Hintergrundberichte, Sendereihen und Politmagazine.[327] Da der öffentlich-rechtliche Rundfunk die Information gewährleisten muss, gehört es zu seiner Pflichtaufgabe, über alle wesentlichen Ereignisse zu berichten, zumindest in der Form der Kurzberichterstattung.[328]

Das Bundesverfassungsgericht definiert die Bildung lediglich als politische Willensbildung. Dennoch ist anerkannt, dass das Element der Bildung zum klassischen Rundfunkauftrag zu rechnen ist.[329] Zu den Bildungsprogrammen zählen neben Informationssendungen spezifische Bildungsprogramme wie das Schulfernsehen, Telekollegs etc.[330] Somit kann es zu Überschneidungen zwischen Programmen mit Information- und Bildungselement kommen.

Zum klassischen Programmauftrag gehören zunächst Unterhaltungssendungen.[331] Das Element der Unterhaltung steht gleichberechtigt neben den anderen Programmelementen. Da, wie bereits ausgeführt, nach der Auffassung des Bundesverfassungsgerichts keine Trennung zwischen öffentlich-rechtlichem und privatem Rundfunk in dem Sinne besteht, dass ersterer für den informierenden und bildenden Teil und letzterer für den unterhaltenden Teil des Programmangebots zuständig ist,[332] trifft den öffentlich-rechtlichen Rundfunk keine Verpflichtung, ausschließlich besonders hochwertige und niveauvolle Unterhaltung anzubieten. Weiterhin kommt es aber auch in diesem Bereich zu Überschneidungen mit den anderen Programmformaten. So wird heute nahezu jede Informations- und Kul-

---

326 Vgl. BVerfGE 74, 297 (326).

327 Vgl. *Scheble*, Perspektiven der Grundversorgung, S. 241; *Libertus*, Grundversorgungsauftrag und Funktionsgarantie, S. 92.

328 Vgl. *Fromm*, Öffentlich-rechtlicher Programmauftrag und Rundfunkföderalismus, S. 62; *Scheble*, Perspektiven der Grundversorgung, S. 242.

329 Vgl. *Libertus*, Grundversorgung und Funktionsgarantie, S. 90.

330 Vgl. *Oppermann/Kilian*, Rechtsgrundsätze der Finanzierung des öffentlich-rechtlichen Rundfunks, S. 73; *Libertus*, Grundversorgung und Funktionsgarantie, S. 90.

331 Vgl. *Scheble*, Perspektiven der Grundversorgung, S. 247; *Libertus*, ZUM 1990, S. 124 (125).

332 Siehe 1. Teil B III 5.

tursendung auch von unterhaltenden Elementen durchzogen, um sie für den Zuschauer attraktiver zu machen.

Bei Kultur geht es um die Erhaltung, Pflege und Vermittlung deutschen und ausländischen Kulturguts.[333] Das Bundesverfassungsgericht grenzt die kulturelle Programmleistung des Rundfunks eindeutig von den Programmangeboten zur Meinungs- und Willensbildung, von laufender Berichterstattung und Unterhaltung ab.[334] Die öffentlich-rechtlichen Rundfunkanstalten müssen, um diesem Programmauftrag nachzukommen, spezielle Kultursendungen ausstrahlen.[335] Hierzu zählen Sendungen, die die schönen Künste in Wort, Musik, Tanz und Bild darstellen.[336] Auch wenn derartige Sendungen aufgrund ihres speziellen Charakters nur von einem kleinen Teil der Rezipienten nachgefragt werden, sind die öffentlich-rechtlichen Anstalten dennoch verpflichtet, diese speziellen Sendungen mit künstlerischen und kulturellen Inhalten auch für Minderheiten zu verbreiten.[337]

3. Funktionsauftrag des öffentlich-rechtlichen Rundfunks

Nachfolgend soll der Funktionsauftrag des öffentlich-rechtlichen Rundfunks näher dargestellt werden. Die Funktion oder Aufgabe des öffentlich-rechtlichen Rundfunks besteht darin, einen Beitrag zum demokratischen Willens- und Meinungsbildungsprozess und für das kulturelle Leben in Deutschland zu erbringen (essentielle Funktionen). Es wurde bereits herausgearbeitet, dass die Funktion des öffentlich-rechtlichen Rundfunks über die Grundversorgungsaufgabe hinausgeht.[338] Der Begriff des „Funktionsauftrages" entwickelte sich aus dem Begriff der „Grundversorgung" und dem „klassischen Rundfunkauftrag". Damit haben die Ausführungen, die zu diesen vom Bundesverfassungsgericht im Vorfeld benutzen Begriffen gemacht wurden, weiterhin Bestand.[339]

Der Weg dorthin wird durch einzelne Funktionen, die zusammengenommen den Funktionsauftrag bilden, umschrieben.[340] Zu den Funktionen zählen der Auftrag

---

333 Vgl. *Fromm*, Öffentlich-rechtlicher Programmauftrag und Rundfunkföderalismus, S. 63.
334 Vgl. BVerfGE 73, 118 (158); 74, 297 (324).
335 Vgl. *Giehl*, Der Wettbewerb zwischen öffentlich-rechtlichen und privaten Rundfunkveranstaltern, S. 139 ff.
336 Vgl. *Oppermann/Kilian*, Rechtsgrundsätze der Finanzierung des öffentlich-rechtlichen Rundfunks, S. 70.
337 Vgl. *Scheble*, Perspektiven der Grundversorgung, S. 246; *Hess*, Verfassungsrechtliche Probleme der Gebührenfinanzierung, S. 26.
338 Siehe 1. Teil II 2 a).
339 Vgl. *Brenner*, Zur Gewährleistung des Funktionsauftrages, S. 102.
340 Vgl. *Brenner*, Zur Gewährleistung des Funktionsauftrages, S. 102.

zur freien individuellen und öffentlichen Meinungsbildung (a), die Integrationsfunktion (b), die Leitbildfunktion (c), der Kulturauftrag (d), der Innovations- (e) und der Produktionsauftrag (f). Diese werden im Folgenden dargestellt und ihr „Sollzustand" erläutert. Eine kritische Auseinandersetzung mit der Frage, ob der öffentlich-rechtliche Rundfunk den Funktionsauftrag zum jetzigen Zeitpunkt erfüllt, erfolgt im weiteren Verlauf der Arbeit.[341]

a) Auftrag zur freien individuellen und öffentlichen Meinungsbildung

Vornehmliche Aufgabe einer jeden öffentlich-rechtlichen Rundfunkanstalt ist die Mitwirkung an der freien individuellen und öffentlichen Meinungsbildung. Das Bundesverfassungsgericht bezeichnet den öffentlich-rechtlichen Rundfunk als ein unentbehrliches Massenkommunikationsmittel, das Einfluss auf die öffentliche Meinung nimmt und diese in entscheidendem Maße mitbildet.[342] Es ist notwendig, dass sich der öffentlich-rechtliche Rundfunk dieser meinungsbildenden Funktion in seinem Vollprogramm und in seinen sonstigen Beteiligungen, also in sämtlichen Angeboten und Programmen, bewusst ist und diese vorantreibt.

Dieser Auftrag der freien individuellen und öffentlichen Meinungsbildung lässt sich in mehrere Komponenten unterteilen: den Informationsauftrag (aa), die Forumsfunktion (bb) und die Orientierungsfunktion (cc).

aa) Informationsauftrag

Das Bundesverfassungsgericht formuliert den Informationsauftrag folgendermaßen: Die Aufgabe des Rundfunks, als eines der unentbehrlichen Massenkommunikationsmittel der modernen Gesellschaft, ist es, dem Bürger die erforderliche und umfassende Information über das Zeitgeschehen und über die Entwicklungen im Staatswesen und im gesellschaftlichen Leben zu verschaffen.[343] Insofern kann man sagen, dass das Zurverfügungstellen der notwendigen Informationen die Basis der freien individuellen und öffentlichen Meinungsbildung ist.[344] Nur wer überhaupt Informationen besitzt, kann sich mit Politik, gesellschaftlichen Ereignissen, seinen Mitmenschen u.s.w. auseinandersetzen und eine Meinung bilden.

---

[341] Siehe 3. Teil A I 1.
[342] Siehe 1. Teil B II 1.
[343] Vgl. BVerfGE 35, 202 (222).
[344] Siehe 1. Teil B II 1.

Daraus resultiert die Verpflichtung der öffentlich-rechtlichen Rundfunkanstalten zu einer umfassenden und sachlichen Berichterstattung. Weiterhin ist es Voraussetzung einer freien Meinungsbildung, dass die Informationen wahrheitsgetreu wiedergegeben werden. Um eine möglichst unverfälschte Informationsübermittlung zu gewährleisten, ist es wichtig, dass die Nachrichten von Kommentaren und Stellungnahmen getrennt und als solche gekennzeichnet werden.[345]

bb) Forumsfunktion

Der öffentlich-rechtliche Rundfunk bietet ein Kommunikationsforum für die öffentliche Diskussion, in dem alle gesellschaftlichen Gruppen ihre Meinung äußern können.[346] Auf diesem Weg wird der öffentliche Diskurs gefördert, der für die Integration der Gesellschaft, ihren Zusammenhalt und ihre Fortentwicklung unverzichtbar ist. Das Bundesverfassungsgericht hat dies folgendermaßen ausgedrückt: Hörfunk und Fernsehen ermöglichten die öffentliche Diskussion und hielten diese in Gang, indem sie Kenntnis von verschiedenen Meinungen vermittelten und den verschiedenen gesellschaftlichen Gruppen Gelegenheit gäben, meinungsbildend zu wirken. Sie stellten selbst einen entscheidenden Faktor in dem permanenten Prozess der öffentlichen Meinungs- und Willensbildung dar.[347]
Insofern ist es wichtig, dass die vermittelten Informationen ausgewogen sind und die Möglichkeit besteht, dass alle gesellschaftlich relevanten Kräfte zu Wort kommen. Auf diesem Weg wird die Basis für den von der Verfassung geforderten Meinungspluralismus geschaffen.

cc) Orientierungsfunktion

In der heutigen Zeit gibt es durch die zunehmende Zahl an Rundfunk- und Presseangeboten, vor allem aber durch das Internet eine stetig steigende Informationsflut, die den Rezipienten vielfach überfordert. Es wird nicht mehr klar, welche Informationen verlässlich und glaubhaft sind. Insofern soll der öffentlich-rechtliche Rundfunk eine Orientierungshilfe bieten. Er soll eine Quelle unabhängiger und unparteilicher Informationen sein.[348] Sein Vollprogramm ist insofern von besonderer Bedeutung. Es ermöglicht ein möglichst breit gefächertes Informationsspektrum und spiegelt die gesellschaftliche Pluralität und die thematische Vielfalt in ihrer ganzen Breite wider. Weiterhin bietet es dem Rezi-

345 Vgl. *Holznagel*, Der spezifische Funktionsauftrag, S. 37.
346 Vgl. *Brenner*, Zur Gewährleistung des Funktionsauftrages, S. 103.
347 Vgl. BVerfGE 35, 202 (222).
348 Vgl. *Stolte*, FK 38/1998, S. 3 ff.

pienten die Möglichkeit, mit Themen und Meinungen in Kontakt zu treten, die er unter persönlichen Aspekten nicht gewählt hätte. Damit soll der öffentlich-rechtliche Rundfunk in einer immer komplexer werdenden Gesellschaft Durchblick schaffen und eine Orientierungshilfe sein.[349]

b) Integrationsfunktion

Die Integrationsfunktion ist eben so wichtig wie die Aufgabe, einen Beitrag zur freien individuellen und öffentlichen Meinungsbildung zu leisten. Das Bundesverfassungsgericht ist auf diese Funktion des öffentlich-rechtlichen Rundfunks schon in seiner ersten Rundfunkentscheidung eingegangen.[350] Die Rundfunkanstalten stünden in öffentlicher Verantwortung und erfüllten, indem sie Aufgaben der öffentlichen Verwaltung wahrnähmen, zugleich integrierende Funktionen für das Staatsganze.[351] Hörfunk und Fernsehen gehörten in gleicher Weise wie die Presse zu den unentbehrlichen Massenkommunikationsmitteln, denen sowohl für die Verbindung zwischen dem Volk und den Staatsorganen und für deren Kontrolle als auch für die Integration der Gemeinschaft in allen Lebensbereichen eine maßgebliche Bedeutung zukomme.[352] Integration heißt also, dass der öffentlich-rechtliche Rundfunk durch sein Programmangebot eine gemeinsame Informations- und Kommunikationsbasis für die Gesellschaft eröffnet, auf der alle gesellschaftlich relevanten Kräfte zu Wort kommen können, um so zur politischen Willensbildung beizutragen und den gesellschaftlichen Zusammenhalt zu fördern.[353]

Diese Integration muss auf den verschiedenen Ebenen erfolgen. So besteht ein Auftrag zur Förderung der föderalen Integration, der europäischen und internationalen Integration und der gesellschaftlichen Integration.[354] Unter föderaler Integration wird der Auftrag verstanden, das Geschehen in den einzelnen Ländern und die kulturelle Vielfalt Deutschlands angemessen im Programm darzustellen.[355] In der Praxis teilen sich ARD und ZDF diese Aufgabe. Das ZDF gestaltet sein Programm mehr vom Blickwinkel der Bundesrepublik aus und konstatiert somit das Prinzip „Einheit in der Vielfalt" und die ARD betont mehr den Blickwinkel der Länder, so dass sie mehr für das Prinzip „Vielfalt in der Einheit" steht.[356]

---

349 Vgl. *Holznagel*, Der spezifische Funktionsauftrag, S. 38.
350 Vgl. BVerfGE 12, 205 (246); 31, 314 (329); 35, 202 (222).
351 Vgl. BVerfGE 47, 198 (225); 12, 113 (125); 31, 314 (329).
352 Vgl. BVerfGE 35, 202 (222); 12, 113 (125).
353 Vgl. *Stolte*, Fernsehen am Wendepunkt, S. 114.
354 Vgl. *Holznagel*, Der spezifische Funktionsauftrag, S. 40.
355 Vgl. *Bauer/Ory*, Recht in Hörfunk und Fernsehen II, Punkt 5.1.2.
356 Vgl. *Stolte*, FK 2000, S. 3 (6).

Aufgrund des Auftrages zur europäischen und internationalen Integration soll der öffentlich-rechtliche Rundfunk einen objektiven Überblick über das Weltgeschehen liefern. Die Programme sollen einen Beitrag zur Völkerverständigung und zur Einigung Europas liefern.[357]
Letztlich soll der öffentlich-rechtliche Rundfunk die Integration der Gesellschaft fördern, auch wenn dieser Punkt nicht klar von den beiden zuerst genannten zu trennen ist. Es sollen die unterschiedlichen in Deutschland lebenden gesellschaftlichen Gruppen zu einer in Frieden, Freiheit und Toleranz lebenden Gesellschaft zusammen geführt werden.[358] Hierbei ist zum einen besonderes Gewicht auf die Förderung des Zusammenwachsens von den neuen und alten Bundesländern zu legen, um auf diesem Wege eine solidarische gesamtdeutsche Gesellschaft voranzutreiben, und zum anderen auf die Förderung der Integration der ausländischen Mitbürger in die deutsche Gesellschaft.
Durch die Videotext-Untertitelung wird eine Integration gehörloser und hörbehinderter Zuschauer ermöglicht.

c) Leitbildfunktion

Die öffentlich-rechtlichen Rundfunkanstalten sind, wie bereits dargestellt[359], zu einer seriösen Berichterstattung verpflichtet.[360] Innerhalb des immer umfangreicher werdenden Medienangebotes kommt dem öffentlich-rechtlichen Rundfunk daher bei der Gestaltung ihres Programms eine Leitbildfunktion zu. Das heißt, dass sie verpflichtet sind, eine wegweisende, qualitativ hochwertige Angebots- und Programmgestaltung durchzuführen.[361] Vor allem sind elementare gesellschaftliche Werte, wie die Würde des Menschen, das Persönlichkeitsrecht, der Schutz von Ehe und Familie, die Gleichstellung von Mann und Frau und der Jugendschutz zu wahren. Weiterhin ist von entscheidender Bedeutung, dass der öffentlich-rechtliche Rundfunk zu Toleranz im Sinne der Achtung des Glaubens, der Meinung und der Überzeugung der Mitmenschen verpflichtet ist.[362]
Der öffentlich-rechtliche Rundfunk ist somit den Grundsätzen journalistischer Professionalität verpflichtet und soll insoweit Maßstäbe für guten Journalismus

---

357 Vgl. *Holznagel*, Der spezifische Funktionsauftrag, S. 41.

358 Vgl. z.B. § 5 Abs. 3 Satz 4 ZDF-StV; *Ricker/Schiwy*, Rundfunkverfassungsrecht, F IV Rn. 32; *Langenbucher*, Media Perspektiven 1990, S. 699 (705 ff.); *Holznagel*, Der spezifische Funktionsauftrag, S. 42.

359 Siehe 1. Teil C II 3 a) aa).

360 Vgl. *Lerche*, in: Festschrift für Kriele, S. 357 (360).

361 Vgl. *Bullinger*, Die Aufgabe des öffentlichen Rundfunks, S. 23; *Holznagel*, Der spezifische Funktionsauftrag, S. 42 f.

362 Vgl. *Ricker/Schiwy*, Rundfunkverfassungsrecht, F IV Rn. 30.

setzen.[363] Dies gilt selbstverständlich bei der Nachrichtenberichterstattung; aber auch im Bereich der nicht-journalistischen, unterhaltungsorientierten Programmformen sind Qualitätsanforderungen zu erfüllen.[364]

d) Kulturauftrag

Der öffentlich-rechtliche Rundfunk hat weiterhin die Aufgabe, die Bereiche Kultur, Bildung und Beratung zu fördern.
Dieser Aspekt ist von zwei Seiten zu betrachten. Das Bundesverfassungsgericht hatte dem öffentlich-rechtlichen Rundfunk – aus Angst vor dem Erstarken eines europäischen Rundfunkmarktes[365] – die Aufgabe zugewiesen, die kulturelle Identität der Bundesrepublik Deutschland zu wahren.[366] Die dauernde Investition in die Bereiche Kultur, Bildung und Beratung und die damit verbundene ständige Auseinandersetzung mit sämtlichen gesellschaftlichen Strömungen schafft eine gemeinsame Identität. Durch dieses ständige Neustiften von Identität wird die Identität gewahrt.[367]

Der öffentlich-rechtliche Rundfunk soll für die Allgemeinheit einen leicht zugänglichen und preiswerten Service-Anbieter durch seine vielfältigen Bildungs- und Beratungsangebote bieten. So soll es im öffentlich-rechtlichen Programmangebot Orientierungshilfen in praktischen Dingen, Ratgeber bis hin zur Vermittlung wissenschaftlicher Ergebnisse, neuer Forschungsergebnisse und neuer Technologien geben. Diese Programme sollen Informationen vermitteln, das Verständnis für andere und andere Kulturen fördern, Ängste – auch vor der Zukunft und der Entwicklung – mindern und Anschauungen vermitteln, die für den Einzelnen von persönlichem Nutzen sein können.[368]

e) Innovationsfunktion

Die Innovationsfunktion hängt mit der den öffentlich-rechtlichen Rundfunkanstalten vom Bundesverfassungsgericht zugebilligten Entwicklungsgarantie[369] zu-

---

[363] Vgl. *Brenner*, Zur Gewährleistung des Funktionsauftrages, S. 105; *Ricker/Schiwy*, Rundfunkverfassungsrecht, F IV Rn. 31.
[364] Vgl. *Ukrow*, WiVerw 2003, S. 160 (168).
[365] Siehe 1. Teil A II 2 a).
[366] Vgl. BVerfGE 73, 118 (158).
[367] Vgl. *Kresse*, ZUM 1996, S. 59 (60).
[368] Vgl. *Holznagel*, Der spezifische Funktionsauftrag, S. 44.
[369] Siehe 1. Teil C II 1 d).

sammen. Die Entwicklungsgarantie beinhaltet die Teilhabe an Versuchen auf programmlicher, technischer und sonstiger Ebene.[370]

f) Produktionsauftrag

Unter dem Produktionsauftrag, der eng mit dem Kulturauftrag zusammenhängt, versteht man die Förderung der kulturellen Vielfalt in der Bundesrepublik durch die Produktion eigener Sendungen und Sendeformate durch die öffentlich-rechtlichen Rundfunkanstalten. Sie sollen einen gewissen Anteil an eigen-, co- oder auftragsproduzierten Sendungen gewährleisten.[371]

4. Organisation des öffentlich-rechtlichen Rundfunks

Organisatorisch hat der Gesetzgeber drei wesentliche strukturelle Sicherheitsvorkehrungen getroffen, um die Erfüllung der Grundversorgung zu sichern.
Erstens ist der öffentlich-rechtliche Rundfunk binnenplural organisiert, d.h. die gesellschaftlich relevanten Gruppen sind in plural zusammengesetzten Gremien an der Kontrolle des Rundfunks beteiligt.[372]
Zweitens sehen Anstaltsgesetze einen dreigliedrigen Aufbau der Rundfunkanstalt vor.[373] Der Intendant ist das Exekutivorgan und als solches mit umfassender Verantwortung für die Programmgestaltung betraut. In publizistischen Fragen wird er vom Rundfunkrat überwacht, der mit Vertretern aus den gesellschaftlich relevanten Gruppen besetzt ist. Die Überwachung der Geschäftsführung obliegt dem Verwaltungsrat.[374]
Drittens werden in den Anstaltsgesetzen allgemeine Programmleitlinien erlassen, die sich an den verfassungsrechtlichen Vorgaben orientieren. Es ist jedoch zu beachten, dass die nähere Ausgestaltung aufgrund der Programmautonomie den Rundfunkanstalten selbst obliegt.[375]

---

370 Vgl. *Brenner*, Zur Gewährleistung des Funktionsauftrages, S. 105; *Holznagel*, Der spezifische Funktionsauftrag, S. 44.

371 Vgl. *Brenner*, Zur Gewährleistung des Funktionsauftrages, S. 105; *Holznagel*, Der spezifische Funktionsauftrag, S. 43.

372 Vgl. ausführlich *Ricker/Schiwy*, Rundfunkverfassungsrecht, E II Rn. 10 ff.

373 Vgl. zur Binnenorganisation der Rundfunkanstalten *Schreier*, Das Selbstverwaltungsrecht der öffentlich-rechtlichen Rundfunkanstalten, S. 63 ff.; Keinen dreigliedrigen Aufbau haben Radio Bremen (§ 7 RBG) und der WDR (§§ 13 Abs. 1 Nr. 4, 27 ff. WDR-Gesetz).

374 Im Einzelnen siehe 3. Teil A I 1 d) aa).

375 Vgl. BVerfGE 87, 181 (201).

5. Wirtschaftliche Betätigung von öffentlich-rechtlichen Rundfunkanstalten

An vielfältigen Stellen hat sich die Frage nach den wirtschaftlichen Betätigungsfeldern des öffentlich-rechtlichen Rundfunks gestellt. Diese Diskussion wurde zuletzt intensiv um den geplanten ZDF-Medienpark in Mainz geführt.

Die wirtschaftliche Betätigung einer öffentlich-rechtlichen Rundfunkanstalt ist nur dann zulässig, wenn diese innerhalb des verfassungsrechtlich begründeten und gesetzlich näher bestimmten Aufgabenbereichs des öffentlich-rechtlichen Rundfunks liegt.[376] Eine derartige einfachgesetzliche Grundlage findet sich jetzt in § 11 Abs. 1 Satz 2 RfStV, der die öffentlich-rechtlichen Rundfunkanstalten berechtigt, programmbegleitend Druckwerke und Mediendienste mit programmbezogenem Inhalt anzubieten.[377] Liegt keine ausdrückliche gesetzliche Ermächtigung für eine bestimmte wirtschaftliche Betätigung vor, stellt sich die Frage, ob diese von dem gesetzlich umschriebenen Anstaltszweck umfasst ist.

a) Gründung von privat-rechtlichen Gesellschaften

Oftmals werden von den öffentlich-rechtlichen Rundfunkanstalten privat-rechtliche Gesellschaften gegründet, um eine bestimmte wirtschaftliche Betätigung durchzuführen.
Im Falle des ZDF-Medienparks sollte sich beispielsweise nicht das ZDF selbst, sondern eine private Gesellschaft, die 100%-ige Tochtergesellschaft des ZDF, die „ZDF-Enterprise-GmbH" mit der Errichtung und dem Betrieb des Medienparks befassen. Es stellt sich somit die Frage, ob die Bildung derartiger Tochterunternehmen Einfluss auf die rechtliche Bewertung hat.
Das Bundesverfassungsgericht hat hinsichtlich der Unternehmensbeteiligung des WDR entschieden, dass eine solche nur zulässig sei, wenn die Beteiligung den Anstaltsaufgaben diene.[378] Die neu gebildete Gesellschaft darf sich nur in dem Aufgabenbereich bewegen, der durch den gesetzlich verankerten Anstaltszweck der jeweiligen Anstalt vorgegeben ist.[379] Die jeweilige wirtschaftliche Betätigung ist somit nur dann zulässig, wenn sie selbst innerhalb des Aufgabenbereichs der öffentlich-rechtlichen Rundfunkanstalt liegt.[380]

---

376 Vgl. *Degenhart*, Rechtsfragen eines „Medienparks" des Zweiten Deutschen Fernsehens, S. 28.

377 Siehe 4. Teil D I 2.

378 Vgl. BVerfGE 83, 238 (304).

379 Vgl. *Rath-Glawatz*, K&R 2000, S. 72 (74).

380 Vgl. *Degenhart*, Öffentlich-rechtlicher Rundfunk und Freizeitparks, S. 34 f.

Damit ist es für die rechtliche Bewertung, ob eine bestimmte wirtschaftliche Betätigung zulässig ist, unerheblich, ob die Rundfunkgesellschaft selbst oder eine private Tochtergesellschaft agiert.

b) Zulässigkeit der Betätigung im Kernbereich

Um zu bestimmen, ob die öffentlich-rechtliche Rundfunkanstalt eine bestimmte wirtschaftliche Betätigung ausführen darf, ist auf verfassungsrechtlicher Ebene zwischen der eigentlichen, unmittelbar durch die Rundfunkfreiheit geschützten Programmveranstaltung und weiteren, dieser nicht unmittelbar zuzuordnenden, Tätigkeiten zu unterscheiden.[381]

Den Kernbereich der Aufgaben des öffentlich-rechtlichen Rundfunks stellt die Veranstaltung von Rundfunk dar. Gefordert wird insofern, dass eine unmittelbare Beziehung der wirtschaftlichen Betätigung zum Betrieb des Rundfunkprogramms besteht.[382]
Am Beispiel des geplanten ZDF-Medienparks bedeutet dies folgendes: Der ZDF-Medienpark sollte medienspezifisch und nicht in der Art eines allgemeinen Freizeitparks ausgestaltet werden. Dennoch sollte hier kein Rundfunk im eigentlichen Sinne veranstaltet werden. Vielmehr wird allenfalls die Veranstaltung von Rundfunk unterstützt.
Auch das insofern irreführende Motto des Fernsehparks „Fernsehen mit anderen Mitteln“[383] kann über dieses Ergebnis nicht hinwegtäuschen, da der Medienpark nicht der unmittelbaren Programmveranstaltung dient.[384] Der Betrieb des ZDF-Medienparks würde damit nicht in den Kernbereich der Aufgaben des ZDF fallen.

c) Zulässigkeit als Hilfstätigkeit

Eine wirtschaftliche Betätigung einer öffentlich-rechtlichen Rundfunkanstalt kann als zulässige Hilfstätigkeit möglich sein.[385] Eine Hilfstätigkeit kann zum einen als unterstützende Randbetätigung unter dem Gesichtspunkt der Annexbe-

---

[381] Vgl. *Degenhart*, in: Dolzer/Vogel/Graßhof (Hrsg.), BK, Art. 5, Rn. 801 ff; *Jarass*, Online-Dienste und Funktionsbereich des Zweiten Deutschen Fernsehens, S. 18 ff., 32 ff.; *Ricker/Schiwy*, Rundfunkverfassungsrecht, F 45 ff.

[382] Vgl. *Schäfer*, Neue Betätigungsfelder des öffentlich-rechtlichen Rundfunks, S. 146.

[383] Vgl. *Degenhart*, ZUM 2001, S. 357 (359).

[384] Vgl. *Degenhart*, Öffentlich-rechtlicher Rundfunk und Freizeitparks, S. 35.

[385] Die Terminologie ist im Einzelnen nicht unumstritten. Im Folgenden wird der Begriff der Hilfstätigkeit als Oberbegriff verwandt.

fugnis und zum anderen als fiskalische oder wirtschaftliche Rundnutzung zulässig sein.[386]

aa) Annexaktivität

Unter Annexaktivitäten werden Tätigkeiten ohne ausdrückliche Ermächtigung aber in Wahrnehmung einer Annexkompetenz verstanden, die einer Vertiefung, nicht aber Ausweitung öffentlich-rechtlicher Kompetenzen im Bereich der Kernaufgaben dienen.[387]
Mit Hilfe der Rechtssprechung des Bundesverfassungsgerichts lässt sich nicht exakt ermitteln, in welchen Grenzen eine Betätigung der öffentlich-rechtlichen Rundfunkanstalten im Randbereich zulässig ist.[388] Deshalb ist hier auf die allgemeinen Anforderungen abzustellen, die durch die Rechtssprechung des Bundesverfassungsgerichts entwickelt wurden.
Damit ist Voraussetzung, dass die Hilfstätigkeit der Verpflichtung zugeordnet bleibt, den spezifischen Funktionsauftrag der öffentlich-rechtlichen Rundfunkanstalten zu erfüllen.[389] Als Begrenzung der Hilfsaktivitäten der öffentlich-rechtlichen Rundfunkanstalten ist der Rundfunkauftrag heranzuziehen.[390] Als zulässige Annextätigkeiten wurden bisher die Herausgabe programmbezogener Druckwerke und die Aus- und Weiterbildung von Mitarbeitern[391] durch die öffentlich-rechtlichen Rundfunkanstalten angesehen.

bb) Fiskalische Randnutzung

Eine wirtschaftliche Betätigung einer öffentlich-rechtlichen Rundfunkanstalt kann als fiskalische Randnutzung möglich sein. Eine fiskalische Randnutzung ist anzunehmen, wenn eine zusätzliche, den Programmauftrag nicht unmittelbar berührende wirtschaftliche Verwertung sachlicher und auch programmlicher Ressourcen vorliegt.[392] Hierunter fallen z.B. die Vermietung nicht genutzter Stu-

---

386 Vgl. *Degenhart*, Öffentlich-rechtlicher Rundfunk und Freizeitparks, S. 36 f.; *Libertus*, AfP 1992, S. 229 (230).
387 Vgl. *Degenhart*, in: Sachs, GG, Art. 70, Rn. 30 ff, 34 ff.
388 Vgl. BVerfGE 83, 238 (298).
389 Vgl. *Gounalakis*, Funktionsauftrag und wirtschaftliche Betätigung des Zweiten Deutschen Fernsehens, S. 23 f.
390 Vgl. BVerfGE 83, 238 (304 f.).
391 Vgl. *Kübler*, Rundfunkauftrag und Programminformation, S. 51.
392 Vgl. *Degenhart*, in: Dolzer/Vogel/Graßhof (Hrsg.), BK, Art. 5, Rn. 803.

dios[393], der Weiterverkauf von Senderechten[394] und der Vertrieb von Kassetten[395]. Der Kompetenztitel ist somit begrenzt.[396]
Es muss sich also um eine bei Gelegenheit der Programmveranstaltung erfolgende, wirtschaftlich sich anbietende Nutzung der Anstaltsressourcen handeln.[397] Wenn Rechtsgeschäfte, die unmittelbare Voraussetzung für die Ausübung der Sendetätigkeit sind, als notwendige Hilfsgeschäfte[398] oder abhängige fiskalische Tätigkeiten[399] ohne weiteres vom Anstaltszweck umfasst sind[400], so gilt dies auch für die Verwertung der entsprechenden Objekte und Rechte.[401] Zu beachten ist hierbei jedoch, dass es sich um nachrangige, „am Rande“ bleibende wirtschaftliche Hilfsfunktionen handelt.[402]
Aus dem Begriff Randnutzung folgt zudem, dass die wirtschaftliche Verwertung in keinem Fall im Vordergrund stehen darf.[403] Deshalb haben die öffentlich-rechtlichen Rundfunkanstalten auch dann nicht ohne weiteres einen Anspruch darauf, dass ihnen derartige Randnutzungen als Finanzierungsgrundlage gestattet oder durch den Gesetzgeber eröffnet werden, wenn die oben genannten Voraussetzungen vorliegen.[404] Keine Randbetätigung ist zudem die rein erwerbswirtschaftliche Betätigung ohne Bezug um Programm und zu den Ressourcen der Anstalt.[405]

---

393 Vgl. *Kübler*, Rundfunkauftrag und Programminformation, S. 51; *Stettner*, ZUM 1995, S. 293 (303).

394 Vgl. *Denninger*, ZUM 1987, S. 479 (487).

395 Vgl. *Libertus*, Grundversorgungsauftrag und Funktionsgarantie, S. 130; *Herrmann/Lausen*, Rundfunkrecht, § 10 Rn. 139.

396 Vgl. *Kübler*, Rundfunkauftrag und Programminformation, S. 51 f.

397 Vgl. *Kübler*, Rundfunkauftrag und Programminformation, S. 51 f.

398 Vgl. *Krempel*, Rechnungshöfe und Rundfunk-Beteiligungsunternehmen, S. 218.

399 Vgl. *Fuhr*, ZDF-Staatsvertrag, § 1 III 1 b, bb, ccc.

400 So bereits *Forsthoff*, DÖV 1957, S. 97 (97 ff.). Hierzu zählen beispielsweise die Errichtung von Studiogebäuden, die Anschaffung der technischen Ausrüstung und der Erwerb von Rechten.

401 Vgl. *Degenhart*, ZUM 2001, S. 357 (360). So beispielsweise die Veräußerung der abgenutzten oder veralteten technischen Ausrüstung oder des nicht mehr benötigten Studios.

402 Vgl. *Libertus*, Grundversorgung und Funktionsgarantie, S. 129.

403 Unzulässig wäre es deshalb beispielsweise, Programmproduktionen von vornherein mit dem Ziel bestmöglicher wirtschaftlicher Verwertung herzustellen; BVerfGE 83, 238 (304); *Ricker/Schiwy*, Rundfunkverfassungsrecht, Rn. F 48.

404 Vgl. BVerfG, AfP 1998, S. 618 ff. – Guldenburg-Entscheidung.

405 Ebenso *Kübler*, Rundfunkauftrag und Programminformation, S. 54; a.A. noch *Maunz*, DVBl. 1974, S. 1 ff., dessen Ansatz jedoch überholt ist, da *Maunz* sich auf die widerlegte These von der wirtschaftlichen Entfaltungsfreiheit der Rundfunkanstalt im Rahmen des Art. 2 Abs. 1 GG stützt.

6. Staatliche Aufsicht

Zu klären ist, ob und in welchem Ausmaß eine staatliche Aufsicht über den öffentlich-rechtlichen Rundfunk zulässig ist.

a) Verfassungsrechtliche Zulässigkeit einer staatlichen Aufsicht

Maßgeblich bei der Frage nach der Zulässigkeit einer staatlichen Aufsicht über den öffentlich-rechtlichen Rundfunk ist die Rechtssprechung des Bundesverfassungsgerichts. Grundsätzlich darf nach der Rechtssprechung des Bundesverfassungsgerichts nach den Anforderungen des Art. 5 Abs. 1 Satz 2 GG der Rundfunk weder dem Staat noch einer gesellschaftlichen Gruppe ausgeliefert werden.[406] Jedoch hat das Bundesverfassungsgericht in seinem Fernsehurteil festgelegt, dass die Rundfunkanstalten höchstens einer beschränkten staatlichen Rechtsaufsicht unterworfen seien.[407] Damit ist die Zulässigkeit staatlicher Aufsicht grundsätzlich höchstrichterlich festgestellt worden.

b) Inhalt, Grenzen und Subsidiarität der staatlichen Aufsicht

Die Begrenztheit der staatliche Aufsicht ergibt sich bereits aus der Formulierung des Bundesverfassungsgerichts, da von einer „höchstens beschränkten staatlichen Rechtsaufsicht" gesprochen wird.
Es stellt sich die Frage, wie die staatliche Aufsicht ausgestaltet sein darf und muss. In jedem Fall muss gewährleistet werden, dass durch die staatliche Aufsicht nicht in verfassungswidriger Weise auf die Programmgestaltung Einfluss genommen wird. Aus diesem Grunde ist eine Fachaufsicht, die zu Weisungen unter Zweckmäßigkeitserwägungen berechtigen würde, ausgeschlossen.[408] Damit beschränkt sich die staatliche Aufsicht auf eine Rechtsaufsicht, d.h. es darf nur bei Verstößen gegen Rechtsnormen eingeschritten werden.[409]
Aufgrund der Vielzahl von unbestimmten Rechtsbegriffen im Rundfunkrecht kann die Grenze zwischen Rechts- und Fachaufsicht im Einzelfall nicht klar gezogen werden. Auf keinen Fall darf es dazu kommen, dass fachaufsichtliche Maßnahmen im Gewande der Rechtsaufsicht angeordnet werden.[410] Deshalb ist

---

[406] Siehe 1. Teil B III.
[407] Vgl. BVerfGE 12, 205 (261).
[408] Vgl. *Gersdorf*, Grundzüge des Rundfunkrechts, Rn. 361.
[409] Vgl. *Hesse*, Rundfunkrecht, 4.121; *Hartstein/Ring/Kreile/Dörr/Stettner*, RfStV I, Vor § 11 RfStV, Rn. 32.
[410] Vgl. *Rudolf*, ZRP 1977, S. 213 (215); *Lerche*, Landesbericht Bundesrepublik Deutschland, in: Bullinger/Kübler, Rundfunkorganisation und Kommunikationsfreiheit, S. 15 (99 f.).

die Staatsaufsicht auf eine Evidenzkontrolle zu reduzieren und ein staatliches Eingreifen nur bei außergewöhnlichen und gravierenden Verstößen zulässig.[411] Im jeweiligen Fall sind die Grenzen der Staatsaufsicht unter Berücksichtigung des Ziels der Grundrechtsgewährleistung und der Staatsunabhängigkeit der Programmgestaltung zu bestimmen. Je ausfüllungsbedürftiger eine Norm ist und je mehr sie sich auf den Programmbereich und damit auf den Kern der Rundfunkfreiheit bezieht, desto eingeschränkter ist die staatliche Rechtsaufsicht.[412]

Bei der Ausübung der Rechtsaufsicht ist zu beachten, dass die Überwachung der Tätigkeit der Rundfunkanstalten primär bei den anstaltsinternen Kontrollgremien liegt. Diese sind gerade zu dem Zweck errichtet worden, die gesellschaftliche Kontrolle sicherzustellen und eine pluralistische Kontrolle des Rundfunkrates zu garantieren.[413] Deshalb muss, bevor die staatliche Rechtsaufsicht tätig wird, den jeweiligen Gremien die Gelegenheit gegeben werden, ihren Kontrollaufgaben nachzukommen. Diese Subsidiarität währt solange die Kontrollgremien ihre Aufgabe überhaupt wahrnehmen und die medienrechtlichen Bestimmungen oder allgemeinen Rechtsvorschriften nicht missachten.[414]

c) Aussichtsmittel und Rechtsschutz gegen die Maßnahmen der Rechtsaufsicht

Auch bei der Wahl der Mittel ist die staatliche Aufsicht nicht frei. So wird ohne eine ausdrückliche gesetzliche Ermächtigung lediglich die Information und der Hinweis auf die Gesetzesverletzung für zulässig erachtet.[415] Aufgrund des Gebotes der Staatsfreiheit ist es nicht möglich, dass der Staat selbst unmittelbar tätig wird. Deshalb sind eine Ersatzvornahme oder die Ernennung eines Staatskommissars ausgeschlossen.[416]
Sind die gegenüber der Rundfunkanstalt verhängten Aufsichtsmittel bestandskräftig geworden, sind diese uneingeschränkt umzusetzen. Sollte die Rundfunk-

---

411 Vgl. *Lerche*, in: Bullinger/Kübler, Rundfunkorganisation und Kommunikationsfreiheit, S. 15 (100), Fn. 326 a; *Wufka*, Die verfassungsrechtlich-dogmatischen Grundlagen der Rundfunkfreiheit, S. 107 ff.

412 Vgl. *Berendes*, DÖV 1975, S. 413 (419); *Jarass*, Die Freiheit des Rundfunks vom Staat, S. 55 f.

413 Vgl. *Hartstein/Ring/Kreile/Dörr/Stettner*, RfStV I, Vor § 11 RfStV, Rn. 37.

414 Vgl. *Fuhr*, ZDF-Staatsvertrag, § 25 III; *Dörr*, Umfang und Grenzen der Rechtsaufsicht, S. 57 ff.

415 Vgl. *Rüggeberg*, Rechtsschutz öffentlich-rechtlicher Rundfunkanstalten und privatrechtlicher Unternehmen gegen Rechtsaufsichtsmaßnahmen, in: Becker, Medienprozessrecht, S. 109 (116 ff.).

416 Vgl. *Berendes*, DÖV 1975, S. 413 (420); *Jarass*, Die Freiheit des Rundfunks vom Staat, S. 55; *Rudolf*, ZRP 1977, S. 213 (215).

anstalt dieser Maßnahme der Rechtsaufsicht dennoch nicht nachkommen, besteht lediglich die Möglichkeit gerichtlich gegen die Rundfunkanstalt vorzugehen[417], Verwaltungsvollstreckungsmaßnahmen sind jedenfalls ausgeschlossen.
Die Rundfunkanstalten können gegen Maßnahmen, die ihrer Meinung nach in ihre Programmautonomie eingreifen, den Verwaltungsrechtsweg bestreiten. In Betracht kommen insbesondere die Anfechtungs-, die allgemeine (negatorische) Leistungsklage und gegebenenfalls auch die vorbeugende Unterlassungsklage.[418]

7. Finanzierung

Die Finanzierung des öffentlich-rechtlichen Rundfunks ist wiederum eine Besonderheit, die sich aus der besonderen Funktion des öffentlich-rechtlichen Rundfunks im dualen System ergibt.
Das Finanzaufkommen bestimmt die Tätigkeit der Rundfunkanstalt. Somit wird hierdurch festgelegt, ob und welche Programme überhaupt ausgestrahlt werden können und wie ein Programm gestaltet wird.

a) Gebührenfinanzierung

Dem öffentlich-rechtlichen Rundfunk kommt die Aufgabe der freien individuellen und öffentlichen Meinungsbildung zu. Diese Aufgabe setzt voraus, dass der Rundfunk frei, umfassend und wahrheitsgemäß informiert. An den privaten Rundfunk können nur deshalb geringere Anforderungen gestellt werden, weil der öffentlich-rechtliche Rundfunk den klassischen Auftrag des Rundfunks nach Art. 5 Abs. 1 Satz 2 GG erfüllt und dem Wettbewerb mit den privaten Rundfunkbetreibern standhält. Daraus ergibt sich, dass eine Finanzierung des öffentlich-rechtlichen Rundfunks erforderlich ist, die ihn in den Stand setzt, die ihm zukommende Aufgabe zu erfüllen und die ihn gleichzeitig wirksam davor schützt, dass die Entscheidung über die Finanzausstattung zu politischer Einflussnahme auf das Programm missbraucht wird.[419]
Für den Gesetzgeber ergibt sich deshalb aus der Verfassung das Gebot, die „funktionsgerechte Finanzierung" des öffentlich-rechtlichen Rundfunks zu gewährleisten.[420] Das Bundesverfassungsgericht formuliert dies wie folgt: „Die Finanzierung der Tätigkeit der öffentlich-rechtlichen Rundfunkanstalten muss insgesamt hinreichend gesichert sein und den Anstalten muss auf diese Weise die Finanzierung derjenigen Programme ermöglicht werden, deren Veranstal-

---

417 Vgl. *Fuhr*, ZDF-Staatsvertrag, § 25 VI.
418 Vgl. *Hartstein/Ring/Kreile/Dörr/Stettner*, RfStV I, Vor § 11 RfStV Rn. 41.
419 Siehe 1. Teil B III 8.
420 Vgl. BVerfGE 83, 238 (310); 87, 181 (198); 90, 60 (90).

tung ihren spezifischen Funktionen nicht nur entspricht, sondern auch zur Wahrnehmung dieser Funktion erforderlich ist".[421] Wiederum ist die genaue Ausgestaltung Sache des Gesetzgebers. Der öffentlich-rechtliche Rundfunk hat somit keinen Anspruch auf eine bestimmte Art der Finanzierung. Lediglich seine Finanzierung insgesamt muss gesichert sein.[422]

Allerdings hat das Bundesverfassungsgericht festgestellt, dass die dem öffentlich-rechtlichen Rundfunk gemäße Art der Finanzierung die Gebührenfinanzierung ist.[423] Die Gebührenfinanzierung ermöglicht es dem öffentlich-rechtlichen Rundfunk, unabhängig von Einschaltquoten und Werbeaufträgen ein Programm anzubieten, das den Anforderungen gegenständlicher und meinungsmäßiger Vielfalt entspricht. Die eigentliche Bedeutung der Rundfunkgebühr liegt somit in der Sicherung und Gewährleistung der Rundfunkfreiheit.[424] Durch die Rundfunkgebühr ist der öffentlich-rechtliche Rundfunk unabhängig. Er kann auf eigene Finanzquellen zurückgreifen und so eigenverantwortlich handeln. Insofern dient die Rundfunkgebühr der Sicherung der Staatsfreiheit, indem sie eine Unabhängigkeit der öffentlich-rechtlichen Rundfunkanstalten von staatlicher Haushaltsplanung ermöglicht.

Weiterhin gibt die Rundfunkgebühr den öffentlich-rechtlichen Rundfunkanstalten die Möglichkeit, weitgehend unabhängig von Einschaltquoten ein Programm zu gestalten, das dem verfassungsrechtlichen Funktionsauftrag entspricht. So können auch Minderheitenprogramme berücksichtigt werden. Damit trägt die Rundfunkgebühr zur Gewährleistung der Meinungsvielfalt bei.
Da der öffentlich-rechtliche Rundfunk so in die Lage versetzt wird, die verfassungsrechtlich gebotene Grundversorgung zu garantieren, ist deshalb die Gebührenfinanzierung gerechtfertigt. Dies ist auch der Fall, wenn das Programm tatsächlich nicht genutzt wird.[425] Im Umkehrschluss sind die öffentlich-rechtlichen Rundfunkanstalten damit auch verpflichtet, ein Programm zu senden, dass diese Art der Finanzierung rechtfertigt.[426]

---

421 Vgl. BVerfGE 74, 297 (342); 87, 181 (202); 90, 60 (92).
422 Vgl. *Ricker/Schiwy*, Rundfunkverfassungsrecht, C V Rn. 74.
423 Vgl. BVerfGE 87, 181 (199).
424 Vgl. *Oppermann/Kilian*, Rechtsgrundsätze der Finanzierung öffentlich-rechtlichen Rundfunks, S. 58; *Heydt*, AöR 100 (1975), S. 584 (598).
425 Vgl. BVerfGE 87, 181 (201); *Gall*, ZUM 1991, S. 167 (168 f.); *Ricker/Schiwy*, Rundfunkverfassungsrecht, C V Rn. 77.
426 Vgl. *Degenhart*, in: Dolzer/Vogel/Graßhof (Hrsg.), BK, Art. 5, Rn. 807.

b) Werbefinanzierung und andere Finanzierungsformen

Allerdings sind nach der Auffassung des Bundesverfassungsgerichts ergänzende Arten der Finanzierung möglich, wie z.B. die Werbefinanzierung.[427] Diese dürfen jedoch die Gebührenfinanzierung nicht in den Hintergrund drängen, da mit ihnen programm- und vielfaltverengende Tendenzen verbunden sind.[428] Die Erschließung anderer Finanzierungsquellen kann unter diesen Bedingungen die Unabhängigkeit des öffentlich-rechtlichen Rundfunks sogar verbessern, da sie einseitige Abhängigkeiten vom Staat lockern und die Programmgestaltungsfreiheit der Rundfunkanstalten stärken kann.[429] In der Praxis hat sich für den öffentlich-rechtlichen Rundfunk ein Mischsystem aus Gebühren und Werbung herausgebildet.

c) Verfahren zur Festsetzung der Rundfunkgebühren

Das Bundesverfassungsgericht hat in seinem 8. Rundfunkurteil zum ersten Mal herausgestellt, dass die Staatsfreiheit des Rundfunks nicht nur durch die Exekutive, sondern auch durch die Legislative bedroht werden könnte, da wegen staats- und parteipolitischer Interessen die Möglichkeit einseitiger Einflussnahme auf die Programmfreiheit bestünde.[430] Bis zu diesem Urteil wurde der Gesetzgeber als Garant für die Rundfunkfreiheit angesehen, der alles Wesentliche im Rundfunkbereich zu regeln hatte. Das Bundesverfassungsgericht hat mit dieser Entscheidung den Wesentlichkeitsgrundsatz gegenüber der eigenständigen Ausübung der Rundfunkfreiheit der Anstalten konkretisiert und deutlich gemacht, dass über die funktionssichernden gesetzlichen Programmvorgaben hinaus kein Einfluss auf Inhalt und Form der Programme der Rundfunkveranstalter ausgeübt werden dürfe.[431] Die Rundfunkanstalten entscheiden grundsätzlich selbst über die als erforderlich anzusehenden Inhalte und Formen sowie über die Anzahl und den Umfang der Programme.[432]

Nach der Ansicht des Bundesverfassungsgerichts seien aber auch die Rundfunkanstalten nicht befugt, selbst über ihren Finanzrahmen zu bestimmen. Der Grund hierfür sei, dass die öffentlich-rechtlichen Rundfunkanstalten wie jede öffentlich-rechtliche Einrichtung ein Ausweitungsinteresse habe und somit keine Ge-

---

427 Vgl. BVerfGE 90, 60 (91); *Ricker/Schiwy*, Rundfunkverfassungsrecht, C V Rn. 80 ff.
428 Vgl. BVerfGE 90, 60 (91).
429 Vgl. BVerfGE 83, 238 (310 f.); 87, 181 (200).
430 Vgl. BVerfGE 90, 60 (98 f.).
431 Vgl. BVerfGE 90, 60 (96); *Ricker/Schiwy*, Rundfunkverfassungsrecht, C V Rn 90 f.; *Degenhart*, in: Dolzer/Vogel/Graßhof (Hrsg.), BK, Art. 5, Rn. 808.
432 Vgl. *Ricker/Schiwy*, Rundfunkverfassungsrecht, C V Rn. 91.

währ dafür bieten könne, das Funktionsnotwendige und die finanziellen Belange der Rundfunkteilnehmer hinreichend zu berücksichtigen.[433] Da es aufgrund der dynamischen Rundfunklandschaft nicht möglich sei, den Finanzierungsrahmen so zu objektivieren, dass die Höhe der Mittel ohne Weiteres zu bestimmen sei, sei es erforderlich, den Konflikt zwischen Programmfreiheit und funktionsgerechter Finanzierung durch ein entsprechendes Verfahren zu lösen.[434]

Mit dem 3. RfÄndStV wurde die Entscheidung über die Höhe der Rundfunkgebühr entsprechend des Vorschlags des Bundesverfassungsgerichts einem politikfreien Sachverständigengremium übergeben.[435] Auf der ersten Stufe des dreistufigen Verfahrens steht die Bedarfsanmeldung der Rundfunkanstalt. Die Entscheidung über die Vertretbarkeit dieser Bedarfsanmeldung erfolgt aufgrund der Bedarfsermittlung durch die KEF. Die KEF ist ein politikfreies Sachverständigengremium, dem ein Beurteilungsspielraum eingeräumt ist.[436] Im Anschluss daran beschließt die Legislative durch Gesetz die Höhe der Gebühr.

d) Modalitäten zur Festsetzung der Höhe der Rundfunkgebühr

Das Bundesverfassungsgericht hat in seinem 8. Rundfunkurteil auch Vorgaben hinsichtlich der Modalitäten für die Feststellung des Finanzierungsvolumens der öffentlich-rechtlichen Rundfunkanstalten gemacht.[437]
Die Finanzierung muss funktionsgerecht und erforderlich, den Grundsätzen von Wirtschaftlichkeit und Sparsamkeit entsprechen und sozialverträglich sein.

Die finanzielle Gewährleistungspflicht des Staates gegenüber den öffentlich-rechtlichen Rundfunkanstalten kann nur so weit reichen, wie diese ihrem Funktionsauftrag nachkommen.[438] Programme, die nicht unter den Funktionsauftrag fallen, werden also nicht von der finanziellen Gewährleistungspflicht des Staates umfasst. Im Ergebnis können also aufgrund der Programmautonomie die Rundfunkanstalten selbst über den Inhalt, die Form, die Anzahl und den Umfang ihrer Programme entscheiden,[439] jedoch ist der Gesetzgeber nicht verpflichtet, jede Programmentscheidung einer Anstalt auch finanziell zu honorieren.[440]

---

433 Vgl. BVerfGE 90, 60 (94); vgl. hierzu auch *Kresse*, ZUM 1995, S. 67 (68); *Kresse/Kennel*, ZUM 1994, S. 159 (160).
434 Vgl. BVerfGE 90, 60 (97 f.).
435 Siehe 1. Teil B III 8.
436 Vgl. *Goerlich*, ZUM 1996, S. 390 (392); *Eberle*, AfP 1995, S. 559 (564).
437 Vgl. dazu ausführlich *Hess*, Verfassungsrechtliche Probleme der Gebührenfinanzierung, S. 233 ff.
438 Vgl. BVerfGE 87, 181 (200).
439 Vgl. BVerfGE 87, 181 (201); 90, 60 (91 f.).
440 Vgl. BVerfGE 87, 181 (202).

Wie bereits dargelegt, haben die öffentlich-rechtlichen Rundfunkanstalten ein Selbstbehauptungs- und Ausweitungsinteresse, das sich gegenüber der ihnen auferlegten Funktion verselbstständigen könnte.[441] Aus diesem Grunde bedarf es weiterer einschränkender Kriterien, die helfen, den Konflikt zwischen Programmautonomie und Ausweitungsinteresse zu lösen.[442]

Dem Ausweitungsbestreben der öffentlich-rechtlichen Rundfunkanstalten sei nach der Rechtsprechung des Bundesverfassungsgerichts dadurch zu begegnen, dass nur die Finanzierung derjenigen Programme möglich sei, deren Veranstaltung ihrer Funktion nicht nur entspreche, sondern auch zur Wahrnehmung dieser Funktion erforderlich sei.[443] Eine exakte Definition dessen, was in diesem Zusammenhang als erforderlich zu bezeichnen ist, hat das Bundesverfassungsgericht nicht vorgenommen. Es knüpft aber an seine Rechtsprechung an, dass vom öffentlich-rechtlichen Rundfunk keine Vollversorgung zu gewährleisten sei. Ansatzpunkt für die Bestimmung des Erforderlichen ist die Funktion des öffentlich-rechtlichen Rundfunks, die Vielfalt im Rundfunk zu gewährleisten.[444] Insofern ist zumindest erforderlich, was zum Erhalt oder zur Ausweitung der Vielfalt notwendig ist. Dies kann aber nicht kategorisch verlangt werden, da keine Grenzziehung zwischen öffentlich-rechtlichem und privatem Rundfunk in Bezug auf den Inhalt vorgenommen werden soll.[445] Beispielsweise ist die inhaltsgleiche Kopie oder Nachahmung privater Programme nicht als erforderlich zu bezeichnen.

Weiterhin haben sich die öffentlich-rechtlichen Rundfunkanstalten – wie andere öffentliche Einrichtungen auch – an den Grundsätzen von Wirtschaftlichkeit und Sparsamkeit zu orientieren.[446]

Letztlich sind bei der Bedarfsfeststellung über die Gebührenhöhe auch die Interessen der Rundfunkteilnehmer zu beachten. Geboten und damit erforderlich i.S.d. verfassungsrechtlichen Übermaßverbotes sind bei staatlichen Maßnahmen nur diejenigen mit der geringsten Belastung für die davon Betroffenen.[447] Damit bedarf es einer besonderen Abwägung zwischen der Höhe der Gebühren und

---

441 Vgl. BVerfGE 87, 181 (202).

442 Zur legislativen Umsetzung der verfassungsrechtlichen Vorgaben vgl. *Libertus*, ZUM 1996, S. 947 (952).

443 Vgl. BVerfGE 74, 297 (342); 87, 181 (202); 90, 60 (97 f.); vgl. ausführlich zum Kriterium der Erforderlichkeit *Ory*, ZUM 1994, S. 610 (612).

444 Vgl. *Degenhart*, in: Dolzer/Vogel/Graßhof (Hrsg.), BK, Art. 5, Rn. 807.

445 Siehe 1. Teil B III 5.

446 Vgl. *Degenhart*, in: Dolzer/Vogel/Graßhof (Hrsg.), BK, Art. 5, Rn. 809.

447 Vgl. *Ricker/Schiwy*, Rundfunkverfassungsrecht, C V Rn. 96; *Kuch*, ZUM 1995, S. 161 (164).

deren Sozialverträglichkeit für die Rundfunkteilnehmer im Rahmen der Gebührenfestlegung.[448]

[448] Vgl. *Brenner*, Zur Gewährleistung des Funktionsauftrages, S. 101.

2. Teil: Die Rundfunkfreiheit im digitalen Zeitalter

Der technische Fortschritt war seit jeher der Motor der Fortentwicklung von Hörfunk und Fernsehen und damit zugleich des Rundfunk- und Medienrechts. Wir stehen heute an der Schwelle zu einer neuen, der dritten medialen Revolution.
Die erste mediale Revolution begann mit der Erfindung des Buchdrucks durch Johann Gutenberg vor 500 Jahren. In den folgenden 400 Jahren wurden Informationen ausschließlich durch Papier und Druckerpresse gespeichert und verarbeitet. Als Heinrich Herz 1887 die elektromagnetischen Wellen entdeckte, setzte die zweite mediale Revolution ein. Telefon, Radio und Fernsehen führten zu großen Veränderungen in den Informations- und Freizeitgewohnheiten der Bevölkerung. Gut 100 Jahre später stehen wir heute am Beginn des digitalen Zeitalters mit einer hochleistungsfähigen Speicher- und Übertragungstechnik, die zu tiefgreifenden Veränderungen in den Informationsstrukturen unserer Gesellschaft führt.

Diese technischen Neuerungen und die darauf beruhenden Veränderungen des Rundfunksektors gehören zu dem konkreten Lebenssachverhalt, auf den die Rundfunkfreiheit bezogen ist. Ohne die Einbeziehung dieses Lebenssachverhalts erscheint eine die normierende Wirkung der Rundfunkfreiheit entfaltende Auslegung nicht möglich.[449] Aus diesem Grunde müssen die neuen Umstände in die Auslegung der Rundfunkfreiheit mit einfließen.

In einem ersten Schritt soll auf die Digitalisierung des Rundfunks eingegangen werden (A), um dann in einem zweiten Schritt zu untersuchen, welche Auswirkungen diese auf die Rundfunkfreiheit hat (B).

A. Die Digitalisierung des Rundfunks

Einleitend wird die technische Seite der Digitalisierung dargestellt (I). Anschließend gilt es, die technisch-administrativen Dienstleistungen, die im Bereich des Rundfunks entstehen werden, (II) und die neuen Vertriebsformen (III) zu erläutern. Eine weitere Besonderheit, die im digitalen Zeitalter auf uns zukommt, ist das interaktive Fernsehen (IV). Weiterhin wird es aufgrund der neuen Technik zu einer Konvergenz der Medien kommen (V). Abschließend wird der Stand und die Entwicklung der Digitalisierung zum gegenwärtigen Zeitpunkt beschrieben (VI).

[449] Vgl. BVerfGE 73, 118 (154).

I. Die technische Seite der Digitalisierung

Die Digitalisierung des Rundfunks ist die Umstellung der Übertragungstechnik der Fernsehsignale vom Sender zum Empfänger. Bislang erfolgte die Übertragung bei der analogen Technik mittels modulierter elektromagnetischer Wellen. Bei der neuen digitalen Übertragungstechnik wird – wie in der Computertechnik – das Sendesignal als Binär-Code übertragen, d.h. in Form einer Aneinanderreihung von Nullen und Einsen.[450]

1. Exkurs: Analoges Fernsehen

Im Folgenden soll die analoge Übertragungstechnik kurz erklärt werden, um die Unterschiede zur neuen digitalen Technik besser verdeutlichen zu können.
Das zu sendende Objekt wird in einem ersten Schritt von einer Kamera abgetastet. Das Bild wird dann in einzelne Zeilen zerlegt.[451] Dieses Signal wird anschließend auf einer Trägerwelle aufmoduliert und von einer Sendeantenne ausgestrahlt. Neben diesen Bildsignalen werden sogenannte Synchronisationswellen gesendet, die den Gleichlauf des Elektronenstrahls in der Empfangsröhre mit dem der Senderöhre sichern. Parallel zu den Bildsignalen wird der zum Bild gehörende Ton auf einer eng benachbarten Trägerwelle übertragen.[452] Sind diese Signale von der Empfangsantenne aufgefangen worden, werden sie mit Hilfe der Braun´schen Röhre im Empfangsgerät sichtbar gemacht.[453]
Im Bereich des analogen Fernsehens gibt es drei etablierte, miteinander konkurrierende Systeme: NTSC in den U.S.A., SECAM in Frankreich und den meisten osteuropäischen Ländern und PAL im restlichen Europa.[454] Diese drei Standards sind aufgrund der verschiedenen Abbildungstechniken miteinander nicht kompatibel, so dass die jeweiligen Märkte vollkommen voneinander getrennt sind.[455]
Auch im Bereich der Qualität der Bilddarstellung gibt es Unterschiede. So wird bei PAL und SECAM das Fernsehsignal aus 50 Einzelbildern pro Sekunde und 625 Punkten zusammengesetzt. NTSC arbeitet hingegen mit 60 Einzelbildern und 525 Punkten.[456] Hieraus resultiert ein unterschiedlicher Kapazitätsbedarf der jeweiligen Signale bei der (terrestrischen) Übertragung. NTSC benötigt 6 MHz

---

450 Vgl. *Ziemer*, Digitales Fernsehen, S. 24; *Beuth/Hanebuth/Kurz*, Nachrichtentechnik, S. 377; *Fechner*, Medienrecht, Rn. 951.

451 Vgl. *Beuth/Hanebuth/Kurz*, Nachrichtentechnik, S. 271 ff.

452 Vgl. *Beuth/Hanebuth/Kurz*, Nachrichtentechnik, S. 254 ff.

453 Vgl. insgesamt auch *Freyer*, Herz schlägt in Bitrate, S. 4 ff.

454 Vgl. *Grünwald*, Analoger Switch-Off, S. 9; *Ziemer*, Digitales Fernsehen, S. 10 ff.

455 Vgl. *Beuth/Hanebuth/Kurz*, Nachrichtentechnik, S. 293 ff.; *Ziemer*, Digitales Fernsehen, S. 13 ff.

456 Vgl. *Beuth/Hanebuth/Kurz*, Nachrichtentechnik, S. 295; *Ziemer*, Digitales Fernsehen, S. 15.

pro Fernsehsignal (Bild-, Ton- und Farbinformationen eines einzelnen Programms), während sich der Kapazitätsbedarf von PAL und SECAM auf jeweils 7 MHz beläuft.[457]

2. Digitales Fernsehen

Das digitale System, das zur Übertragung des Fernsehsignals einen Binär-Code verwendet, ist wesentlich komplexer als die analoge Technik. Eine Besonderheit hieran ist, dass zusätzliche Komponenten, die der analogen Technik fremd sind, neben diejenigen treten, die zwingend für die Funktionsfähigkeit des digitalen Fernsehens erforderlich sind. Diese zusätzlichen Komponenten sollen unter A II als technisch-administrative Dienstleistungen erläutert werden. Im Folgenden werden zunächst die zwingend erforderlichen Aspekte der digitalen Technik dargestellt.

a) Quellcodierung

Die Quellcodierung des Bildsignals ist der Kern des digitalen Fernsehsystems.[458] Als Quellcodierung bezeichnet man die Umwandlung der zu sendenden, meist noch in analoger Form aufgezeichneten Inhalte in digitale Datenströme, also die Zerlegung der Bildinformationen in eine binäre Folge von Nullen und Einsen.[459] Dies wird mit dem sogenannten MPEG-2-Standard durchgeführt,[460] der weltweit anerkannt ist und in Europa[461] und den U.S.A.[462] gesetzlich festgeschrieben wurde.

Die Quellcodierung besteht aus drei Teilen: der Audio-Codierung, der Video-Codierung und dem Multiplexing.[463] Die Audio-Codierung und die Video-Codierung erreichen eine sehr hohe Qualität: So erreicht der MPEG-Audio-Stan-

---

457 Vgl. *Bahr*, Philips Lehrbriefe Bd. 1, S. 278 ff.

458 Vgl. *Schrape*, Digitales Fernsehen, S. 15.

459 Vgl. im Einzelnen *Ziemer*, Digitales Fernsehen, S. 24.

460 Vgl. *Schrape*, Digitales Fernsehen, S. 15; *Blair*, Digital Techniques in Broadcasting Transmission, S. 97 ff.

461 Vgl. Richtlinie 95/47/EG des Europäischen Parlaments und des Rates vom 24. Oktober 1995 über die Anwendung von Normen für die Übertragung von Fernsehsignalen (Conditional Access), ABl. EG 1995 L 281 vom 23. November 1995, 51 ff., in der Bundesrepublik umgesetzt durch das Gesetz über die Anwendung von Normen für die Übertragung von Fernsehsignalen (Fernsehsignalübertragungsgesetz – FÜG) vom 14. November 1997, BGBl. I, S. 2710.

462 47 C.F.R. 73.682(d).

463 Vgl. *Grünwald*, Analoger Switch-Off, S. 10.

dard[464] CD-Qualität. Der MPEG-Video-Standard[465] zeichnet sich durch ein hohes Maß an Flexibilität aus, da er sowohl für hochauflösendes als auch für weniger hochwertiges Fernsehen einsetzbar ist.[466]

Die Audio- und die Video-Codierung komprimieren mittels der *Redundancy-Reduction-Technologie* die Signale im Verhältnis zu den analogen erheblich.[467] Bei der Audiokomprimierung werden nur die elementaren, substanziellen Elemente von der analogen in die digitale Form umgewandelt. „Überflüssige" Toninformation, die das menschliche Gehör nicht wahrnehmen kann, werden nicht berücksichtigt.[468] Bei der MPEG-Video-Codierung werden nur solche Bildeinheiten berücksichtigt, die gegenüber der vorherigen Bildsequenz eine Änderung aufweisen. Die Bilder werden auf das Maß der optischen Wahrnehmbarkeit des menschlichen Auges ausgelegt, so dass zeitliche, örtliche und statistische Beziehungen zwischen den Bildelementen ausgenutzt werden können.[469] Mit diesem Verfahren lässt sich der Datenstrom verringern und die gewünschte Datenreduktionsrate erzielen, ohne dass die für die visuelle oder auditive Wahrnehmung relevanten Daten verloren gehen.

Dritte Komponente der Quellcodierung ist das Multiplexing. Als Multiplexing bezeichnet man den Vorgang der „Verpackung" der digitalisierten Audio- und Videoinformationen zu einem gemeinsamen, sendefähigen Transportdatenstrom.[470] Das Multiplexing findet im Play-Out-Center statt, der Sendezentrale des Digitalfernsehens. Hier werden die gesamten jeweils zu sendenden Elemente technisch miteinander verknüpft, so dass ein einheitliches, digitales Sendesignal entsteht. Dieser Datencontainer kann anschließend in den entsprechenden Übertragungskanal eingespeist werden.[471]

Aufgrund der Kompressionstechnik und der damit verbundenen geringeren Datenmenge ist es möglich, dass auf dem Sendeplatz eines einzigen analogen Signals (8 MHz) mehrere datenreduzierte Programme ohne Qualitätsverlust ausgestrahlt werden können. Damit vervielfacht sich die Gesamtzahl der zur Verfü-

---

464 ISO/IEC IS 13818-3.
465 ISO/IEC IS 13818-2.
466 Vgl. *Grünwald*, Analoger Switch-Off, S. 11.
467 Vgl. im Einzelnen *Dambacher*, Digitale Technik, S. 47 ff.; *Schrape*, Digitales Fernsehen, S. 11 ff.
468 Vgl. *Dambacher*, Digitale Technik, S. 52; *Schrape*, Digitales Fernsehen, S. 12.
469 Vgl. *Dambacher*, Digitale Technik, S. 48 f.; *Schrape*, Digitales Fernsehen, S. 12 f.
470 Vgl. *Schrape*, Digitales Fernsehen, S. 15; *Ziemer*, Digitales Fernsehen, S. 188 ff.
471 Vgl. *Schulz/Seufert/Holznagel*, Digitales Fernsehen, S. 77.
Das Multiplexing besitzt neben der rein technischen auch eine redaktionelle Komponente, die allgemein unter dem Schlagwort "Paketierung" erörtert wird. Siehe 2. Teil A III 1.

gung stehenden Programmplätze erheblich.[472] In der Literatur wird von einer Versechs- bis Verzehnfachung gesprochen.[473]

b) Übertragung des digitalen Signals

Die in den Datencontainern zusammengestellten Daten werden dann auf terrestrischem Weg, per Kabel oder per Satellit an den Empfänger übermittelt.[474] Auch bei der Übertragung gibt es einige Besonderheiten gegenüber der herkömmlichen analogen Technik. Im Folgenden werden die Möglichkeit der Fehlerkorrektur, die Multifunktionalität der Übertragungswege und die Rückkanalfähigkeit der Übertragungswege erläutert.

Erstens besteht die Möglichkeit der Fehlerkorrektur mittels digitaler Technik.[475] Hierzu werden die fehlenden Segmente des Datenstromes durch eine Art Mittelwertberechnung ersetzt, wenn Teile der Bild- oder Toninformationen bei der Übermittlung an den Rezipienten verloren gehen.[476] Damit gibt es im digitalen Fernsehen keine Bildstörungen mehr. Entweder sind die fehlenden Informationen mittels der Fehlerkorrektur ersetzt worden und der Rezipient erhält ein vollständiges Bild- und Tonsignal oder der Datenverlust ist so groß, dass kein Bild bzw. Ton mehr aufgebaut werden kann.[477]

Bei der Datenübertragung gibt es nicht wie bei der eigentlichen Digitalisierung einen einheitlichen Standard, sondern es haben sich für die terrestrische Übertragung zwei unterschiedliche, nicht kompatible Standards herausgebildet. Die Übertragung in den U.S.A., Kanada, Argentinien und Südkorea erfolgt nach dem ATSC-Standard[478], in Australien, Neuseeland und den meisten europäischen Staaten wie z.B. auch in der Bundesrepublik Deutschland nach dem Digital Video Broadcasting-Standard (DVB).[479] Es wird deshalb wie im Bereich der analogen Technik kein einheitliches globales System zur Verfügung stehen, so dass auch hier unterschiedliche, von einander getrennte Märkte bestehen.

---

472 Vgl. *Schrape*, Digitales Fernsehen, S. 14.

473 Vgl. *Grünwald*, Analoges Fernsehen, S. 32; *Hesse*, ZUM 2000, S. 183 (183); *Eberle*, ZUM 1995, S. 249 (249); *Langenfeld*, WiVerw 2003, S. 143 (143).

474 Vgl. *Bartosch*, CR 1997, S. 517 (518).

475 Vgl. *Blair*, Digital Techniques in Broadcasting Transmission, S. 59 ff.; *Schrape*, Digitales Fernsehen, S. 14.

476 Vgl. *Beuth/Hanebuth/Kurz*, Nachrichtentechnik, S. 214 ff.

477 Vgl. *Grünwald*, Analoger Switch-Off, S. 12.

478 Vgl. http://www.atsc.org.

479 Vgl. *de Bruin/Smits*, Digital Video Broadcasting, S. 167 ff.

Zweite Besonderheit ist die Multifunktionalität der Übertragungswege. Das digitale Übertragungsprinzip ist dadurch gekennzeichnet, dass für die verschiedenen Telekommunikationsdienste eine einheitliche, nämlich die digitale Signalform, eingesetzt wird. Damit können über ein und denselben Distributionsweg unterschiedliche individual- und massenkommunikative Dienste (Sprach-, Text-, Fest-, Bewegtbild- und Datenkommunikation) übermittelt, verteilt und abgerufen werden. Damit werden die bestehenden Distributionskanäle im digitalen Zeitalter zu multifunktionalen Übertragungswegen, die für die Abwicklung von verschiedenen Telekommunikationsdiensten geeignet und bestimmt sind.[480]

Dritte Neuerung ist die Möglichkeit der Einrichtung sogenannter Rückkanäle. Aufgrund der Vervielfachung der Übertragungsmöglichkeiten entstehen freie Distributionskapazitäten. Diese können neben den ohnehin schon vorhandenen Rückleitungen, wie den Telefonnetzen, als Rückkanäle für die verschiedenen Abruf- und Zugriffsdienste und für interaktive Programmnutzungsformen verwendet werden.[481]

c) Decodierung der Sendesignale

Da die herkömmlichen Fernsehgeräte die digitalen Fernsehsignale nicht lesen können, müssen diese wieder in ein analoges Bildsignal umgewandelt werden. Dies kann mittels einer sogenannten Set-Top-Box geschehen, eines externen Digital/Analog-Wandlers oder innerhalb des Fernsehgerätes, wenn der Digital/Analog-Wandler als fester Bestandteil in das Gerät eingebaut ist (sog. Integrated Reciever Decoder, IRD).[482] Die Set-Top-Box wird aufgrund der Kosten die gangbare Alternative sein, wobei mittel- bis langfristig ein Generationenwechsel der Endgeräte zu erwarten ist.[483]

II. Technisch-administrative Dienstleistungen

Die Digitalisierung wird zu einer Reihe von Veränderungen bzw. zu Neuerscheinungen im technisch-administrativen Bereich führen: Programmplattformen (1), Elektronische Programmführer (2), Conditional-Access (3) und Application Programming Interfaces (4).

---

480 Zum ganzen Absatz und dem Folgenden: *Gersdorf*, Der verfassungsrechtliche Rundfunkbegriff im Lichte der Digitalisierung der Telekommunikation, S. 20 ff.

481 Vgl. *Gersdorf*, Der verfassungsrechtliche Rundfunkbegriff im Lichte der Digitalisierung der Telekommunikation, S. 19 f.

482 Vgl. *Dt. TV-Plattform*, Fernsehen heute und morgen, 8.1-1; 8.2-1.

483 Vgl. *Grünwald*, Analoger Switch-Off, S. 14.

1. Programmplattformen

Im Zeitalter des digitalen Fernsehens wird es den herkömmlichen Programmbegriff nicht mehr geben. Beim analogen Fernsehen wurde in einem Kanal eines Breitbandkabels oder eines Satellitentransporters ein Programm weitergeleitet. Sowohl für die rechtliche Zulassung, die Reihenfolge der Kabeleinspeisung als auch für den Rezipienten war dies die gängige Einheit. Im analogen Fernsehen ist ein Programm identisch mit einer Belegtaste auf der Fernbedienung.[484]

Wie bereits beschrieben,[485] ist durch die Digitalisierung in einem Kanal in Zukunft Platz für sechs bis zehn Angebote und Programme. Deshalb werden in Zukunft nicht mehr einzelne Programme verbreitet, sondern sogenannte Programmbouquets, in denen mehrere Programme zusammengefasst und vermarktet werden.[486] Der Anbieter verkauft in Zukunft ein solches Programmpaket. Die Sehgewohnheiten der Zuschauer werden sich an einem solchen „Vollangebot" ausrichten. Die ursprüngliche Programmbindung wird durch eine Bouquetbindung abgelöst werden.[487] Die feste Sender- und Kabelstruktur wird aufgebrochen.

Ein digitales Bouquet muss nicht nur aus herkömmlichen Voll- und Spartenprogrammen bestehen, sondern es können auch andere Multimedia- und Telekommunikationsdienste eingespeist werden. So können zusätzlich Hörfunkprogramme aufgenommen werden und es besteht die Möglichkeit, Internetangebote wie beispielsweise das Herunterladen von Software einzubeziehen. Ebenso können Rückkanäle platziert werden, die eine Interaktion ermöglichen.[488]

Für die Pay TV-Anbieter ist der Vorteil der Bouquetbildung darin zu sehen, dass sie ihr Programm gemeinsam vermarkten und die Kundenbetreuung sowie die Abrechnung zentral steuern können. Aus diesem Grunde wird sogar erwartet, dass mehrere Programmbündel gemeinsam vermarktet werden.[489] Der Veranstalter hat weiterhin den Vorteil, dass er unter einer Dachmarke seine verschiedenen Dienste anbieten und vermarkten kann.[490] Eine gut aufgebaute Dachmarke kann starke Synergieeffekte für die einzelnen Programme nach sich ziehen und über kleine Fehler hinweghelfen.

---

484 Vgl. *Stolte*, Aufgabe und Wert des öffentlich-rechtlichen Rundfunks, S. 71.
485 Siehe 2. Teil A I 2.
486 Vgl. *Holznagel*, Der spezifische Funktionsauftrag, S. 91.
487 Vgl. *Eberle*, ZUM 1995, S. 249 (252); *Weisser*, ZUM 1997, S. 877 (897).
488 Auf die Möglichkeiten des interaktiven Fernsehens wird unter 2. Teil B IV eingegangen.
489 Vgl. *Hege*, Offene Wege in die digitale Zukunft, S. 40 ff.; *Weisser*, ZUM 1997, S. 877 (897).
490 Vgl. *Holznagel*, Der spezifische Funktionsauftrag, S. 92.

Gleichzeitig stellt diese Diversifizierung eine Gefahr für den Anbieter dar. Gelingt es ihm nicht, die hierfür notwendigen Ressourcen zu mobilisieren, verringern sich seine Marktchancen auf dem digitalen Markt.[491]

2. Elektronische Programmführer

Aufgrund der Vielzahl von Angeboten und Programmen wird es künftig kaum möglich sein, sich mit Hilfe herkömmlicher, gedruckter Programmzeitschriften zurechtzufinden.[492] Deshalb wird es in Zukunft sogenannte elektronische Programmführer geben (Electronic Programme Guides, EPGs), die dem Fernsehzuschauer eine Orientierungshilfe in der Programmvielfalt geben und das Auffinden des jeweiligen Programms erleichtern sollen.[493]

a) Basisnavigator

Es wird zwei verschiedene Stufen der Navigationshilfe geben, eine allgemeine und eine spezielle. Die allgemeine Navigationshilfe bietet der Basisnavigator. Dieser wird vom Hersteller in der Set-Top-Box installiert und mit dem Einschalten der Set-Top-Box gestartet.[494] Der Basisnavigator liest die standardisierten Service-Informationen (SI), die von den Programmanbietern als Teil des „gemultiplexten" Datencontainers ihren Angeboten beigefügt werden und informiert die Rezipienten über alle empfangbaren Serviceangebote und Programme.[495] So werden auf dem Fernsehbildschirm in der Form eines Menüs – wie es aus dem Computerbereich bekannt ist – beispielsweise Art und Name des Programms, eine Inhaltsbeschreibung und die Startzeit der Sendung übermittelt. Der Benutzer kann sich durch die Anwahl eines Menüpunktes unmittelbar in ein Fernsehprogramm seiner Wahl einblenden, wenn er die Zugangsvoraussetzungen des Anbieters erfüllt, insbesondere die Zahlung des Entgelts. Der Basisnavigator stellt im Bereich des Fernsehens alle empfangbaren Programmbouquets und EPGs dar.

b) Electronic Programme Guide (EPG)

In einem nächsten Schritt wechselt der Empfänger die Zugriffsebene und wählt eine spezielle Navigationshilfe, einen EPG. Dieser hilft dem Zuschauer, sich

491 Vgl. *Holznagel*, Der spezifische Funktionsauftrag, S. 92.
492 Vgl. *Weiss/Wood*, MMR 1998, S. 239 (239).
493 Vgl. *Ziemer*, Digitales Fernsehen, S. 261 ff.
494 Vgl. *Dörr/Janik/Zorn*, Der Zugang zum digitalen Kabel, S. 43.
495 Vgl. *Wagner*, MMR 1998, S. 243 (243).

einen Überblick über das Programmangebot zu verschaffen und dann das gewünschte Programm einzuschalten.[496] Der EPG hat ein größeres programmbezogenes Angebotsspektrum, das weiterführende Informationen zu den Sendungen, Bildern und Videoclips, verlinkte Hintergrundinformationen sowie den Zugriff zu Teleshoppingkanälen, Kindersicherungen und dergleichen bietet.
Es gibt unabhängige und abhängige EPGs: Die abhängigen EPGs werden von den Programmanbietern für ihre eigenen Bouquets konzipiert und enthalten somit auch nur Informationen über diese Programme. Um sein Programm attraktiver zu gestalten, kann der Programmanbieter seinen EPG so programmieren, dass zusätzlich interaktive Multimediaanwendungen (z.B. Video-Streams) und Serviceleistungen zu empfangen sind. Weiterhin können über den EPG Branding-Stategien verfolgt und Werbung für die Produkte aus der eigenen Verwertungskette gemacht werden.[497]
Die unabhängigen EPGs funktionieren zunächst wie reine Programmzeitschriften und bieten eine bouquetübergreifende Programmdarstellung. Hier besteht ein umfassender Zuschauerservice, der sämtliche Programme und interaktiven Angebote umfasst. Der Zuschauer kann beispielsweise Filme über Suchbegriffe finden, sie nach Genres ordnen lassen, mit Lesezeichen vermerken, aber auch auf Merchandisingprodukte zugreifen.
Der EPG kann Programmempfehlungen geben und eine individuelle Programmvorauswahl programmieren. Dies geht so weit, dass man von intelligenten EPGs spricht. Sie speichern die Nutzerprofile des Zuschauers und können so die Programmpräferenzen erkennen und dementsprechend Empfehlungen aussprechen.[498]

c) Ausblick

Bei einer immer weiter zunehmenden Verschränkung zwischen Fernsehen und Internet ist damit zu rechnen, dass die Navigationssysteme mit den Portalangeboten und Suchmaschinen verknüpft werden und die verschiedenen Orientierungssysteme wechselseitig aufeinander verweisen.[499] Damit können die EPGs eine Vernetzung und Integration der unterschiedlichen Medienangebote bewirken.

---

496 Vgl. *Dörr/Janik/Zorn*, Der Zugang zum digitalen Kabel, S. 44.
497 Vgl. *Dörr/Janik/Zorn*, Der Zugang zum digitalen Kabel, S. 44.
498 Vgl. www.microsoft.com/germany/ms/mediacenter/detail/leistungsmerkmale/fernseher_und_digitale_videorecorder.htm.
499 Vgl. *Holznagel*, Der spezifische Funktionsauftrag, S. 94.

3. Conditional-Access (CA)

Bei den Conditional-Access-Systemen handelt es sich um Zugangskontrollsysteme, mit denen der Anbieter bestimmte Programminhalte vor unberechtigten Zugriffen schützen und so bestimmen kann, wann und von wem seine Programme empfangen werden können.[500] Die Programme werden in verschlüsselter Form gesendet und nur denjenigen Empfängern zugänglich gemacht, die ihre Nutzungsberechtigung durch entsprechende Smart-Cards nachweisen.[501] Auf der Smart-Card, die das Format einer Kreditkarte hat, wird die individuelle Zugangsberechtigung des Teilnehmers gespeichert und von der Set-Top-Box erkannt (Subscriber Authority System, SAS).
Dieses System bildet somit die Grundvoraussetzung für die verstärkte Einführung des Pay-TV. Neue Programmformen wie das Pay-per-View oder Pay-per-Channel[502] sind so unter erheblich vereinfachten Bedingungen möglich, denn sie sind auf ein kontrolliertes Zugriffssystem angewiesen, das eine genaue Abrechnung mit dem einzelnen Kunden hinsichtlich der von ihm genutzten Programme ermöglicht.[503] Das Inkasso der Entgelte, die Speicherung und Verwaltung der Kundendaten, die Abrechnung der Leistungen, die Freischaltung der vom Kunden gewünschten Programme sowie die Vermietung der Set-Top-Boxen und die technische Beratung erfolgt durch die Abonnentenverwaltung (Subscriber Management System, SMS).
Anders als bei der digitalen Quellcodierung[504] hat sich bei den Conditional-Access-Systemen kein einheitlicher Standard herausgebildet. Zu unterscheiden sind hier die Simulcrypt- und die Multicrypt-Technologie.[505] Beim Simul-crypt-Verfahren verwendet jeder einzelne Pay-TV-Anbieter seine eigene Conditional-Access-Technik mittels einer gesonderten Set-Top-Box.[506] Das Multicrypt-System operiert mit einer obligatorischen offenen Schnittstelle, die grundsätzlich auch die Conditional-Access-Signale dritter Programmanbieter empfangen und verarbeiten kann. Damit besteht die Möglichkeit, künftige Multimedia-Anwendungen in die Set-Top-Box zu integrieren.

---

500 Vgl. *Schulz/Kühlers*, Zugangsregulierung, S. 45 f.; *Ziemer*, Digitales Fernsehen, S. 249 f.; *Schrape*, Digitales Fernsehen, S. 22.

501 Vgl. *Dörr/Janik/Zorn*, Der Zugang zum digitalen Kabel, S. 38.

502 Siehe 2. Teil A III 2.

503 Vgl. *Dt. TV-Plattform*, Übergang vom analogen zum digitalen terrestrischen Fernsehen, 5.1.

504 Siehe 2. Teil A I 2 a).

505 Vgl. im Einzelnen *Dörr/Janik/Zorn*, Der Zugang zum digitalen Kabel, S. 38 ff.; *de Bruins/Smits*, Digital Video Broadcasting, S. 211 ff.

506 Dieses System wird von der deutschen Premiere World mit der sogenannten „d"-Box verwendet.

4. Application Programming Interfaces

Die Set-Top-Box enthält neben den einzelnen Hardwarekomponenten (Demultiplexer, MPEG-Decoder, Descrambler, DVD-Laufwerk etc.), die über Treiber zugänglich sind, eine Betriebssoftware. Diese muss mit den Hardwarekomponenten abgestimmt sein, die unterschiedliche Anwendungssoftware (EPG, Webbrowser etc.) erkennen und die verschiedenen Anwendungen zeitgleich durchführen können.[507] Hierfür muss die Betriebssoftware eine Schnittstelle beinhalten, die auf die einzelnen Anwendungen aufgesetzt werden kann. Diese Schnittstelle heißt API.[508] Mit Hilfe der API können externe Programme von der Betriebssoftware verarbeitet oder zusätzliche Hardwarekomponenten (z.B. externes Speichermodul) integriert werden.[509] Die Set-Top-Box wird so zu einem Verbindungsstück zwischen Fernseher und PC, zwischen Broadcast und Online, Multimediaanwendung und digitalem Fernsehen.

Eine Weiterentwicklung des API ist die sogenannte Multimedia Home Platform (MHP), die eine gemeinsame, offene, herstellerübergreifende API darstellt.[510] Das MHP soll ein eigenständiges Endgerät sein, das mit Peripheriegeräten wie Speicher- und Eingabemedien und einer offenen Netzarchitektur ausgestattet ist, die die Verteilung der empfangenen Signale innerhalb der Wohnung ermöglicht.[511] Mit dem MHP soll eine höhere Interoperabilität zwischen den einzelnen Verbrauchergeräten erzielt werden.[512]

III. Neue Vertriebsformen

Für die Vermarktung der analogen Hörfunk- und Fernsehangebote sind keine besonderen Vertriebs- und Vermarktungsstrukturen erforderlich. So wird der terrestrische Rundfunk regelmäßig an eine bestimmte Zahl von Rezipienten ausgestrahlt, die die Sendung mittels einer Antenne und eines Endgerätes empfangen können. Eine besondere Vertrags- oder Kundenbeziehung entfällt vollständig, wenn die Programme ausschließlich durch Werbung finanziert werden. Dieses Verfahren wird sich im digitalen Zeitalter grundlegend ändern. Künftig wird der Zugang zu den Rundfunkangeboten durch eine Reihe von Dienstleistungen vermittelt – wie es schon heute im Bereich der Presse der Fall ist –, die sich aus

507 Vgl. *Weiss/Wood*, MMR 1998, S. 239 (240).
508 Vgl. *Thierfelder*, Zugangsfragen digitaler Fernsehverbreitung, S. 147 f.
509 Vgl. *Dörr/Janik/Zorn*, Der Zugang zum digitalen Kabel, S. 34.
510 Vgl. *Dörr/Janik/Zorn*, Der Zugang zum digitalen Kabel, S. 35.
511 Vgl. *Grünwald*, Analoger Switch-Off, S. 20.
512 Vgl. Europäische Kommission, KOM (1999) 540, S. 30.

den technischen und ökonomischen Zwängen des digitalen Rundfunks und anderer multimedialer Angebote ergeben.

1. Der Vertriebsweg

Der Vertriebsweg hängt eng mit den bereits dargestellten Komponenten der digitalen Technik zusammen: Der Quellcodierung, der Übertragung des digitalen Signals und der Decodierung desselben.
Neben der bereits beschriebenen technischen Komponente[513] besitzt das Multiplexing auch eine inhaltliche beziehungsweise redaktionelle Komponente. Diese wird auch als Paketierung bezeichnet.[514] Einzelne Programme werden zu einem Programmbündel zusammengeschlossen und als solches vermarktet.
Ist das digitale Signal beim Rezipienten angekommen, wird es in der Set-Top-Box wieder in ein analoges Signal umgewandelt.[515] Der Teil der Angebote, der verschlüsselt übertragen wird, muss mittels der CA entschlüsselt werden.[516] Hierbei ist zusätzlich erforderlich, dass die Empfängerdaten kontrolliert werden, so dass nur der Berechtigte die entgeltlichen Programme erhält.

2. Besonderheiten im Bereich des Pay-TV

Wie bereits dargestellt, bietet die Digitalisierung hervorragende Voraussetzungen für eine verstärkte Einführung des Pay-TV.[517] Das Pay-TV kann in zwei verschiedenen Formen auftreten: dem Pay-per-Channel und dem Pay-per-View. Das Pay-per-Channel läuft entsprechend der Muster des Free-TV-Angebots. Der Zuschauer schaltet sich – sofern er die Voraussetzungen des Pay-per-Channel Anbieters erfüllt – in ein laufendes Programm ein, ohne dass er Einfluss auf dessen Gestaltung nehmen könnte.[518] Im Gegensatz zu dem Free-TV-Anbieter bezahlt der Zuschauer hier ein spezifisches Nutzungsentgelt an den Anbieter, das allein für die Möglichkeit der Nutzung gezahlt wird und somit unabhängig vom tatsächlichen Nutzerverhalten ist.[519]

---

513 Siehe 2. Teil A II 1.

514 Vgl. *Bullinger*, AfP 1997, S. 761 ff; *Eberle*, CR 1996, S. 193 (194 f.); *Gersdorf*, Chancengleicher Zugang zum digitalen Fernsehen, S. 163 ff.; *Holznagel*, ZUM 1996, S. 16 (23 f.); *Weisser*, ZUM 1997, S. 877 (879).

515 Siehe 2. Teil A I 2 c).

516 Siehe 2. Teil A II 3.

517 Siehe 2. Teil A II 3.

518 Vgl. *Grünwald*, Analoger Switch-Off, S. 23.

519 Vgl. *Diesbach*, Pay-TV, S. 21; *Hoffmann-Riem*, Pay-TV, S. 16; *Holznagel*, Rundfunkrecht in Europa, S. 361.

Bei dem Pay-per-View Fernsehen zahlt der Kunde nutzungsabhängig, d.h. nur für den Beitrag, den er gesehen hat.[520] Der Kunde schaltet sich auch hier in ein laufendes Programm ein.

Beim Video-On-Demand Fernsehen ruft der Nutzer einen bestimmten Beitrag ab, wenn er Zeit hat. Der Anbieter legt also nicht die Sendezeit fest, sondern der Kunde entscheidet, wann er den Beitrag sehen möchte. Dies kann auf zwei verschiedene Weisen geschehen: Erstens, der Anbieter strahlt einen Beitrag auf mehreren Kanälen in kurzen Abständen aus, so dass der Kunde höchstens fünf bis zehn Minuten bis zum Beginn des Beitrags warten muss (Near-Video-On-Demand).[521] Zweitens, der Nutzer kann wirklich wie bei dem System eines Videorecorders selbst bestimmen, wann der Beitrag gesendet wird (True-Video-On-Demand).[522]

IV. Interaktives Fernsehen

Wie beschrieben,[523] werden aufgrund der Datenkompression viel mehr Kanäle zur Verfügung stehen, so dass einzelne Übertragungswege zu sogenannten Rückkanälen ausgebaut werden können. Diese Rückkanäle erlauben eine Interaktion zwischen dem Diensteanbieter und dem Rezipienten.[524] Eine Vorstufe hierzu ist die heutige Vernetzung zwischen Fernsehen und Internet, indem wechselseitig aufeinander Bezug genommen wird. So werden zum Beispiel zu Nachrichtensendungen weiterführende Hintergrundinformationen auf der Homepage des jeweiligen Senders angeboten.[525]
Durch die Rückkanalfähigkeit der Übertragungsnetze wird diese interaktive Vernetzung künftig auch direkt geschehen. Das heißt, die Hintergrundinformationen könnten dann direkt über den Fernseher abgerufen werden. Den Gestaltungsformen interaktiver und medienübergreifender Angebote sind kaum Grenzen gesetzt. So werden beispielsweise Homebanking, E-Mail und andere Electronic-Commerce-Anwendungen möglich sein. Beispielhaft werden im Folgenden das Data-Broadcasting (1), der Electronic Commerce (2) und das Web-TV (3) dargestellt.

---

520 Vgl. *Diesbach*, Pay-TV, S. 21; *Hoffmann-Riem*, Pay-TV, S. 16; *Holznagel*, Rundfunkrecht in Europa, S. 361.

521 Vgl. *Schrape*, Digitales Fernsehen, S. 35.

522 Vgl. *Hoffmann-Riem*, Pay-TV, S. 16; *Holznagel*, Rundfunkrecht in Europa, S. 361; *Schrape*, Digitales Fernsehen, S. 36.

523 Siehe 2. Teil A II 2.

524 Vgl. *Ruhrmann/Nieland*, Interaktives Fernsehen, S. 49 ff.; *Schrape*, Digitales Fernsehen, S. 28; *Ziemer*, Digitales Fernsehen, S. 361.

525 So bspw. beim ZDF: Die heute-Sendung stellte bis 2004 Informationen unter www.heute.t-online.de ins Netz.

1. Data-Broadcasting

Unter Data-Broadcasting versteht man den Datentransfer entlang der Übertragungswege von Fernsehsignalen. Bei den versandten Elementen handelt es sich jedoch nicht um Programmelemente im eigentlichen Sinne.[526] Vielmehr sind es Textelemente, die denen des Videotextes ähneln. Allerdings sind die Möglichkeiten des Data-Broadcasting viel weitergehender. Letztlich kann jeder Download durchgeführt werden, bei dem der Rezipient die empfangenen Daten entweder wie beim Videotext unmittelbar über sein Fernsehgerät abruft oder sie speichert und zu einem späteren Zeitpunkt aufruft.[527] So können beispielsweise Seiten von Tageszeitungen, PC- und Videospiele heruntergeladen werden.

2. Electronic Commerce

Unter Electronic Commerce (auch E-Commerce) versteht man den elektronischen Handel. Bisher wird der E-Commerce hauptsächlich im Zusammenhang mit dem Internet diskutiert, aber auch im Bereich des digitalen Fernsehens kann E-Commerce betrieben werden. Aufgrund der Rückkanalfähigkeit ist eine Konversation möglich, so dass der Umfang des E-Commerce weit über die Home-Shopping-Angebote des analogen Fernsehens hinausgehen wird.[528]

3. Web-TV

Das Web-TV macht Internetinhalte über das Fernsehgerät zugänglich.[529] Auf dem Bildschirm erscheint ein aus dem Computerbereich bekannter Browser, mit dessen Hilfe auf alle relevanten Internet-Dienste zugegriffen werden kann, wie beispielsweise das Empfangen von E-Mails oder das Surfen im World Wide Web.[530]

Der Computer ist in die Set-Top-Box integriert, der Internetzugang wird über den Telefonanschluss ermöglicht.[531] Mit Hilfe eines Geräts, das einer herkömmlichen Fernbedienung nachempfundenen ist, können die verschiedenen Internetdienste aufgerufen werden. In den U.S.A. konnte sich das Web-TV bereits etab-

---

526 Vgl. *Grünwald*, Analoger Switch-Off, S. 24; *Schrape*, Digitales Fernsehen, S. 34, 41.

527 Im Einzelnen siehe *Gersdorf*, Der verfassungsrechtliche Rundfunkbegriff im Lichte der Digitalisierung der Telekommunikation, S. 41 ff.

528 Vgl. dazu nur *Eierhoff*, MMR 2000, S. 57 f.

529 Vgl. *Holznagel/Daufeldt*, CR 1998, S. 151 (151); *Beckert/Kubicek*, Media Perspektiven 1999, S. 128 (136 ff.).

530 Vgl. *Schiphorst*, Online-Fernsehen – Vision und Wirklichkeit, in: Fernsehplattformen der Zukunft, S. 111 (117 ff.).

531 Vgl. *Holznagel*, Der spezifische Funktionsauftrag, S. 65.

lieren.[532] Auch in der Bundesrepublik wird es mehr und mehr eingeführt und angenommen.

V. Konvergenz

Aufgrund der Digitalisierung wird eine Konvergenz auf zwei unterschiedlichen Ebenen erwartet: Zum einen wachsen die Übertragungsplattformen zusammen (1), zum anderen die Endgeräte (2).

1. Konvergenz der Übertragungsplattformen

In der analogen Verbreitung ist eine Übertragungsplattform, wie die terrestrischen Sender, Breitbandkabel, Satellit oder das Telefonnetz, meist einem spezifischen Dienst vorbehalten.[533] So wird das breitbandige Kabelnetz fast ausschließlich für die Übertragung von Rundfunkangeboten genutzt und das schmalbandige Telefonnetz in erster Linie für die Übertragung der Sprachtelefonie.
Digitale Datenpakete können demgegenüber über alle herkömmlichen Übertragungswege übermittelt werden.[534] Damit sind die verschiedenen Übertragungsplattformen austauschbar und multifunktional einsetzbar.[535] Somit entfällt die technische Basis der bisherigen Unterscheidung zwischen den verschiedenen Plattformen, so dass Massen- und Individualkommunikation, netzgebundene und mobile Datenverarbeitung vermischt werden können.[536] Da sich, wie beschrieben, analoge Signale in digitale umwandeln lassen und wieder entschlüsselt werden können, ist insofern auch der analoge Bereich von dieser Konvergenz betroffen.

Symbol der Konvergenzentwicklung ist das Internet, auf das hier beispielhaft eingegangen werden soll. Das TCP/IP-Protokoll[537], das im Internet als Netzprotokoll zum Einsatz kommt, ermöglicht es, alle Elemente der Multimedia-Präsen-

---

532 WebTV, die von Microsoft 1997 aufgekauft wurde, konnte bereits kurz nach Markteintritt die Zahl ihrer Kunden deutlich erhöhen. Daraufhin sind andere Anbieter auf diesen Markt gefolgt.

533 Vgl. *Holznagel*, Der spezifische Funktionsauftrag, S. 61.

534 Es bedarf je nach Signalart nur unterschiedlicher Modulationsverfahren, vgl. *Schrape*, Digitales Fernsehen, S. 7.

535 Siehe 2. Teil A I 2 b).

536 Vgl. *Bullinger*, Kommunikationsfreiheit im Strukturwandel der Telekommunikation, S. 23 ff.

537 Transmission Control Protocol/Internet Protocol (TCP/IP), vgl. *Werbach*, Digital Tornado, S. 16 ff.; *Jung/Warnecke*, Handbuch für die Telekommunikation, 1-80.

tation zu koordinieren und zu übertragen, also den Text, das Bild, bewegte Bilder und den Ton.[538] Um verschiedene Dienste wie Homebanking, E-Mail oder Angebote des World Wide Web anzubieten, ist dieses „Netz von Netzen" eine ideale technische Plattform.[539] Vermehrt wird auch die Rundfunkübertragung über das Internet genutzt. So gibt es eine Vielzahl von Internetseiten, auf denen Radio- und Fernsehstationen ihr Material verbreiten.[540] Ebenso wird die Internet-Telefonie immer weiter erforscht.[541] Das Internet kann so als Massen- und als Individualkommunikationsmittel genutzt werden.

2. Konvergenz der Endgeräte

Aufgrund der Digitalisierung ist es technisch möglich, Endgeräte zu bauen, mit denen unterschiedliche Dienste empfangen werden können.[542] So können Telefon, Fernsehgerät und PC zu einem Multimedia-Terminal verschmelzen.
Ob es allerdings zu einem Zusammenwachsen, insbesondere von Fernsehgerät und PC kommt, ist ungewiss. Dies hängt mit den unterschiedlichen Nutzungsgewohnheiten der Geräte zusammen. Ferngesehen wird üblicherweise zur Entspannung und Informationsaufnahme von der „Couch" aus oder als Nebentätigkeit (sog. „couch-viewing"), wohingegen der PC meist im Arbeitszimmer auf dem Schreibtisch platziert ist und zur Informationssuche oder zu Arbeitszwecken eingesetzt wird („desk viewing"). Zudem ist es bis heute noch nicht gelungen, eine überzeugende, für alle Funktionen taugliche Bedienungsgerätschaft zu entwickeln.[543]
Es bleibt daher abzuwarten, ob sich in diesem Bereich das technisch Machbare durchsetzt oder ob der Verbraucher sein bisheriges Nutzerverhalten beibehält und die Endgeräte insoweit getrennt bleiben.

VI. Stand und Entwicklung der Digitalisierung

Die Initiative „Digitaler Rundfunk" hat in ihrem Abschlussbericht das Jahr 2010 für den „analogen Switch-off" vorgesehen, d.h. den Zeitpunkt, zu dem die analoge Rundfunkübertragung endgültig beendet werden soll.[544] Dieser Bericht ist

---

538 Vgl. *Holznagel*, Der spezifische Funktionsauftrag, S. 62.
539 Vgl. *Holznagel*, Der spezifische Funktionsauftrag, S. 62.
540 Siehe beispielsweise Hinweise auf der ZDF-Programmübersicht: www.zdf.de/ZDFde/programmuebersicht/0,2060,00.html vom 1.12.2004.
541 *Der Spiegel*, Die Internet-Telefonie erreicht den Massenmarkt, Bd. 58 (2004), 35, S. 84 f.
542 Vgl. *Holznagel*, Der spezifische Funktionsauftrag, S. 64.
543 Vgl. *Holznagel*, Der spezifische Funktionsauftrag, S. 64.
544 Vgl. BT-Drs. 13/11380 Bericht der Bundesregierung über die Initiative „Digitaler Rundfunk", Markteinführung des digitalen Hörfunks und Fernsehens in Deutschland.

von der Bundesregierung durch Beschluss vom 24. August 1998 zustimmend zur Kenntnis genommen worden.[545] Ziel ist es, dass nach Ablauf dieser Zeitspanne über 95 % der Kabelhaushalte über Endgeräte verfügen, die auch digital empfangen können, wodurch der Markt für analoge Rundfunk- und weitere Dienstleistungen substituiert werden soll.[546] Der Zeitpunkt des „analogen Switch-off" ist in den U.S.A. und in Großbritannien bereits für das Jahr 2006 geplant.
Begründet wird der geplante vollständige Übergang von der analogen auf die digitale Technik wie folgt: Die Kompression der Programmsignale ermöglicht die Übertragung von sechs bis zehn Programmen auf derselben Bandbreite wie ein herkömmliches analoges Fernsehprogramm und damit eine Vervielfachung der Programme. Somit verteilen sich die Kosten für die Verbreitung auf eine Mehrzahl von Programmen, so dass jedes einzelne Programm mit einem geringeren Kostenaufwand verbreitet werden kann und es zu einer Kostenersparnis auf Senderseite kommt. Zudem weisen die digitalen Signale eine geringere Störanfälligkeit und damit eine bessere Qualität auf.[547]
Von verschiedener Seite wird bezweifelt, dass die Umstellung auf digitales (terrestrisches) Fernsehen bis zum Jahre 2010 abgeschlossen werden kann.[548] Dies liege an der großen Zahl von Menschen, die sich der neuen Technologie verweigere.[549]

Die Umstellung von Analog- auf Digitalfernsehen erfolgt im terrestrischen Bereich zunächst in den Ballungsgebieten und soll dann nach und nach auf ganz Deutschland ausgedehnt werden (sog. Insellösung).[550] Am 1. November 2002 hat das Umstiegsszenario von der heute noch vielerorts üblichen analogen PAL-Technik auf das DVB-T in Deutschland begonnen. Zu diesem Termin wurde in der Region Berlin-Brandenburg der Regelbetrieb von DVB-T mit zwei Kanälen (8 Programmen) begonnen.[551] Mittlerweile können in dieser Region mehr als 27 Programme digital über Antenne empfangen werden. Am 4. August 2003 wurden die letzten noch analog übertragenen Kanäle abgeschaltet und damit der Umstieg erfolgreich abgeschlossen.[552]

---

545 Vgl. BT-Drs. 13/11380, S. 22, Bericht der Bundesregierung über die Initiative „Digitaler Rundfunk", Markteinführung des digitalen Hörfunks und Fernsehens in Deutschland.

546 Vgl. BT-Drs. 13/11380, S. 13, Bericht der Bundesregierung über die Initiative „Digitaler Rundfunk", Markteinführung des digitalen Hörfunks und Fernsehens in Deutschland.

547 Vgl. http://www.digitalfernsehen.de vom 21.11.2004.

548 Vgl. *VPRT*, epd medien 49/2004, S. 17 f.; *Goldmedia*, epd medien 55/2004, S. 17.

549 Vgl. *VPRT*, epd medien 49/2004, S. 17 (18).

550 Vgl. http://www.alm.de/index2.htm vom 21.11.2004.

551 Vgl. http://www.ueberall-tv.de vom 21.11.2004.

552 Vgl. im Einzelnen zum Umstieg in Berlin-Brandenburg den Projektbericht der mabb „Berlin goes digital", abrufbar unter http://www.ueberall-tv.de vom 21.11.2004.

Mit den Regionen Hannover/Braunschweig und Bremen/Unterweser in Norddeutschland und dem Großraum Köln/Bonn in Nordrhein-Westfalen haben am 24. Mai 2004 die nächsten Startinseln auf DVB-T umgestellt.[553] Am 8. November 2004 folgten die Regionen Hamburg/Lübeck und Kiel sowie das Ruhrgebiet und die Region Düsseldorf.[554] Diese Projekte wurden im April 2005 mit der endgültigen Abschaltung der letzten analogen Programme abgeschlossen.
Im Rhein-Main-Gebiet hat der digitale Regelbetrieb am 4. Oktober 2004 in Frankfurt, Wiesbaden, Mainz und Umgebung mit zunächst acht Programmen begonnen.[555] Hier wurde bereits nach einer zweimonatigen Übergangsphase am 6. Dezember 2004 das analoge Programm abgeschaltet und gleichzeitig das digitale Programmangebot auf bis zu 24 Programme aufgestockt.
Die Startinseln in Bayern und Mitteldeutschland folgten im Mai 2005.[556] Derzeit gibt es nur für das Land Baden-Württemberg (Raum Stuttgart sowie Mannheim/Heidelberg/Ludwigshafen) noch keinen festen Starttermin, da hier noch Frequenz- und Finanzierungsfragen zu klären sind. Daher ist mit einem Start der Umstellung nicht vor 2006 zu rechnen.[557] Zudem wird bereits die Umstellung im Großraum Kassel sowie der Region Rostock/Schwerin diskutiert. Für die übrigen Regionen der Bundesrepublik gibt es noch keine konkreten Planungen.

In den meisten deutschen Kabelnetzen (DVB-C) werden die digitalen Programmbündel von ARD und ZDF bereits unverschlüsselt verbreitet. Weiterhin sind die Programmangebote von Premiere und ein Fremdsprachenpaket als Pay-TV verfügbar.[558]

DVB-S wird schon seit einiger Zeit über die Satelliten *Astra* und *Eutelsat* verbreitet. Alle bisher analog verbreiteten Programme werden nun ebenfalls digital gesendet. Hinzu kommen weitere Dienste und Angebote.[559] Nach Schätzungen werden bis 2009 Satellitenempfänger überwiegend digitales Fernsehen empfangen.[560] Bereits im Jahre 2003 hat der Absatz digitaler Satellitenempfangsgeräte den der analogen erstmals übertroffen.[561]

---

553 Vgl. im Einzelnen http://www.ueberall-tv.de/reg-NoD/1NoDstart/NoDstart.htm vom 21. 11.2004.

554 Vgl. im Einzelnen http://www.ueberall-tv.de/regNRW/1NRWstart/NRWstart.htm vom 21.11.2004.

555 Vgl. im Einzelnen http://www.ueberall-tv.de/reg-RhM/1RM-start/RhMstart.htm vom 21. 11.2004.

556 Vgl. http://www.ulr.de vom 21.11.2004.

557 Vgl. http://www.ueberall-tv.de.

558 Vgl. http://www.alm.de/index2.htm vom 21.11.2004.

559 Vgl. http://www.alm.de/index2.htm vom 21.11.2004.

560 Vgl. *Goldmedia*, epd medien 55/2004, S. 17 (18).

561 Vgl. *Goldmedia*, epd medien 55/2004, S. 17 (18).

B. Die Rundfunkfreiheit unter den Voraussetzungen der Digitalisierung

Im Folgenden wird der Frage nachgegangen, welche Auswirkungen die Digitalisierung auf die Rundfunkfreiheit hat. Zunächst werden die positiven (I), im Anschluss daran die negativen Auswirkungen der Digitalisierung auf die Rundfunkfreiheit dargestellt (II). Abschließend erfolgt eine Stellungnahme (III), in der auf die Zukunft der dualen Rundfunkordnung, insbesondere den öffentlich-rechtlichen Rundfunk eingegangen wird.

I. Positive Aspekte für die Rundfunkfreiheit

Aufgrund der digitalen Fernsehtechnik wird, wie soeben ausführlich erläutert wurde, die Rundfunkausstrahlung per Satellit und Kabel künftig sechs- bis zehnmal so effektiv wie bisher.[562] Technisch sind bis zu 500 Programme möglich. Damit wird eine starke Ausweitung und eine weitere Differenzierung der Angebote ermöglicht.[563] Die technische Frequenzknappheit wird endgültig aufgehoben.

Aufgrund dieser „Frequenzvermehrung" wird teilweise angenommen, dass die inhärente Problematik der Sicherung der Meinungsvielfalt im Rundfunk gelöst wird.[564] Der Wegfall der Frequenzknappheit und die enorme Zunahme an Angeboten und Programmen führten zu einer Programm- und Meinungsvielfalt, die die tradierten Mechanismen der Vielfaltssicherung entbehrlich machten.[565] Aufgrund der neu gewonnenen Anzahl der Programme lasse der Markt über das Prinzip von Angebot und Nachfrage, ähnlich wie auf dem Pressemarkt, eine Programmvielfalt entstehen.[566] Im Rahmen dieser Programmvielfalt können alle Meinungen zum Ausdruck kommen und es stelle sich so eine gleichgewichtige Meinungsvielfalt ein.[567]

---

562 Siehe 2. Teil A I 2 a).

563 Vgl. *Holznagel*, Der spezifische Funktionsauftrag, S. 78.

564 Vgl. Wissenschaftlicher Beitrag beim *Bundesministerium für Wirtschaft und Technologie*, Gutachten über eine „Offene Medienordnung"; *Scholz*, AfP 1995, S. 357 (359 f.).

565 Vgl. *Scholz*, AfP 1995, S. 357 (359 f.).

566 Vgl. *Scholz*, AfP 1995, S. 357 (360).

567 Vgl. *Scholz*, AfP 1995, S. 357 (360 f.).

II. Negative Aspekte für die Rundfunkfreiheit

Es gibt jedoch auch eine Reihe von negativen Aspekten für die Rundfunkfreiheit, die durch die Digitalisierung bedingt sind und eine Gefahr für dieselbe darstellen.
Gefahren drohen insbesondere der Meinungsvielfalt (1), der Integrationsaufgabe des Rundfunks (2), der demokratischen Funktion des Rundfunks (3) und dem Sozialstaat (4).

1. Gefahren für die Meinungsvielfalt

Die Gefahren für die Meinungsvielfalt bestehen unter verschiedenen Gesichtspunkten. Es entstehen sogenannte Gatekeeperpositionen, die neue Hürden im Prozess der Meinungsbildung darstellen (a). Die freie individuelle und öffentliche Meinungsbildung wird weiterhin von der Anzahl der Programmanbieter beeinflusst, die sich aufgrund der Digitalisierung verändern könnte (b). Im digitalen Zeitalter wird eine Zunahme von Pay-TV-Programmen erwartet, die aufgrund ihrer besonderen Struktur ebenfalls eine Gefahr für die Meinungsvielfalt darstellen könnten (c). Weiterhin könnte eine Gefährdung durch die Öffnung des Marktes für ausländische Programme entstehen, die durch die Digitalisierung begünstigt wird (d).

a) Gatekeeperpositionen

Aufgrund der digitalen Technik wird es neue Zugangsbarrieren zwischen dem Programmveranstalter und dem Rezipienten geben. Die Gatekeeper werden aufgrund ihrer Schlüsselstellung zwischen dem Programmveranstalter und dem Rezipienten in der Lage sein, nachhaltig auf den ökonomischen Wettbewerb der digitalen Programmmärkte Einfluss zu nehmen.[568] Vorliegend sollen drei Selektionsmechanismen dargestellt werden, die das künftige digitale Programm durchlaufen wird: Die Paketbildung (Packaging) bei den Angeboten der Kabelnetzbetreiber (aa), die Handhabung von Zugriff und Abrechnung bei entgeltlichen Telediensten (bb) sowie die Präsentation des medialen Gesamtangebots über die EPGs (cc).

---

[568] Vgl. *Holznagel/Grünwald*, ZUM 1997, S. 417 (419); *Eberle*, CR 1996, S. 193 (195).

aa) Packaging

Wie bereits erläutert, wird die Vermarktung digitaler Fernsehkanäle künftig üblicherweise so erfolgen, dass der Anbieter die Programme zunächst nach inhaltlichen Gesichtspunkten bündelt und sie dann dem Zuschauer als Programmbündel offeriert.[569] Bisher konnten der Gesetzgeber, die öffentlich-rechtlichen Rundfunkanstalten und die Landesmedienanstalten davon ausgehen, dass die von ihnen zugelassenen und verbreiteten Programme auch tatsächlich bei dem Zuschauer ankamen.[570] Ohne gesetzliche Regelung wären im digitalen Zeitalter hauptsächlich der Angebotszuschnitt des Kabelnetzbetreibers sowie die Zahlungsfähigkeit und -bereitschaft des Zuschauers dafür entscheidend, ob ein Rezipient ein Programm oder Angebot erhält.[571]

Zudem ist es für den Programmanbieter von entscheidender Bedeutung, in welchem Programmbündel sein Angebot vermarktet wird, da die Reichweite seines Programms von der Reichweite des Programmbündels abhängt. Es ist davon auszugehen, dass der normale Zuschauer lediglich ein Basispaket und eventuell ein oder zwei weitere Zusatzpakete beziehen wird. Die Reichweite des Programms und damit der Gewinn des Anbieters hängt somit wesentlich von der Frage ab, ob sein Programm in ein attraktives Bündel aufgenommen und darüber vermarktet wird.[572] Insofern bestimmt nicht allein die Qualität und die Nachfrage die Reichweite des Programms. Mindestens ebenso bedeutsam ist die Aufnahme in ein bestimmtes Programmbündel. Aufgrund der Zwangslage des Programmanbieters ist es gut denkbar, dass dieser dem Kabelnetzbetreiber Zugeständnisse hinsichtlich der Inhalte seiner Programme macht, um in einem bestimmten Bündel aufgenommen zu werden.
Auf diesem Wege wird die freie individuelle und öffentliche Meinungsbildung durch das Verhalten der Kabelnetzbetreiber beeinflusst. Letztlich entscheidet dieser dann, wer welches Programm zu welchem Preis empfangen kann. Dies stellt eine Gefahr für die Meinungsvielfalt und damit für die Rundfunkfreiheit im digitalen Zeitalter dar.

bb) Conditional Access

Auch die Handhabung und Abrechnung entgeltlicher Teledienste birgt Gefahren für die Meinungsvielfalt. Das Problem liegt darin, nur dem Zugangsberechtigten den Genuss der Nutzung zu verschaffen. Die Entschlüsselung der gesendeten

---

569 Siehe 2. Teil A II 1.
570 Vgl. *Eberle*, ZUM 1995, S. 249 (251).
571 Vgl. *Eberle*, ZUM 1995, S. 249 (251); *Eberle*, CR 1996, S. 193 (195).
572 Vgl. *Eberle*, CR 1996, S. 193 (195); *Holznagel/Daufeldt*, CR 1998, S. 151 (152).

Programme und die Überprüfung der Zugangsberechtigung finden im Dekoder der Set-Top-Box statt.[573]

Der Vorteil der Lösung, dass alle technisch-administrativen Dienstleistungen über einen Dekoder abgewickelt werden, liegt zum einen darin, dass dem Zuschauer der befürchtete Stapel an Dekodern erspart bleibt und zum anderen darin, dass alle Programmanbieter einen Dekoder nutzen können.[574] Anderenfalls könnte die Entwicklung und der Vertrieb für kleine Anbieter so aufwändig sein, dass dies letztlich ihren Zugang zum Markt verhindern könnte.
Der Nachteil dieser Lösung ist jedoch, dass der Dekoder ein „Nadelöhr" darstellt. Das gesamte digitale Angebot muss (zumindest in der Anfangsphase, in der digitale Endgeräte noch fehlen), bevor es zu dem Rezipienten gelangt, den Dekoder durchlaufen, da alle digital gesendeten Programme, d.h. auch die unverschlüsselten Signale, wieder in analoge Signale umgewandelt werden müssen und dies ebenfalls im Dekoder geschieht.[575]

Voraussetzung für den Zugang zum Markt für entgeltliche digitale Dienstleistungen ist ein Vertrag mit dem Dekoderbetreiber. Damit hängt es von dessen Bereitschaft und dessen Bedingungen ab, ob eine gleichberechtigte Chance auf den Zugang, insbesondere zum Pay-TV Markt, besteht.[576]

Diese Monopolstellung könnte noch unter einem weiteren Aspekt eine Gefahr für die Meinungsvielfalt darstellen: die Abwicklung und Abrechnung von entgeltlichen Teledienstleistungen. Der Dekoderbetreiber wäre seinen Konkurrenten immer einen Schritt voraus, weil er die von ihm entwickelte Software kennt und bei Änderungen als erster davon erfährt. So kommt ihm ein Wettbewerbsvorteil zu, den er ausnutzen könnte.[577] Teilweise kann das Problem mit Hilfe des *common interface* gelöst werden. Der Dekoder würde die technischen Voraussetzungen für den Verschlüsselungsalgorithmus bereithalten, der dann von den unterschiedlichen Anbietern mit jeweils verschiedenen, über Smartcards zu bedienenden Verschlüsselungssystemen genutzt werden kann.[578]
Es bleibt jedoch die Gefahr, dass durch den Dekoder in dem Prozess der Meinungsbildung eine Stelle geschaffen wird, die es dem Betreiber ermöglicht, auf die freie individuelle und öffentliche Meinungsbildung Einfluss zu nehmen. Somit droht eine weitere Gefahr für die Rundfunkfreiheit im digitalen Zeitalter.

---

573 Siehe 2. Teil A II 3.
574 Vgl. *Eberle*, ZUM 1995, S. 249 (251).
575 Vgl. *Eberle*, ZUM 1995, S. 249 (252).
576 Vgl. *Eberle*, CR 1996, S. 193 (195); *Holznagel/Daufeldt*, CR 1998, S. 151 (152).
577 Vgl. *Eberle*, ZUM 1995, S. 249 (252).
578 Vgl. *Eberle*, ZUM 1995, S. 249 (252); *Hesse*, ZUM 2000, S. 183 (189).

cc) Elektronische Programmführer

Durch die explosionsartige Programmvermehrung wird der Rezipient mit einer Programmflut konfrontiert, in der er sich allein kaum orientieren kann. Mit den elektronischen Programmführern soll dem Rezipienten geholfen werden, sich in der Vielzahl der Programme zu Recht zu finden.[579] Neben dieser Funktion stellt aber auch der EPG einen Gatekeeper dar, der zwischen dem Programmanbieter und dem Rezipienten steht und durch den die freie individuelle und öffentliche Meinungsbildung beeinflusst werden könnte.[580]
Die EPGs stehen automatisch mit dem Einschalten des Fernsehgerätes bereit, so dass ein direkter Zugriff auf ein Programm nicht mehr stattfinden kann.[581] Damit ist der EPG eine unumgehbare Stufe bei der Programmauswahl.
Die Einflussnahme auf die Meinungsbildung kann hier in verschiedenen Formen geschehen: Erstens könnte ein bestimmtes Programm in dem elektronischen Programmführer nur versteckt oder gar nicht aufgeführt sein.[582] Dies kann durch verschiedene Hervorhebungen, Links, bestimmte Anordnungen oder sonstige Marketinginstrumente geschehen. Dem Zuschauer könnte der Zugriff auf ein bestimmtes Programm auf diese Art und Weise schwer bis nahezu unmöglich gemacht werden.[583]

Zweitens könnte der elektronische Programmführer bei den Programmempfehlungen, die er aus den Eingaben des Zuschauers und seinem bisherigen Nutzerverhalten errechnet, bestimmte Programme oder Angebote bevorzugen oder vernachlässigen.[584] Der Hersteller des Programmführers könnte somit direkt auf die Programmauswahl Einfluss nehmen und damit letztlich die Meinungsbildung beeinflussen.[585]

Die dritte Gefahr für die freie individuelle und öffentliche Meinungsbildung besteht insofern, als dass der Zuschauer die Sendung innerhalb des EPG aus einem thematisch strukturierten Programmblock wählt. Der Zuschauer würde tendenziell angesichts der Vielzahl der digitalen Kanäle innerhalb des von ihm präfe-

---

579 Siehe 2. Teil A II 2.

580 Vgl. *Holznagel/Daufeldt*, CR 1998, S. 151 (154); *Eberle*, in: Festschrift für Kreile, S. 167 (177).

581 Vgl. *Eberle*, ZUM 1995, S. 249 (252).

582 Vgl. *Eberle*, CR 1996, S. 193 (195).

583 Vgl. *Eberle*, ZUM 1995, S. 249 (253); *Holznagel*, ZUM 1996, S. 16 (24); *Holznagel/Daufeldt*, CR 1998, S. 151 (155).

584 Siehe 2. Teil A II 2 b).

585 Vgl. *Holznagel*, ZUM 1996, S. 16 (24); *Holznagel*, Der spezifische Funktionsauftrag, S. 93 f.

rierten Themenblocks bleiben.[586] Somit würde nicht mehr die Gestaltungs- und Überzeugungskraft des jeweiligen Programmschemas den Ausschlag für die Wahl des Programms geben, sondern die Handhabbarkeit der Auswahlkriterien des EPG.[587]

M.E. ist eine weitere, vierte Gefahr für die freie individuelle und öffentliche Meinungsbildung im Zusammenhang mit den EPGs in der möglichen Beeinflussung des EPG-Herstellers durch Dritte zu sehen. Die Daten mit den Vorlieben der Rezipienten könnten für die Wirtschaft insofern von großer Bedeutung sein, weil die Unternehmen entsprechend gezielt ihre Werbung einsetzen und so einen höheren Wirkungsgrad erreichen könnten. Es besteht deshalb die Möglichkeit, dass Unternehmen für besondere Empfehlungen oder Hervorhebungen eines Programms dem EPG-Hersteller Zuwendungen zukommen lassen. Auch auf diese Weise könnte es zu einer Beeinflussung der Meinungsbildung kommen, so dass diese nicht mehr als frei zu bezeichnen wäre.

dd) Ergebnis

Die Inhaber der Gatekeeperpositionen haben die technische Möglichkeit, im digitalen Zeitalter massiv die freie individuelle und öffentliche Meinungsbildung zu beeinflussen. Durch ihre Machtstellung können sie die Marktchancen eines Programms beeinflussen, die Meinungsvielfalt einengen und das Zuschauerverhalten in bestimmte Richtungen lenken. Insofern stellen Gatekeeperpositionen eine Gefahr für die Rundfunkfreiheit dar.

b) Anzahl der Programmanbieter

Die Anzahl der Programmanbieter ist insofern für die freie individuelle und öffentliche Meinungsbildung von Relevanz, als dass Meinungsvielfalt durch die Konkurrenz einer Vielzahl von in ihrer Tendenz unterschiedlichen Programmen erreicht werden kann (Modell des Außenpluralismus).[588]
Bisher war die Anzahl der Programmanbieter so begrenzt, dass das Bundesverfassungsgericht davon ausgegangen ist, dass von den privaten Rundfunkveranstaltern kein Programm zu erwarten sei, das die Informationen in der vollen Breite der Meinungen und kulturellen Strömungen vermittele.[589] Durch die Programmvermehrung im digitalen Zeitalter könnte auch die Anzahl der Pro-

[586] Vgl. *Holznagel*, Der spezifische Funktionsauftrag, S. 93.
[587] Vgl. *Eberle*, ZUM 1995, S. 249 (252).
[588] Siehe 1. Teil A I 2 a).
[589] Vgl. BVerfGE 73, 118 (154).

grammanbieter wachsen, so dass zukünftig Meinungsvielfalt auch durch Konkurrenz der Anbieter erreicht werden könnte.

Für eine Vermehrung der Anzahl der Programmanbieter spricht neben der Programmvermehrung, dass mit Hilfe der digitalen Technik die Veranstaltung von Rundfunk wesentlich vereinfacht und sowohl Personal als auch Technik eingespart werden können.[590] Technisch gesehen wird es deshalb einer viel größeren Anzahl an Personen möglich sein, Rundfunk zu veranstalten.

Gegen eine baldige Zunahme sprechen jedoch die hohen Anfangsinvestitionen, die mit der Umrüstung auf die digitale Technik einhergehen, wie beispielsweise durch den notwendigen Ausbau der Kabelnetze.[591] Zumindest anfänglich ist eher die gegenteilige Tendenz zu erwarten und schon heute zu beobachten[592], nämlich die Fusion von Programmanbietern, also ein Konzentrationsprozess. Die Unternehmen können auf diese Weise Synergieeffekte zwischen den einzelnen Bereichen besser nutzen. Zudem ist das Risiko von Anfangsverlusten in größeren Unternehmen besser zu tragen. Auf diesem Weg kann das Risiko eines Fehlschlages minimiert werden.[593]

Einhergehend mit diesem Prozess ist zur Zeit in den europäischen Staaten ein Aufweichen der durch die Rechtsprechung der Verfassungsgerichte geforderten Sicherungsinstrumente[594] gegen eine Konzentrationsbildung im Medienbereich zu erkennen.[595] Diese Tendenz ist damit zu erklären, dass die Staaten erkannt haben, dass sich in dem Konzentrationsprozess auf dem immer größer werdenden Markt nur diejenigen Medienunternehmen behaupten können, die die Größe eines Global Players haben.[596] Hier scheint in der Abwägung zwischen der möglichen Übernahme der Rundfunkunternehmen durch Dritte und der Einhaltung der Sicherungsinstrumente die Sicherung der nationalen Rundfunkunternehmen zu überwiegen und damit die Sicherungsinstrumente zur Gewährleistung der Meinungsvielfalt vernachlässigt zu werden.

---

590 Vgl. *Stolte*, Bleibt Fernsehen Fernsehen?, S. 10.

591 Vgl. *Schrape*, Digitales Fernsehen, S. 103 ff.

592 Vgl. *Kleinsteuber/Rosenbach*, RuF 1998, S. 24 (28 ff.).

593 Dieses Phänomen ist in ganz Europa zu beobachten. Vgl. epd medien 16/2004, S. 10.

594 Vgl. *Holznagel*, Rundfunkrecht in Europa, S. 98 ff.

595 Vgl. *Stock*, RuF 1997, S. 141 (160 ff.); *Stock*, Konzentrationskontrolle in Deutschland, S. 1 ff.

596 Vgl. *Holznagel*, Der spezifische Funktionsauftrag, S. 70; im Einzelnen siehe *König*, Global Player Telekom.

Die Konzentrationsprozesse sind zudem die Folge der technischen Konvergenz, d.h. dem stetigen Zusammenwachsen der Telekommunikations-, Medien- und Informationstechnologiebranche.[597]

Zum einen kommt es zu einer horizontalen Konzentration, d.h. die Unternehmen sind nicht mehr nur in einem Bereich der medialen Wertschöpfungskette tätig, sondern engagieren sich in mehreren. Grund für eine derartige Ausweitung der wirtschaftlichen Betätigung ist die Möglichkeit, das unternehmerische Risiko zu verteilen und so zu minimieren. Weiterhin kann das Know How konzentriert und in andere Bereiche übertragen werden.[598]
Zum anderen treten vermehrt strategische Allianzen in vertikaler Hinsicht auf, d.h. Unternehmen weiten ihre Tätigkeit im selben Wertschöpfungsglied weiter aus. Dies ist vor allem in den Bereichen zu sehen, in denen künftig die Gewinnerwartungen geringer sind und so ein wirtschaftliches Arbeiten gesichert werden soll.[599]

M.E. ist aufgrund der Konzentrationsprozesse zumindest kurz- und mittelfristig nicht mit einer auffälligen Zunahme der Programmanbieter zu rechnen. Somit wird es nicht zu einer vergrößerten Meinungsvielfalt kommen, die auf einer stärkeren Konkurrenzsituation unter den Anbietern beruht. Im Gegenteil besteht die Gefahr, dass die Meinungsvielfalt durch die Konzentrationsprozesse eingeschränkt werden könnte, wenn die Zahl der Programmanbieter rückläufig ist.

c) Pay-TV

Wie bereits erläutert, bietet das digitale Fernsehen durch die Möglichkeit der Verschlüsselung die Basis für die verstärkte Einführung des Pay-TVs.[600] Auf den ersten Blick scheint damit eine Verbesserung der Meinungsvielfalt einherzugehen, weil hier spezielle Programme entsprechend der Wünsche der Rezipienten angeboten werden.[601] Zwei Argumente sprechen jedoch für die Möglichkeit einer Gefährdung der Meinungsvielfalt.

Erstens bedient das Pay-TV nur diejenigen Wünsche und Interessen derjenigen, die für das Programm zahlen.[602] Hier wird eine Mindestanzahl an Rezipienten

---

597 Siehe 2. Teil A V 1.
598 Vgl. *Holznagel*, Der spezifische Funktionsauftrag, S. 68.
599 Vgl. *Ulbrich*, K&R 1998, S. 100 (101); *Holznagel*, Der spezifische Funktionsauftrag, S. 68.
600 Siehe 2. Teil A II 3.
601 Vgl. *Holznagel*, Der spezifische Funktionsauftrag, S. 78.
602 Vgl. *Hesse*, Rundfunkrecht, 6.42.

erforderlich sein, um die Kosten der Veranstaltung zu decken. Somit könnten die Minderheitenprogramme sehr kleiner Gruppen und solche, die mit sehr hohen Kosten verbunden sind, vernachlässigt werden. Dies wäre nur dann nicht der Fall, wenn sie von einer sehr kaufkräftigen Gruppe nachgefragt werden, die bereit ist, entsprechend hohe Entgelte zu zahlen. Daher ist auch im Pay-TV nicht damit zu rechnen, dass eine gleichgewichtige Vielfalt besteht, in der insbesondere auch Minderheiten entsprechend berücksichtigt werden.

Zweitens könnten die Pay-TV-Anbieter aufgrund der bisherigen Durchsetzungsschwierigkeiten des Pay-TV in der Bundesrepublik vermehrt auf attraktive Spielfilme und insbesondere die Live-Übertragungen der wichtigsten Fußballspiele setzen. In anderen europäischen Ländern wurde so dem Pay-TV zum Durchbruch verholfen.[603] Damit bestünde allerdings die Gefahr der Ausdünnung des Free-TV-Angebots und des Ausschlusses eines Teils der Bevölkerung von bestimmten Inhalten, die sich das Pay-TV nicht leisten können oder wollen.[604] Dies würde sich negativ auf die Meinungsvielfalt und damit auf die Rundfunkfreiheit auswirken.

d) Einfluss ausländischer Programme

Im digitalen Zeitalter wird der Einfluss ausländischer Programme auf die Meinungsvielfalt im Rundfunk in der Bundesrepublik stärker werden. Ursache für den vermehrten Einfluss ist die Globalisierung der Informationsgesellschaft (aa). Zu klären ist, wie sich dieser Einfluss im Einzelnen auf die Meinungsvielfalt in der Bundesrepublik auswirken wird (bb).

aa) Globalisierung der Informationsgesellschaft

Der Übergang von der herkömmlichen Industrie- zu einer globalen Wissens- und Informationsgesellschaft wird durch die rasante Entwicklung der Informations- und Kommunikationstechnologien beschleunigt.[605] Digitalisierung und Datenkompression, direkt empfangbare Satelliten und multifunktional verwendbare Kabelnetze sind die Voraussetzung dafür, dass ein globaler Markt für die Verbreitung von Informationen in verschiedenen, rasch expandierenden Formen geschaffen wird.[606] Informationen können unabhängig von Zeit, Ort und Menge gespeichert, verarbeitet und weitergeleitet werden.[607]

---

603 Vgl. *Hesse*, Rundfunkrecht, 6.42.
604 Vgl. *Hesse*, Rundfunkrecht, 6.42.
605 Vgl. *Holznagel*, ZUM 1996, S. 16.
606 Vgl. *Eberle*, CR 1996, S. 193 ff.
607 Vgl. *Fechner*, Medienrecht, Rn. 952.

Im digitalen Zeitalter verliert die industrielle Massenproduktion an Bedeutung. Produktion und Reproduktion werden künftig zunehmend von wissensabhängigen Operationen geprägt. Damit sind Expertenwissen, Informationsverarbeitung und symbolische Analyse gegenüber anderen nicht wissensabhängig basierten Prozessen vorrangig und damit strukturbildend.[608]
Aufgrund der Globalisierung der Informationsgesellschaft wird die Anzahl ausländischer Programme in der Bundesrepublik anwachsen.

bb) Einfluss auf die Meinungsvielfalt

Diese Steigerung der Anzahl ausländischer Programme erscheint auf den ersten Blick, gerade im Hinblick auf die historische Erfahrung in der Bundesrepublik,[609] eine Bereicherung der Meinungsvielfalt darzustellen.

Allerdings ist dies nur der Fall, wenn diese Programme eine gleichgewichtige Vielfalt darstellen. Die Tatsache, dass die Programme aus dem Ausland gesendet werden, bedeutet an sich noch keine Bereicherung.
Auch die ausländischen Programme befinden sich im Wettbewerb um Zuschauerquoten und Werbeeinnahmen. Somit ist davon auszugehen, dass vornehmlich massenattraktive und zuschauerwirksame Programme und Angebote gesendet werden,[610] so dass sie keine Bereicherung der Meinungsvielfalt darstellen.

Zudem stellt sich das Problem, dass die Bundesländer, die nach der Auffassung des Bundesverfassungsgerichts mit ihrer Gesetzgebung eine näherungsweise gleichgewichtige Vielfalt bewirken sollen,[611] durch den Zuwachs an ausländischen Programmen vor Schwierigkeiten gestellt werden könnten. Insofern könnte es für den Landesgesetzgeber und die Landesmedienanstalten durch die gestiegene Programmanzahl und die größere Anzahl ausländischer Programme problematisch werden, die Voraussetzungen für eine gleichgewichtige Vielfalt im Gesamtprogramm zu schaffen.

Durch die wachsende Zahl ausländischer Programme könnte somit die gleichgewichtige Vielfalt des Programmangebots negativ beeinflusst werden und somit eine Gefahr für die Rundfunkfreiheit entstehen.

---

608 Vgl. *Willke*, Supervision des Staates, 1997, S. 12 f.
609 Siehe 1. Teil A I, II.
610 Vgl. *Holznagel*, Der spezifische Funktionsauftrag, S. 71.
611 Vgl. BVerfGE 73, 118 (156).

e) Neuregelungen durch den Gesetzgeber

Der Gesetzgeber ist den Gefahren, die durch die Gatekeeperpositionen entstehen, bereits in §§ 52 und 53 RfStV begegnet.[612]

aa) Weiterverbreitung im digitalen Kabelbereich, § 52 Abs. 2-5 RfStV

§ 52 Abs. 2-5 RfStV regelt die Zulassung zum digitalen Kabelbereich. Nach § 52 Abs. 2 RfStV gelten die nachfolgenden Absätze 3 bis 5 nur dann, wenn der Betreiber von digitalen Kabelanlagen überhaupt Fernsehprogramme oder vergleichbare Teledienste verbreitet.[613]
Mit dem 4. RfÄndStV wurde für den digitalen Bereich ein Drei-Stufen-Modell eingeführt. Im Must-Carry-Bereich werden den Kabelbetreibern konkrete Belegungsverpflichtungen zur Sicherung des öffentlich-rechtlichen Rundfunks vorgegeben (§ 52 Abs. 3 RfStV). Der Can-Carry-Bereich zeichnet sich dadurch aus, dass die Kabelinhaber hinsichtlich der Programmbelegung Entscheidungsfreiheit haben, sie jedoch durch vielfaltssichernde Rahmenvorgaben beschränkt werden (§ 52 Abs. 4 Nr. 1 RfStV). Im Non-Must-Carry-Bereich haben die Kabelinhaber eine Entscheidungsfreiheit, die unbeschränkt nach ökonomischen Kriterien ausgeübt werden kann (§ 52 Abs. 4 Nr. 2 RfStV).

(1) § 52 Abs. 3 RfStV – Must-Carry-Bereich

Zum Must-Carry-Bereich nach § 52 Abs. 3 RfStV gehören zunächst die für das jeweilige Land gesetzlich bestimmten Fernsehprogramme des öffentlich-rechtlichen Rundfunks einschließlich seiner Programmbouquets.[614] Der Kabelnetzbetreiber ist verpflichtet, die hierfür erforderlichen Übertragungskapazitäten zur Verfügung zu stellen (§ 52 Abs. 3 Nr. 1 RfStV). Diejenigen privaten Rundfunkprogramme erhalten zudem einen Must-Carry-Status, die regionale Fenster gemäß § 25 RfStV enthalten (§ 52 Abs. 3 Nr. 2 RfStV). Weiterhin ist durch den Kabelnetzbetreiber nach § 52 Abs. 3 Nr. 3 Halbsatz 1 RfStV sicherzustellen, dass die erforderliche Übertragungskapazität eines analogen Fernsehkanals für

---

612 Im neuen TKG vom 22.6.2004 (BGBl. I S. 1190), geändert Gesetz vom 23.6.2004 (BGBl. I S. 1842), durch Gesetz vom 14.3.2005 (BGBl. I S. 721) und durch Gesetz vom 7.7.2005 (BGBl. I S. 1970) finden sich in §§ 16 ff. TKG Vorschriften, die sich teilweise mit denen des § 53 RfStV überlagern. Vergleiche hierzu beispielsweise Manssen (Hrsg.), Telekommunikations- und Multimediarecht.

613 Abs. 2 wurde mit dem 8. RfÄndStV sprachlich neu gefasst. Hierbei wird in Übereinstimmung mit § 2 d TDG der Begriff „vergleichbare Telemedien" eingeführt. Im einzelnen siehe hierzu *Hartstein/Ring/Kreile/Dörr/Stettner*, RfStV II, § 52 Rn. 66.

614 Vgl. *Hartstein/Ring/Kreile/Dörr/Stettner*, RfStV II, § 52 Rn. 78.

die im jeweiligen Land zugelassenen regionalen und lokalen Fernsehprogramme sowie die Offenen Kanäle zur Verfügung steht. Diese Programme sind demnach auf Antrag des Programmveranstalters zwingend in das digitale Kabelnetz einzuspeisen.[615] Soweit diese Übertragungskapazität danach nicht ausgeschöpft ist, richtet sich die Belegung nach Landesrecht, wobei die landesrechtlichen Sondervorschriften für Offene Kanäle und vergleichbare Angebote unberührt bleiben (§ 52 Abs. 3 Nr. 3 Halbsatz 2, 3 RfStV). Durch die Regelung des Abs. 3 Nr. 4 wird für die einspeisepflichtigen Programme das technische Gleichgewicht der Übertragungskapazitäten im Vergleich mit den anderen verfügbaren digitalen Kanälen gesichert.[616]

(2) § 52 Abs. 4 Nr. 1 RfStV – Can-Carry-Bereich

Der Can-Carry-Bereich macht ein Drittel der Netzgesamtkapazität aus. Grundsätzlich liegt die Bestimmung der zweiten Gruppe in den Händen der Kabelanlagenbetreiber. Allerdings ist er bei der Auswahl an spezifisch vielfaltsichernde Regelungen gebunden. Er ist verpflichtet, unter Berücksichtigung der Interessen der angeschlossenen Haushalte ein Gesamtangebot zusammenzustellen, das eine Vielzahl von Programmveranstaltern und ein vielfältiges Programmangebot an Vollprogrammen, nicht entgeltfinanzierten Programmen, Spartenprogrammen und Fremdsprachenprogrammen sowie in angemessenem Umfang Mediendienste enthält (§ 52 Abs. 4 Nr. 1 RfStV).

(3) § 52 Abs. 4 Nr. 2 RfStV – Non-Must-Carry-Bereich

In der letzten Gruppe kann der Kabelnetzbetreiber im Rahmen der allgemeinen Gesetze nach freiem Belieben die Belegung der Kabel festlegen.[617] Hier wird der wirtschaftlichen Autonomie der Kabelbetreiber Rechnung getragen. Sie können sich ausschließlich von ökonomischen Gesichtspunkten wie z.B. Rentabilität, Attraktivität oder Zuschauerakzeptanz leiten lassen.[618] Zu beachten ist, dass diese Freiheit nur im Rahmen der allgemeinen Gesetze ausgeübt werden darf.

(4) Entgelte für den Kabelzugang

Von großer Bedeutung ist die Regulierung der Entgelte, da durch die Erhebung unverhältnismäßig hoher Entgelte der Zugang zu den Kabelnetzen faktisch blo-

615 Vgl. *Hartstein/Ring/Kreile/Dörr/Stettner*, RfStV II, § 52 Rn. 82.
616 Vgl. *Hartstein/Ring/Kreile/Dörr/Stettner*, RfStV II, § 52 Rn. 83.
617 Vgl. *Langenfeld*, WiVerw 2003, S. 134 (143).
618 Vgl. *Hartstein/Ring/Kreile/Dörr/Stettner*, RfStV II, § 52 Rn. 86.

ckiert werden kann. Der Rundfunkstaatsvertrag enthält hierzu nur eine Regelung im Must-Carry-Bereich. § 52 Abs. 3 Nr. 5 Halbsatz 1 RfStV bestimmt, dass die Entgelte und Tarife für die entsprechenden Programme beziehungsweise Bouquets offenzulegen sind. Zudem sind nach § 52 Abs. 3 Nr. 5 Halbsatz 2 RfStV die Entgelte und Tarife im Rahmen des Telekommunikationsgesetzes so zu gestalten, dass auch regionale und lokale Angebote zu angemessenen und chancengleichen Bedingungen verbreitet werden können. Aus der amtlichen Begründung wird deutlich, dass der zuständigen Landesmedienanstalt damit keine Befugnis einer Entgelt- oder Tarifregulierung zusteht. Sie prüft lediglich, ob die dem Netzbetreiber durch das Telekommunikationsgesetz eröffneten Gestaltungsspielräume auf diesem Gebiet im Sinne dieser Vorschrift ausgefüllt wurden.[619]
Der Gesetzgeber verzichtet also auf eine rundfunkspezifische Entgeltregulierung und übernimmt ausschließlich die telekommunikationsrechtliche Entgeltregulierung mit ihrem spezifischen Ordnungssystem.[620] In verfassungsrechtlicher Hinsicht ist dies problematisch, da nach dem TKG eine reichweitenbezogene Entgeltdifferenzierung nicht auf wirtschaftsfremden Erwägungen beruht und somit telekommunikationsrechtlich nicht zu beanstanden ist.[621] Es besteht somit nur ein Schutz gegen wirtschaftsfremde unternehmerische Entscheidungen der Kabelnetzbetreiber. Diese Schutzlücke müsste durch rundfunkspezifische Regulierungen geschlossen werden, was jedoch nicht geschehen ist.

(5) Belegungsverfahren

Nach § 52 Abs. 5 RfStV hat der Betreiber einer Kabelanlage die Weiterverbreitung von Fernsehprogrammen oder Mediendiensten der zuständigen Landesmedienanstalt mindestens zwei Monate vor ihrem Beginn unter Vorlage eines Belegungsplanes sowie in den Fällen des Abs. 3 seiner Vertragsbedingungen ebenso wie die Änderung der Belegung anzuzeigen. Werden die Voraussetzungen der Abs. 3 und 4 Satz 1 durch den Betreiber einer Kabelanlage nicht erfüllt, erfolgt die Auswahl der weiterverbreiteten digitalen Fernsehprogramme und die Belegung der digitalen Kanäle nach Maßgabe des Landesrechts. Zuvor ist nach Satz 3 dem Betreiber einer Kabelanlage eine angemessene Frist zur Erfüllung der gesetzlichen Voraussetzungen zu setzen. Insofern kommt den Landesmedienanstalten eine Überwachungsfunktion zu.[622]

---

619 Vgl. *Hartstein/Ring/Kreile/Dörr/Stettner*, RfStV II, § 52 Rn. 84.

620 Vgl. *Gersdorf*, in: Eberle/Rudorf/Wasserburg, Mainzer Rechtshandbuch, Kap. III Rn. 74; *Langenfeld*, WiVerw 2003, S. 134 (143).

621 Vgl. *Gersdorf*, Kabeleinspeisung von Programmbouquets, S. 146 ff.

622 Vgl. *Hartstein/Ring/Kreile/Dörr/Stettner*, RfStV II, § 52 Rn. 91.

bb) Zugangsfreiheit, § 53 RfStV

§ 53 Abs. 1 RfStV regelt den chancengleichen und diskriminierungsfreien Zugang zu Telekommunikationsdienstleistungen. Mit dem 8. RfÄndStV sollen die Regelungen der bisherigen Abs. 1-3 im neu gefassten Abs. 1 konzentriert und verallgemeinert werden, wodurch die Norm einfacher und transparenter werden soll.[623] Anbieter von Telekommunikationsdienstleistungen, die Rundfunk oder vergleichbare Telemedien verbreiten, haben nach § 52 Abs. 1 Satz 1 RfStV zu gewährleisten, dass die eingesetzte Technik ein vielfältiges Angebot ermöglicht.[624] Dies wird hier als allgemeines Prinzip statuiert.[625]
§ 53 Abs. 1 Satz 1 RfStV stellt in der Neufassung ein generelles Gebot der Chancengleichheit und ein generelles Verbot der Diskriminierung auf.[626] Anschließend folgt die abschließende Aufzählung der Nr. 1-4. Anbieter von Rundfunk und Telemedien dürfen danach weder mittelbar noch unmittelbar

1. durch Zugangsberechtigungssysteme,
2. durch Schnittstellen für Anwendungsprogramme,
3. durch Systeme, die auch die Auswahl von Fernsehprogrammen steuern und die als übergeordnete Benutzeroberfläche für alle über das System angebotenen Dienste verwendet werden oder
4. aufgrund der Ausgestaltung von Entgelten

bei der Verbreitung ihrer Angebote unbillig behindert oder gegenüber gleichartigen Anbietern ohne sachlich gerechtfertigten Grund unterschiedlich behandelt werden.

Nr. 1 bezieht sich ausschließlich auf die technischen Dienstleistungen im Rahmen des Conditional Access Systems. Kundenbezogene Dienstleistungen werden nicht erfasst.[627] Nach Nr. 3 gilt dieser Grundsatz des chancengleichen Zugangs auch für EPGs und die Basisnavigatoren. Die Ausgestaltung der Navigatoren muss neutral und objektiv für alle Programme und Dienste erfolgen. Insbesondere ist auf öffentlich-rechtliche und private Programme in gleicher Weise hinzuweisen.[628]

---

623 Vgl. Begründung zum 8. RfÄndStV, abgedruckt bei Hartstein/Ring/Kreile/Dörr/Stettner, RfStV I, A 2.6., S. 7.

624 Der Adressatenkreis vorherigen Fassung war weiter gefasst: „Anbieter von Diensten mit Zugangsberechtigung, die Zugangsdienste zu Fernsehdiensten herstellen oder vermarkten".

625 Vgl. *Hartstein/Ring/Kreile/Dörr/Stettner*, RfStV II, § 53 Rn. 15.

626 Vgl. *Hartstein/Ring/Kreile/Dörr/Stettner*, RfStV II, § 53 Rn. 16.

627 Vgl. *Gersdorf*, Chancengleicher Zugang zum digitalen Fernsehen, S. 155 ff.

628 Vgl. *Langenfeld*, WiVerw 2003, S. 134 (145).

Die materielle Regelung des Abs. 1 wird durch verfahrensrechtliche, organisatorische und Zuständigkeitsregelungen der Abs. 2-6 abgesichert.

2. Probleme bezüglich der Integrationsfunktion des Rundfunks

Durch die Veränderungen im Rundfunkbereich, die mit der Digitalisierung einhergehen, wird die Individualisierung der Gesellschaft gefördert. Dies könnte im Widerspruch zur integrativen Funktion des Rundfunks stehen.

a) Integrationsprobleme aufgrund der veränderten Programmstruktur

In Bezug auf das Programm wird, wie bereits beschrieben, eine große Ausdifferenzierung erfolgen. Neben herkömmlichen Programmen werden verschiedene Pay-TV-Dienste wie Video-on-demand, Hörfunksendungen, Software, Telespiele sowie sonstige Multimediadienste angeboten werden.[629]
Damit können gerade im Bereich des Pay-TV und der Spartenkanäle immer speziellere Zuschauergruppen angesprochen und ausschließlich mit ihrem bevorzugten Genre bedient werden. Mit dieser Spezialisierung geht eine Individualisierung einher.[630] Diese zeigt sich zum einen in dem speziellen und individuellen Programmangebot und zum anderen in der Möglichkeit, Sendungen, vor allem im Rahmen des Bezahlfernsehens, zu einer individuellen Zeit abzurufen.[631]

Dieser Trend der Individualisierung und Spezialisierung könnte mit einem möglichen Bedeutungsverlust des klassischen Vollprogramms einhergehen, wie es beispielsweise von ARD, ZDF, RTL und Sat 1 angeboten wird. Die Vollprogramme sind in ihrer ursprünglichen Konzeption als Familienprogramme angelegt und sollen ein möglichst breites Publikum durch ein gegenständlich breites und inhaltlich vielfältiges Angebot erreichen.[632] Das Vollprogramm stellt den Inbegriff des integrativen Charakters des Rundfunks dar. Diese Sendeform erscheint jedoch in einer Zeit der Individualisierung überholt, in der die Möglichkeit besteht, ausschließlich Programme und Angebote zu rezipieren, die den speziellen Interessen des Einzelnen entsprechen.[633]

Damit könnte die integrative Funktion des Fernsehens verloren gehen. Ein Programm wäre kein Sammelplatz der verschiedenen Meinungen mehr, der es er-

---

629 Siehe 2. Teil A II 1.
630 Vgl. *Holznagel*, Der spezifische Funktionsauftrag, S. 84 ff.
631 Vgl. *Eberle*, ZUM 1995, S. 249 (255).
632 Vgl. *Holznagel*, Der spezifische Funktionsauftrag, S. 90.
633 Vgl. *Holznagel*, Der spezifische Funktionsauftrag, S. 90; *Stolte*, Bleibt Fernsehen Fernsehen?, S. 13.

möglicht, sich auch mit anderen und fremden Auffassungen auseinanderzusetzen und so eine Integration der verschiedenen gesellschaftlichen Gruppen und Ansichten zu ermöglichen.

b) Integrationsprobleme aufgrund der technischen Neuerungen

Der Einstieg in die Informationsgesellschaft erfordert lebenslanges Lernen. Jeder Einzelne wird an seinem Arbeitsplatz und in der Freizeit mit einer Flut an Informationen konfrontiert, in der er sich zu Recht finden muss.[634] Es ist notwendig, den Umgang mit den neuen Techniken, den neuen Endgeräten und den innovativen Angeboten zu erlernen.[635]

Diese Notwendigkeit birgt die Gefahr, dass Bevölkerungsschichten benachteiligt und weniger integriert werden, die weniger Anreiz haben, sich diesen Herausforderungen zu stellen und sich auf ein lebenslanges Lernen einzustellen.[636] Hiervon sind vor allem ältere, weniger gebildete und sozial schlechter gestellte Menschen betroffen.[637] Die Enquête-Kommission „Zukunft der Medien in Wirtschaft und Gesellschaft"[638] hat in ihrem Abschlussbericht zudem die Befürchtung geäußert, dass in der Bundesrepublik im internationalen Vergleich eine mangelnde Bereitschaft bestehe, sich die notwendigen Medienkompetenzen anzueignen. Daher bedürfe es gesellschaftlicher und staatlicher Initiativen, die notwendigen Kenntnisse zu vermitteln.
Gibt es solche gesellschaftlichen oder staatlichen Initiativen nicht oder sind diese nicht fruchtbar, steht ein Teil der Bürger außerhalb der Informationsgesellschaft.[639] Die integrative Funktion des Rundfunks kann diese Menschen nicht mehr erreichen. Wichtig ist jedoch, dass alle Bevölkerungsgruppen erreicht werden, um das Ziel einer gesellschaftlichen Integration zu erreichen.

---

634 Vgl. *Holznagel*, Der spezifische Funktionsauftrag, S. 79.

635 Vgl. nur *Moosdorf*, Bausteine für einen Masterplan für Deutschlands Weg in die Informationsgesellschaft, S. 40 ff.

636 Vgl. *Holznagel*, Der spezifische Funktionsauftrag, S. 79.

637 Vgl. dazu den Schlussbericht der Enquête-Kommission „Zukunft der Medien in der Wirtschaft und der Gesellschaft – Deutschlands Weg in die Informationsgesellschaft", BT-Drs. 13/11004, S. 89 ff.

638 Vgl. Schlussbericht der Enquête-Kommission „Zukunft der Medien in der Wirtschaft und der Gesellschaft – Deutschlands Weg in die Informationsgesellschaft", BT-Drs. 13/11004, S. 89 ff., 103.

639 Vgl. *Holznagel*, Der spezifische Funktionsauftrag, S. 79 f.

c) Ergebnis

Durch die mit der Digitalisierung einhergehenden Veränderungen, insbesondere durch die vermehrten Pay-TV-Angebote, könnte es zu einer Gefährdung der integrativen Funktion des Rundfunks kommen.

3. Gefahren für die demokratische Funktion des Rundfunks

Die Veränderungen, die die Digitalisierung mit sich bringt, könnten ebenfalls Gefahren für die demokratische Funktion des Rundfunks in sich bergen. Erstens könnte mit diesen Veränderungen eine Entpolitisierung einhergehen (a), zweitens könnte die soziale Kommunikation unter der schon angesprochenen Individualisierungstendenz leiden (b) und drittens könnte es zu einer Teilung der Gesellschaft in einen informierten und einen nicht-informierten Teil kommen (c).

a) Entpolitisierung

Neben dem Trend zu immer spezielleren und individuellere Angeboten und Programmen ist schon heute ein Wechsel von stärker informationsorientierten zu deutlich unterhaltungsorientierten Angeboten und Programmen auszumachen.[640] Für einen Teil der Zuschauerschaft sind Politik, Wirtschaft, Kultur und Gesellschaft von immer geringerer Bedeutung. Sie wenden sich vermehrt Programmen aus den Bereichen Alltag, Sensationen und Katastrophen zu, die eher dem unpolitischen oder privaten Bereich zuzuordnen sind.[641]

Dieser Trend könnte durch die Digitalisierung und die damit einhergehende Verspartung des Programms noch vorangetriebenen werden. Durch die Verspartung wird ein zufälliges In-Berührung-Kommen mit anderen, nicht gewählten Themen nahezu völlig ausgeschlossen. Zudem wird im Wettbewerb um die höchste Zuschauerquote in den Spartenprogrammen ein Trend zum Extremen und Außergewöhnlichen wahrscheinlich, so dass die Sensationen immer sensationeller und die Katastrophen immer katastrophaler dargestellt werden.[642] Dies widerspricht einer seriösen Berichterstattung über Politik, Wirtschaft, Kultur und Gesellschaft. Damit würde der allgemeine Trend der Entpolitisierung und Entsolidarisierung auch im Bereich der Medien verstärkt.[643]

---

640 Vgl. *Stolte*, Bleibt Fernsehen Fernsehen?, S. 14.
641 Vgl. *Holznagel*, Der spezifische Funktionsauftrag, S. 85.
642 Vgl. *Holznagel*, Der spezifische Funktionsauftrag, S. 84.
643 Vgl. *Holznagel*, Der spezifische Funktionsauftrag, S. 86; *Stolte*, Bleibt Fernsehen Fernsehen?, S. 14.

Dies würde bedeuten, dass der Rundfunk, der eine Basis für die politische Auseinandersetzung darstellen soll, um seiner demokratischen Funktion nachzukommen, diese Aufgabe nicht mehr in dem verfassungsmäßig geforderten Umfang erfüllen könnte.

b) Gefahren für die soziale Kommunikation

Aufgrund der Ausdifferenzierung des Programms ist es wahrscheinlich, dass künftig immer weniger Menschen dasselbe Programm sehen. Damit könnte das Fernsehen seinen Forumscharakter verlieren, da die Basis für den Austausch zwischen den Menschen immer eingeschränkter wäre. Die einst recht homogene Fernsehgesellschaft könnte sich in immer kleinere, unterschiedlich informierte Teilöffentlichkeiten aufspalten.[644] Der gesellschaftliche Meinungsaustausch wäre stark eingeschränkt.
Dieser gesellschaftliche Meinungsaustausch ist aber essenziell für die demokratische Staatsordnung. Er hilft bei der Entscheidungsfindung und gewährleistet die ständige Auseinandersetzung mit den demokratisch getroffenen Entscheidungen.

c) Teilung der Gesellschaft

Die bereits beschriebene mögliche Teilung der Gesellschaft in einen informierten und einen nicht-informierten Teil, kann eine Gefährdung der demokratischen Ordnung darstellen.[645]
Je schlechter es gelingt, alle Bevölkerungsgruppen in die digitale Rundfunkwelt zu integrieren, desto größer ist die Gefahr einer Teilung der Gesellschaft.[646] Voraussichtlich wären von dieser Teilung die sowieso schon benachteiligten Gesellschaftsgruppen negativ betroffen, wie die sozial schlechter Gestellten, weniger Gebildeten und Älteren.[647]
Der Rundfunk hat als Medium und Faktor der Meinungsbildung eine essentielle Funktion für die demokratische Grundordnung. Ein teilweiser Ausschluss von Teilen der Gesellschaft vom Rundfunk würde wiederum die Legitimation der Entscheidungen und ihrer Kontrolle in Frage stellen. Voraussetzung für die Demokratie ist, dass alle die Möglichkeit haben, am demokratischen Prozess teilzunehmen. Der öffentliche Diskurs im Rundfunk ist von besonderer Bedeutung. Würde ein Teil der Gesellschaft davon ausgeschlossen, könnte dies die demo-

644 Vgl. *Stolte*, Bleibt Fernsehen Fernsehen?, S. 12.
645 Vgl. *Holznagel*, ZUM 1996, S. 16 (24).
646 Vgl. *Stolte*, Bleibt Fernsehen Fernsehen?, S. 12.
647 Siehe 2. Teil B II 2 b).

kratische Grundordnung gefährden. Die Diskussion um Entscheidungen würde nicht mehr von allen Befürwortern und Gegnern geführt werden, sondern nur von dem informierten Teil der Gesellschaft.[648] Damit ist eine Gefährdung der demokratischen Funktion des Rundfunks zu befürchten.

4. Gefahren für den Sozialstaat

Aufgrund der Digitalisierung entstehen zwei verschiedene Gefahren für den Sozialstaat: Die erste beruht wiederum auf der möglichen Teilung der Gesellschaft und die zweite auf der Frage, ob sich künftig noch jeder die Teilnahme am Rundfunk leisten können wird.

a) Gefahr der gesellschaftlichen Teilung

Die Aspekte der gesellschaftlichen Teilung, die soeben im Zusammenhang mit der demokratischen Funktion des Rundfunks diskutiert wurden, können auch eine Gefahr für den Sozialstaat darstellen.
Wie bereits ausführlich im 1. Teil dargestellt wurde, gehört die Grundversorgung mit Rundfunk zum allgemeinen Lebensstandard in einer modernen Kommunikationsgesellschaft.[649] Information wird zu einem der wichtigsten Güter der künftigen Gesellschaft.[650] Wird es einem Teil der Bevölkerung aufgrund komplizierter technischer Voraussetzungen nahezu unmöglich gemacht, Rundfunk zu rezipieren, wäre dies mit dem Sozialstaatsprinzip nicht vereinbar.

b) Zugänglichkeit von Information

Eine umfassende individuelle und öffentliche Meinungsbildung setzt voraus, dass sich der Einzelne aus allen allgemein zugänglichen Quellen informieren kann. Aufgrund der Digitalisierung entstehen insofern zwei Gefahren: Erstens stellt sich die Frage, ob sich künftig jeder noch Information leisten kann und zweitens, ob sämtliche Teile des Bundesgebiets gleich gut mit Rundfunk versorgt werden.

---

648 Vgl. *Eberle*, ZUM 1995, S. 249 (255).
649 Siehe 1. Teil B II 2.
650 Siehe 2. Teil B II 1 d) aa).

aa) Finanzierbarkeit der Information

Jeder, der digitales Fernsehen empfangen will, muss zunächst in die notwenige Hard- und Software investieren, die für den Empfang und die Umwandlung der digitalen Signale notwendig ist.[651] Die Set-Top-Boxen für DVB-T kosten von ca. 70 € bis zu 800 € je nach Ausstattung und Qualität.[652]
Weiterhin muss sich der Rezipient für ein bestimmtes Programmbündel entscheiden und dies für ein gewisses Entgelt beziehen. Die zunehmende Entgeltfinanzierung multimedialer Angebote wird zur Folge haben, dass Haushalte mit einem relativ geringen Einkommen künftig den Zugang zu Informationen schwerer finanzieren können.[653] Bisher stellte sich dieses Problem kaum, da der Großteil des Angebots aufgrund des vorherrschenden Free-TV kostenlos war.

bb) Geographische Zugänglichkeit

Die Privatisierung der Kabelnetze ist aufgrund des teuren Ausbaus der Netze erforderlich, da der Staat diese Kosten nicht tragen kann. Diese Privatisierung birgt jedoch die Gefahr, dass die Versorgung des ländlichen Raums gegenüber den gewinnträchtigen städtischen Regionen eingeschränkt, wenn nicht sogar eingestellt wird.[654] Damit könnte die Versorgung des ländlichen Teils der Bevölkerung mit Rundfunk nur noch eingeschränkt stattfinden. Eine solche Entwicklung wäre wiederum mit dem Sozialstaatsprinzip unvereinbar.

cc) Ergebnis

Insofern ist die Zugänglichkeit zu Informationen im digitalen Zeitalter zumindest als gefährdet anzusehen. Dies stellt eine Gefahr für den Sozialstaat dar.

III. Stellungnahme

Ausgangsfrage war, wie sich die Rundfunkfreiheit unter dem Einfluss der Digitalisierung des Rundfunks entwickelt.

---

651 Vgl. *Holznagel*, Der spezifische Funktionsauftrag, S. 79.

652 Vgl. im Einzelnen http://www.ueberall-tv.de/3content/eqip/eqip. htm vom 21.11.2004.

653 Vgl. *Holznagel*, Der spezifische Funktionsauftrag, S. 83; *Holznagel*, ZUM 1996, S. 16 (24); *Schrape*, Digitales Fernsehen, S. 97.

654 Vgl. *Holznagel*, Der spezifische Funktionsauftrag, S. 83; *Holznagel*, ZUM 1996, S. 16 (24).

1. Fortbestehen der dualen Rundfunkordnung

Der Auffassung, dass die Frequenzknappheit aufgehoben wird und damit eine gleichgewichtige Meinungsvielfalt durch den Markt erreicht werden kann, ist zuzugeben, dass die technische Knappheit durch die effektivere Nutzung der Übertragungswege aufgehoben wird. Diese Auffassung verkennt jedoch, dass bei der Sicherung der Meinungsvielfalt nicht allein das technisch Machbare betrachtet werden darf, sondern es vielmehr darauf ankommt, wie sich die technische Vermehrung der Programme für den Zuschauer tatsächlich auswirkt. Die These, durch ein um ein vielfach vermehrtes Programmangebot komme es automatisch zu neuen und vielfältigen Programmangeboten und damit zwangsläufig zu einer größeren Meinungsvielfalt, ist zu kurz gegriffen.

Völlig außer Acht gelassen wird hierbei die Frage, wie und unter welchen Bedingungen der Rezipient auf die vermuteten neuen Angebote zugreifen kann. Wie aus den aufgeführten negativen Aspekten für die Rundfunkfreiheit zu erkennen ist, entstehen bezüglich der Funktionen der Rundfunkfreiheit neue Gefahren, die dazu führen könnten, dass die Rundfunkfreiheit im digitalisierten Zeitalter nicht mehr in der Form verwirklicht werden kann, wie es das Grundgesetz fordert. Insbesondere sind hierbei die Gefahren hervorzuheben, die durch die Gatekeeper im Kommunikationsprozess für die Meinungsvielfalt entstehen und die Gefahren für die Integration.

Ganz im Gegenteil zu der diskutierten Ansicht könnte es sogar, zumindest für einen Teil der Bevölkerung, durch die Paketbildung im Verhältnis zur heutigen Situation zu einer Einschränkung der Programmvielfalt kommen, da dieser sich u.U. nur das Basispaket leisten kann. Ein solches Paket enthält wahrscheinlich neben den Programmen der öffentlich-rechtlichen Rundfunkveranstalter nur zwei bis drei private Rundfunkprogramme, einige Hörfunkprogramme und interaktive Angebote.[655] Dem Rezipienten stehen insbesondere im analogen Kabel heute mehr Programme zur Verfügung.

Zu den gewichtigen Argumenten, die für eine zunehmende Gefährdung der Rundfunkfreiheit im digitalen Zeitalter sprechen, tritt hinzu, dass die Gefährdung der Rundfunkfreiheit, die durch die Werbefinanzierung des privaten Rundfunks entsteht, auch in der digitalen Zukunft bestehen bleibt. Die Gefährdung der Meinungsvielfalt aufgrund der Konkurrenz um die höchsten Einschaltquoten und die größten Werbeeinnahmen wird künftig eher noch zunehmen, da immer mehr Programme auf den Markt kommen. Tendenziell gehen damit die Werbeeinnahmen für jedes einzelne Programm zurück, da sich der Zuschauermarkt auf

---

[655] Vgl. www.ueberall-tv.de/3content/FuA.htm vom 21.11.2004.

immer mehr Programme aufteilt und die Werbeeinnahmen von der Anzahl der Zuschauer abhängen. Insofern ist es wahrscheinlich, dass in dem stärkeren Wettbewerb um Werbeeinnahmen vermehrt auf massenwirksame Programme gesetzt wird.

Sollten sich dennoch einzelne private Anbieter auf die Nische „Minderheitenprogramme" konzentrieren, wird dies nur in einem Rahmen geschehen können, der für sie rentabel ist, d.h. es werden nur solche Programme verbreitet, bei denen die Kosten entweder direkt aufgrund der Zuschauerzahlen oder indirekt aufgrund von Synergieeffekten gedeckt werden. Es stehen auch hier wirtschaftliche Erwägungen im Vordergrund. Insofern wird die potenzielle Gefährdung der Meinungsvielfalt aufgrund der Werbefinanzierung fortbestehen.

Deshalb kann der private Rundfunk auch im digitalen Zeitalter nicht für die Gewährleistung der Belange von Minderheiten garantieren. Der Rundfunk wird nicht zu einem normalen Wirtschaftsgut. Vielmehr besteht seine Sondersituation fort.[656]
Das Bundesverfassungsgericht hat zu Recht in seiner Rechtsprechung darauf hin gewiesen, dass Fehlentwicklungen im Bereich des Rundfunks besonders schwer rückgängig zu machen sind.[657] Insofern ist es aufgrund der herausragenden Bedeutung des Rundfunks m.E. nicht zulässig, mit dem Rundfunk in der Weise zu experimentieren, dass er den Gesetzmäßigkeiten des Marktes überlassen und abgewartet wird, ob die beschriebenen Gefahren eintreten. Denn aufgrund des hohen Maßes an Manipulationsmöglichkeiten ist es schwierig, für den Fall, dass sich die Gefahren realisieren, korrigierend in den Rundfunkmarkt einzugreifen. Damit ist an der dualen Rundfunkordnung mit dem nebeneinander von öffentlich-rechtlichem und privatem Rundfunk entsprechend der überwiegenden Auffassung in der Literatur[658] festzuhalten.

2. Öffentlich-rechtlicher Rundfunk

Aufgrund der neuen Gefahren erlangt der öffentlich-rechtliche Rundfunk als Medium und Faktor der öffentlichen Meinungsbildung eine neue und aktualisierte Bedeutung: Er muss sowohl in seinem Vollprogramm als auch in seinen anderen Angeboten und Programmen seiner Integrationsaufgabe nachkommen. Nur so ist zu verhindern, dass bestimmte Informationen über neue Angebots-

656 Vgl. *Sporn*, Vielfalt im digitalen Rundfunk, S. 54.
657 Vgl. BVerfGE 57, 295 (323).
658 Vgl. *Hesse*, Rundfunkrecht, 6.1 ff.; *Eberle*, ZUM 1995, S. 249 ff.; *Hesse*, ZUM 2000, S. 183 ff.; *Holznagel*, ZUM 1996, S. 16 ff.; *Eberle*, CR 1996, S. 193 ff.; *Holznagel/Daufeldt*, CR 1998, S. 151 ff.

formen nur noch exklusiv und möglicherweise gegen Entgelt an eine selektive Zuschauerschaft vermittelt werden und es damit zu einer kommunikativen Chancenungleichheit kommt, die mit dem Demokratiegebot nicht vereinbar wäre.

Voraussetzung für die Zulassung von Spartenprogrammen und Pay-TV ist aufgrund der aufgezeigten Gefahren für die Demokratie und den Sozialstaat, dass die Grundversorgung durch den öffentlich-rechtlichen Rundfunk gesichert ist, um so eine gleichgewichtige Meinungsvielfalt zu gewährleisten. Durch die Erfüllung seiner Aufgaben sind weiterhin zum einen die besonderen Eigenarten, insbesondere die Gebührenfinanzierung, des öffentlich-rechtlichen Rundfunks gerechtfertigt und zum anderen ist es so weiterhin möglich, weniger hohe Anforderungen an die Breite des Programmangebots und die Sicherung gleichgewichtiger Vielfalt im privaten Rundfunk zu stellen. Nur wenn der öffentlich-rechtliche Rundfunk die Integrationsaufgabe erfüllt, werden die Spartenprogramme des freien Marktes, die ausschließlich ökonomischen Regularien unterliegen und je nach individuellem Interesse und persönlicher Finanzkraft genutzt werden können, keine Gefahr für die Meinungsfreiheit darstellen.

Dem öffentlich-rechtlichen Rundfunk ist aufgrund seiner Grundversorgungsaufgabe weiterhin die Möglichkeit zu geben, die gesamte Bevölkerung mit seinen Programmen zu erreichen. Der Gesetzgeber hat sich dieser Problematik, die mit dem Entstehen der Gatekeeperpositionen zusammenhängt, wie dargestellt, angenommen.
Durch die Einordnung der öffentlich-rechtlichen Rundfunkprogramme in den Must-Carry-Bereich wird sichergestellt, dass die gesamte Bevölkerung von den Programmen der öffentlich-rechtlichen Rundfunkanbieter weiterhin erreicht wird. Auch den anderen Gatekeeperpositionen ist der Gesetzgeber bereits begegnet. Mit § 53 RfStV wurde eine Regelung geschaffen, die die Zugangsfreiheit für Anbieter von Diensten so regelt, dass allen Veranstaltern zu chancengleichen, angemessenen und nichtdiskriminierenden Bedingungen ein Zugang ermöglicht wird.[659] Hierdurch ist den befürchteten Gefährdungen weitgehend begegnet worden. Allerdings gilt dies nur solange und soweit die rechtlichen Regelungen bestehen.

Die beschriebene Gefahr der Teilung der Gesellschaft erfordert aufgrund des Sozialstaatsprinzips, dass die Grundversorgung durch den öffentlich-rechtlichen Rundfunk weiterhin jedem Bundesbürger garantiert wird. Somit muss zumindest diese Grundversorgung zu sozialverträglichen, angemessenen Preisen angeboten

659 Zum Ganzen siehe *Langenfeld*, WiVerw 2003, S. 134 ff.

und die regionale Erreichbarkeit der öffentlich-rechtlichen Programme sichergestellt werden.

IV. Ergebnis

Als Ergebnis ist festzuhalten, dass der Rundfunk nichts von seiner Breitenwirkung, Aktualität und Suggestivkraft einbüßen wird und seine Sonderrolle auch im digitalen Zeitalter beibehält. Zudem bringt die Digitalisierung erhebliche Gefahren für die Rundfunkfreiheit mit sich. Daher wird es weiterhin die Aufgabe des öffentlich-rechtlichen Rundfunks sein, eine Grundversorgung mit einem Mindestangebot an Programmen mit einer bestimmten Qualität zu angemessenen Preisen zu garantieren, um die freie individuelle und öffentliche Meinungsbildung zu gewährleisten. Die vom Bundesverfassungsgericht entwickelte Konzeption der dienenden Freiheit gilt für die Rundfunkfreiheit fort. Auch künftig dient sie nicht in erster Linie dem Grundrechtsträger, also dem Rundfunkveranstalter und seinen personalen Entfaltungsinteressen, sondern wird primär im Interesse freier individueller und öffentlicher Meinungsbildung gewährleistet.
Zudem ist seine Bedeutung für die Integration des Gemeinwesens in einer zunehmend ausdifferenzierten und individuellen Rundfunklandschaft wichtiger denn je. Der öffentlich-rechtliche Rundfunk muss sich seiner Rolle in der demokratischen Ordnung sowie dem Sozialstaat bewusst sein und diese fördern.
Der öffentlich-rechtliche Rundfunk gehört somit im digitalen Zeitalter mit einer zeitgemäßen Wahrnehmung seines Funktionsauftrages nicht der Vergangenheit sondern der Gegenwart und Zukunft an.

3. Teil: Die Reichweite des Funktionsauftrages

Im vorherigen Kapitel wurde als Ergebnis festgestellt, dass grundsätzlich die Notwendigkeit des Fortbestehens der dualen Rundfunkordnung mit dem Nebeneinander von öffentlich-rechtlichem und privatem Rundfunk besteht. Nun stellt sich die Frage, wie weit die Aufgaben des öffentlich-rechtlichen Rundfunks im Einzelnen reichen.

Im ersten Teil wurde bereits ausgeführt, dass der Aufgabenbereich des öffentlich-rechtlichen Rundfunks durch die Reichweite des Funktionsauftrags bestimmt wird.[660] Die Tätigkeit des öffentlich-rechtlichen Rundfunks ist legitimationsbedürftig. Eine Vernachlässigung der ihm verfassungsrechtlich zugewiesenen Aufgaben sowie eine Ausuferung seiner Tätigkeit läge außerhalb des in Art. 5 Abs. 1 Satz 2 GG vorgegebenen Rahmens und wäre deshalb verfassungswidrig. Bisher ist der Funktionsauftrag jedoch wenig präzise gefasst, weil zur Zeit der Monopolstellung des öffentlich-rechtlichen Rundfunks einer derartigen Präzisierung keine bedeutende rechtliche Abgrenzungsfunktion zukam.[661] Weiterhin gab es keine konkurrierenden privaten Rundfunkanbieter, zu deren Schutz oder Aufgabenabgrenzung eine Konkretisierung nötig gewesen wäre. Zudem waren die Rundfunkgebührenzahler selbst nicht schutzbedürftig, weil die Rundfunkgebühr allein von dem politischen Ermessen der Bundesländer abhing.[662] Außerdem wurde die binnenplurale Aufsicht durch die Rundfunkräte als ausreichendes Mittel angesehen, die Hauptaufgabe des öffentlich-rechtlichen Rundfunks zu sichern.[663] Die allgemeine Aufgabenbeschreibung genügte damals, um das Selbstverständnis der öffentlich-rechtlichen Rundfunkanstalten so zu lenken, dass sie sich auf ihren verfassungsmäßigen Auftrag besannen und ihre Funktionen wahrnahmen.[664]
Zu Beginn des dualen Rundfunksystems wurde der private Rundfunk nicht als ernst zu nehmende Konkurrenz für den öffentlich-rechtlichen Rundfunk erachtet.[665] Der private Rundfunk erhielt seine Legitimation aus der etwas abgeschwächten Funktionsgleichheit zu dem öffentlich-rechtlichen Rundfunk.[666] Zu dieser Zeit wurde eine mögliche Gefährdung der freien individuellen und öffentlichen Meinungsbildung eher von Seiten des privaten Rundfunks als des öffent-

---

660 Siehe 1. Teil C II 2, 3.

661 Vgl. *Lerche*, in: Bullinger/Kübler, Rundfunkorganisation und Kommunikationsfreiheit, S. 90.

662 Vgl. BVerfGE 90, 60 (96 ff.).

663 Vgl. *Lerche*, in: Bullinger/Kübler, Rundfunkorganisation und Kommunikationsfreiheit, S. 49 f.

664 Vgl. *Bullinger*, Die Aufgabe des öffentlichen Rundfunks, S. 37.

665 Sein Entstehen wurde dennoch kritisch betrachtet, siehe 1. Teil A II 2 a).

666 Vgl. *Bullinger*, Die Aufgabe des öffentlichen Rundfunks, S. 38.

lich-rechtlichen Rundfunks gesehen. Zudem wurde der private Rundfunk lediglich als eine publizistische und nicht als eine wirtschaftliche Konkurrenz gesehen.[667]

Die Voraussetzungen haben sich zum gegenwärtigen Zeitpunkt nicht zuletzt durch die Veränderungen der Kommunikations- und Medienwelt geändert, so dass es eine Reihe von Gründen gibt, die eine präzise Bestimmung der Reichweite des Funktionsauftrages erforderlich machen (A). Hieraus erwächst ein Reformbedarf durch den Gesetzgeber. Einer solchen Präzisierung sind jedoch verschiedene Grenzen gesetzt, die bei der Konkretisierung des Funktionsauftrages zu beachten sind (B).

A. Gründe für eine Präzisierung des Funktionsauftrages

Die Gründe, die zum gegenwärtigen Zeitpunkt für eine Präzisierung des Funktionsauftrages sprechen, liegen zum einen im öffentlich-rechtlichen Rundfunk selbst (I) und zum anderen in den grundrechtlich geschützten Interessen Dritter, d.h. der Gebührenzahler (II) und der privaten Konkurrenten (III).

I. Belange des öffentlich-rechtlichen Rundfunks

Die Gründe, die eine Präzisierung aufgrund der Belange des öffentlich-rechtlichen Rundfunks erforderlich machen, lassen sich in drei Gruppen unterteilen: Erstens wird heute teilweise bezweifelt, dass der öffentlich-rechtliche Rundfunk den Funktionsauftrag zum gegenwärtigen Zeitpunkt in verfassungsgemäßer Weise erfüllt (1). Zweitens bestehen Unsicherheiten, welche Tätigkeiten der öffentlich-rechtliche Rundfunk im digitalen Zeitalter ausüben darf (2). Drittens gibt es in Bezug auf den öffentlich-rechtlichen Rundfunk neue Entwicklungen im Bereich des europäischen Gemeinschaftsrechts, die eine Präzisierung erforderlich machen (3).

1. Zweifel an der Erfüllung des Funktionsauftrages

Immer wieder werden, insbesondere von den Vertretern des privaten Rundfunks, Bedenken geäußert, ob der öffentlich-rechtliche Rundfunk zum gegenwärtigen Zeitpunkt seinen Funktionsauftrag in verfassungsgemäßer Weise erfüllt.
Der öffentlich-rechtliche Rundfunk biete zwar grundsätzlich ein vielfältigeres Programm als die privaten Rundfunkanstalten.[668] Allerdings sendeten ARD und

---

667 Vgl. *Bullinger*, Die Aufgabe des öffentlichen Rundfunks, S. 40.

ZDF in den zuschauerstärksten Zeiten, der sogenannten Prime Time, d.h. im Vorabend- und Abendprogramm, fast ausschließlich ein Programm für die breite Masse, das sich nicht wesentlich von dem der privaten Sender unterscheidet. Zu dieser Zeit werden überwiegend Serien, Boulevard-Infotainment, Unterhaltung, Nachrichten und politische Magazine gezeigt. Minderheitenprogramme, die keine ausreichend hohe Quote erlangen, würden aus der Prime Time in die Nacht verschoben, in Spartenprogramme verlegt oder gänzlich aus dem Programm genommen.[669] So wird den öffentlich-rechtlichen Rundfunkanstalten vorgeworfen, dass sie in der wichtigsten Zeit kein Mehr an Vielfalt sondern lediglich ein *more of the same* leisteten.[670]

a) Vielfalt der angebotenen Programme

Aufgabe des öffentlich-rechtlichen Rundfunks ist es, ein vielfältiges und ausgewogenes Programm anzubieten.[671] Diese Aufgabe bezieht sich zum einen auf die Programminhalte und zum anderen auf die Programmformate. Das bedeutet, dass alle denkbaren Themen im öffentlich-rechtlichen Rundfunk aufgenommen und in unterschiedlichen Formen verarbeitet und behandelt werden sollen.

aa) Vollprogramme von ARD und ZDF

Es ist fraglich, ob die öffentlich-rechtlichen Vollprogramme von ARD und ZDF diese Vielfalt in dem von ihnen abgedeckten Themenspektrum aus Information, Bildung, Unterhaltung und Kultur[672] bieten.

Fraglich ist, welch ein Verhältnis zwischen den einzelnen Bereichen vorliegen muss, um die geforderte Vielfalt zu bewirken. Weder dem Grundgesetz noch der Rechtsprechung des Bundesverfassungsgericht sind konkrete Vorgaben bezüglich der Gewichtung dieser Inhalte zu entnehmen. Eine Ansicht vertritt die Auffassung, dass der Funktionsauftrag lediglich dann erfüllt ist, wenn die vier Bereiche ungefähr gleich stark vertreten sind.[673] Für diese Ansicht spricht, dass das Bundesverfassungsgericht keine Abstufung zwischen den einzelnen vier Berei-

---

668 Ausführliche Programmanalyse bei *Brenner*, Zur Gewährleistung des Funktionsauftrages, S. 130 ff.

669 Vgl. *Brenner*, Zur Gewährleistung des Funktionsauftrages, S. 148 ff.

670 Vgl. *Giehl*, Der Wettbewerb zwischen öffentlich-rechtlichen und privaten Rundfunkveranstaltern, S. 88 f.

671 Vgl. *Dörr*, Das für die Medienkonzentration maßgebliche Verfahren, S. 340.

672 Zu den einzelnen Programmgegenständen vgl. 1. Teil C 2 c) bb).

673 Vgl. *Fromm*, Öffentlich-rechtlicher Programmauftrag und Rundfunkföderalismus, S. 77.

chen macht, sondern sie gleichwertig nebeneinander stehen lässt.[674] Zudem tragen alle diese Bereiche zur freien Meinungs- und politischen Willensbildung bei. Die andere Ansicht hält es lediglich für erforderlich, dass jeder Bereich angemessen berücksichtigt wird und verlangt keine Gleichgewichtung.[675] Hierfür spricht, dass der Rundfunk vornehmlich als Medium der Information und Unterhaltung genutzt wird. Es wäre also realitätsfern, einen ungefähren Anteil von 25 % für jeden Bereich zu verlangen, da dies dem Charakter des Rundfunks widersprechen würde. Deshalb ist der zweitgenannten Ansicht zu folgen. Der öffentlich-rechtliche Rundfunk muss also, um dem Vielfaltsgebot zu entsprechen, alle vier Bereiche angemessen berücksichtigen. Fraglich ist, ob das gewährleistet wird.

ARD sendet 43,1 % und das ZDF sogar 48,4 % ihrer Themenbeiträge aus dem Bereich der Information.[676] Ein Großteil der Informationssendungen beschäftigt sich mit aktuellen Tagesinformationen und Nachrichten. Der Anteil der Kultur- und Wissenschaftssendungen liegt bei ungefähr 10 %.[677] Ein Reihe von bedeutenden Themenfeldern werden vom öffentlich-rechtlichen Rundfunk fast gar nicht abgedeckt, wie beispielsweise Architektur, Biologie, Philosophie oder darstellende Kunst.[678] Aber auch weniger intellektuelle Bereiche, die in den Printmedien erstaunliche Erfolge erzielen, wie Mode, Wohnen, Fitness, Auto, Reisen und Musik werden im öffentlich-rechtlichen Fernsehen kaum aufgegriffen, obwohl einiges dafür spricht, dass sie eine Vielzahl von Zuschauern ansprechen würden.[679] Um die geforderte Vielfalt darzustellen, müsste der öffentlich-rechtliche Rundfunk auch diese Themenfelder besetzen und dafür Programminhalte verringern oder aufgeben, die sich im öffentlich-rechtlichen Fernsehen und im privaten Fernsehen lediglich wiederholen und nicht zur Vielfaltsbildung beitragen. Ein Anteil von 10 % bei Kultur- und Wissenssendungen erscheint eher gering. Dieser Anteil könnte jedoch als angemessen zu bezeichnen sein, wenn es gewichtige Gründe hierfür gibt.

Ein solcher Grund könnte in einer Konkurrenzsituation zum privaten Rundfunk liegen. Der öffentlich-rechtliche Rundfunk steht im Rahmen der dualen Rundfunkordnung mit den privaten Rundfunkanbietern nicht nur in einem publizistischen, sondern aufgrund der teilweisen Werbefinanzierung auch in einem wirtschaftlichen Wettbewerb. Im Laufe der letzten 20 Jahre haben private Anbieter

---

674 Siehe 1. Teil C 2 c).

675 Vgl. *Brenner*, Zur Gewährleistung des Funktionsauftrages, S. 218.

676 Vgl. *Krüger*, Media Perspektiven 2004, S. 194 (199).

677 Vgl. *Krüger*, Media Perspektiven 2004, S. 194 (202 ff.); *Dubrau/Oehmichen/Erk*, Media Perspektiven 2000, S. 50 (53).

678 Vgl. *Brenner*, Zur Gewährleistung des Funktionsauftrages, S. 217.

679 Vgl. *Brenner*, Zur Gewährleistung des Funktionsauftrages, S. 217.

dem öffentlich-rechtlichen Rundfunk in einem beträchtlichen Maße Publikum und Werbeeinnahmen streitig gemacht.[680] Obwohl der private Rundfunk durch zahlreiche öffentliche Bindungen reglementiert wurde und von der Gebührenfinanzierung von Beginn an ausgeschlossen war, haben sich einige marktmächtige Anbieter mit einem publikumswirksamen Programm wie RTL, Sat 1 und PRO 7 herausgebildet. Aufgrund dieser Konkurrenzsituation zu den Privaten ist auch bei den öffentlich-rechtlichen Rundfunkanstalten die Quote ein wichtiges Kriterium für die Programmauswahl geworden.[681] Dies wird vom öffentlich-rechtlichen Rundfunk zum einen damit gerechtfertigt, dass er seine Daseinsberechtigung verliere, wenn sein Programm nicht von einem hinreichenden Teil der Bevölkerung gesehen würde, da es seine Aufgabe ist, alle Bürger anzusprechen und so auch ein Programm für die breite Masse zu veranstalten.[682] Mit ihrem Programmangebot würden sie nur dem Willen der Bevölkerung folgen. Die Gebührenfinanzierung durch „jedermann" sei nicht zu rechtfertigen, wenn das Programm nur einen kleinen Teil der Bevölkerung anspreche.[683]
Diese Argumentation ist m.E. richtig, zumal der öffentlich-rechtliche Rundfunk seiner Integrations- und Forumsfunktion nur entsprechen kann, wenn er seinen Schwerpunkt auf Bereiche legt, die von einem Großteil des Publikums nachgefragt werden. Aus diesem Grunde erscheint eine Gewichtung von 40-50 % Unterhaltung und 10 % Kultur und Wissenschaft ein angemessenes Verhältnis darzustellen. Dies ist auch vor dem Hintergrund zu sehen, dass die Bereiche, wie bereits dargestellt wurde, auch ineinander greifen und nicht immer strikt zu trennen sind.

Fraglich ist jedoch, ob aufgrund der Auslagerung insbesondere der Bereiche Bildung und Kultur, noch von einer angemessenen Berücksichtigung aller Interessen gesprochen werden kann. ARD und ZDF sind Vollprogramme. Hieraus ergibt sich die Verpflichtung, Programme für die gesamte Bevölkerung anzubieten und alle Publikumsinteressen zu berücksichtigen. Zudem stellen die Geschichte, die Kultur und die Werte der Gesellschaft die Basis des Staates dar, die insbesondere durch Kultur und Bildung vermittelt werden. Daher ist es von grundlegender Bedeutung für Staat und Gesellschaft, dass Bildungs- und Kulturprogramme im öffentlich-rechtlichen Fernsehen gezeigt werden. Aufgrund der Auslagerung dieser Bereiche aus dem Vollprogramm in Spartenprogramme, beziehungsweise der Verlagerung in die Randzeiten ist eine Ausgewogenheit des Programms zumindest anzuzweifeln. Der Einwand, dass die öffentlich-rechtlichen Rundfunkanstalten eine gewisse Quote erreichen müssen, kann hier m.E. nicht gelten, zumal die öffentlich-rechtlichen Rundfunkanstalten dazu auf-

---

680 Vgl. *Hamm* (Hrsg.), Bericht zur Lage des Fernsehens, S. 40 f.
681 Vgl. *Ukrow*, WiVerw 2003, S. 160 (160).
682 Vgl. *Ukrow*, WiVerw 2003, S. 160 (160).
683 Vgl. *Ukrow*, WiVerw 2003, S. 160 (161); *Hesse*, Rundfunkrecht, 4.13.

gerufen sind, alle Themen so innovativ und fernsehgerecht aufzubereiten, dass möglichst viele Zuschauer angesprochen werden. Insofern muss ein Mehr an Bildungs- und Kulturprogrammen nicht bedeuten, dass die öffentlich-rechtlichen Rundfunkanstalten geringe Einschaltquoten in Kauf nehmen müssen. Daher bestehen m.E. berechtigte Zweifel, dass ARD und ZDF zur Zeit ihren Funktionsauftrag vollständig in verfassungsmäßiger Weise erfüllen.

bb) Regionalbezug der Dritten Programme

Weitere Zweifel bezüglich der Erfüllung des Funktionsauftrags durch den öffentlich-rechtlichen Rundfunk bestehen zum gegenwärtigen Zeitpunkt bezüglich der Auftragserfüllung durch die Dritten Fernsehprogramme der ARD-Anstalten. Die Dritten Fernsehprogramme übernehmen einen Teil des Funktionsauftrages. Wesentliche Komponente ihres Auftrages ist es, ein Landesprogramm zu senden. Das heißt, ihr Programm unterscheidet sich von den anderen national verbreiteten öffentlich-rechtlichen Vollprogrammen dadurch, dass sie landesbezogene Sendungen übertragen.[684] Dadurch erhöhen die Dritten Programme die Vielfalt im Rundfunk und kompensieren Aspekte, die die anderen öffentlich-rechtlichen Rundfunkanstalten nicht abdecken. Dies stellt die Basis ihrer Legitimation dar. Im Umkehrschluss ist es ihnen untersagt, ihr Programm zu einem ausschließlich nationalen Vollprogramm auszubauen.[685] Sie müssen vielmehr zur Vielfalt im Rundfunk beitragen und sich inhaltlich von den anderen Programmen durch den Landesbezug unterscheiden.[686]

Fraglich ist, ob die Dritten Programme diesem Auftrag zum gegenwärtigen Zeitpunkt nachkommen. Aufgrund der Kabel- und Satellitentechnik ist es bereits seit einiger Zeit möglich, die Dritten Rundfunkprogramme nicht nur landesweit sondern bundesweit auszustrahlen, was auch geschieht. Die Rundfunkanstalten haben zum Teil aufgrund des Publikumswechsels auch ihr Programm geändert. So ist heute nur noch ein geringer Anteil der Sendungen der Dritten Programme tatsächlich landesspezifisch.[687] Ein Großteil der Sendungen sind auswechselbare Programme. Damit entwickeln sich die Dritten Programme zu einem „Ersten Programm“. Durch die technischen Veränderungen hat sich jedoch der Auftrag der öffentlich-rechtlichen Rundfunkanstalten nicht geändert. Neun „Erste Programme“ würden nicht dem Funktionsauftrag entsprechen.

---

684 Vgl. *Ricker*, ZUM 1998, S. 181 (181 f.).

685 Vgl. *Pukall*, Meinungsvielfalt im Rundfunk, S. 75; *Selmer*, Bestand- und Entwicklungsgarantien, S. 84.

686 Vgl. *Brenner*, Zur Gewährleistung des Funktionsauftrages, S. 229.

687 Beispielsweise die Landesnachrichten und Sendungen wie „Unterwegs in Hessen“ oder das „Niedersachsenquiz“.

Diese aufgezeigte Tendenz der Rundfunkanstalten, weniger Sendungen mit Landesbezug zu senden, verdeutlicht einen Verlust an Vielfalt im öffentlich-rechtlichen Rundfunk.

cc) Vielfalt innerhalb der einzelnen Sparten

Ein Vielfaltsdefizit könnte ebenfalls aufgrund einer mangelnden Ausgewogenheit innerhalb der einzelnen Sparten vorliegen. Der öffentlich-rechtliche Rundfunk ist auch innerhalb der einzelnen Sparten verpflichtet, eine größtmögliche Vielfalt zu erzielen. Es ist fraglich, ob der öffentlich-rechtliche Rundfunk diesem Gebot in allen Bereichen nachkommt.
Im Bereich der Sportübertragung wird beispielsweise ein besonderes Augenmerk auf einige wenige massenattraktive Sportarten gelegt, wie Fußball, Formel 1 und Boxen sowie auf große Sportereignisse, wie Olympische Spiele und Welt- und Europameisterschaften. Ein erheblicher Teil der Rundfunkgebühren wird dafür verwandt.[688] Andere Sportarten hingegen werden weitgehend vernachlässigt.
Ein ähnliches Phänomen findet im Bereich der Unterhaltungsmusik statt. Hier wird überwiegend Volksmusik gesendet und andere Musikrichtungen, wie Jazz, Soul, Pop oder Rock bleiben eher unberücksichtigt.[689] Somit ist auch die Ausgewogenheit innerhalb der Sparten anzuzweifeln und damit wiederum die Vielfalt im öffentlich-rechtlichen Rundfunk.

dd) Ergebnis bezüglich der Vielfaltsanforderungen

Sowohl bezüglich der Programminhalte als auch der Programmformate der öffentlich-rechtlichen Rundfunkanstalten sind Zweifel deutlich geworden, ob der öffentlich-rechtliche Rundfunk ein vielfältiges und ausgewogenes Programm anbietet. Dies liegt insbesondere an der Auslagerung von Kultur- und Bildungsprogrammen in Spartenkanäle oder Randzeiten oder die Herausnahme aus dem Programm.

b) Qualität der angebotenen Programme

Weiterhin soll geprüft werden, ob die öffentlich-rechtlichen Rundfunkanstalten den Anforderungen genügen, Qualitätsstandards zu setzen und ein Höchstmaß an Professionalität, Seriosität und Niveau sicherzustellen.[690] Um dies festzustel-

[688] Vgl. bspw. epd medien 11/2004, S. 15 f.
[689] Vgl. *Dubrau/Oehmichen/Erk*, Media Perspektiven 2000, S. 50 (53).
[690] Siehe 1. Teil C II 3 c); vgl. *Hamm* (Hrsg.), Fernsehen auf dem Prüfstand, S. 21.

len, ist zunächst der Maßstab festzulegen, an dem die Erfüllung dieser Aufgabe zu messen ist.

Als Maßstab könnten möglicherweise das Programm und die Angebote des privaten Rundfunks in Betracht kommen. Im dualen System stehen öffentlich-rechtlicher und privater Rundfunk unabhängig nebeneinander. Die Aufgaben und die Finanzierung der beiden unterscheiden sich erheblich voneinander.[691] Zwar besteht ein Wettbewerb um die Gunst der Zuschauer, die Daseinsberechtigung des öffentlich-rechtlichen Rundfunks hängt jedoch nicht primär von der Gunst der Zuschauer sondern von der Erfüllung des Funktionsauftrages ab.[692] Daher kann aufgrund der unterschiedlichen Aufgabe und Konzeption von öffentlich-rechtlichem und privatem Rundfunk der private Rundfunk nicht als Maßstab zur Überprüfung der Qualität der öffentlich-rechtlichen Rundfunkanstalten herangezogen werden.
Der Maßstab ist somit vielmehr anhand des Auftrags des öffentlich-rechtlichen Rundfunks zu bestimmen. Er muss danach streben, ein Höchstmaß an Qualität und Vielfalt zu erreichen, um so seinen verfassungsmäßigen Auftrag bestmöglich zu erfüllen.[693] Da ein Höchstmaß nicht erreichbar sein wird, müssen die Verantwortlichen des öffentlich-rechtlichen Rundfunks zumindest ständig danach streben.[694]
Konkret bedeutet dies, dass der öffentlich-rechtliche Rundfunk zwar auch Sendungen mit einem weniger hohen Niveau anbieten darf. So kann er jede Programmform und jeden Programminhalt zeigen, nur dabei sollen Qualitätsstandards gesetzt werden.[695] Der öffentlich-rechtliche Rundfunk darf nicht der Gefahr erliegen, dass er das Programmniveau senkt und/ oder massenwirksame Programmrezepte der Privaten imitiert, um seine Quote und Werbeeinnahmen zu verbessern, und so die Gefahr entsteht, dass er seinen Funktionsauftrag nicht mehr in verfassungsgemäßer Weise erfüllt.

Der öffentlich-rechtliche Rundfunk muss daher den Wettbewerb mit den privaten Rundfunkanstalten zumindest teilweise über die Qualität seines Gesamtprogramms führen und nicht durch eine Beschränkung auf die massenattraktiven Aufgabenfelder, die der private Rundfunk belegt.[696]

---

691 Siehe 1. Teil II 1 a).
692 Vgl. *Brenner*, Zur Gewährleistung des Funktionsauftrages, S. 223.
693 Vgl. *Hesse*, Rundfunkrecht, 4.8; *Brenner*, Zur Gewährleistung des Funktionsauftrages, S. 223.
694 Vgl. *Hesse*, Rundfunkrecht, 4.8 ff.
695 Vgl. *Brenner*, Zur Gewährleistung des Funktionsauftrages, S. 223.
696 Vgl. BVerfGE 74, 297 (332).

Im öffentlich-rechtlichen Rundfunk ist jedoch eine zunehmende Boulevardisierung der Prime Time zu erkennen. Insbesondere in dieser Zeit hat sich der öffentlich-rechtliche Rundfunk vermehrt den Programmformaten der privaten Konkurrenten angenähert.[697] Hierin ist ein Qualitätsverlust zu sehen. Zudem ist die Anzahl an Wiederholungen im öffentlich-rechtlichen Fernsehen beträchtlich gestiegen.[698] Weiterhin ist zu bemängeln, dass häufig zur selben Zeit in den verschieden öffentlich-rechtlichen Programmen die gleichen Programmformate gesendet werden. Dadurch trägt das einzelne Programm nicht zu einem Mehr an Vielfalt bei. Aus diesen Gründen bestehen Zweifel, ob der öffentlich-rechtliche Rundfunk die Qualitätsstandards in dem Maße setzt, wie es von ihm gefordert wird.

c) Stellungnahme zur Vielfalt und der Qualität der angebotenen Programme

Trotz der höheren Anzahl an öffentlich-rechtlichen Rundfunkprogrammen und der Finanzierung aus Rundfunkgebühren ist der Marktanteil der öffentlich-rechtlichen Programme gesunken.[699] Die Programminhalte konnten trotz der Verspartung nicht erhöht werden. Im Gegenteil nähern sich gerade die öffentlich-rechtlichen Vollprogramme von ARD und ZDF immer mehr der privaten Konkurrenz an und entsprechen deshalb nicht den Vielfaltsanforderungen. Rundfunkprogramme ohne eine große Massenattraktivität werden in unattraktive Sendezeiten gedrängt oder gänzlich aus dem Programm genommen.

Das Programmangebot der öffentlich-rechtlichen Sender ist m.E. insgesamt trotz der beschriebenen Mängel als sehr groß zu bezeichnen, nicht jedoch in allen Bereichen als ausgewogen und vielfältig, da insbesondere die wichtigen Bereiche Kultur und Bildung in den Vollprogrammen von ARD und ZDF vernachlässigt werden. Das öffentlich-rechtliche Fernsehen bietet insofern zwar mehr Programme, aber nicht mehr Programm.

Ebenso ist die Tendenz der Dritten Programme deutlich geworden, nicht in einem ausreichenden Umfang regionale Sendungen zu veranstalten und deshalb ihren Funktionsauftrag nicht in verfassungsmäßiger Weise zu erfüllen. Insbesondere aufgrund der teilweisen Anpassung der Programme an die Angebote der privaten Konkurrenz bestehen auch Zweifel an der Erfüllung der qualitativen Anforderungen.

Ein wesentlicher Grund für die Bedenken an der verfassungsmäßigen Erfüllung des Funktionsauftrages liegen in seiner unpräzisen Form. Bei einer präzisen

---

697 Vgl. *Giehl*, Der Wettbewerb zwischen öffentlich-rechtlichen und privaten Rundfunkveranstaltern, S. 88 f.; *Schwarzkopf*, Media Perspektiven 1990, S. 681 (683).

698 Vgl. *Brenner*, Zur Gewährleistung des Funktionsauftrages, S. 223.

699 Vgl. *Krüger*, Media Perspektiven 1999, S. 322 (325).

Form des Auftrags lassen sich eventuelle Mängel exakt bezeichnen und beheben. Insofern folgt aus einer Präzisierung mehr Sicherheit für die Beteiligten. Der öffentlich-rechtliche Rundfunk kann sein besonderes Profil klar herausstellen und so seinen verfassungsrechtlichen Auftrag betonen. Dies erhöht seine Akzeptanz und sichert seine Legitimation.

d) Mangelhaftes Kontrollsystem des öffentlich-rechtlichen Rundfunkanstalten

Durch die interne Organisation der öffentlich-rechtlichen Rundfunkanstalten muss gewährleistet sein, dass im Programm alle gesellschaftlich relevanten Meinungen zum Ausdruck kommen. Die hierzu notwendigen verfahrensrechtlichen und organisatorischen Regelungen müssen aufgrund ihrer Grundrechtsrelevanz in einem Gesetz getroffen werden. Deshalb finden sich in den Rundfunkgesetzen insbesondere Regelungen bezüglich der Art und Zusammensetzung der Rundfunkorgane. Die anstaltsinternen Gremien sind verpflichtet, die Pluralität zu sichern.
Problematisch ist angesichts der soeben dargestellten Mängel hinsichtlich der Vielfalt und Qualität der öffentlich-rechtlichen Programme, ob die Gremien ihrer Aufgabe überhaupt gerecht werden. Insofern sollen folgend die Organe, die mit der Programmgestaltung und -kontrolle betraut sind, näher betrachtet werden (aa). Anschließend soll eine Erklärung für die entstandenen Mängel gefunden werden (bb).

aa) Interne Organisation der öffentlich-rechtlichen Rundfunkanstalt

Der Rundfunkrat[700] (1) und der Intendant der Rundfunkanstalt (2) sind diejenigen Organe, die mit der Programmkontrolle und -gestaltung betraut sind.

(1) Der Rundfunkrat

Der Rundfunkrat ist das höchste Organ der Anstalt. Er vertritt die Interessen der Allgemeinheit auf dem Gebiet des Rundfunks.[701] Darin kommt die besondere öffentliche Verantwortung des Rundfunks zum Ausdruck. Durch die Existenz und die Zusammensetzung des Rundfunkrates soll gewährleistet werden, dass

---

700 Beim DLR und der DW heißt dieser Hörfunkrat und beim ZDF Fernsehrat.

701 Vgl. Art. 6 Abs. 1 BayRFG; § 5 Abs. 1 HR-Gesetz; § 20 Abs. 1 MDR-StV; § 18 Abs. 1 NDR-StV; § 11 Abs. 1 RBG; § 28 Abs. 1 SMG; § 15 Abs. 1 SWR-StV; § 16 Abs. 1 WDR-Gesetz; § 32 Abs. 1 Satz 1 DWG.

die gesamte Meinungsvielfalt im Rundfunk zur Geltung gebracht wird.[702] Seine Aufgabe ist es nicht, den Prozess der Meinungsbildung in eine bestimmte Richtung zu lenken. Vielmehr geht es darum, diesen Prozess offen zu halten und dadurch die Meinungsvielfalt zu sichern.[703] Deshalb setzt sich der Rundfunkrat als binnenplurales Organ neben Vertretern des Staates aus Repräsentanten der weltanschaulichen und gesellschaftlichen Gruppen zusammen, wie beispielsweise aus Wirtschaft, Kultur, Bildung, Wissenschaft, Sport und Kirche.[704]

Die Kompetenzen des Rundfunkrates erstrecken sich auf die gesamte Anstaltstätigkeit, wobei der Schwerpunkt in den Bereichen Programm, Personal und Haushalt liegt.[705] Vorliegend ist der Bereich Programm von besonderem Interesse. Im Rahmen der Programmangelegenheiten kann der Rundfunkrat unmittelbar als „Stimme der Allgemeinheit" auftreten.[706] Dies erfolgt in der Regel durch die Beratung des Intendanten, durch eine Überwachung der gesetzlichen Programmregelungen und den Erlass von Programmrichtlinien.[707]

(2) Der Intendant

Der Intendant wird vom Rundfunkrat für einen bestimmten Zeitraum gewählt[708] und vertritt die Rundfunkanstalt im Rechtsverkehr[709]. Er leitet die Rundfunkanstalt und trägt die Programmverantwortung, insbesondere dafür, dass das Pro-

---

702 Vgl. *Lerche*, in: Bullinger/Kübler, Rundfunkorganisation und Kommunikationsfreiheit, S. 68 ff.

703 Vgl. BVerfGE 60, 53 (66); BVerfG, RuF 1982, S. 535.

704 Vgl. *Hesse*, Rundfunkrecht, 4.71.

705 Vgl. *Gersdorf*, Grundzüge des Rundfunkrechts, Rn. 334.

706 Vgl. *Gersdorf*, Grundzüge des Rundfunkrechts, Rn. 335.

707 Vgl. Art. 6 Abs. 1 Satz 2 BayRfG; § 9 HR-Gesetz; § 20 Abs. 1, 2, 4 MDR-StV; § 18 Abs. 1-3 NDR-StV; § 10 RBG; § 28 Abs. 1-3 SMG; § 15 Abs. 1-3 SWR-StV; § 16 Abs. 2-4 WDR-Gesetz; § 20 Abs. 1 ZDF-StV; § 20 Abs. 1 DLR-StV; § 31 Abs. 1-3 DWG.

708 Vgl. Art. 12 Abs. 1 BayRFG; § 16 Abs. 1 HR-Gesetz; § 30 Abs. 1 MDR-StV; § 29 Abs. 3 NDR-StV; § 15 Abs. 1 RBG; § 22 Abs. 1 Satz 1 RBB-StV; § 35 Abs. 2 SMG; § 26 Abs. 1 SWR-StV; § 24 Abs. 1 Satz 1 WDR-Gesetz; § 26 Abs. 1 Satz 1 ZDF-StV; § 26 Abs. 1 Satz 1 DLR-StV; § 40 Abs. 1 Satz 1 DWG.

709 Vgl. Art. 12 Abs. 3 BayRFG; § 16 Abs. 2 HR-Gesetz; § 29 Abs. 3 MDR-StV; § 29 Abs. 3 NDR-StV; § 16 Abs. 1 RBG; § 21 Abs. 2 RBB-StV; § 34 Abs. 1 SMG; § 25 Abs. 3 SWR-StV; § 25 Abs. 2 WDR-Gesetz; § 27 Abs. 1 S. 1 ZDF-StV; § 27 Abs. 1 S. 1 DLR-StV; § 42 Abs. 2 DWG.

gramm den gesetzlichen Anforderungen entspricht.[710] Er repräsentiert also die Rundfunkanstalt und ist ihr Exekutivorgan.
Der Intendant handelt hinsichtlich der Programmgestaltung überwiegend frei.[711] Allerdings ergeben sich verschiedene Beschränkungen und Bindungen durch die Kontrolle und das Zusammenwirken mit den Aufsichtsgremien, hier dem Rundfunkrat.

bb) Kontrollbefugnisse

Wesentliche Aufgabe und Tätigkeit des Rundfunkrates ist die Überwachung der Rundfunkanstalt und die Kontrolle der Programmgestaltung. Der Rundfunkrat hat keine Kompetenz hinsichtlich der Programmgestaltung selbst, denn diese steht ausschließlich dem Intendanten zu.[712] Er kann also nicht unmittelbar in das Programm eingreifen, sondern muss sich mit seinen Programmvorstellungen und Beanstandungen an den Intendanten wenden.
Das Überprüfungsrecht erstreckt sich ausschließlich auf Verstöße gegen Rechtspflichten, die sich aus der Verfassung, den allgemeinen Gesetzen, den Programmrichtlinien und dem spezifischen Rundfunkrecht ergeben. Es erfolgt keine Zweckmäßigkeits- oder Angemessenheitskontrolle.[713] Der Rundfunkrat ist entsprechend seines Beratungsrechts, vom Intendanten zu informieren. Das Beratungsergebnis ist rein rechtlich gesehen nicht verbindlich.[714]

Fraglich ist, welche Folgen die Beanstandungen des Rundfunkrates haben. Grundsätzlich sind keine Rechtsfolgen an derartige Beanstandungen geknüpft, es sei denn, dies ist ausdrücklich in den Gesetzen geregelt. Durchgreifendstes Machtmittel ist die vorzeitige Abberufung des Intendanten aus seinem Amt.[715]
Weiterhin fraglich ist, ob der Rundfunkrat zu einer präventiven Kontrolle einzelner Sendungen berechtigt ist. Diese Möglichkeit ist in einigen Rundfunkge-

---

710 Vgl. Art. 12 Abs. 2 BayRFG; § 16 Abs. 3 HR-Gesetz; § 29 Abs. 1 S. 1 MDR-StV; § 29 Abs. 1 S. 1 NDR-StV; § 16 Abs. 1 RBG; § 21 Abs. 1 RBB-StV; § 35 Abs. 1 SMG; § 25 Abs. 1 SWR-StV; § 25 Abs. 1 WDR-Gesetz; § 27 Abs. 1 S. 2 ZDF-StV; § 27 Abs. 1 S. 2 DLR-StV; § 42 Abs. 1 DWG.

711 Vgl. *Hesse*, Rundfunkrecht, 4.68 ff.

712 Siehe 3. Teil A I 1 d) aa).

713 Vgl. *Ricker/Müller-Malm*, Die Kompetenzen der Rundfunkräte im Programmbereich, S. 23 f.

714 Vgl. *Ricker/Müller-Malm*, Die Kompetenzen der Rundfunkräte im Programmbereich, S. 24, 42 f.

715 Vgl. *Ricker/Müller-Malm*, Die Kompetenzen der Rundfunkräte im Programmbereich, S. 44; *Degenhart*, ZUM 1997, S. 153 (158).

setzen ausdrücklich ausgeschlossen.[716] In den Fällen, in denen keine ausdrückliche Regelung getroffen ist, ist die grundsätzliche Zuständigkeitsverteilung maßgeblich.[717] Das bedeutet, dass der Intendant für die Programmgestaltung und der Rundfunkrat für die Programmkontrolle zuständig ist. Damit ist eine präventive Kontrolle durch den Rundfunkrat nicht möglich.

Aufgrund der Mängel, die sich in der Realität ergeben haben, stellt sich die Frage, ob die Kontrolle durch den Rundfunkrat effizient genug ist, um die Rundfunkfreiheit zu gewährleisten. Es gibt eine Reihe von Gründen, die gegen eine effektive Kontrolle sprechen:
Die Rundfunkräte sind mit teilweise über 70 Mitgliedern[718] viel zu groß, um effektiv zu handeln.[719] Die Sitzungen finden nur relativ selten statt, so dass eine intensive Beschäftigung mit der Materie nicht möglich ist.[720] Weiterhin kann der Rundfunkrat, wie gezeigt, im präventiven Bereich nur unverbindliche Beschlüsse fassen. Er hat zwar eine Beratungs- und Überwachungsfunktion, aber keinen effektiven Einfluss auf die Programmgestaltung, so dass man lediglich von einer mittelbaren Wirkungsweise sprechen kann.[721] Dem Einwand, dass die Kontrolle des Rundfunkrates allein durch seine bloße Existenz eine nicht zu unterschätzende Wirkung entfaltet[722], ist entgegenzuhalten, dass selbst das Bundesverfassungsgericht dem Rundfunkrat als binnenpluralistisch zusammengesetzten Gremium keine hinreichende Sicherheit für die Einhaltung des Funktionsauftrages zuspricht.[723] Ansonsten hätte das Gericht bei der Finanzierung des öffentlich-rechtlichen Rundfunks kein weiteres Verfahren durch die KEF für erforderlich gehalten, um die Tätigkeit der Anstalten auf das „Funktionsnotwendige" zu beschränken.[724] Selbst die Gremienmitglieder schätzen ihre Kontrolle zwar im Einzelfall als effektiv ein, die Kontrollierbarkeit der Anstalten halten sie jedoch für fraglich.[725]

---

716 Vgl. § 18 Abs. 2 Satz 3 NDR-StV; § 16 Abs. 4 Satz 3 WDR-StV; differenzierend nach der Evidenz § 32 Abs. 2 Satz 4 DWG.

717 Vgl. *Gersdorf*, Grundzüge des Rundfunkrechts, Rn. 336.

718 So hat beispielsweise der Rundfunkrat des ZDF 77, der des SWR 74 und der des NDR 58 Mitglieder.

719 Vgl. *Degenhart*, ZUM 1997, S. 153 (159).

720 Vgl. § 6 Abs. 1 HR-Gesetz; § 29 Abs. 1 SMG; Art. 5 Abs. 1 NDR-StV; vgl. auch *Ory*, Freiheit der Massenkommunikation, S. 182; *Ossenbühl*, DÖV 1977, S. 381 (385).

721 Vgl. *Böckenförde/Wieland*, AfP 1982, S. 77 (84); *Brenner*, Zur Gewährleistung des Funktionsauftrages, S. 251.

722 Vgl. *Hesse*, Rundfunkrecht, 4.83.

723 Vgl. BVerfGE 87, 181 (202); 90, 60 (92); *Bullinger*, Die Aufgaben des öffentlichen Rundfunks, S. 20.

724 Vgl. BVerfGE 90, 60 (97 ff.).

725 Vgl. *Kepplinger*, Der Einfluss der Rundfunkräte auf die Programmgestaltung, S. 488 f.

cc) Stellungnahme

Aus den vorangegangen Ausführungen ist deutlich geworden, dass der Rundfunkrat aufgrund seiner eingeschränkten Kontrollmöglichkeiten und seines Aufbaus keine ausreichende Gewähr für die Einhaltung des Funktionsauftrages geben kann.
Fraglich ist, wie dieses Problem gelöst werden kann. Aufgrund der Tatsache, dass der Intendant die alleinige Programmverantwortung trägt, ist die notwendige Konsequenz seine alleinige Entscheidungsbefugnis, die nur durch gesetzliche Regelungen und nicht durch andere Organe beschränkt wird.[726] Denn nur bei einem hinreichenden Einfluss auf das Programm kann der Intendant seine Programmverantwortung wahrnehmen. Daher kann die Gewichtung bezüglich des Einflusses auf das Programm nicht geändert werden, ohne das Gesamtsystem des Binnenpluralismus des öffentlich-rechtlichen Rundfunks zu ändern.
Eine Lösung könnte jedoch die Präzisierung des Funktionsauftrags darstellen. Dem Rundfunkrat wird damit ein kontrollfähiger Maßstab an die Hand gegeben. Er kann so seine Kontrollfunktion effektiver wahrnehmen. Dies trägt zur Einhaltung des Funktionsauftrags bei. Denn auf diesem Wege kann Defiziten im Programm vorgebeugt werden und schon eingetretene Mängel können klar benannt und behoben werden.

2. Veränderungen der Kommunikations- und Medienwelt

Für eine Präzisierung könnten auch die im 2. Teil dargestellten Veränderungen der Kommunikations- und Medienwelt sprechen. Gerade in diesem Zusammenhang wird das Problem relevant, wie weit die Aufgaben reichen, die der öffentlich-rechtliche Rundfunk wahrnehmen darf. Anhand von zwei Beispielen soll diese Problematik verdeutlicht werden: den Online-Angeboten (a) und dem Angebot von Spartenprogrammen (b).

a) Online-Angebote

Zunächst ist zu klären, ob Online-Angebote überhaupt von öffentlich-rechtlichen Rundfunkanstalten veranstaltet werden dürfen. Das Bundesverfassungsgericht ist in der fünften und sechsten Rundfunkentscheidung auf die Zulässigkeit neuer Dienste eingegangen. In der fünften Entscheidung wurden diese sogenannten rundfunkähnlichen Dienste zwar noch nicht der Grundversorgung zugerechnet, allerdings bestand nach Auffassung des Bundesverfassungsgerichts dennoch die Notwendigkeit, dass der öffentlich-rechtliche Rundfunk sich den

[726] Vgl. *Gersdorf*, Grundzüge des Rundfunkrechts, Rn. 346.

Veränderungen anpassen könne und wies auf den Beitrag der von den Rundfunkanstalten angebotenen Dienste zur Breite und Vielfalt des Angebots sowie das Entstehen publizistischer Konkurrenz hin.[727] Vor dem Hintergrund der raschen technischen Entwicklung erkannte das Bundesverfassungsgericht in der 6. Rundfunkentscheidung, dass rundfunkähnliche Kommunikationsdienste künftig Funktionen des herkömmlichen Rundfunks übernehmen könnten und sich der öffentlich-rechtliche Rundfunk dieser veränderten Position gegebenenfalls anpassen müsse, um seinen verfassungsmäßigen Auftrag auch weiterhin zu erfüllen.[728] Somit darf der öffentlich-rechtliche Rundfunk grundsätzlich Online-Angebote veranstalten.

Zumindest seit dem Beginn dieses Jahrhunderts ist die Bedeutung des Internets soweit gestiegen, dass es zu einem wichtigen Faktor der Meinungsbildung geworden ist. Anhand der Nutzerzahlen ist zu erkennen, dass das Internet bereits jetzt ein fester Bestandteil des Kommunikations- und Mediensystems ist.[729] 2004 nutzten 55,3 % der Deutschen das Internet.[730] Insbesondere werden Dienste nachgefragt, die den Zugang zu anderen Angeboten vermitteln (Suchmaschinen, Portale), publizistische Angebote (etwa Online-Zeitungen, Webcasting) und Inhalte mit einer hohen Suggestivkraft (bspw. Online-Spiele).[731] Diese vermehrte Online-Nutzung hat Auswirkungen auf die gesamte öffentliche Kommunikation. Aufgrund der Bedeutung der Internetangebote für die öffentliche und individuelle Meinungsbildung ist es erforderlich, dass der Gesetzgeber entsprechend seines verfassungsrechtlichen Gewährleistungsauftrags auch den Online-Bereich in die Ausgestaltung des Funktionsauftrages mit einbezieht.

Die Frage, welche Aufgaben die öffentlich-rechtlichen Rundfunkanstalten im Internet erfüllen können, ist sehr umstritten. Es wird die Auffassung vertreten, dass eine Ausweitung des Funktionsauftrages der öffentlich-rechtlichen Rundfunkanstalten auf Online-Angebote nur dann möglich sei, wenn die Dienste ein funktionales Äquivalent zum klassischen Rundfunk darstellten, d.h. sich das Nutzerverhalten und die Nutzererwartungen mit denen des klassischen Rundfunks zumindest teilweise deckten.[732] Ein eigenständiges „nicht-kommerzielles

---

727 Siehe 1. Teil B III 5 und BVerfGE 74, 297 (354).

728 Siehe 1. Teil B III 6 und BVerfGE 83, 238 (302 f.).

729 1997 waren lediglich 6,5 % der Deutschen online. Dies steigerte sich kontinuierlich: 1998 10,4 %, 1999 17,7 %, 2000 28,6 %, 2001 38,8 %, 2002 44,1 %, 2003 53,5%. Vgl. *van Eimeren/Gerhard/Frees*, Media Perspektiven 2004, S. 350 (351).

730 Vgl. *van Eimeren/Gerhard/Frees*, Media Perspektiven 2004, S. 350 (351).

731 Vgl. *Schulz/Held/Kops*, Perspektiven der Gewährleistung öffentlicher Kommunikation, S. 82.

732 Vgl. *Degenhart*, Der Funktionsauftrag des öffentlich-rechtlichen Rundfunks in der „Digitalen Welt“, S. 65.

Widerlager"[733] sei im Internet nicht erforderlich,[734] da sich die Vielfalt bereits durch die Vielzahl der Angebote und Anbieter einstellen würde.[735] Zudem wird angeführt, dass die Segmentierung und Ausdifferenzierung der öffentlich-rechtlichen Angebote im Internet dem Integrationsauftrag tendenziell zuwiderläuft.[736] Die Gegenauffassung weist darauf hin, dass ein reines Abstellen auf die Funktionsäquivalenz zur Sicherung freier öffentlicher und individueller Meinungsbildung nicht ausreiche. Auch nach dieser Ansicht ist eine Ausweitung der Aufgaben der öffentlich-rechtlichen Rundfunkanstalten auf das Internet erforderlich, wenn die Online-Angebote Funktionen des klassischen Rundfunks übernehmen oder die Programmrezeption bei bestimmten Rezipientengruppen nur durch die Kopplung von klassischen Rundfunkprogrammen mit Online-Diensten zu sichern ist.[737] Darüber hinaus haben die Online-Angebote eine eigenständige Bedeutung für die öffentliche und individuelle Meinungsbildung. Außerdem bestünden zum Teil bei einer rein privatwirtschaftlichen Erbringung strukturelle Mängel im Hinblick auf die Vorgaben aus Art. 5 Abs. 1 Satz 2 GG. Deshalb sei der Gesetzgeber verpflichtet, die Erfüllung dieser Vorgaben zu gewährleisten.[738] Die öffentlich-rechtlichen Rundfunkanstalten erwiesen sich bei bestimmten Online-Diensten aufgrund ihrer strukturellen Besonderheiten als in hohem Maße geeignet, zur Erreichung der verfassungsrechtlichen Ziele beizutragen.[739]

Trotz der grundsätzlichen Zulässigkeit von Online-Angeboten durch den öffentlich-rechtlichen Rundfunk ist deutlich geworden, wie umstritten die Reichweite der Angebote ist. Eben diese Reichweite wird von dem Funktionsauftrag umschrieben. Ein präzise gestalteter Funktionsauftrag kann deshalb den Streit entscheiden und eindeutig klarstellen, welche Angebote der öffentlich-rechtliche Rundfunk im Internet anbieten darf.

---

733 So die grundrechtliche Funktionsbeschreibung des öffentlich-rechtlichen Rundfunks durch *Trute*, VVDStRL 57 (1998), S. 216 (230 ff., 235).

734 Vgl. *Degenhart*, Der Funktionsauftrag des öffentlich-rechtlichen Rundfunks in der „Digitalen Welt", S. 74 f.

735 Vgl. *Degenhart*, Der Funktionsauftrag des öffentlich-rechtlichen Rundfunks in der „Digitalen Welt", S. 81 f.; *Depenheuer*, AfP 1997, S. 669 (673).

736 Vgl. *Degenhart*, Der Funktionsauftrag des öffentlich-rechtlichen Rundfunks in der „Digitalen Welt", S. 84 f.

737 Vgl. *Hoffmann-Riem*, Regulierung der dualen Rundfunkordnung, S. 241.

738 Vgl. *Hoffmann-Riem*, Regulierung der dualen Rundfunkordnung, S. 244; *Schulz/Held/Kops*, Perspektiven der Gewährleistung öffentlicher Kommunikation, S. 217 ff.

739 Vgl. *Michel*, ZUM 1998, S. 350 (354); *Libertus*, ZG 1999, S. 161 (177).

b) Spartenprogramme

Aufgrund der Digitalisierung erfolgt eine Auflösung des heutigen Programmbegriffs.[740] Künftig werden die öffentlich-rechtlichen Rundfunkanstalten ihr Programm in Programmbouquets, dem ARD-Bouquet und dem ZDF-Bouquet, senden.

Wiederum stellt sich die Frage, ob die öffentlich-rechtlichen Rundfunkanstalten überhaupt Spartenprogramme veranstalten dürfen. Das Bundesverfassungsgericht hat in seinem 5. Rundfunkurteil klargestellt, dass öffentlich-rechtliche Spartenprogramme zum klassischen Rundfunkauftrag gehören, soweit sie solche Programmbereiche abdecken, die von privaten Anbietern nicht zu erwarten sind.[741] Begründet wird dies damit, dass so die Vielfalt des Gesamtprogramms erhöht wird. Außerdem stellt aus heutiger Sicht das Angebot von Spartenprogrammen einen zukunftsträchtigen Markt dar, dem große Wachstumschancen eingeräumt werden.[742] Insofern ist er ebenfalls für den öffentlich-rechtlichen Rundfunk attraktiv und bietet eine Gelegenheit, auch künftig ein möglichst großes Publikum zu erreichen. Somit ist es grundsätzlich möglich, dass die öffentlich-rechtlichen Rundfunkanstalten Spartenprogramme anbieten.

Im Folgenden ist zu klären, inwieweit die öffentlich-rechtlichen Sender bei der Umstellung des Programms auf Programmbouquets ihr Vollprogramm aufgeben und Spartenprogramme senden dürfen. Nur die Vollprogramme gewährleisten, dass der öffentlich-rechtliche Rundfunk seiner Integrationsfunktion nachkommt. Insofern müssen die Vollprogramme grundsätzlich erhalten bleiben.[743]

Gegen eine vermehrte Ausstrahlung von Spartenprogrammen spricht weiterhin der Aufbau des öffentlich-rechtlichen Rundfunks nach dem binnenpluralen Prinzip. Würden nur noch verschiedene Sparten aus den klassischen Programmgegenständen Information, Bildung, Unterhaltung und Kultur gesendet, ohne dass eine Verbindung wie im Vollprogramm bestünde, würde sich der öffentlich-rechtliche Rundfunk strukturell dem Außenpluralismus nähern.[744] Damit würde die Vielfalt im öffentlich-rechtlichen Rundfunk durch eine Mischform von Innen- und Außenpluralismus gewährleistet. Seine Struktur würde sich derjenigen des privaten Rundfunks annähern. So ginge die Besonderheit des öffentlich-rechtlichen Rundfunks gegenüber dem privaten Rundfunk verloren und das gesamte duale System könnte in Frage gestellt werden. Denn aufgrund der gerin-

---

740 Siehe 2. Teil A II 1.

741 Siehe 1. Teil B III 5 und BVerfGE 74, 297 (346).

742 Vgl. *Betz*, Media Perspektiven 1997, S. 2 (2).

743 Siehe 1. Teil C II 3 a).

744 Vgl. *Brenner*, Zur Gewährleistung des Funktionsauftrages, S. 225.

gen Unterschiede zwischen den öffentlich-rechtlichen und den privaten Rundfunkanstalten würde sich die Frage nach der Existenzberechtigung des öffentlich-rechtlichen Rundfunks stellen.
Insofern können Spartenprogramme nur eine Ergänzung des Vollprogramms darstellen, dürfen dieses aber nicht ablösen. Der öffentlich-rechtliche Rundfunk darf also keine Programminhalte aus den öffentlich-rechtlichen Vollprogrammen herausnehmen und in den Spartenprogrammen bündeln. Vielmehr müssen die Spartenprogramme einen zusätzlichen Beitrag zur Programmvielfalt leisten.

Fraglich ist, ob diese Anforderungen tatsächlich erfüllt werden. ARD und ZDF haben in den vergangenen Jahren einen großen Teil ihres Kultur-, Bildungs- und Kinderprogramms aus ihrem Angebot genommen[745] und in die Spartenkanäle 3 Sat, Arte, Phoenix und Kinderkanal verlagert. Damit sind die entsprechenden Bevölkerungsgruppen von dem öffentlich-rechtlichen Vollprogramm ausgeschlossen und die gemeinsame Basis für die öffentliche Diskussion verkleinert. Insoweit erfüllt der öffentlich-rechtliche Rundfunk seine Integrations- und Forumsfunktion nur noch in eingeschränktem Maße.
Für die definitive Entscheidung, welche Spartenprogramme zulässig sind, ist eine Präzisierung des Funktionsauftrages notwendig, die eine genaue Zuordnung dessen ermöglicht, welche Bereiche vom Funktionsauftrag umfasst sind.

Es ist deutlich geworden, dass eine Präzisierung des Funktionsauftrages hilfreich ist, um die Grenzen der Tätigkeit des öffentlich-rechtlichen Rundfunks gerade vor dem Hintergrund der Möglichkeit neuer Dienste und Programmformen zu bestimmen.

c) Finanzierbarkeit des öffentlich-rechtlichen Rundfunks

Zur Zeit wird eine kontroverse Diskussion um die anstehende Erhöhung der Rundfunkgebühren geführt.[746] Hier soll es nicht um die Details gehen. Allerdings sind Gebührenerhöhungen in Zeiten wirtschaftlicher Krisen politisch nicht beliebig durchsetzbar, bei einem Abbau bzw. einer Umstrukturierung des Sozialstaates, bei dem sowohl die Rente als auch das Gesundheitssystem drastische Einsparungen erfahren müssen. Zwar sind diese rechtlich zulässig[747], vollkommen zu lösen von dem praktisch Durchsetzbaren sind sie jedoch nicht. Wie bereits im 2. Teil erläutert, ist die Digitalisierung mit erheblichen Anfangsinvestitionen und Aufwendungen verbunden. Soll der öffentlich-rechtliche Rundfunk

---

745 Vgl. *Oberst*, Media Perspektiven 1997, S. 23 (27); *Betz*, Media Perspektiven 1997, S. 2 ff.

746 Vgl. die aktuelle Diskussion in den epd medien (insb. 2004).

747 Vgl. nur *Eberle*, MMR 2003, S. 623 (625).

an allen Bereichen teilnehmen dürfen, ist dies aufgrund der Finanzierungsgarantie auch zu finanzieren. Letztlich würde dies zu einer massiven Erhöhung der Gebühren führen. Insofern ist die Frage, woran der öffentlich-rechtliche Rundfunk im digitalen Zeitalter teilnehmen darf, politisch auch an die Frage gebunden, welche Belastung dem Rundfunkgebührenzahler zumutbar ist.
Eine Präzisierung des Funktionsauftrages ist auch für diese Diskussion hilfreich. Wenn für alle Beteiligten deutlich ist, welche Programme und Dienste von dem öffentlich-rechtlichen Rundfunk angeboten werden dürfen, ist auch der Finanzbedarf der Rundfunkanstalten und damit die Höhe der Gebühr leichter festzulegen.

3. Erfordernisse des Europäisches Gemeinschaftsrechts

Eine Präzisierung des Funktionsauftrags könnte weiterhin aufgrund bestimmter Erfordernisse des Europäischen Gemeinschaftsrechts notwendig sein.
Die Diskussion um die Aufgaben des öffentlich-rechtlichen Rundfunks wird nicht nur in der Bundesrepublik und den anderen Mitgliedstaaten der EU sondern auch auf europäischer Ebene geführt. Das europäische Gemeinschaftsrecht bringt neben den Themen der Debatte in der Bundesrepublik einen neuen Aspekt: Da Rundfunk mittlerweile nahezu unumstritten als Dienstleistung im Sinne des europäischen Primärrechts zu sehen ist, stellt sich die Frage, ob die Gebührenfinanzierung des öffentlich-rechtlichen Rundfunks mit dem Ziel des freien Wettbewerbs der Europäischen Union vereinbar ist.

Die Bedeutung dieser Diskussion wird deutlich, wenn man sich vor Augen führt, dass es bei der Frage, ob es sich bei der Rundfunkgebühr um eine Beihilfe i.S.d. Art. 87 ff. EG handelt, letztlich um eine der Grundvoraussetzungen des öffentlich-rechtlichen Rundfunks in seiner derzeitigen Form geht. Denn würde die Rundfunkgebühr von der Europäischen Kommission als unzulässige Beihilfe eingestuft, würde dem öffentlich-rechtlichen Rundfunk ein erheblicher Teil seiner finanziellen Basis entzogen, die seine Unabhängigkeit vom Staat und von der Privatwirtschaft sichert. Insofern beeinflusst die Diskussion zumindest auch die zukünftige strategische Ausrichtung der öffentlich-rechtlichen Anstalten und ihrer Programmpolitik.[748]

Zudem werden zwei grundlegende Konflikte zwischen der Bundesrepublik als Mitgliedstaat und der Europäischen Gemeinschaft in diesem Zusammenhang deutlich. Erstens betrachtet das deutsche Rundfunkrecht den Rundfunk als Kulturgut und achtet nicht zuletzt durch die Gebührenfinanzierung auf die Markt-

---

[748] Vgl. *Holzer*, ZUM 1996, S. 274 (276).

ferne des Rundfunks[749], um ihn von den Zwängen des Marktes weitgehend zu befreien. Das europäische Verständnis wird hingegen von dem Grundsatz des wirtschaftlichen Wettbewerbs beherrscht.[750] Zweitens sind die Nationalstaaten grundsätzlich bestrebt, ihre nationalen Werte zu bewahren, wohingegen die europäische Interessen dahin gehen, die Vergemeinschaftung voranzutreiben.[751]

Im Rahmen dieser Darstellung soll nicht erörtert werden, ob die Rundfunkgebühr eine unzulässige Beihilfe i.S.d. europäischen Gemeinschaftsrechts darstellt.[752] Entscheidend für die vorliegende Bearbeitung sind vielmehr diejenigen Aspekte, die eine Präzisierung des öffentlich-rechtlichen Auftrags aus europäischer Sicht erforderlich machen könnten.
Im Folgenden sollen daher die relevanten Vorschriften des EG-Vertrages und die Entscheidungen und Mitteilungen der europäischen Institutionen erläutert werden. Insbesondere werden die Entscheidungen der Kommission betrachtet, da die Kommission nach Art. 88 Abs. 1 EG für die Überprüfung der Beihilferegelungen zuständig ist.

a) Einschlägige Vorschriften der EG

Die Europäische Gemeinschaft verfügt nach dem „Prinzip der begrenzten Einzelermächtigung“[753] nur in den Bereichen über Kompetenzen, in denen sie ihr explizit durch die Gründungsverträge zugewiesen sind.[754] Aufgrund ihres Ursprungs als Wirtschaftsgemeinschaft verfügt die Europäische Union im Hinblick auf die Freiheiten des Binnenmarktes, insbesondere den freien Waren-, Personen-, Dienstleistungs- und Kapitalverkehr, über weitreichende Kompetenzen.
Nach Art. 3 Abs. 1 g) EG umfasst die Tätigkeit der Gemeinschaft „einen Beitrag zu einer qualitativ hoch stehenden allgemeinen und beruflichen Bildung sowie

---

749 Vgl. *Dörr*, ZUM 1996, S. 617 (624, 625).

750 Vgl. Art. 4 EG; *Oppermann*, Europarecht, Rn. 1025; *Streinz*, Europarecht, Rn. 800; *Häde*, in: Calliess/Ruffert, EUV/EGV, Art. 4, Rn. 8; *Kempen*, in: Streinz, EUV/EGV, Art. 4, Rn. 8 ff.; *Bandilla*, in: Grabitz/Hilf, EUV/EGV, Art. 4, Rn. 5; *Lenz*, in: Lenz/Borchardt, EUV/EGV, Art. 4, Rn. 2; *Schellhaaß*, Ist die Rundfunkgebühr eine unzulässige Beihilfe?, S. 1.

751 Vgl. *Schäfer*, Neue Betätigungsfelder des öffentlich-rechtlichen Rundfunks, S. 168.

752 Siehe hierzu im Einzelnen *Dörr*, Die öffentlich-rechtliche Rundfunkfinanzierung und die Vorgaben des EG-Vertrages; *Held/Schulz*, Europarechtliche Beurteilung von Online-Angeboten öffentlich-rechtlicher Rundfunkanstalten; *Schäfer*, Neue Betätigungsfelder des öffentlich-rechtlichen Rundfunks, S. 167 ff.

753 Vgl. Gutachten des EuGH vom 28.3.1996, Gutachten 2/94, EMRK, Slg. 1996, S. I-1759 (1761, 1787), Art. I-11 EuVV. Vgl. hierzu auch *Langguth*, in: Lenz/Borchardt, EUV/EGV, Art. 5, Rn. 10; *König/Haratsch*, Europarecht, Rn. 54 ff.; *Herdegen*, Europarecht, Rn. 189 ff.

754 Vgl. Art. 5 Abs. 1 EG, Art. 7 Abs. 1 Satz 2 EG.

zur Erhaltung des Kulturlebens in den Mitgliedstaaten". Art. 151 EG ermächtigt jedoch nur zu einer Förderung und zwar „unter Ausschluss jeglicher Harmonisierung der Rechts- und Verwaltungsvorschriften der Mitgliedstaaten"[755] und zu Empfehlungen des Rates (einstimmig auf Vorschlag der Kommission).[756]
Die Gemeinschaft trägt nach Art. 151 Abs. 4 EG weiterhin „bei ihrer Tätigkeit aufgrund anderer Bestimmungen dieses Vertrages [EG-Vertrag] den kulturellen Aspekten Rechnung, insbesondere zur Wahrung und Förderung der Vielfalt der Kulturen".

aa) Art. 10 EG: Gebot loyaler Zusammenarbeit

Bei der Anwendung der Vorschriften des EG-Vertrages auf die Aufgaben des öffentlich-rechtlichen Rundfunks ist Art. 10 EG zu beachten. Danach treffen die Mitgliedstaaten „alle geeigneten Maßnahmen allgemeiner oder besonderer Art zur Erfüllung der Verpflichtungen, die sich aus diesem Vertrag oder aus Handlungen der Organe der Gemeinschaft ergeben. Sie erleichtern dieser die Erfüllung ihrer Aufgabe. Sie unterlassen alle Maßnahmen, welche die Verwirklichung der Ziele dieses Vertrags gefährden könnten."
Der EuGH interpretiert diese Vorschrift als grundsätzliche Pflicht zur loyalen Zusammenarbeit. Zu dieser sind sowohl die Mitgliedstaaten als auch die Gemeinschaft verpflichtet.[757]

bb) Art. 16 EG: Dienste von allgemeinem wirtschaftlichem Interesse

Der mit dem Vertrag von Amsterdam eingeführte Art. 16 EG betont den Stellenwert, „den die Dienste von allgemeinem wirtschaftlichem Interesse innerhalb der gemeinsamen Werte der Union einnehmen, sowie ihre Bedeutung bei der Förderung des sozialen und territorialen Zusammenhalts". Unbeschadet der Art. 73, 86 und 87 EG tragen die „Gemeinschaft und die Mitgliedstaaten im Rahmen ihrer jeweiligen Befugnisse im Anwendungsbereich dieses Vertrages dafür Sorge, dass die Grundsätze und Bedingungen für das Funktionieren dieser Dienste so gestaltet sind, dass sie ihren Aufgaben nachkommen können". Auf das sog. Amsterdamer Protokoll, das dem Vertrag beigefügt wurde und diese Aussagen im Hinblick auf die Aufgaben des öffentlich-rechtlichen Rundfunks konkretisiert, soll gleich eingegangen werden.[758]

---

[755] Art. 151 Abs. 5 (erster Spiegelstrich) EG.
[756] Art. 151 Abs. 5 (zweiter Spiegelstrich) EG.
[757] Vgl. EuGH, Rs. C-2/88, „Imm., Zwartveld u.a.", Slg. 1990, I-3365, Rn. 17; Rs. 230/81, „Luxemburg/Parlament", Slg. 1983, 255, Rn. 37.
[758] Siehe 3. Teil A I 3 d).

cc) Verfassungsvertrag der Europäischen Union

Auch der Verfassungsvertrag der Europäischen Union (EuVV) enthält Vorgaben zu den Dienstleistungen von allgemeinem wirtschaftlichem Interesse und speziell zur Freiheit der Medien.

Nach Art. II-96 EuVV erkennt und achtet die Union den Zugang zu Dienstleistungen von allgemeinem wirtschaftlichem Interesse, wie er durch die einzelstaatlichen Rechtsvorschriften und Gepflogenheiten im Einklang mit der Verfassung geregelt ist, um den sozialen und territorialen Zusammenhalt der Union zu fördern.

Weiterhin tragen nach Art. III-122 EuVV „unbeschadet der Art. I-5, III-166, III-167 und III-238 EuVV und in Anbetracht des von allen in der Union anerkannten Stellenwerts der Dienste von allgemeinem wirtschaftlichem Interesse sowie ihrer Bedeutung bei der Förderung des sozialen und territorialen Zusammenhalts die Union und ihre Mitgliedstaaten im Rahmen ihrer jeweiligen Befugnisse im Anwendungsbereich der Verfassung dafür Sorge, dass die Grundsätze und Bedingungen, insbesondere jene wirtschaftlicher und finanzieller Art, für das Funktionieren dieser Dienste so gestaltet sind, dass diese ihren Aufgaben nachkommen können. Diese Grundsätze und Bedingungen werden durch die Europäischen Gesetze unbeschadet der Zuständigkeit der Mitgliedstaaten festgelegt [...].“

Von großer Bedeutung für den Rundfunk ist zudem die Aussage des Art. II-71 Abs. 2 EuVV, wonach „die Freiheit der Medien und ihre Pluralität geachtet werden“. Art. II-71 EuVV entspricht Art. 10 EMRK,[759] so dass die hierzu entwickelten Grundsätze auf die EuVV übertragen werden können. Der Begriff der Medien ist hier als Oberbegriff für die Presse-, Rundfunk- und Filmfreiheit aber auch für die neuen Medien[760] und somit weit und entwicklungsoffen zu verstehen.

Aufgrund der Achtung ihrer Pluralität werden die Medien als Instrument zur Sicherung der Meinungsvielfalt anerkannt.[761] Das Prinzip der Pluralität enthält zudem auch Elemente einer institutionellen Sicherung.[762] So hat der EuGH gerade für Art. 10 EMRK anerkannt, dass dieser auch objektiv-rechtlich eine durch plu-

---

759 Vgl. *Fischer*, Der Europäische Verfassungsvertrag, S. 230 f.

760 Vgl. *Bernsdorff*, in: Meyer, Kommentar zur Charta der Grundrechte der Europäischen Union, II-11, Rn. 17.

761 Vgl. *Bernsdorff*, in: Meyer, Kommentar zur Charta der Grundrechte der Europäischen Union, II-11, Rn. 18.

762 Vgl. *Bernsdorff*, in: Meyer, Kommentar zur Charta der Grundrechte der Europäischen Union, II-11, Rn. 18.

ralistische Informationsvielfalt konstituierte Öffentlichkeit gewährleistet.[763] Letztlich findet sich in der Verpflichtung zur Achtung der Pluralität auch die Rechtfertigung für die duale Rundfunkordnung.[764]

b) Beihilferecht

Bevor auf die Entscheidungen und Mitteilungen der europäischen Institutionen eingegangen wird, soll ein Überblick über die einschlägigen beihilferechtlichen Regelungen des EG-Vertrages gegeben werden.
Die beihilferechtlichen Regelungen sind grundsätzlich im Kontext mit Art. 4 Abs. 1 EG zu sehen, wonach die Gemeinschaft dem Grundsatz einer offenen Marktwirtschaft mit freiem Wettbewerb verpflichtet ist.

Die Regelungen zu den staatlichen Beihilfen finden sich in Art. 86 ff. EG. Gemäß Art. 87 Abs. 1 EG sind, „soweit in diesem Vertrag nicht etwas anderes bestimmt ist, staatliche oder aus staatlichen Mitteln gewährte Beihilfen gleich welcher Art, die durch die Begünstigung bestimmter Unternehmen oder Produktionszweige den Wettbewerb verfälschen oder zu verfälschen drohen, mit dem Gemeinsamen Markt unvereinbar, soweit sie den Handel zwischen den Mitgliedstaaten beeinträchtigen".
Von dieser Regelung lässt der Vertrag Ausnahmen zu. Für den Bereich das Rundfunkrechts ist die Regelung des Art. 87 Art. 3 d) EG von Bedeutung: Beihilfen zur Förderung der Kultur und der Erhaltung des kulturellen Erbes können danach, soweit sie die Handels- und Wettbewerbsbedingungen in der Gemeinschaft nicht in einem Maß beeinträchtigen, das dem gemeinsamen Interesse zuwiderläuft, als mit dem Gemeinsamen Markt vereinbar angesehen werden.
Von Bedeutung für den Rundfunkbereich ist weiterhin die Möglichkeit der Rechtfertigung einer tatbestandlich vorliegenden Beihilfe nach Art. 86 Abs. 2 EG. Für Unternehmen, die mit Dienstleistungen von allgemeinem wirtschaftlichem Interesse betraut sind oder den Charakter eines Finanzmonopols haben, gelten die Vorschriften des Vertrags, insbesondere die Wettbewerbsregeln, soweit die Anwendung dieser Vorschriften nicht die Erfüllung der ihnen übertragenen besonderen Aufgabe rechtlich oder tatsächlich verhindert. Die Entwicklung des Handelsverkehrs darf nicht in einem Ausmaß beeinträchtigt werden, das dem Interesse der Gemeinschaft zuwiderläuft.

---

[763] Vgl. EuGH, „Stiching Collectieve Antennevoorziening Gouda u.a.", C-288/89, Slg. 1991, I-4007, Rn. 22, 23; EuGH, „Veronica Omroep Organisatie", C-148/91, Slg. 1993, I-487, Rn. 9; EuGH, Niederlande/Kommission, C-353/89, Slg. 1991, I-4069, Rn. 29, 30.

[764] Vgl. *Stock*, K&R 2001, S. 289 (290); Vgl. *Bernsdorff*, in: Meyer, Kommentar zur Charta der Grundrechte der Europäischen Union, II-11 Rn. 18.

Die Kommission ist von jeder beabsichtigten Einführung oder Umgestaltung von Beihilfen nach Art. 88 Abs. 3 EG so rechtzeitig zu informieren, dass sie sich dazu äußern kann. Gelangt die Kommission zu der Auffassung, dass ein derartiges Vorhaben nach Art. 87 EG mit dem Gemeinsamen Markt unvereinbar ist, leitet sie unverzüglich das in Art. 88 Abs. 2 EG beschriebene Verfahren ein. Die Entscheidung kann unter anderem dazu führen, dass der Mitgliedstaat die Beihilfe aufheben oder umgestalten muss.

c) Beginn der Diskussion um die Beihilferegelungen im Bereich des Rundfunks

Die Diskussion um die Beihilferegelungen im Bereich des Rundfunks begann im Jahr 1992 mit einer Anfrage spanischer Privatrundfunkanbieter an die Europäische Kommission, ob die staatliche Förderung der dortigen öffentlich-rechtlichen Rundfunkanstalten europarechtskonform sei.[765] In den folgenden Jahren wurden immer wieder Anfragen – meist von privaten Rundfunkveranstaltern – aus verschiedenen europäischen Ländern an die Europäische Kommission gestellt, ob bestimmte staatliche Zuwendungen an die jeweiligen öffentlich-rechtlichen Rundfunkanstalten unzulässige Beihilfen i.S.d. europäischen Gemeinschaftsrechts darstellten.[766]
Eine klare Linie der Europäischen Kommission entstand in dieser Zeit nicht. So erklärte der Präsident *Jaques Delors* auf eine Anfrage des damaligen SPD-Vorsitzenden *Rudolf Scharpings*, dass die staatliche Finanzierung lediglich als Beihilfe einzustufen sei, wenn sie dem Empfänger einen finanziellen Vorteil verschaffe und nicht etwa dann, wenn sie eine Vergütung von Dienstleistungen darstelle, die der Empfänger im Auftrag der öffentlichen Hand verrichtet.[767] Zudem hob *Delors* die bedeutende Rolle des öffentlich-rechtlichen Rundfunks für die Grundversorgung der Bevölkerung mit Information, Bildung, Kultur sowie Unterhaltung hervor und betonte, dass seitens der Europäischen Kommission kein Interesse bestehe, in diese Systeme einzugreifen.[768]
EU-Kommissar *Martin Bangemann* wollte den öffentlich-rechtlichen Rundfunk hingegen verstärkt dem Wettbewerb aussetzen.[769] Ebenso ließ EU-Kommissar *van Miert* offen, ob die Europäische Kommission die Gebührenfinanzierung des öffentlich-rechtlichen Rundfunks anerkennen wird.[770]

---

765 Vgl. *Koenig/Kühling*, ZUM 2001, S. 537 (537).
766 Vgl. *Schäfer*, Neue Betätigungsfelder des öffentlich-rechtlichen Rundfunks, S. 169.
767 Siehe FK 43/1994, S. 9.
768 Siehe FK 43/1994, S. 9.
769 Siehe FK 39/1996, S. 17; *Dörr*, Media Perspektiven 1996, S. 87 (87).
770 Vgl. *v. Wallenberg*, Medien und Recht 1998, S. 166 (167).

Aufgrund dieser unsicheren Lage begann in Deutschland eine Diskussion, um die Europarechtsmäßigkeit der Rundfunkgebühr.[771]
Bis 1997 gab es keine konkreten Entscheidungen oder rechtlichen Regelungen von europäischer Seite. Lediglich das Europäische Parlament hatte sich am 17. September 1996 in einer Entschließung mehrheitlich für den Schutz des öffentlich-rechtlichen Rundfunks ausgesprochen.[772]

d) Protokoll über den öffentlich-rechtlichen Rundfunk in den Mitgliedstaaten vom 17. Mai 1997[773]

Die Staats- und Regierungschefs fügten dem Amsterdamer Vertrag vom 17. Mai 1997 ein Protokoll über den öffentlich-rechtlichen Rundfunk in den Mitgliedstaaten bei (sog. Amsterdamer Protokoll).[774] Dieses ergänzt als auslegende Norm das Primärrecht.[775]
Nach dem Protokoll berühren „die Bestimmungen dieses Vertrages (d.h. des EGV) ... nicht die Befugnis der Mitgliedstaaten, den öffentlich-rechtlichen Rundfunk zu finanzieren, sofern die Finanzierung der Rundfunkanstalten den öffentlich-rechtlichen Aufgaben dient, wie sie von den Mitgliedstaaten übertragen, festgelegt und ausgestaltet wurden, und die Handels- und Wirtschaftsbedingungen in der Gemeinschaft nicht in einem Ausmaß beeinträchtigen, das den gemeinsamen Interessen zuwiderläuft, wobei den Erfordernissen der Erfüllung der öffentlich-rechtlichen Aufgaben Rechnung zu tragen ist...“[776]
Hierin ist ein Bekenntnis der Europäischen Gemeinschaft zum öffentlich-rechtlichen Rundfunk und zu dessen Gebührenfinanzierung zu sehen. Von großer Bedeutung ist die Aussage, dass die staatliche Finanzierung nur insoweit als legitim anzusehen ist, als die öffentlich-rechtlichen Aufgaben von den Mitgliedstaaten „festgelegt und ausgestaltet“ werden. Den Mitgliedstaaten wird durch das Protokoll die Aufgabe zugewiesen, den öffentlich-rechtlichen Auftrag zu präzisieren.[777]

---

771 Vgl. *Selmer/Gersdorf*, Die Finanzierung des Rundfunks in der BRD auf dem Prüfstand des EG-Beihilferegimes; *Oppermann*, Deutsche Rundfunkgebühr und europäisches Beihilferecht.

772 Vgl. FK 39/1996, S. 17.

773 Vertrag von Amsterdam. Protokoll über den öffentlich-rechtlichen Rundfunk in den Mitgliedstaaten, ABl. 1997 Nr. C 340, S. 109.

774 Vgl. *Streinz*, EuZW 1998, S. 137 (145); *Hilf/Pache*, NJW 1998, S. 705 (709).

775 Vgl. *Held/Schulz*, Europarechtliche Beurteilung von Online-Angeboten öffentlich-rechtlicher Rundfunkanstalten, S. 25.

776 Vgl. Vertrag von Amsterdam. Protokoll über den öffentlich-rechtlichen Rundfunk in den Mitgliedstaaten, ABl. 1997 Nr. C 340, S. 109.

777 Vgl. *Ukrow*, WiVerw 2003, S. 160 (163).

Im Ergebnis verbleibt den Organen der Gemeinschaft im Wettbewerbsrecht grundsätzlich die Befugnis, nationale Bestimmungen, die den Funktionsbereich des öffentlich-rechtlichen Rundfunks betreffen, auf erhebliche Beeinträchtigungen der Handels- und Wettbewerbsbedingungen zu überprüfen. Allerdings müssen sie bei dieser Prüfung stets den Erfordernissen der Erfüllung des öffentlich-rechtlichen Auftrags, wie sie ihn die einzelnen Mitgliedstaaten jeweils festlegen, Rechnung tragen.[778]

e) EU-Transparenzrichtlinie

Mit dem Erlass der Transparenzrichtlinie[779] hat die Kommission erstmalig auf der Grundlage des Art. 86 Abs. 3 EG gehandelt.[780] Bezogen auf den Rundfunk soll hierdurch eine Quersubventionierung privatwirtschaftlicher Aktivitäten oder der inzwischen rund 250 Tochtergesellschaften öffentlich-rechtlicher Rundfunksender verhindert werden.[781] Daher ist Folgendes in getrennter Buchführung offen zu legen: a) die unmittelbare Bereitstellung öffentlicher Mittel durch die öffentliche Hand für öffentliche Unternehmen, b) die Bereitstellung öffentlicher Mittel durch die öffentliche Hand über öffentliche Unternehmen oder Finanzinstitute und c) die tatsächliche Verwendung der öffentlichen Mittel.[782] Die Richtlinie nimmt in Punkt 5 Bezug auf das Protokoll zum Vertrag von Amsterdam und betont nochmals, dass den Mitgliedstaaten die Aufgabe zugewiesen wird, den öffentlich-rechtlichen Programmauftrag festzulegen.[783]

---

778 Vgl. *Dörr*, Die öffentlich-rechtliche Rundfunkfinanzierung und die Vorgaben des EG-Vertrages, S. 18.

779 Richtlinie 80/723/EWG vom 25.6.1980 über die Transparenz der finanziellen Beziehungen zwischen den Mitgliedstaaten und den öffentlichen Unternehmen sowie über die finanzielle Transparenz innerhalb bestimmter Unternehmen, ABl. L 195 vom 19.7.1980, S. 35, zuletzt geändert durch Richtlinie 2000/52/EG der Kommission vom 26. Juli 2000, ABl. L 193 vom 29.7.2000, S. 75. In Deutschland wurde zur Umsetzung dieser Richtlinie das Gesetz zur Umsetzung der Richtlinie 2000/52/EG der Kommission vom 26. Juli 2000 zur Änderung der Richtlinie 80/723/EWG über die Transparenz der finanziellen Beziehungen zwischen den Mitgliedstaaten und den öffentlichen Unternehmen (Transparenzrichtlinien-Gesetz – TranspRLG) vom 16. August 2001, BGBl. I, S. 2141-2143, erlassen.

780 Vgl. *Pernice/Wernicke*, in: Grabitz/Hilf, EGV, Art. 86, Rn. 80.

781 Vgl. *Brenner*, Zur Gewährleistung des Funktionsauftrages, S. 263.

782 Vgl. *Held/Schulz*, Europarechtliche Beurteilung von Online-Angeboten öffentlich-rechtlicher Rundfunkanstalten, S. 25.

783 Vgl. zur Anwendbarkeit der Transparenzrichtlinie auf die öffentlich-rechtlichen Rundfunkanstalten *Hain*, MMR 2001, S. 219 ff.; *Trzaskalik*, Transparenzpflichten; *Dörr*, K&R 2001, S. 236 f.

f) „Hochrangige Gruppe für audiovisuelle Politik"

Auch die „Hochrangige Gruppe für audiovisuelle Politik"[784] hat bezüglich der Finanzierung des öffentlich-rechtlichen Rundfunks interessante Ergebnisse erarbeitet. Dort heißt es im Teil III des Berichts:

„Die Finanzierung des öffentlich-rechtlichen Rundfunks muss
- im Verhältnis stehen zu dem, was erforderlich ist [...], um den öffentlich-rechtlichen Auftrag zu erfüllen (Grundsatz der Verhältnismäßigkeit);
- transparent sein, so dass die Einhaltung dieses Grundsatzes jederzeit überprüft werden kann (Kriterium der Transparenz). [...]
- Wenn auf dem Markt Akteure des öffentlichen und des privatwirtschaftlichen Sektors tätig sind, bedarf es Schutzvorkehrungen, um einen fairen Wettbewerb zu gewährleisten.
- Deshalb muss jeder Mitgliedstaat in seinem Rechtssystem den Umfang der öffentlich-rechtlichen Aufgaben und die spezifischen Verpflichtungen in Bezug auf den Programmauftrag und damit zusammenhängende Aufgaben eindeutig festlegen.

  [...]."

Ziel ist es, einen erzieherischen und bildenden, vielfältigen und qualitativ hochwertigen öffentlich-rechtlichen Rundfunk zu erhalten. Gleichzeitig sollen aber der Wettbewerb und der freie Markt als tragende Elemente der europäischen Integration gewahrt bleiben.[785] Der Bericht empfiehlt weiterhin, den öffentlich-rechtlichen Rundfunk „weitestgehend" aus öffentlichen Mitteln zu finanzieren.

g) Entschließung des Rates und der im Rat vereinigten Vertreter der Regierungen der Mitgliedstaates vom 25. Januar 1999

Der Rat und die im Rat vereinigten Vertreter der Regierungen der Mitgliedstaaten beschlossen am 25. Januar 1999, dass die Stellung des öffentlich-rechtlichen Rundfunksystems in ihrem derzeitigen Zuschnitt weiterhin gestärkt werden solle.[786]

Die Fähigkeit der öffentlich-rechtlichen Rundfunkanstalten, der Öffentlichkeit Programme und Dienste von hoher Qualität anzubieten, müsse gewahrt und aus-

---

784 Vgl. Bericht der Hochrangigen Gruppe für audiovisuelle Politik unter Vorsitz von Kommissionsmitglied *Marcelino Oreja* vom Oktober 1998, abrufbar unter http://europa.eu.int/comm/avpolicy/legis/keydoc/hlg3de.htm#III vom 13.12. 2004.

785 Vgl. *Bullinger*, Die Aufgaben des öffentlichen Rundfunks, S. 32.

786 Vgl. Entschließung des Rates und der im Rat vereinigten Vertreter der Regierungen der Mitgliedstaaten vom 25. Januar 1999, ABl. C 30 vom 5.2.1999, abgedruckt bei Hartstein/Ring/Kreile/Dörr/ Stettner, RfStV II, B 5 § 19 RfStV Rn. 20.

gebaut werden, einschließlich der Entwicklung und Diversifizierung der Tätigkeiten im digitalen Zeitalter.

Bisher wurde deutlich, insbesondere durch die Protokollerklärung und den Beschluss des Rates, dass die Mitgliedstaaten den Erhalt des öffentlich-rechtlichen Rundfunks fördern und der Gefahr begegnen wollen, dass der Rundfunk ausschließlich unter wirtschaftlichen Aspekten bewertet wird und somit die Rundfunkgebühr als unzulässige Beihilfe qualifiziert werden könnte.[787] Zudem wird deutlich, dass den Mitgliedstaaten die Pflicht zugewiesen wird, den Funktionsauftrag der öffentlich-rechtlichen Rundfunkanstalten zu präzisieren.

h) Mitteilungen und Entscheidungen der Europäischen Kommission

Die Europäische Kommission hat zwei für den öffentlich-rechtlichen Rundfunk entscheidende Mitteilung erlassen, die zunächst dargestellt werden (aa). Anschließend werden die relevanten Entscheidungen der Europäischen Kommission erläutert (bb). Diesbezüglich ist in einem Exkurs auf die Rechtsprechung des Europäischen Gerichtshofs einzugehen, dessen Altmark-Trans-Entscheidung zu einem Wechsel in der Argumentation der Europäischen Kommission geführt hat. Abschließend soll das Weißbuch der Europäischen Kommission zu Dienstleistungen der Daseinsvorsorge erwähnt werden (cc).

aa) Mitteilungen der Europäischen Kommission

(1) Mitteilung der Kommission über Leistungen der Daseinsvorsorge in Europa

Nach den Ausführungen in der Zusammenfassung der Mitteilung der Europäischen Kommission zu Leistungen der Daseinsvorsorge in Europa liege es vor allem in der Verantwortung der staatlichen Stellen, die Aufgaben der Leistungen der Daseinsvorsorge und die Weise ihrer Erfüllung auf den entsprechenden lokalen, regionalen oder nationalen Ebenen in vollständiger Transparenz zu definieren.[788]

Punkt 9 besagt, dass „die betreffenden staatlichen Behörden, um ihre Aufgaben wahrnehmen zu können, völlig transparent vorgehen und möglichst genau ermitteln müssen, welchen Bedarf die Leistungen der Daseinsvorsorge aus der Sicht der Verbraucher decken sollen, wer für die Einführung und Durchsetzung der

---

[787] Vgl. *Schäfer*, Neue Betätigungsfelder des öffentlich-rechtlichen Rundfunks, S. 173.

[788] Vgl. Mitteilungen der Kommission über Leistung der Daseinsvorsorge in Europa (2001/C 17/04), ABl. C 17 vom 19.1.2001, S. 4-23.

einschlägigen Verpflichtungen zuständig ist und wie diese Verpflichtungen erfüllt werden sollen."

Anhang 1 stellt die einzelnen Bereiche dar. In Bezug auf Hörfunk und Fernsehen wird ausgeführt, dass die audiovisuellen Medien „für das Funktionieren der heutigen demokratischen Gesellschaften und insbesondere für die Entwicklung und Vermittlung sozialer Werte von zentraler Bedeutung [sind]. Der Rundfunk- und Fernsehsektor unterliegt daher im Interesse der Allgemeinheit von Beginn an einer besonderen Regelung. Diese Regelung basiert auf gemeinsamen Werten wie freie Meinungsäußerung und Recht auf Gegendarstellung, Pluralismus, Urheberschutz und Förderung der kulturellen und sprachlichen Vielfalt, Jugendschutz, Schutz der Menschenwürde und Verbraucherschutz."

Weiter heißt es, dass „nach dem EG-Recht die Mitgliedstaaten selbst über die Errichtung eines öffentlich-rechtlichen Rundfunksystems bestimmen und dessen genauen Auftrag sowie die Finanzierungsmodalitäten festlegen [können]. Wegen der Art der Finanzierung unterliegen öffentlich-rechtliche Rundfunk- und Fernsehanstalten den EG-Vorschriften über staatliche Beihilfen. Die Kommission hat insbesondere sicherzustellen, dass bei der Finanzierung des öffentlich-rechtlichen Rundfunks mit staatlichen Mitteln der Grundsatz der Verhältnismäßigkeit gewahrt bleibt, die sich nach dem von dem Mitgliedstaat definierten Auftrag richtet. Sie hat somit darauf zu achten, dass etwaige staatliche Ausgleichszahlungen die Nettomehrkosten der einer öffentlich-rechtlichen Sendeanstalt übertragenen besonderen Aufgabe nicht übersteigen."

(2) Mitteilung der Europäischen Kommission über die Anwendung der Vorschriften über staatliche Beihilfen auf den öffentlich-rechtlichen Rundfunk vom 17. Oktober 2001

In der Mitteilung der Europäischen Kommission über die Anwendung der Vorschriften über staatliche Beihilfen auf den öffentlich-rechtlichen Rundfunk[789] werden Grundsätze für die Einzelfallentscheidung bei der Beurteilung der beihilferechtlichen Fragestellung festgeschrieben. Die von der Europäischen Kommission auf diesem Gebiet verfolgte Politik werde dadurch so transparent wie möglich.[790] Die Europäische Kommission bestätigte, dass der öffentlich-rechtliche Rundfunk nicht direkt mit den Anbietern anderer Wirtschaftszweige vergleichbar sei. Dabei betonte sie zugleich die besondere Rolle, die der öffentlich-

---

[789] Vgl. Mitteilung der Kommission über die Anwendung der Vorschriften über staatliche Beihilfen auf den öffentlich-rechtlichen Rundfunk, ABl. C 320 vom 15.11.2001, S. 5-11.

[790] Vgl. *Held/Schulz*, Europarechtliche Beurteilung von Online-Angeboten öffentlich-rechtlicher Rundfunkanstalten, S. 29.

rechtliche Rundfunk in kultureller, sozialer und demokratischer Hinsicht sowie als wichtige Informationsquelle spiele.[791]

Da der öffentlich-rechtliche Rundfunk so viele Menschen gleichzeitig erreicht und die Bevölkerung mit notwendigen Informationen und Inhalten versorgt wie kein anderer Dienst, dürfe der öffentlich-rechtliche Rundfunk ein großes Programmspektrum abdecken.[792] Aber auch die privaten Rundfunkanbieter könnten einen Teil zur Sicherung des Meinungspluralismus beitragen. Die Definition des öffentlich-rechtlichen Rundfunks obliege den Mitgliedstaaten.[793] Ebenso sei die Wahl der Finanzierung Sache der Mitgliedstaaten, so dass auch die Mischfinanzierung aus Rundfunkgebühr und Werbeeinnahmen zulässig sei, soweit der Wettbewerb nicht gemeinschaftswidrig beeinträchtigt werde.[794] Die Europäische Kommission beschränke sich bei der Überprüfung der Rundfunkgebühr auf offensichtliche Fehler.[795] Daher ist der Prüfungsspielraum der Europäischen Kommission umso weiter eingeschränkt, je präziser der jeweilige Mitgliedstaat den öffentlich-rechtlichen Auftrag definiert.
Durch diese beiden Mitteilungen wird deutlich, dass ein Wandel in der Auffassung der Europäischen Kommission auszumachen ist. Nachdem sie den Rundfunk zuvor ausschließlich als Wirtschaftsgut betrachtet hat,[796] erkennt sie jetzt seine Bedeutung für die Kultur, die Demokratie und die Gesellschaft an.

bb) Entscheidungen der Europäischen Kommission

Nachfolgend soll die Entwicklung der Entscheidungen der Europäischen Kommission dargestellt werden. Diese Ausführungen erheben keinen Anspruch auf Vollständigkeit. Vielmehr soll der Wandel und die Unsicherheit, die damit für den öffentlich-rechtlichen Rundfunk verbunden ist, hervorgehoben werden.

---

791 Vgl. Mitteilung der Kommission über die Anwendung der Vorschriften über staatliche Beihilfen auf den öffentlich-rechtlichen Rundfunk, ABl. C 320 vom 15.11.2001, S. 5 ff., Rn. 7, 12.

792 Vgl. Mitteilung der Kommission über die Anwendung der Vorschriften über staatliche Beihilfen auf den öffentlich-rechtlichen Rundfunk, ABl. C 320 vom 15.11.2001, S. 5 ff., Rn. 13.

793 Vgl. Mitteilung der Kommission über die Anwendung der Vorschriften über staatliche Beihilfen auf den öffentlich-rechtlichen Rundfunk, ABl. C 320 vom 15.11.2001, S. 5 ff., Rn. 32 ff.

794 Vgl. Mitteilung der Kommission über die Anwendung der Vorschriften über staatliche Beihilfen auf den öffentlich-rechtlichen Rundfunk, ABl. C 320 vom 15.11.2001, S. 5 ff., Rn. 44 ff.; vgl. auch *Scheuer/Strothmann*, MMR 2001, S. 576 (580).

795 Vgl. Mitteilung der Kommission über die Anwendung der Vorschriften über staatliche Beihilfen auf den öffentlich-rechtlichen Rundfunk, ABl. C 320 vom 15.11.2001, S. 5 ff., Rn. 38.

796 Vgl. *Eberle*, AfP 2001, S. 477 (479).

(1) Entscheidung der Europäischen Kommission zu den Sparten- und Zielgruppenprogrammen „Phoenix" und „Kinderkanal"

Aufgrund der Beschwerde mehrerer privater Rundfunkanbieter beschäftigte sich die Europäische Kommission mit der Gründung der von ARD und ZDF gemeinsam veranstalteten Spartenprogramme Phoenix und Kinderkanal. Nach der Ansicht der Beschwerdeführer könnten einzelne Programmbereiche nicht mehr der Grundversorgung zugerechnet werden, so dass die Finanzierung über Rundfunkgebühren eine unzulässige Beihilfe gemäß Art. 87 Abs. 1 EG darstelle.[797]
Die Europäische Kommission sah in der Rundfunkgebühr für die Programme Kinderkanal und Phoenix tatbestandlich eine staatliche Beihilfe i.S.d. Art. 87 EG. Allerdings sei diese im allgemeinen wirtschaftlichen Interesse, da die Rundfunkgebühr einen Ausgleich für die von der Bundesrepublik festgelegten und übertragenen Dienstleistungen von allgemeinem und wirtschaftlichem Interesse darstellten. Somit seien die Anforderungen des Art. 86 Abs. 2 EG erfüllt. Aus diesem Grunde stellte die Europäische Kommission fest, dass die Bundesrepublik Deutschland ihre Kompetenz zur Bestimmung des Funktionsauftrages nicht missbraucht habe, als sie dem öffentlich-rechtlichen Rundfunk in § 19 Abs. 2 RfStV die Aufgabe zubilligte, Phoenix und den Kinderkanal zusätzlich zu veranstalten.
Zudem würden die für die beiden Kanäle gewährten Finanzmittel deren tatsächliche Kosten nicht überschreiten, was durch das deutsche Gebührenfestsetzungsverfahren mit der Überprüfung des Finanzbedarfs durch eine sachverständige Kommission (KEF) gewährleistet wird. Daher seien sie dem öffentlichen Auftrag als angemessen anzuerkennen.

(2) Exkurs: Rechtsprechung des EuGH

Der EuGH wertet Zuwendungen, die Unternehmen als Gegenleistungen für Verpflichtungen im öffentlichen Interesse zufließen, unter bestimmten Voraussetzungen nicht als Beihilfe.[798]
Der EuGH hat erstmals in seiner Altöl-Entscheidung[799] aus dem Jahr 1975 entschieden, dass ein Zuschuss keine Beihilfe darstelle, der Unternehmen gewährt wird, die Altöle sammeln und/oder beseitigen. Dieser Zuschuss sei als Ausgleich

---

797 Vgl. epd Kirche und Rundfunk 99/1996, S. 15 f.; Entscheidung der Europäischen Kommission, Staatliche Beihilfe Nr. NN 70/98 vom 24.2.1999, „Staatliche Beihilfe für die öffentlichen Fernsehprogramme „Kinderkanal" und „Phoenix"", ABl. C 238 vom 21. August 1999, S. 3.

798 Vgl. *Held/Schulz*, Europarechtliche Beurteilung von Online-Angeboten öffentlich-rechtlicher Rundfunkanstalten, S. 32.

799 Vgl. EuGH, Rs. C-240/83, „ADBHU", Slg. 1985, 531.

für die diesen Unternehmen obliegende Verpflichtung anzusehen, die ihnen vom Staat übertragen wurde.[800] Dabei dürfe aber der Zuschuss die ungedeckten, tatsächlich festgestellten jährlichen Kosten der Unternehmen unter Berücksichtigung eines angemessenen Gewinns nicht übersteigen.[801]
Der EuGH verfolgt hier im Gegensatz zur Europäischen Kommission die Tatbestandslösung, d.h. er verneint das tatbestandliche Vorliegen einer Beihilfe. Die Europäische Kommission folgt der Rechtfertigungslösung, d.h. sie nimmt tatbestandlich das Vorliegen einer Beihilfe an, bietet aber die Möglichkeit der Rechtfertigung.[802]

(a) Ferring-Entscheidung des EuGH

Der EuGH hat in der Ferring-Entscheidung vom 22. November 2001[803] hervorgehoben, dass aus der unterschiedlichen Behandlung von Unternehmen nicht automatisch auf das Bestehen eines Vorteils i.S.d. Beihilfebegriffs geschlossen werden könne.[804] An einem solchen Vorteil fehle es, wenn die unterschiedliche Behandlung aus systemimmanenten Gründen gerechtfertigt sei. Erst wenn die Leistungen die zusätzlichen Kosten überstiegen, die durch die Erfüllung der gemeinwirtschaftlichen Pflichten entstünden, liege eine Beihilfe vor.[805]

(b) Preussen Elektra-Entscheidung des EuGH

Im Preussen Elektra-Urteil vom 13. März 2001 ging es um die Abnahme- und Vergütungspflichten des Stromeinspeisungsgesetzes.[806] In seiner Entscheidung gelangt des EuGH zu einer restriktiven Interpretation des Tatbestandsmerkmals der staatlichen Mittelherkunft.[807] Dieser Auslegung zufolge genügt eine rein regulative Lenkung von Mitteln zwischen Unternehmen, d.h. eine solche, bei der es zu keiner Zwischenschaltung eines öffentlichen Haushalts im weiten Sinne kommt, nicht für die Annahme einer hoheitlichen Mittelübertragung.[808]
Die Belastung eines zwischengeschalteten öffentlichen Haushalts ist somit zwingend erforderlich.

---

800 Vgl. EuGH, Rs. C-240/83, „ADBHU“, Slg. 1985, 531, Rn. 18.
801 Vgl. EuGH, Rs. C-240/83, „ADBHU“, Slg. 1985, 531, Rn. 4, 13.
802 Vgl. *Koenig/Kühling*, in: Streinz, EUV/EGV, Art. 87, Rn. 12 f.
803 Vgl. EuGH, Rs. C-53/00, „Ferring“, Slg. 2001, I-9067.
804 Vgl. EuGH, Rs. C-53/00, „Ferring“, Slg. 2001, I-9067, Rn. 17 ff.
805 Vgl. EuGH, Rs. C-53/00, „Ferring“, Slg. 2001, I-9067, Rn. 20 f.
806 Vgl. EuGH, Rs. C-379/98, „PreussenElektra", Slg. 2001, I-2159.
807 Vgl. EuGH EuGH, Rs. C-379/98, „PreussenElektra", Slg. 2001, I-2159, Rn. 57 ff.
808 Vgl. *Koenig/Kühling*, ZUM 2001, S. 537 (541 f.).

Nach der Preussen-Elektra Entscheidung des EuGH wäre die Einordnung der-Rundfunkgebühr als Beihilfe abzulehnen. Bei der Gebühreneinziehung wird weder ein staatlicher Haushalt noch der einer zwischenstaatlichen, staatlich eingesetzten Einrichtung belastet. Die Rundfunkgebühren fließen vielmehr direkt von den Gebührenschuldnern in die Haushalte der Rundfunkanstalten, ohne dass sie zuvor in einen öffentlichen Haushalt gelangen und damit – zumindest vorübergehend – einer hoheitlichen Kontrolle unterliegen.[809] Daher scheidet bei konsequenter Umsetzung dieses Urteils eine Einordnung der Rundfunkgebühr als Beihilfe aus.

(c) Altmark-Trans-Entscheidung des EuGH

Ein Wandel in der Rechtsprechung des EuGH stellt seine Altmark-Trans-Entscheidung vom 24. Juli 2003 dar.[810] In dem Verfahren ging es um die Erteilung von Genehmigungen für Liniendienste mit Omnibussen im Landkreis Stendal durch das Regierungspräsidium an das Unternehmen „Altmark Trans GmbH“. Das Unternehmen erhält eine Komplementärfinanzierung durch die öffentliche Hand. Fraglich ist unter anderem, ob die Zuschüsse zum Defizitausgleich im öffentlichen Personennahverkehr dem Beihilfeverbot nach Art. 87 EG unterliegen. Diese Zuschüsse dienen der Erfüllung gemeinwirtschaftlicher Verpflichtungen wie einer ausreichenden Verkehrsbedienung und der Gewährung von Sondertarifen für bestimmte Gruppen von Reisenden.

Der EuGH hat in der Entscheidung vier Kriterien festgelegt, die vorliegen müssen, damit eine Gegenleistung für übernommene gemeinwirtschaftliche Pflichten nicht als Beihilfe anzusehen ist: Das erste betrifft die Art der Beauftragung, die letzten drei die Finanzierung:
„Erstens muss das begünstigte Unternehmen tatsächlich mit der Erfüllung gemeinwirtschaftlicher Verpflichtungen betraut sein, und diese Verpflichtungen müssen klar definiert sein.[811] [...]
Zweitens sind die Parameter, anhand deren der Ausgleich berechnet wird, zuvor objektiv und transparent aufzustellen, um zu verhindern, dass der Ausgleich einen wirtschaftlichen Vorteil mit sich bringt, der das Unternehmen, dem der Vorteil gewährt wird, gegenüber konkurrierenden Unternehmen begünstigt.[812] [...]
Drittens darf der Ausgleich nicht über das hinausgehen, was erforderlich ist, um die Kosten der Erfüllung der gemeinwirtschaftlichen Verpflichtungen unter Berücksichtigung der dabei erzielten Einnahmen und eines angemessenen Gewinns

809 Vgl. *Koenig/Kühling*, ZUM 2001, S. 537 (544 f.).
810 Vgl. EuGH, Rs. C-280/00, „Altmark Trans“, Slg. 2003, I-7747.
811 Vgl. EuGH, Rs. C-280/00, „Altmark Trans“, Slg. 2003, I-7747, Rn. 89.
812 Vgl. EuGH, Rs. C-280/00, „Altmark Trans“, Slg. 2003, I-7747, Rn. 90.

aus der Erfüllung dieser Verpflichtungen ganz oder teilweise zu decken. Nur bei Einhaltung dieser Voraussetzung ist gewährleistet, dass dem betreffenden Unternehmen kein Vorteil gewährt wird, der dadurch, dass er die Wettbewerbsstellung dieses Unternehmens stärkt, den Wettbewerb verfälscht oder zu verfälschen droht.[813]
Wenn viertens die Wahl des Unternehmens, das mit der Erfüllung gemeinwirtschaftlicher Verpflichtungen betraut werden soll, im konkreten Fall nicht im Rahmen eines Verfahrens zur Vergabe öffentlicher Aufträge erfolgt, das die Auswahl desjenigen Bewerbers ermöglicht, der diese Dienste zu den geringsten Kosten für die Allgemeinheit erbringen kann, so ist die Höhe des erforderlichen Ausgleichs auf der Grundlage einer Analyse der Kosten zu bestimmen, die ein durchschnittliches, gut geführtes Unternehmen, das so angemessen mit Transportmitteln ausgestattet ist, dass es den gestellten gemeinwirtschaftlichen Anforderungen genügen kann, bei der Erfüllung der betreffenden Verpflichtungen hätte. Die dabei erzielten Einnahmen und ein angemessener Gewinn aus der Erfüllung dieser Verpflichtungen sind zu berücksichtigen."[814]

(3) Entscheidungen der Europäischen Kommission nach der Ferring-Entscheidung des EuGH

Die Europäische Kommission sieht die Finanzierung des öffentlich-rechtlichen Rundfunk unter bestimmten Voraussetzungen als nicht beihilferelevant an, soweit die bereitgestellten Mittel die „zusätzlichen Nettokosten" für die Erfüllung des Auftrags der Rundfunkanstalten nicht überschreiten.[815]
In der Zeit zwischen der Ferring- und der Altmark-Trans-Entscheidung nimmt die Europäische Kommission für die Beurteilung des Verhältnisses von bereitgestellten Mitteln die Kriterien an, die sie vor der Ferring-Entscheidung in Bezug auf Art. 86 Abs. 2 EG aufgestellt hat – allerdings in abgewandelter Form.[816] Danach müsse die betreffende Dienstleistung von allgemeinem wirtschaftlichem Interesse und von dem Mitgliedstaat als solche klar definiert sein. Das betreffende Unternehmen müsse weiterhin von dem Mitgliedstaat ausdrücklich mit der Ausführung der Dienstleistung betraut sein. Letztlich dürften die bereitgestellten Mittel nicht die Nettokosten für die Erfüllung des öffentlichen Auftrags

---

813 Vgl. EuGH, Rs. C-280/00, „Altmark Trans", Slg. 2003, I-7747, Rn. 92.

814 Vgl. EuGH, Rs. C-280/00, „Altmark Trans", Slg. 2003, I-7747, Rn. 93.

815 Anders hatte die Kommission noch im Fall N 548/2001 vom 13.2.2002, „Belgien", C (2002) 446fin entschieden. Abrufbar unter http://europa.eu.int/comm/secretariat_general/sgb/state_aids/comp-2001/n-548-01_fr.pdf vom 16.12.2004.

816 Vgl. Mitteilung der Kommission über die Anwendung der Vorschriften über staatliche Beihilfen auf den öffentlich-rechtlichen Rundfunk, ABl. C 320 vom 15.11.2001, S. 5-11, Rn. 29.

überschreiten, wobei andere direkte und indirekte Einkünfte, die aus der Erfüllung der öffentlichen Aufgabe stammen, angerechnet würden.[817]

Nach dem Altmark-Trans-Urteil des EuGH übernimmt die Europäische Kommission die vom EuGH entwickelten Kriterien, die die Voraussetzung dafür sind, dass eine Gegenleistung für übernommene gemeinwirtschaftliche Pflichten nicht als Beihilfe anzusehen sei. In den bisher untersuchten Fällen (RAI[818], RTP[819], BBC Digital Curriculum[820], TV 2[821]) kommt die Europäische Kommission zu dem Ergebnis, dass eine Beihilfe tatbestandlich gegeben ist. Zum einen wird das zweite Kriterium, d.h. die vorherige objektive und transparente Festlegung der Parameter, auf deren Grundlage der Ausgleich berechnet wird, und zum anderen das vierte Kriterium, also die spezifische Auswahl des Empfängers durch ein Ausschreibungsverfahren oder eine Kostenanalyse, nicht erfüllt. Die Europäische Kommission prüft dann auf der Ebene der Ausnahmevorschrift des Art. 86 Abs. 2 EG die in der Mitteilung von 2001 aufgeführten Kriterien.[822]

---

817 Vgl. Entscheidung der Kommission im Fall N 631/2001 vom 22.5.2002, „BBC licence fee", C(2002)1886fin, Rn. 24 ff., abrufbar unter http://europa.eu.int/comm/secretariat/general/sgb/state_aids/comp-2001/n631-01.pdf vom 16.12. 2004.

818 Vgl. Entscheidung der Europäischen Kommission Az. K(2003)3528 vom 15.10.2003, „RAI", 2004/339/EG, abrufbar unter http://europa.eu.int/eur-lex/pri/de/oj/dat/2004/l_119/l_1192004 0423de00010025.pdf vom 16.12.2004.

819 Vgl. Entscheidung der Europäischen Kommission im Fall C 85/2001 (ex NN 133/B/01, NN 85/B/2001 and NN 94/B/99) vom 15.10.2003, „Portugal", abrufbar unter http://europa.eu.int/eur-lex/pri/en/oj/dat/2002/c_085/c_08520020409en00090025.pdf vom 16.12. 2004.

820 Vgl. Entscheidung der Europäischen Kommission im Fall N 37/2003 vom 1.10.2003, „BBC Digital Curriculum", C(2003)3371fin, abrufbar unter http://europa.eu.int/comm/secretariat_general/sgb/state_aids/comp-2003/n037-03.pdf vom 16.12. 2004.

821 Vgl. Entscheidung der Europäischen Kommission im Fall C 2/2003 (ex NN 22/2002) vom 25.5.2004, „TV2", abrufbar unter http://europa-kommissionen.dk/upload/application/0377c992/udl.pdf vom 16.12.2004.

822 Vgl. Entscheidung der Europäischen Kommission im Fall C 85/2001 (ex NN 133/B/01, NN 85/B/2001 and NN 94/B/99) vom 15.10.2003, „Portugal", abrufbar unter http://europa.eu.int/eur-lex/pri/en/oj/dat/2002/c_085/c_08520020409en00090025.pdf vom 16.12. 2004; Entscheidung der Europäischen Kommission Az. K(2003)3528 vom 15.10.2003, „RAI", 2004/339/EG Rn. 95 ff., abrufbar unter http://europa.eu.int/eur-lex/pri/de/oj/dat/2004/l_119/l_11920040423de00010025.pdf vom 16.12.2004; Entscheidung der Europäischen Kommission im Fall N 37/2003 vom 1.10.2003, „BBC Digital Curriculum", C(2003)3371fin, Rn. 39 ff., abrufbar unter http://europa.eu.int/comm/secretariat_general/sgb/state_aids/comp-2003/n037-03.pdf vom 16.12.2004; Entscheidung der Europäischen Kommission im Fall C 2/2003 (ex NN 22/2002) vom 25.5.2004, „TV2", abrufbar unter http://europa-kommissionen.dk/upload/application/0377c992/udl.pdf vom 16. 12.2004.

cc) Weißbuch der Europäischen Kommission zu Dienstleistungen der Daseinsvorsorge vom 12. Mai 2004

Die Europäische Kommission hat als Reaktion auf die Debatte über das Grünbuch zu Dienstleistungen von allgemeinem Interesse[823] ihre Schlussfolgerungen im Weißbuch zu Dienstleistungen der Daseinvorsorge vom 12. Mai 2004 niedergelegt.[824] Diese beziehen sich darauf, wie die Bereitstellung hochwertiger Dienstleistungen von allgemeinem Interesse in der Europäischen Union am geeignetsten gefördert werden können.[825]
Unter Bezugnahme auf das Amsterdamer Protokoll heißt es unter anderem im Weißbuch, dass im Bereich des Rundfunks der Bedeutung des öffentlichen Hör- und Fernsehfunks mit Blick auf die Bedürfnisse, die jede einzelne Gesellschaft hinsichtlich Demokratie und auf sozialem und kulturellem Gebiet habe, Rechnung zu tragen sei.

dd) Beschwerde des VPRT u.a. und ihre bisherigen Folgen

Grundlage des Streits zwischen der Generaldirektion Wettbewerb der Europäischen Kommission und der Bundesrepublik Deutschland waren mehrere Beschwerden diverser privater Wettbewerber, insbesondere des VPRT, wegen verschiedener Verhaltensweisen der öffentlich-rechtlichen Rundfunkanstalten seit Oktober 2002, u.a. wegen der Online-Aktivitäten der öffentlich-rechtlichen Rundfunkanstalten und wegen der Tätigkeiten ihrer Tochterunternehmen, in denen die privaten Konkurrenten wettbewerbsverzerrende Institutionen sehen, die aufgrund einer Quersubventionierung durch die gebührenfinanzierten Mutteranstalten zu günstigeren Bedingungen arbeiten können. Die Kommission hat daraufhin mit dem Schreiben vom 3. März 2005 ein Auskunftsersuchen an die Bundesrepublik Deutschland gestellt, das innerhalb von zwei Monaten beantwortet werden musste. Dies ist am 6. Mai 2005 geschehen. Hierbei handelt es sich um eine reine Vorprüfung und nicht um eine förmliches Verfahren.

---

823 Vgl. Grünbuch der Europäischen Kommission zu den Dienstleistungen von allgemeinem Interesse vom 21.5.2003; KOM (2003) 270 endg., abrufbar unter http://europa.eu.int/eur-lex/de/com/gpr/2003/com2003_0270de01.pdf vom 16. 12.2004.

824 Vgl. Weißbuch der Europäischen Kommission zu Dienstleistungen von allgemeinem Interesse vom 12.5.2004, KOM (2004) 374 endg., abrufbar unter http://europa.eu.int/eur-lex/de/com/wpr/ 2004/com2004_0374de01.pdf vom 16. 12.2004.

825 Vgl. *Held/Schulz*, Europarechtliche Beurteilung von Online-Angeboten öffentlich-rechtlicher Rundfunkanstalten, S. 30.

(1) Schreiben der Generaldirektion Wettbewerb der Europäischen Kommission[826]

Die Generaldirektion Wettbewerb geht in ihrem Schreiben[827] davon aus, dass die deutschen Rundfunkgebühren tatbestandlich Beihilfen darstellen.[828] Sie kommt zu der vorläufigen Auffassung, dass es sich bei den deutschen Rundfunkgebühren um staatliche Beihilfen handle, die nicht in jeder Hinsicht mit dem Gemeinsamen Markt vereinbar seien.[829] Allerdings könne durch zusätzliche Maßnahmen sichergestellt werden, dass die Bedenken ausgeräumt würden.[830] Hier werden vor allem die weitere Konkretisierung des öffentlichen Auftrags der öffentlich-rechtlichen Rundfunkanstalten und eine klare Beauftragung der Rundfunkanstalten genannt.

(2) Mitteilung der Bundesregierung an die Europäische Kommission[831]

Die Bundesregierung hat am 6. Mai 2005 auf die Anfrage aus Brüssel geantwortet. Die Stellungnahme wurde vom Bund und den innerstaatlich für den Rundfunk zuständigen Ländern unter Einholung sachverständiger Beratung gemeinsam erarbeitet.[832] Die Bundesregierung betont einerseits, dass die Finanzierung aus Rundfunkgebühren schon tatbestandlich keine Beihilfe darstelle.[833] Zur Begründung wird die neuere Rechtsprechung des EuGH[834] herangezogen.[835] Weiterhin wird klargestellt, dass es das Recht des Mitgliedstaats sei, den Ordnungsrahmen für den Rundfunk selbst zu bestimmen.
Andererseits erklärt sich die Bundesregierung bereit, bestimmte Anregungen der Generaldirektion Wettbewerb aufzugreifen, um die bestehenden Bedenken auszuräumen.[836] Allerdings wird deutlich gemacht, dass die vorgeschlagenen ge-

---

826 Schreiben der Generaldirektion Wettbewerb der Europäischen Kommission zur Finanzierung der öffentlich-rechtlichen Rundfunkanstalten in Deutschland und zur Vereinbarkeit des bestehenden Systems mit dem Gemeinsamen Markt (3. März 2005), abgedruckt, in: epd medien 21/2005, S. 2 ff.

827 Zugleich wurden Auskunftsersuchen zur Rundfunkfinanzierung an Irland und die Niederlande gestellt.

828 Vgl. Schreiben der Generaldirektion Wettbewerb, epd medien 21/2005, Rn. 111 ff.

829 Vgl. Schreiben der Generaldirektion Wettbewerb, epd medien 21/2005, Rn. 240 ff.

830 Vgl. Schreiben der Generaldirektion Wettbewerb, epd medien 21/2005, Rn. 244 ff.

831 Mitteilung der Bundesregierung an die Europäische Kommission, abgedruckt, in: FK 33/2005, S. 3 ff.

832 Vgl. *Anschlag*, FK 18/2005, S. 3 (3); *Dörr*, Media Perspektiven, 7/2005, S. 333 (336).

833 Vgl. Mitteilung der Bundesregierung, FK 7/2005, Rn. 271 ff.

834 Vgl. 3. Teil A 3 h) bb) (2).

835 Vgl. Mitteilung der Bundesregierung, FK 7/2005, Rn. 280 ff.

836 Vgl. Mitteilung der Bundesregierung, FK 7/2005, Rn. 3 ff.

setzgeberischen Maßnahmen nur „unter der Voraussetzung unterbreitet“ werden, dass damit alle Beihilfeverfahren ohne Rechtsstreit vor europäischen Gerichten zum Abschluss gebracht werden.[837]

(3) Stellungnahme

Nicht nur die Bundesrepublik sondern auch die Europäische Kommission sind an einer einvernehmlichen Lösung interessiert. Dies ist unter anderem in einem Interview mit *Philip Lowe*,[838] im „Jahrbuch Fernsehen 2005“ deutlich geworden. Hierfür spricht, dass so keine Entscheidung über die gegensätzlichen Auffassungen durch europäischen Gerichte gefällt werden muss. Es scheint, als ob sich beide Seiten vor einer gerichtlichen Auseinandersetzung mit einem unsicheren Ausgang scheuen. Zwar lässt das Schreiben der Kommission nahezu gänzlich eine überzeugende Auseinandersetzung mit der Rechtsprechung des EuGH vermissen,[839] dennoch besteht keine Gewissheit wie ein derartiger Rechtsstreit ausgehen würde. Deshalb sind von den öffentlich-rechtlichen Rundfunkanstalten die Online-Aktivitäten sowie die Tätigkeiten im Bereich von Produktion und Verwertung von Produktionsrechten bereits zurückgeführt worden.

i) Stellungnahme zu den Betrachtungen des europäischen Gemeinschaftsrechts

Es ist deutlich geworden, dass mittlerweile von allen Institutionen der Europäischen Gemeinschaft die besondere Rolle des Rundfunks für die Demokratie aber auch in kultureller und gesellschaftlicher Hinsicht anerkannt wird.
In vielerlei Hinsicht wird durch das europäische Gemeinschaftsrecht von den Mitgliedstaaten gefordert, dass diese den Programmauftrag des öffentlich-rechtlichen Rundfunks präzisieren müssen. Aufgrund der Auftragsdefinition berühren nach dem Amsterdamer Protokoll die europäischen Vorschriften nicht die Befugnis der Mitgliedstaaten, den öffentlich-rechtlichen Rundfunk zu finanzieren, sofern die Handels- und Wettbewerbsbedingungen in der Gemeinschaft nicht in einem Ausmaß beeinträchtigt werden, das dem gemeinsamen Interesse zuwiderläuft, wobei den Erfordernissen der Erfüllung des öffentlich-rechtlichen Auftrags Rechnung zu tragen ist. Für die Europäische Kommission bedeutet dies, dass sie bei der Kontrolle auf offensichtliche Fehler beschränkt ist, wenn sie die Beauftragung öffentlich-rechtlicher Rundfunkanstalten im Rahmen der Beihilfe-

[837] Vgl. Mitteilung der Bundesregierung, FK 7/2005, Rn. 407 ff.; vgl. auch *Lilienthal*, epd medien, 37/2005, S. 3.
[838] Generaldirektor für Wettbewerb der Europäischen Kommission.
[839] Vgl. *Hartstein/Ring/Kreile/Dörr/Stettner*, RfStV I, § 13 Rn. 52.

regeln prüft. Daraus folgt, dass die Prüfung der Europäischen Kommission weniger intensiv ausfällt, wenn der Auftrag von dem jeweiligen Mitgliedstaat präziser gefasst ist.

Die Notwendigkeit der Präzisierung des Auftrags ergibt sich jedoch aus der Anwendung der Kriterien der Altmark-Trans-Entscheidung durch die Europäische Kommission. Allerdings ist hier nicht abzusehen, ob die Europäische Kommission diese beibehält. In dem Entwurf eines „Gemeinschaftsrahmens für staatliche Beihilfen, die als Ausgleich für die Erbringung öffentlicher Dienstleistungen gewährt werden", sollen von diesem sämtliche Wirtschaftssektoren mit Ausnahme des öffentlich-rechtlichen Rundfunks und des Verkehrssektors erfasst werden.[840] Wie die Europäische Kommission in diesem Fall den öffentlich-rechtlichen Rundfunk behandeln will, bleibt offen.

Aus dem Streit zwischen der Europäischen Kommission und der Bundesregierung wird deutlich, dass die Bundesrepublik gut beraten ist, entsprechend der bisherigen Vorgaben, den Auftrag des öffentlich-rechtlichen Rundfunks so präzise wie möglich zu gestalten. Allerdings gibt auch dies keine endgültige Gewissheit, wie die Europäische Kommission künftig diese Fragen bewerten wird.

Mit Skepsis sind aber Aussagen, wie die des niedersächsischen Ministerpräsidenten *Christian Wulff* im Zusammenhang mit den Änderungen des NDR-StV vom 1./2. Mai 2005[841] zu betrachten. Wulff hatte einen stärkeren Einfluss der Politik auf den Rundfunk mit den „Anforderungen, die die EU-Kommission in Brüssel an den öffentlich-rechtlichen Rundfunk stellt" gerechtfertigt.[842] Forderungen nach verstärkter Kontrolle dürfen nicht unter dem Deckmantel von angeblichen Anforderungen des europäischen Gemeinschaftsrechts versteckt werden. Mit § 11 RfStV sind die Anforderungen des europäischen Gemeinschaftsrechts nicht zuletzt nach der Auffassung der Bundesregierung in Hinblick auf die Präzisierung des Programmauftrages erfüllt und insofern ist alles notwendige getan. Ein stärkerer staatlicher Einfluss könnte dazu führen, dass gegen die Rundfunkfreiheit der öffentlich-rechtlichen Rundfunkanstalten verstoßen wird. Die Rundfunkfreiheit kann und darf nicht für das europäische Gemeinschaftsrecht geopfert werden und schon gar nicht unter dem Vorwand, dass ein weiterer verstärkter Einfluss des Staates aufgrund des europäischen Gemeinschaftsrecht notwendig wäre.

Die Verpflichtung zur Präzisierung des Auftrags des öffentlich-rechtlichen Rundfunks könnte so zu verstehen sein, dass die Konkretisierung in vollem Um-

---

840 Vgl. *Bartosch*, EuZW 2004, S. 295 (299).
841 In Kraft getreten am 1. August 2005.
842 Vgl. *Frankfurter Allgemeine Zeitung* vom 4. Mai 2005, Nr. 103, S. 45.

fang durch ein Gesetz oder andere einseitige Anordnung geleistet werden müsse.[843] Hiergegen spricht, dass es den Mitgliedstaaten in diesem Falle unmöglich gemacht würde, den öffentlich-rechtlichen Rundfunk nach ihren Vorstellungen bestmöglich zu gestalten.[844] Regelungen, die eine durch ein dynamisches Miteinander staatlicher Rahmenregelungen und autonomer oder kooperativer Selbstregulierung der öffentlich-rechtlichen Rundfunkanstalten, bestehen würden, wären demnach ausgeschlossen. Dies würde jedoch dem europarechtlich anerkannten Gebot der Wahrung der Vielfalt der Kulturen und der nationalen Identität der Mitgliedstaaten widersprechen,[845] da schon heute beispielsweise Großbritannien ein System der Selbstregulierung entwickelt hat. Insofern ist jedem Mitgliedstaat nur die Gesamtverantwortung dafür zu übertragen, dass die Aufgaben des öffentlich-rechtlichen Rundfunks im Ergebnis in einer für alle transparenten Weise bestimmt sind und somit eine Grundlage für einen fairen Wettbewerb darstellen.[846] Insofern ist nach den Vorgaben des europäischen Gemeinschaftsrechts sowohl eine rein gesetzliche Regelung des Auftrages möglich als auch eine gesetzliche Rahmenregelung verbunden mit einem System der Selbstregulierung.

4. Stellungnahme und Ergebnis der Betrachtungen der Belange des öffentlich-rechtlichen Rundfunks

Die erheblichen Zweifel, die an der Erfüllung des Funktionsauftrages zum gegenwärtigen Zeitpunkt bestehen, die Abgrenzungsprobleme, die aufgrund der Digitalisierung auftreten und die Erfordernisse des Europäischen Gemeinschaftsrecht verdeutlichen die Notwendigkeit der Präzisierung des Funktionsauftrages.

Zudem schwindet auch in der Bevölkerung das Bild vom vorbildhaften, qualitativ hochwertigen öffentlich-rechtlichen Rundfunk.[847] Der öffentlich-rechtliche Rundfunk musste erhebliche Einbußen bei den Einschaltquoten hinnehmen.[848] Vor allem die junge Generation der 14- bis 29-Jährigen wendet sich vom öffentlich-rechtlichen Fernsehen ab.[849] Setzt sich dieser Trend ungebremst fort und werden immer mehr Altersgruppen von diesem Trend erfasst, würde der öffentlich-rechtliche Rundfunk seinen Funktionsauftrag nicht mehr erfüllen können.

---

843 Vgl. *Ukrow*, WiVerw 2003, S. 160 (163).

844 Vgl. *Ukrow*, WiVerw 2003, S. 160 (163).

845 Vgl. Art. 6 EU-Vertrag; Art. II-Präambel VVE.

846 Vgl. *Ukrow*, WiVerw 2003, S. 160 (163); *Bullinger*, Die Aufgaben des öffentlichen Rundfunks, S. 33; *Ress/Ukrow*, in: Grabitz/Hilf, EUV/EGV, Art. 151, Rn. 70 ff.

847 Vgl. *Hamm* (Hrsg.), Bericht zur Lage des Fernsehens, S. 41 f.

848 1999 hatten die ARD, ZDF und die Dritten Programme zusammen nur noch einen Marktanteil von 39,9 %, vgl. *Darschin*, Media Perspektiven 1999, S. 154 (155).

849 Vgl. *Brenner*, Zur Gewährleistung des Funktionsauftrages, S. 146.

Aus diesem Grunde ist es für die öffentlich-rechtlichen Rundfunksanstalten selbst ein ureigenes Interesse, in einem immer stärker durch wirtschaftlichen Wettbewerb geprägten Rundfunkmarkt ihre besondere Funktion und Aufgabe herauszuarbeiten. Auf diesem Wege können sie ihre Sonderstellung wahren und ihre Finanzierung aus Rundfunkgebühren sichern.

II. Betroffene Grundrechtspositionen anderer Grundrechtsträger

Durch den gebührenfinanzierten öffentlich-rechtlichen Rundfunk können verschiedene Grundrechtspositionen anderer Grundrechtsträger, namentlich der Rundfunkteilnehmer (1) und der privaten Konkurrenten der öffentlich-rechtlichen Rundfunkanstalten (2), betroffen und gegebenenfalls verletzt sein. Die Konkretisierung des Funktionsauftrages könnte ein wichtiges rechtliches Instrument zur Abgrenzung der konträren Grundrechtspositionen sein. (3) Anhand dieses Abgrenzungsmaßstabes könnten Grundrechtsverletzungen verhindert und benannt werden.

1. Grundrechtspositionen der Rezipienten

Die Rezipienten können durch die öffentlich-rechtlichen Rundfunkanstalten in ihren Grundrechtspositionen, zum einen in Hinblick auf ein mögliches Recht auf Ausstrahlung eines bestimmten Programms (a) und zum anderen in Hinblick auf ihr Interesse, möglichst geringe Gebühren zu zahlen (b), berührt sein.

a) Recht auf Ausstrahlung eines bestimmten Rundfunkprogramms

Ein entsprechendes Recht könnte sich aus der Informationsfreiheit oder der Rundfunkfreiheit der Rezipienten ergeben.

aa) Informationsfreiheit gemäß Art. 5 Abs. 1 Satz 1 Halbsatz 2 GG

Der Grundrechtsschutz des Rezipienten folgt grundsätzlich aus der Informationsfreiheit gemäß Art. 5 Abs. 1 Satz 1 Halbsatz 2 GG.[850] Der Einzelne hat das Recht, sich ungehindert aus allgemein zugänglichen Quellen zu unterrichten.[851]

---

[850] Vgl. BVerfGE 79, 29 (42 f.); BVerfGE, NJW 1990, S. 311; BVerwGE, DVBl. 1978, S. 640.

[851] Vgl. BVerfGE 90, 27 (32); *Degenhart*, in: Dolzer/Vogel/Graßhof (Hrsg.), BK, Art. 5, Rn. 320.

Hierbei handelt es sich um ein reines Abwehrrecht, das den Staat oder eine öffentlich-rechtliche Körperschaft nicht zwingt, allgemein zugängliche Informationsquellen einzurichten.[852] Der Rundfunkteilnehmer kann daher in aller Regel nicht verlangen, dass ihm eine Rundfunkanstalt eine bestimmte Information übermittelt.[853] Der Rundfunkteilnehmer kann also die Veranstaltung eines bestimmten Programms nicht deshalb verlangen, weil er ein Informationsinteresse an einem bestimmten Programm oder Inhalt hat.[854] Nur in Ausnahmefällen kann der Rezipient einen Anspruch auf die Übermittlung bestimmter Informationen und Inhalte haben. Dies ist der Fall, wenn die Information eine überragende Bedeutung hat. Bislang wurde noch in keinem Fall eine überragende Bedeutung angenommen. Auch bei der Übertragung von Sportveranstaltungen wurde eine überragende Bedeutung verneint.[855]
Daher hat der einzelne Rezipient kein subjektives Recht, ein bestimmtes Programm von den öffentlich-rechtlichen Rundfunkanstalten einzufordern.

bb) Rundfunkfreiheit gemäß Art. 5 Abs. 1 Satz 2 GG

Grundsätzlich kann sich der Rezipient nicht auf die Rundfunkfreiheit, sondern nur auf seine Informationsfreiheit berufen.[856] Dennoch könnten aufgrund der besonderen Konzeption der Rundfunkfreiheit als dienende Freiheit die Interessen der Rezipienten in der Weise zu beachten sein, dass der Gesetzgeber diese Interessen bei der Ausgestaltung der Rundfunkordnung beachten muss.
Der öffentlich-rechtliche Rundfunk dient der freien individuellen und öffentlichen Meinungsbildung. In diesem Zusammenhang ist er auch verpflichtet, die Interessen und Bedürfnisse der Rezipienten zu beachten.[857] Hierbei handelt es sich jedoch um eine objektive Verpflichtung, die nicht mittels subjektiver Rechte der Rezipienten durchgesetzt werden kann.[858] Ein Anspruch auf die Ausstrahlung bestimmter Inhalte besteht nicht.

---

852 Vgl. BVerfGE 27, 71 (84); *Herzog*, in: Maunz/Dürig, GG, Art. 5, Rn. 101.
853 Vgl. BVerwG, DVBl. 1978, S. 640.
854 Vgl. *Herrmann*, AöR 90 (1965), S. 286 (326), Fn. 216.
855 Vgl. BVerwG, DVBl. 1978, S. 640.
856 Vgl. BVerfGE 79, 29 (42 f.); BVerfGE, NJW 1990, S. 311; BVerwGE, DVBl. 1978, S. 640.
857 Siehe 3. Teil A I 1 a) aa).
858 Vgl. *Degenhart*, in: Dolzer/Vogel/Graßhof (Hrsg.), BK, Art. 5, Rn. 723.

b) Mögliche Ansprüche in Hinblick auf die Rundfunkgebühr

Der Rezipient könnte möglicherweise einen Anspruch haben, Informationen kostenlos zu erhalten. Ist dies nicht der Fall, könnte er zumindest einen Anspruch haben, möglichst breite, qualitativ hochwertige Programme für eine möglichst niedrige Gebühr zu erhalten.

aa) Informationsfreiheit gemäß Art. 5 Abs. 1 Satz 1 Halbsatz 2 GG

Art. 5 Abs. 1 Satz 1 Halbsatz 2 GG enthält keine Garantie kostenloser Information.[859] Deshalb ist die Gebührenfinanzierung der Angebote und Programme des öffentlich-rechtlichen Rundfunks kein Verstoß gegen die Informationsfreiheit der Rezipienten.
Staatlich festgesetzte Entgelte für die Rundfunknutzung könnten die Informationsfreiheit verletzten, wenn sie darauf abzielten oder wegen ihrer Höhe objektiv dazu geeignet wären, nutzungswillige Interessenten von Informationen aus bestimmten Quellen fernzuhalten. Hierfür liegen keine Hinweise vor, so dass sich aus Art. 5 Abs. 1 Satz 1 Halbsatz 2 GG kein Anspruch auf einen Rundfunk ohne Gebührenzahlung ergibt.

bb) Eigentumsgarantie, Art. 14 Abs. 1 GG

Das Eigentumsrecht der Rezipienten könnte verletzt sein, wenn der Schutz vor Entrichtung einer Rundfunkgebühr in den Schutzbereich des Art. 14 Abs. 1 GG fällt. Die Entrichtung der Rundfunkgebühr ist nicht mittels eines bestimmten Eigentumsobjekts zu erfüllen, sondern aus dem fluktuierenden Vermögen. Das Vermögen wird nicht von Art. 14 Abs. 1 GG geschützt,[860] so dass sich ein Schutz vor der Entrichtung von Rundfunkgebühren nicht aus Art. 14 Abs. 1 GG ergibt.

cc) Allgemeine Handlungsfreiheit, Art. 2 Abs. 1GG

Mangels eines speziellen Grundrechtsschutzes fällt der Schutz vor ungerechtfertigt, staatlich auferlegten Gebühren in den Schutzbereich des Art. 2 Abs. 1 GG. Die Verpflichtung zur Entrichtung der Rundfunkgebühr aus §§ 2 Abs. 2 i.V.m. 1 Abs. 1 und 2 RfGebStV, wonach jeder Rundfunkteilnehmer für jedes von ihm zum Empfang bereitgehaltene Rundfunkempfangsgerät eine Grundgebühr und

859 Vgl. BVerfG, DVBl. 2000, S. 39.
860 Vgl. BVerfGE 4, 7 (17); 19, 253 (267 f.); 78, 249 (284); a.A. Starck, AöR 92 (1967), S. 449 (462); *Papier*, in: Maunz/Dürig, GG, Art. 14, Rn. 165 ff.

für das Bereithalten jedes Fernsehgerätes jeweils zusätzlich eine Fernsehgebühr zu Entrichten hat, greift in die allgemeine Handlungsfreiheit nach Art. 2 Abs. 1 GG ein.

Nach Auffassung des Bundesverfassungsgerichts ist eine Heranziehung zur Zahlung der Rundfunkgebühr solange verfassungskonform, wie die Sozialverträglichkeit der Rundfunkgebühr gegeben ist.[861] Die Gewährung von Befreiungen nach § 6 RfGebStV und die Privilegierung der privaten Haushalte nach § 5 RfGebStV bewirken die Sozialverträglichkeit der Rundfunkgebühr.[862]

Die Rundfunkgebühr ist zudem nur dann verfassungsgemäß, wenn die öffentlich-rechtlichen Rundfunkanstalten sich auf ihre funktionsnotwendige Tätigkeit beschränken.[863] Dies soll durch das neue Gebührenfestsetzungsverfahren[864] gewährleistet werden. Dies ist in Hinblick auf den Prüfungsumfang der KEF problematisch:[865]
Grundsätzlich entscheidet die Rundfunkanstalt aufgrund der Rundfunkfreiheit über das veranstaltete Programm, die KEF kann jedoch hinsichtlich der Höhe den Einwand erheben, dass bei der Programmgestaltung nicht die Grundsätze von Wirtschaftlichkeit und Sparsamkeit eingehalten wurden.[866] Auf der einen Seite ist die Rundfunkanstalt an diese Grundsätze gebunden, auf der anderen Seite eröffnen diese Begriffe aber einen weiten Beurteilungsspielraum.[867] Dieser Beurteilungsspielraum ist aufgrund der Gefahr, die von der Bedarfsprüfung durch die KEF im Vorfeld für die Rundfunkfreiheit ausgeht, verfassungskonform zu interpretieren, so dass die KEF die Einschätzungsprärogative der Rundfunkanstalten zu respektieren hat.[868] Damit erkennt die KEF im Normalfall ein Programm als „funktionsnotwendig" an, wenn es vom binnenpluralen Rundfunkrat gebilligt worden ist.[869] Hier wird das Problem des neuen Systems deutlich, denn das Bundesverfassungsgericht hatte ein neues Verfahren gerade deshalb gefordert, weil nach seiner Auffassung vom Rundfunkrat nicht mit hinreichender Sicherheit erwartet werden könne, dass die Rundfunkgebührenzahler in ihren Interessen ausreichend geschützt werden.

---

861 Vgl. BVerfGE 90, 60 (90 ff.); BVerfGE, NJW 2000, S. 649.

862 Vgl. *Göhmann/Siekmann*, in: Beck´scher Kommentar zum Rundfunkrecht, § 5 RfGebStV Rn. 10.

863 Siehe 1. Teil C II 7 c), d).

864 Siehe 1. Teil C II 7.

865 Siehe 1. Teil C II 7 d).

866 Vgl. *Hesse*, Rundfunkrecht, 7.144.

867 Vgl. *Hesse*, Rundfunkrecht, 7.144.

868 Vgl. *Goerlich*, ZUM 1996, S. 390 ff.; *Libertus*, ZUM 1996, S. 947 ff.; *Bethge*, Die verfassungsrechtliche Position des öffentlich-rechtlichen Rundfunks in der dualen Rundfunkordnung, S. 77 f.; *Hesse*, Rundfunkrecht, 7.144.

869 Vgl. *Bullinger*, Die Aufgaben des öffentlich-rechtlichen Rundfunks, S. 21.

Ein Verstoß gegen die allgemeine Handlungsfreiheit läge also vor, wenn die Gebührenfinanzierung sich nicht im Rahmen des Funktionsnotwenigen hält. Ein präzise gefasster Funktionsauftrag kann die Position des Rezipienten im Verfahren der Gebührenfestsetzung stärken und zu einer Einhaltung seiner Interessen beitragen. Er bietet einen kontrollfähigen Maßstab, anhand dessen die KEF beurteilen kann, welche Programme funktionsnotwendig sind. Insofern ist die KEF dann nicht mehr allein auf die Auffassung der Rundfunkräte angewiesen und kann auch nach materiellen Maßstäben urteilen. So wird verhindert, dass die Gebührenfinanzierung möglicherweise gegen Art. 2 Abs. 1 GG verstößt.

Die Beeinträchtigung der allgemeinen Handlungsfreiheit der Rezipienten durch die Rundfunkfreiheit ist insoweit verhältnismäßig, als die öffentlich-rechtlichen Rundfunkanstalten mit den Rundfunkgebühren ihren verfassungsgemäßen Auftrag erfüllen. Insofern wird hierdurch die freie individuelle und öffentliche Meinungsbildung gefördert, die gegenüber der allgemeinen Handlungsfreiheit überwiegt.
Dies gilt allerdings nur, solange die öffentlich-rechtlichen Rundfunkanstalten sich innerhalb der Grenzen ihres Funktionsauftrages bewegen. Überschreiten sie diese Grenzen, ist kein Grund ersichtlich, warum sie durch die „Zwangsgebühren" privilegiert werden sollten.

2. Grundrechtspositionen der privaten Konkurrenten

Zu prüfen ist, ob durch die gebührenfinanzierten öffentlich-rechtlichen Rundfunkanstalten die privaten Konkurrenten derselben in ihrer Rundfunkfreiheit (a), ihrer Berufsfreiheit (b) und ihrer allgemeinen Handlungsfreiheit (c) verletzt sein könnten.

a) Rundfunkfreiheit der privaten Rundfunkveranstalter gemäß Art. 5 Abs. 1 Satz 2 GG

Die privaten Rundfunkveranstalter sind spätestens mit der Entscheidung des Gesetzgebers, sie zuzulassen, Träger der Rundfunkfreiheit nach Art. 5 Abs. 1 Satz 2 GG.[870] Sie dienen ebenfalls der Meinungs- und Informationsfreiheit der Rezipienten und erfüllen somit auch die öffentliche Aufgabe des Rundfunks.[871] Sowohl der bereits zugelassene private Rundfunkveranstalter als auch derjenige,

[870] Siehe 1.Teil C I.
[871] Vgl. BVerfGE 83, 238 (315).

der die Zulassung zum Rundfunk beantragt, unterfallen dem Schutz der Rundfunkfreiheit.[872]

Fraglich ist, ob ein Eingriff vorliegt. Bei der Beantwortung dieser Frage ist die besondere Konzeption der Rundfunkfreiheit zu beachten.[873]
Nach der Rechtsprechung des Bundesverfassungsgerichts bedarf die Rundfunkfreiheit der Ausgestaltung durch den Gesetzgeber.[874] Für den Grundrechtsträger ist der rundfunkspezifische Ausgestaltungsvorbehalt von erheblicher Bedeutung. Der Ausgestaltungsvorbehalt betrifft die Gewährleistungsseite des Grundrechts, also seinen Inhalt. Deshalb kann es, solange und soweit der Gesetzgeber das Grundrecht der Rundfunkfreiheit noch nicht ausgestaltet hat, nach der Verfassungslage keine Freiheitsentfaltung der öffentlich-rechtlichen oder privaten Rundfunkunternehmen geben.[875] Dies ist wiederum in der Konzeption der Rundfunkfreiheit als dienende Freiheit begründet. Regelungen, die die dienende Funktion des Rundfunks stützen und gewährleisten, sind keine Grundrechtsbeschränkungen, die am Maßstab des Art. 5 Abs. 2 GG zu beurteilen wären, sondern gehören zum Bereich der Ausgestaltung der Rundfunkfreiheit.[876]
Mit der positiven Ordnung hat der Gesetzgeber dafür Sorge zu tragen, dass die Vielfalt der bestehenden Meinungen im Rundfunk in möglichst großer Breite und Vollständigkeit Ausdruck findet und auf diese Weise umfassende Information ermöglicht wird.[877] Das Rundfunkrecht hat die Aufgabe, den spezifischen Gefahren vorzubeugen, die sich zum einen bei einem rein marktmäßigen Rundfunk und zum anderen bei einem Staatsrundfunk ergäben.
Die Übertragung der Grundversorgungsaufgabe auf den öffentlich-rechtlichen Rundfunk soll eine freie individuelle und öffentliche Meinungsbildung ebenso sichern wie dessen Gebührenfinanzierung. Hierdurch soll der staatsferne öffentlich-rechtliche Rundfunk ohne den wirtschaftlichen Druck, der aus der Werbefinanzierung entsteht, seinen verfassungsrechtlichen Auftrag erfüllen.[878]
Daraus folgt, dass in dem gebührenfinanzierten öffentlich-rechtlichen Rundfunk kein Eingriff in die Rundfunkfreiheit der privaten Konkurrenten vorliegt, solange dieser im Rahmen seiner ihm übertragenen Aufgabe handelt. In diesem Fall handelt es sich um eine Ausgestaltung der Rundfunkfreiheit.

---

872 Vgl. *Bethge*, in: Sachs, GG, Art. 5, Rn. 110 f.
873 Siehe zur Abgrenzung von Eingriffs- und Ausgestaltungsregelungen im Einzelnen auch 3.Teil B I 1.
874 Siehe 1. Teil B I 4 a) aa).
875 Siehe 1. Teil B I 4 a) bb).
876 Siehe 1. Teil B I 4 a) bb).
877 Siehe 1. Teil B I 4 a) aa).
878 Siehe 1.Teil C II 1 a).

Eine Ausgestaltungsregelung ist verfassungsgemäß, wenn sie zum einen hinreichend bestimmt und zum anderen geeignet ist, für die gleichgewichtige Vielfalt Sorge zu tragen und damit das zu bewirken, was durch Art. 5 Abs. 1 Satz 2 GG gewährleistet ist.[879] Dies ist gerade Sinn und Zweck des gebührenfinanzierten öffentlich-rechtlichen Rundfunks, wenn er sich im Rahmen seines verfassungsgemäßen Auftrags bewegt, so dass die entsprechenden gesetzlichen Regelungen auch eine verfassungsgemäße Ausgestaltung darstellen.
Ein Eingriff liegt dann vor, wenn der öffentlich-rechtliche Rundfunk außerhalb seiner Aufgabe, also außerhalb der Grenzen des Funktionsauftrages handelt. Ein derartiger Eingriff wäre nicht als verfassungsrechtlich gerechtfertigt anzusehen, weil kein Grund für die Privilegierung des öffentlich-rechtlichen Rundfunks ersichtlich ist, wenn er nicht im Rahmen seines Funktionsauftrags handelt.
Damit ist der Funktionsauftrag entscheidendes Kriterium für die Abgrenzung, ob im konkreten Fall ein verfassungswidriger Eingriff in die Rundfunkfreiheit der privaten Rundfunkanbieter oder lediglich eine zulässige Ausgestaltungsregelung der Rundfunkfreiheit vorliegt.

b) Wirtschaftliche Freiheiten

Bezüglich der wirtschaftlichen Freiheiten privater Konkurrenzunternehmen ist zwischen Konkurrenten mit Tätigkeit im Bereich des Rundfunks und Konkurrenten mit Tätigkeit außerhalb des Bereichs des Rundfunks zu differenzieren. In beiden Fällen kann die Berufsfreiheit der privaten Konkurrenten der öffentlich-rechtlichen Rundfunkunternehmen betroffen sein, soweit es um Fragen des Zugangs zu der Tätigkeit, der Tätigkeit in ihrer Erwerbsgerichtetheit oder der wirtschaftlichen Chancen der privaten Konkurrenten geht. Insoweit greift tatbestandlich die Berufsfreiheit und die Wettbewerbsfreiheit nach Art. 12 Abs. 1 GG.[880]

Fraglich ist zunächst das Verhältnis zwischen Art. 5 Abs. 1 Satz 2 GG und Art. 12 Abs. 1 GG für die Fälle, in denen auch der Konkurrent im Bereich des Rundfunks tätig ist, da er sowohl dem Schutzbereich des Art. 5 Abs. 1 Satz 2 GG als auch des Art. 12 Abs. 1 GG unterfällt. Soweit die Rundfunkfreiheit nach Art. 5 Abs. 1 Satz 2 GG die wirtschaftliche Betätigung umfassend schützt, die differenzierte Schrankenregelung des Abs. 2 hierbei zu weitergehendem Grundrechtsschutz führt, stellt Art. 5 Abs. 1 Satz 2 GG die speziellere Norm gegenüber Art. 12 Abs. GG dar. Soweit Regelungen mit berufsregelnder Tendenz den

---

879 Vgl. *Gersdorf*, in: Eberle/Rudorf/Wasserburg, Mainzer Rechtshandbuch, Kap. III Rn. 14.

880 Vgl. *Degenhart*, in: Dolzer/Vogel/Graßhof (Hrsg.), BK, Art. 5, Rn. 940, 942; a.A. zur Einordnung der Wettbewerbsfreiheit *Gubelt*, in: v.Münch/Kunig, GG, Art. 12, Rn. 93.

Rundfunk spezifisch betreffen, ist von Idealkonkurrenz zwischen Art. 5 Abs. 1 Satz 2 GG und Art. 12 Abs. 1 GG auszugehen.[881]

Konkurrenten mit Tätigkeit außerhalb des Rundfunks können mit den öffentlich-rechtlichen Rundfunkanstalten beispielsweise auf dem Gebiet der Online-Aktivitäten oder im rein wirtschaftlichen Bereich wie etwa im Produktionsbereich in Konkurrenz stehen. Hierunter fallen zum Beispiel Presseunternehmen, Produktionsgesellschaften oder Anbieter sonstiger Informations- und Kommunikationsdienste. Diese Konkurrenten können sich, da sie nicht im Rundfunkbereich tätig sind, nicht auf Art. 5 Abs. 1 Satz 2 GG berufen. Durch die Tätigkeit des gebührenfinanzierten öffentlich-rechtlichen Rundfunks können sie aber in ihrer Berufsfreiheit und ihrer Wettbewerbsfreiheit nach Art. 12 Abs. 1 GG verletzt sein.

Die Konkurrenten können neben natürlichen Personen auch in- und ausländische juristische Personen des Privatrechts sein. Art. 12 Abs. 1 GG schützt die Berufsfreiheit der Deutschen. Geschützt werden daher nur Deutsche i.S.d. Art. 116 GG. Die berufliche Tätigkeit von ausländischen natürlichen Personen wird allein über Art. 2 Abs. 1 GG geschützt.[882] Allerdings müssen im Hinblick auf Art. 12 EG EU-Bürger Deutschen beim Grundrechtsschutz gleichgestellt werden.[883] Hierzu ist es allerdings nicht nötig, dass entgegen des eindeutigen Wortlauts des Grundgesetzes die EU-Bürger zu Grundrechtsträgern des Art. 12 Abs. 1 GG gemacht werden, wie es teilweise mit Hinblick auf die Rechtssprechung des EuGH[884] gefordert wird.[885] Den Anforderungen des Europarechts wird in der Weise Rechnung getragen, dass die EU-Bürger dem Schutz des Art. 2 Abs. 1 GG unterliegen und die Schranken des Art. 12 GG auf Art. 2 Abs. 1 GG übertragen werden.[886]
Sind die Unternehmen als juristische Personen des Privatrechts organisiert, unterfallen sie gemäß Art. 19 Abs. 3 GG als Inländer dem Schutzbereich des Art. 12 Abs. 1 GG und als Ausländer dem Schutz des Art. 2 Abs. 1 GG.

---

881 Vgl. *Starck*, in: v.Mangoldt/Klein/Starck, GG, Art. 5, Rn. 310, *Degenhart*, in: Dolzer/Vogel/Graßhof (Hrsg.), BK, Art. 5, Rn. 940, 942; a.A. *Scholz*, in: Maunz/Dürig, GG, Art. 12, Rn. 161 ff.

882 Vgl. BVerfGE 35, 382 (399 f.); 78, 179 (196 f.); *Tettinger*, in: Sachs, GG, Art. 12 Rn. 18.

883 Vgl. *Breuer*, in: HStR VI, § 147 Rn. 21.

884 Vgl. *Gravier*-Entscheidung, EuGH Slg. 1985, 593 (606 ff.); EuGH Slg. 1988, 5445 (5454 ff.).

885 Dieses erwägend *Wieland*, in: Dreier I, GG, Art. 19 Abs. 3, Rn. 14.

886 Vgl. *Manssen*, in: v. Mangoldt/Klein/Starck, GG, Art. 12, Rn. 260; *Tettinger*, in: Sachs, GG, Art. 12, Rn. 20 f.; kritisch auch *Hain*, DVBl. 2002, S. 148 (156), im Ergebnis allerdings eine Grundgesetzänderung fordernd.

Ein mittelbarer Eingriff in die Berufsfreiheit der Unternehmer kann nach Intensität und Typizität vorliegen, denn durch den gebührenfinanzierten öffentlich-rechtlichen Rundfunk können erhebliche und schwerwiegende Beeinträchtigungen der Berufsfreiheit und der Wettbewerbsfreiheit der Konkurrenten eintreten. Diese können sogar im Einzelfall im Sinne der Drei-Stufen-Theorie als objektive Berufswahlregelungen gewertet werden, d.h. die Eingriffsgründe liegen außerhalb der Person des Betroffenen und sind von ihr auch nicht zu beeinflussen.[887]

Die Verhältnismäßigkeit der Maßnahme richtet sich nach der Intensität des Eingriffs. Eine objektive Zulassungsschranke ist nur gerechtfertigt, wenn sie zur Abwehr nachweisbarer oder höchstwahrscheinlicher schwerer Gefahren für ein überragend wichtiges Gemeinschaftsgut notwendig sind.[888] Liegen diese Voraussetzungen der schwersten Eingriffsstufe vor, sind erst recht Eingriffe auf einer niedrigeren Stufe gerechtfertigt.

Die Gebührenfinanzierung ist nach der Rechtssprechung des Bundesverfassungsgerichts die dem öffentlich-rechtlichen Rundfunk gemäße Art der Finanzierung, um die Erfüllung seiner Funktion sicherzustellen. Der öffentlich-rechtliche Rundfunk ist Garant dafür, dass der Rundfunk der freien individuellen und öffentlichen Meinungsbildung dient. Die freie individuelle und öffentliche Meinungsbildung ist schlechthin konstituierend für die freiheitlich demokratische Grundordnung und somit ein überragend wichtiges Gemeinschaftsgut. Wird die Funktionsfähigkeit des öffentlich-rechtlichen Rundfunks hinsichtlich der Erfüllung seiner verfassungsgemäßen Aufgabe verhindert, stellt dies eine schwerwiegende Gefährdung der freien individuellen und öffentlichen Meinungsbildung und damit letztlich auch für die freiheitlich demokratische Grundordnung dar.
Allerdings ist dies nur der Fall, wenn der öffentlich-rechtliche Rundfunk seinen verfassungsrechtlichen Auftrag erfüllt. Handelt er außerhalb der Grenzen seines Funktionsauftrages, leistet er keinen besonders schützenswerten Beitrag zur freien individuellen und öffentlichen Meinungsbildung, der eine derart wichtige Bedeutung für die freiheitlich demokratische Grundordnung hat. Vielmehr ist sein Beitrag dann als gleichwertig mit dem der privaten Konkurrenz zu bewerten. In diesem Fall besteht keine Rechtfertigung, den Beitrag des öffentlich-rechtlichen Rundfunks durch die Gebührenfinanzierung zu privilegieren.
Abschließend lässt sich festhalten, dass die Verhältnismäßigkeit der Gebührenfinanzierung davon abhängt, ob der öffentlich-rechtliche Rundfunk im Rahmen

---

[887] Siehe zur Dreistufentheorie BVerfGE 7, 377 ff. – Apothekenurteil und bspw. *Wieland*, in: Dreier, GG, Art. 12, Rn. 74 ff., 107 ff.; *Gubelt*, in: v.Münch/Kunig, GG, Art. 12, Rn. 44 ff.; *Pieroth/Schlink*, Grundrechte, Rn. 825 ff.

[888] Vgl. *Wieland*, in: Dreier, GG, Art. 12, Rn. 133 f.; *Tettinger*, in: Sachs, GG, Art. 12, Rn. 106.

seines Funktionsauftrages gehandelt hat. Dann ist ein Eingriff auf jeder Stufe der Berufsfreiheit der öffentlich-rechtlichen Rundfunkanstalten verfassungsrechtlich gerechtfertigt. Für ein überwiegen der Interessen der öffentlich-rechtlichen Rundfunkanstalten gegenüber denen der privaten Konkurrenz auf einer niedrigeren Eingriffsstufe sind für den Fall, dass der öffentlich-rechtliche Rundfunk außerhalb der Grenzen seines Auftrages handelt, keine Argumente ersichtlich. Vielmehr sind in diesem Fall die Interessen als gleichgewichtig zu erachten und es liegt kein Grund für die Privilegierung der öffentlich-rechtlichen Rundfunkanstalten vor.

Die Wettbewerbsfreiheit eines Konkurrenten gilt dann als verletzt, wenn eine unzulässige Subventionierung zu einer unerträglichen Wettbewerbsverzerrung oder zu einer willkürlichen Vernachlässigung der schutzwürdigen Interessen des Konkurrenten führt.[889] Die private Konkurrenz ist vollständig auf Wirtschaftseinnahmen, insbesondere auf Werbeeinnahmen angewiesen, wohingegen der öffentlich-rechtliche Rundfunk von öffentlichen Mitteln in Gestalt von Rundfunkgebühren profitiert. Diese sind zwar keine Subventionen, aber unter den gleichen Voraussetzungen als zulässig anzusehen. Der öffentlich-rechtliche Rundfunk kann seinem verfassungsgemäßen Auftrag nur nachkommen, wenn seine Finanzierung gesichert ist.

Der öffentlich-rechtliche Rundfunk ist nach Ansicht des Bundesverfassungsgerichts finanziell in den Stand zu setzen, der es ihm ermöglicht, die ihm zukommende Aufgabe zu erfüllen.[890] Damit ist für die Feststellung einer Verletzung der allgemeinen Handlungsfreiheit der privaten Konkurrenten die Frage entscheidend, ob der öffentlich-rechtliche Rundfunk innerhalb der Grenzen des Funktionsauftrages handelt.
Ist dies der Fall, ist das Vorgehen zulässig durch die Rundfunkgebühren finanziert. Liegt das Handeln jedoch außerhalb dieser Grenzen, liegt eine unzulässige Gebührenfinanzierung vor. Die Rundfunkgebühren werden dann zweckwidrig zur Unterbietung privater Konkurrenz eingesetzt, so dass ein Wettbewerbsverstoß vorliegt, der zu einer unzulässigen „Subventionierung" und damit zu einer Wettbewerbsverzerrung führt.[891] Damit wäre das Handeln nicht mehr als rechtlich unbedenklicher, lauterer Wettbewerb einzustufen[892] und ein Grundrechts-

---

889 Grundlegend BVerwGE 30, 191 (196 f.); siehe auch *Bullinger*, Die Aufgabe des öffentlichen Rundfunks, S. 22; *Huber*, Konkurrenzschutz im Verwaltungsrecht, S. 135 ff.

890 Siehe 1. Teil C II 7 a).

891 Vgl. *Bullinger*, Die Aufgabe des öffentlichen Rundfunks, S. 22; *Huber*, Konkurrenzschutz im Verwaltungsrecht, S. 135; *Grundmann*, Die öffentlich-rechtlichen Rundfunkanstalten im Wettbewerb, S. 129 ff.; *Ladeur*, AfP 1998, S. 141 (146 f.).

892 Vgl. *Ukrow*, WiVerw 2003, S. 160 (165).

verstoß gegen die Wettbewerbsfreiheit der privaten Konkurrenten nach Art. 12 Abs. 1 GG läge vor.

3. Ergebnis und Bewertung

Als Ergebnis der Betrachtung der Grundrechtspositionen Dritter lässt sich festhalten, dass eine Grundrechtsverletzung Dritter in verschiedenen Fällen in Betracht kommt. Allerdings hängt diese jedes Mal davon ab, ob der öffentlich-rechtliche Rundfunk innerhalb der Grenzen seines Funktionsauftrages handelt.
Dies entspricht der Rechtsprechung des Bundesverfassungsgerichts, wobei für die Beurteilung, ob eine Verletzung von Grundrechten vorliegt, der Funktionsauftrag der öffentlich-rechtlichen Rundfunkanstalten von entscheidender Bedeutung ist. Halten sich die öffentlich-rechtlichen Rundfunkanstalten bei ihrer Aufgabenerfüllung an die verfassungsgemäßen Vorgaben, sind nach der Auffassung des Bundesverfassungsgerichts keine Grundrechte oder sonst schutzwürdigen Interessen privater Konkurrenten berührt.[893]
Aufgrund der Digitalisierung und der technischen Entwicklung entstehen immer neue Grenzbereiche, bei denen sich die Frage stellt, ob diese vom Funktionsauftrag des öffentlich-rechtlichen Rundfunks umfasst sind. Partizipiert der öffentlich-rechtliche Rundfunk an derartigen neuen Möglichkeiten und liegen diese außerhalb der Grenzen seines Funktionsauftrages, würden damit Verletzungen von Grundrechten der Rezipienten und der privaten Konkurrenten einhergehen können.
Gerade vor diesem Hintergrund wird der Funktionsauftrag zu einem wichtigen rechtlichen Abgrenzungskriterium. Daraus folgt nach der Rechtsprechung des Bundesverfassungsgerichts eine Ausgestaltungsaufgabe des Gesetzgebers.[894] Er hat dafür Sorge zu tragen, dass die grundrechtsrelevanten Funktionen des öffentlich-rechtlichen Rundfunks auch zum Schutze der anderen Grundrechtsträger konkretisiert werden.

III. Ergebnis

Aus den vorangegangen Ausführungen wird deutlich, dass eine Präzisierung des Funktionsauftrages zum gegenwärtigen Zeitpunkt notwendig ist und für die Beteiligten Vorteile mit sich bringt. Insofern besteht Reformbedarf durch den Gesetzgeber, der nach der Rechtsprechung des Bundesverfassungsgerichts mit der Ausgestaltung der Rundfunkordnung betraut ist. Er muss dafür Sorge tragen, dass die grundrechtsrelevanten Funktionen des öffentlich-rechtlichen Rundfunks

---

893 Vgl. BVerfGE 83, 238 (312).
894 Vgl. BVerfGE 73, 118 (152 ff.).

in geeigneter Form konkretisiert werden. Hinsichtlich der Form steht dem Gesetzgeber ein Ermessenspielraum zu. Allerdings hat er hierbei verschiedene Grenzen zu beachten, die im Folgenden dargestellt werden.

B. Grenzen der Präzisierung

Eine gesetzliche Konkretisierung des Programmauftrages unterliegt gewissen inneren und äußeren Grenzen. Hier wird das Spannungsverhältnis zwischen der Programmfreiheit des Rundfunksenders und dem staatlichen Ausgestaltungsrecht besonders deutlich.

I. Programmautonomie

Zunächst hat der Gesetzgeber bei der Präzisierung des Funktionsauftrages die Programmautonomie der Rundfunkanstalten zu beachten, denn die Rundfunkfreiheit nach Art. 5 Abs. 1 Satz 2 GG bedeutet in erster Linie Programmfreiheit.[895] Das heißt, dass die inhaltliche Gestaltung von Rundfunksendungen in der freien Entscheidung des Grundrechtsträgers liegt.[896] Allerdings gilt die Programmfreiheit nur im Rahmen der gesetzlich festgelegten Aufgaben und allgemeinen Bindungen.[897]

1. Grundrechtsträgerschaft

Damit die öffentlich-rechtlichen Rundfunkanstalten in ihrer Programmautonomie betroffen und gegebenenfalls verletzt sein können, müssen sie Grundrechtsträger sein. Bei den betroffenen Rundfunkanstalten handelt es sich um juristische Personen des öffentlichen Rechts. Grundsätzlich werden juristische Personen des öffentlichen Rechts nicht vom Grundrechtsschutz erfasst.[898] Dies wird damit begründet, dass hinter diesen juristischen Personen keine natürlichen Personen stehen, sondern der Staat selbst. Die verschiedenen staatlichen Funktionsträger sind vom Einzelnen her gesehen nur besondere Erscheinungsformen einer einheitlichen Staatsgewalt und können deshalb nicht zugleich Berechtigte und Verpflichtete der Grundrechte sein (sog. Konfusionsargument).[899] Würde man

---

[895] Vgl. BVerfGE 95, 220 (234).

[896] Vgl. BVerfGE 35, 202 (223); 59, 231 (258); *Herzog*, in: Maunz/Dürig, GG, Art. 5, Abs. I, II, Rn. 202; *v.Münch*, in: v.Münch, GG, Art. 5, Rn. 46.

[897] Vgl. *Bullinger*, Die Aufgabe des öffentlichen Rundfunks, S. 24; BVerfGE 90, 60, 91 ff.

[898] Vgl. BVerfGE 21, 362 (369 ff.); 68, 193 (205 ff.); *Huber*, in: v.Mangoldt/Klein/Starck, GG, Art. 19, Rn. 263 ff; *Dreier*, in: Dreier I, GG, Art. 19, Rn. 57.

[899] Vgl. *Pieroth/Schlink*, Grundrechte, Rn. 154; *Dreier*, in: Dreier I, GG, Art. 19, Rn. 58.

eine Grundrechtsfähigkeit anerkennen, würde eine sinnvolle Ordnung der staatlichen Aufgabenerfüllung und eine Anpassung der Staatsorganisation an die wechselnden Erfordernisse der wirtschaftlichen, sozialen und kulturellen Entwicklung erheblich erschwert.[900] Dabei kommt es grundsätzlich auch nicht darauf an, ob die juristische Person des öffentlichen Rechts hoheitlich handelnd öffentliche Aufgaben wahrnimmt oder nicht hoheitlich tätig wird.[901]
In wenigen Ausnahmefällen wird dennoch eine Grundrechtsträgerschaft anerkannt. Wenn nämlich eine Einrichtung des Staates Grundrechte in einem Bereich verteidigt, in dem sie vom Staat unabhängig ist, ist sie unmittelbar dem durch die Grundrechte geschützten Lebensbereich zuzuordnen.[902] Insoweit spricht das Bundesverfassungsgericht auch von der juristischen Person des öffentlichen Rechts als „Sachwalter" des Einzelnen bei der Wahrnehmung seiner Grundrechte.[903]
Nach Auffassung des Bundesverfassungsgerichts sind neben Kirchen und Universitäten auch öffentlich-rechtliche Rundfunkanstalten eine derartige Ausnahme. Sie sind Einrichtungen des Staates, die Grundrechte in einem Bereich verteidigen.[904] Die Rundfunkanstalten sind als vom Staat unabhängige, sich selbst verwaltende Anstalten des öffentlichen Rechts durch Gesetz geschaffen worden, um die Verwirklichung des Grundrechts der Rundfunkfreiheit zu ermöglichen.[905] Ihre Organisation sei so aufgebaut, dass ein beherrschender staatlicher Einfluss unmöglich sei.[906] Art. 5 Abs. 1 Satz 2 GG fordere gerade unmittelbar einen Erlass solcher Gesetze und eine unabhängige Organisation der Rundfunkanstalten.[907] Somit unterfallen die öffentlich-rechtlichen Rundfunkanstalten dem Schutz der Rundfunkfreiheit nach Art. 5 Abs. 1 Satz 2 GG.[908]

2. Einordnung der Rundfunkgesetze

Umstritten ist, wie diese Regelungen einzuordnen sind, d.h. ob hierdurch der einzelne Rundfunkveranstalter in seinem Grundrecht eingeschränkt wird oder ob die durch das Rundfunkrecht geschaffene Ordnung diese Freiheit gestaltet, ihre Betätigung erst ermöglicht und somit das Rundfunkrecht grundsätzlich nicht als Beschränkung der Rundfunkfreiheit gewertet werden kann.

---

900 Vgl. BVerfGE 61, 82 (100 ff.).
901 Vgl. BVerfGE 61, 82 (103 f., 105).
902 Vgl. BVerfGE 31, 314 (322); 39, 302 (314).
903 Vgl. BVerfGE 61, 82 (103).
904 Vgl. BVerfGE 31, 314 (322).
905 Vgl. *Starck*, in: v.Mangoldt/Klein/Starck, GG, Art. 5, Rn. 122.
906 Vgl. BVerfGE 31, 314 (322).
907 Vgl. BVerfGE 12, 205 (262).
908 Vgl. BVerfGE 31, 314 (322); 59, 231 (254); 74, 297 (314 f.); *Degenhart*, in: Dolzer/Vogel/Graßhof (Hrsg.), BK, Art. 5 Abs. 1 und 2, Rn. 728.

Ein Eingriff ist jedes staatliche Handeln, das dem Einzelnen ein Verhalten, das in den Schutzbereich eines Grundrechts fällt, unmöglich macht, gleichgültig ob diese Wirkung wie beim klassischen Eingriff final, unmittelbar, mit Rechtswirkung und mit Befehl und Zwang oder unbeabsichtigt, mittelbar, faktisch und ohne Befehl und Zwang erfolgt. Erforderlich ist allerdings in jedem Fall, dass die Wirkung von einem ursächlichen und zurechenbaren Verhalten der öffentlichen Gewalt ausgeht.[909] Grundlage der Beurteilung dieser Frage ist die Frage nach dem Charakter der Rundfunkfreiheit.

a) Rundfunkgesetze als Beschränkung der Rundfunkfreiheit

Ein Teil der Literatur interpretiert die Rundfunkfreiheit als vorrangig subjektives Individualgrundrecht.[910] Diese Interpretation erwächst – historisch gesehen – der ursprünglichen, liberalen Deutung der Grundrechte.[911] Die Bedeutung der Grundrechte wird hier in der Einräumung eines Freiheitsraumes für den einzelnen Grundrechtsträger[912] und in seiner insofern staatsabwehrenden Dimension[913] gesehen. In Bezug auf die Organisationsgesetzgebung bezüglich des Rundfunks wird in diesem Zusammenhang insbesondere auf die staatsabweisende Funktion auch gegenüber der Legislative aufmerksam gemacht.[914]
Konsequenz dieser Auffassung ist, dass der Rundfunkgewährleistung jeglicher Zuweisungsgehalt im Hinblick auf eine gestalterische Organisationsaufgabe an den Gesetzgeber abzusprechen ist[915], weil dieser kraft des „Vollgrundrechts"[916] gerade aus dem durch dieses Recht gewährten Freiraum ausgegrenzt werden soll.[917] Wichtig ist, dass diese Ansicht die Notwendigkeit eines ordnenden Zugriffs der Legislative auf das Rundfunkwesen nicht in Frage stellt.[918] Entscheidend ist aber, dass ausgehend von der Sicht der Rundfunkfreiheit als Recht des einzelnen Grundrechtsträgers grundrechtsrelevante Gesetze, die der Entfaltung

---

909 Vgl. BVerfGE 66, 39 (60); *Pieroth/Schlink*, Grundrechte, Rn. 240.

910 Vgl. *Klein*, Rundfunkfreiheit, S. 32 (35); *Pestalozza*, NJW 1981, S. 2158 (2160); *Scholz*, JZ 1981, S. 561 (563); *Starck*, NJW 1980, S. 1359 (1360); *Oppermann*, JZ 1981, S. 721 (726); *Kröger*, NJW 1979, S. 2537 (2543).

911 Vgl. BVerfGE 7, 198 (204 f.); Zu den historischen Grundlagen vgl. *Stern*, Das Staatsrecht der Bundesrepublik Deutschland, Bd. III/1, S. 51 ff.

912 Vgl. *Wolf*, Medienfreiheit und Medienunternehmen, S. 131; *Kröger*, NJW 1979, S. 2537 (2543); *Scholz*, JZ 1981, S. 561 (563); *Starck*, NJW 1980, S. 1359 (1360).

913 Vgl. *Wolf*, Medienfreiheit und Medienunternehmen, S. 247; *Pestalozza*, NJW 1981, S. 2158 (2160); *Scholz*, JZ 1981, S. 561 (563).

914 Vgl. *Pestalozza*, NJW 1981, S. 2158 (2160).

915 Vgl. *Wolf*, Medienfreiheit und Medienunternehmen, S. 98, 305 f.

916 Vgl. *Oppermann*, JZ 1981, S. 721 (726).

917 Vgl. *Hain*, Rundfunkfreiheit, S. 23.

918 Vgl. *Klein*, Rundfunkfreiheit, S. 62.

der Freiheit im Sinne der Erweiterung der Chancengerechtigkeit der Grundrechtsträger dienen, oft gleichzeitig zu diesem Zweck die Freiheit anderer Personen einschränken. Von diesem letzten Umstand hat nach dieser Ansicht dann die verfassungsrechtliche Beurteilung auszugehen.[919]
Bei dieser Sichtweise erscheint es nur konsequent, die gesetzgeberische Ordnung in seiner Gesamtheit als Einschränkung der Rundfunkfreiheit zu sehen. Dies gilt zumindest dann, wenn dem einzelnen Veranstalter konkrete Vorgaben gemacht werden, die seinen durch Art. 5 Abs. 1 Satz 2 GG eingeräumten Handlungsspielraum begrenzen.
Eine Konkretisierung des Funktionsauftrages stellt konkrete Vorgaben dar, wie die Rundfunkanstalten ihren verfassungsgemäßen Auftrag auszuführen haben. Somit würde nach dieser Ansicht ein Eingriff in die Rundfunkfreiheit vorliegen. Dieser müsste folglich, um verfassungsgemäß zu sein, dem qualifizierten Gesetzesvorbehalt des Art. 5 Abs. 2 GG genügen sowie dem Prinzip der Verhältnismäßigkeit entsprechen. Aufgrund dieser Anforderungen wird der Gestaltungsspielraum des Gesetzgebers eingeschränkt.

b) Rundfunkgesetze als Ausgestaltung der Rundfunkfreiheit

Grundsätzlich anders stellt sich die Beurteilung dar, wenn die Rundfunkfreiheit im Hinblick auf einen dem Rundfunk zugewiesenen Zweck oder eine von ihm zu erfüllende Aufgabe für das Gemeinwesen ausgelegt und nicht vorrangig als Gewährleistung eines Individualfreiheitsrechts interpretiert wird. Diese Ent-Individualisierung führt dazu, dass nicht die Freiheit des einzelnen Veranstalters sondern das freiheitliche Rundfunkwesen als vorrangiges Schutzgut erscheint.[920]
Das Bundesverfassungsgericht sieht die Bedeutung des Rundfunks vor allem in der Aufgabe, eine freie Meinungsbildung zu gewährleisten. Es versteht die Rundfunkfreiheit nicht wie andere Freiheitsrechte als ein zum Zwecke der Persönlichkeitsentfaltung eingeräumtes Grundrecht. Vielmehr sieht es die Rundfunkfreiheit als eine der freien Meinungsbildung dienende Freiheit. Insofern wird die Freiheit der Berichterstattung durch den Rundfunk als schlechthin konstituierend für die freiheitlich-demokratische Grundordnung angesehen.[921]
Aufgabe des Gesetzgebers ist es deshalb, gesetzliche Regelungen zu finden, die die Erfüllung der dienenden Aufgabe des Rundfunks im Hinblick auf den Prozess der Meinungsbildung sicherstellen.[922] Damit wird der Gesetzgeber vom po-

---

919 Vgl. *Klein*, Rundfunkfreiheit, S. 62.
920 Vgl. *Ossenbühl*, Die Rundfunkfreiheit und die Finanzautonomie des Deutschlandfunks, S. 8; *Stettner*, Rundfunkstruktur im Wandel, S. 2 ff.
921 Siehe 1. Teil B I 4 a).
922 Siehe 1. Teil B I 4 a) aa).

tentiellen „Bedroher“ zum Garanten der Rundfunkfreiheit.[923] So erweist sich die Freiheit des Rundfunks als das Ergebnis staatlicher Regelung. Daraus folgt, dass Rundfunkgesetze grundsätzlich nicht als Beschränkung der Freiheit, sondern als deren Gewährleistungsgrundlage angesehen werden.[924]
Entsprechend dieser Ausführungen stehen die Aufgaben der Rundfunkanstalten unter einem Gesetzesvorbehalt und sind nicht frei von der Rundfunkanstalt festzulegen. Für Art und Umfang ihrer Aktivitäten ist die jeweilige gesetzliche Aufgabenbestimmung als Pflicht und Rahmen bestimmend.[925] Die vom Gesetzgeber geschaffenen juristischen Personen öffentlichen Rechts können sich nur innerhalb ihres vom Gesetzgeber umgrenzten Funktions- und Aufgabenbereichs entfalten.[926] Sie können nur im Rahmen der ihnen gesetzlich übertragenen Aufgaben von ihren Betätigungsmöglichkeiten Gebrauch machen.[927] Somit haben sie keine Befugnis, autonom ihre Aufgaben außerhalb des ihnen durch das Gesetz zugewiesenen Aufgabenbereichs festzulegen.[928]
Bei der hier geforderten Konkretisierung des Funktionsauftrages handelt es sich um eine derartige aufgabenbeschreibende Regelung. Allerdings kann der Staat derartige Regelungen nicht nach Belieben erlassen. Die Aufgabenbestimmung muss den für den rundfunkspezifischen Ausgestaltungsvorbehalt geltenden verfassungsrechtlichen Voraussetzungen genügen, ist aber nicht an der Schrankenregelung des Art. 5 Abs. 2 GG zu messen.[929]

c) Stellungnahme

Die beiden Ansichten kommen insbesondere insofern zu anderen Ergebnissen, als dass andere Anforderungen an die weitere Prüfung zu stellen sind. Nur nach der erstgenannten Ansicht müssen sich die Ausgestaltungsgesetze an den

---

923 Vgl. *Bethge*, Der verfassungsrechtliche Standort des öffentlich-rechtlichen Rundfunks, S. 16; *Hoffmann-Riem*, Rundfunkfreiheit durch Rundfunkorganisation, S. 35.

924 Vgl. *Bethge*, Die verfassungsrechtliche Problematik der Zulassung von Rundfunkveranstaltern des Privatrechts, S. 20; *Bethge*, DVBl. 1983, S. 369 (376); *Hain*, Rundfunkfreiheit, S. 28.

925 Vgl. *Herrmann/Lausen*, Rundfunkrecht, § 10 Rn. 1.

926 Vgl. *Scholz*, Rundfunkeigene Programmpresse?, 1984, S. 23 ff.; *Kübler*, Rundfunkauftrag und Programminformation, 1986, S. 21 ff.; *Emmerich/Steiner*, Möglichkeiten und Grenzen der wirtschaftlichen Betätigung der öffentlich-rechtlichen Rundfunkanstalten, S. 45 ff; *Hoffmann-Riem*, in: Benda/Maihofer/Vogel, Handbuch des Verfassungsrechts I, § 7 Rn. 34.

927 Vgl. BVerfGE 83, 238 (303); *Degenhart*, in: Dolzer/Vogel/Graßhof (Hrsg.), BK, Art. 5, Abs. 1 und 2, Rn. 778.

928 Vgl. *Scholz*, Rundfunkeigene Programmpresse?, S. 25; *Gersdorf*, Der verfassungsrechtliche Rundfunkbegriff im Lichte der Digitalisierung der Telekommunikation, S. 65.

929 *Gersdorf*, in: Eberle/Rudorf/Wasserburg, Mainzer Rechtshandbuch, Kap. III Rn. 10.

Schranken des Art. 5 Abs. 2 GG messen lassen. Aus diesem Grund ist ein Streitentscheid notwendig.
Wie bereits im ersten Teil erwähnt, wird in dieser Arbeit dem Ansatz des Bundesverfassungsgerichts gefolgt, nach dem die Rundfunkfreiheit als dienende Freiheit verstanden wird. Der Rundfunk kann seiner dienenden Funktion im Prozess der freien individuellen und öffentlichen Meinungsbildung nur dann nachkommen, wenn er zum einen frei von staatlicher Einflussnahme ist und zum anderen nicht einzelnen gesellschaftlichen Gruppen ausgeliefert wird. Aufgabe des Rundfunkrechts ist es, eben dies zu verhindern und somit die Rundfunkfreiheit zu gewährleisten. Insbesondere aufgrund der Zwänge, die sich aus der Werbefinanzierung des privaten Rundfunks ergeben, ist davon auszugehen, dass der Markt die geforderte Freiheit des Kommunikationsprozesses nicht gewährleisten kann. Das Bundesverfassungsgericht hat dies als ein partielles Marktversagen bezeichnet.
Aufgrund dieser Interpretation der Rundfunkfreiheit ist die rundfunkspezifische Ausgestaltung der Rundfunkfreiheit von erheblicher Bedeutung für den Grundrechtsträger. Denn die Ausgestaltung ermöglicht ihm erst die Freiheitsbetätigung. Sie ist Voraussetzung und Grundlage.
Die Ausgestaltung ergibt sich also nicht wie bei anderen Freiheitsrechten aus einer Grundrechtskollision sondern ist in der Struktur der Rundfunkfreiheit, insbesondere ihrer Interpretation als dienende Freiheit, begründet. Daher sind Ausgestaltungsgesetze keine Grundrechtsbeschränkungen sondern eine bloße Ausgestaltung der Rundfunkfreiheit. Sie stellt die Voraussetzung der Gewährleistung dar.
Die öffentlich-rechtlichen Rundfunkanstalten erhalten ihre Grundrechtsfähigkeit erst aufgrund einer solchen positiven gesetzgeberischen Entscheidung. Die Organisationsgesetze stellen deshalb auch keine Beschränkung dar. Insofern ist der zweitgenannten Ansicht zu folgen und eine Ausgestaltung der Rundfunkfreiheit durch die Rundfunkgesetze anzunehmen.

3. Maßstab zulässiger Ausgestaltung der Rundfunkfreiheit

Das Bundesverfassungsgericht hat dem Gesetzgeber für die Ausgestaltung dieses Rahmens einen breiten Ermessensspielraum zugebilligt. Der Gesetzgeber muss sich hierbei an den verfassungsmäßigen Auftrag des Rundfunks halten, d.h. es kommt bei der Ausgestaltung der Rundfunkfreiheit allein auf die Gewährleistung freier und umfassender Berichterstattung an.[930]
Fraglich ist, welcher Prüfungsmaßstab für die Zulässigkeit der Ausgestaltungsregelungen heranzuziehen ist. Das Bundesverfassungsgericht nennt neben dem rechtsstaatlichen Bestimmtheitsgrundsatz nur das Erfordernis der Eignung. Das

[930] Vgl. BVerfGE 57, 295 (321 f.); 73, 152 (153); 74, 297 (324); 83, 238 (296).

heißt, dass die Ausgestaltungsgesetze nur geeignet sein müssen, für die gleichgewichtige Vielfalt im Rundfunk Sorge zu tragen. Die weiteren Elemente, wie der Grundsatz der Verhältnismäßigkeit, das Kriterium der Erforderlichkeit und die Zumutbarkeit gelangen hingegen nach der Auffassung des Bundesverfassungsgerichts nicht zur Anwendung. Damit ist dem Gesetzgeber ein sehr weiter Gestaltungsspielraum gegeben. Die Regelung muss zum einen mindestens dem Grundstandard gleichgewichtiger Vielfalt entsprechen und darf zum anderen den Zugang des privaten Rundfunks nicht in einem hohen Maße erschweren oder sogar unmöglich machen.[931]

In der Literatur wurde teilweise propagiert, die Kriterien der Erforderlichkeit und Zumutbarkeit auf den Bereich des rundfunkspezifischen Ausgestaltungsvorbehalt zu übertragen. Damit sollte der Gesetzgeber an diese rechtsstaatlichen Erfordernisse gebunden werden.[932]

Fraglich ist, ob nach der hier vertretenen Konzeption der dienenden Freiheit eine Anwendung der Kriterien der Erforderlichkeit und Zumutbarkeit möglich ist. Nach der Konzeption der dienenden Freiheit schützt die Rundfunkfreiheit nicht vornehmlich den einzelnen Grundrechtsträger und seine personalen Entfaltungsinteressen sondern die freie individuelle und öffentliche Meinungsbildung. Für die Prüfung der Erforderlichkeit der Ausgestaltungsregelung sind jedoch gegenläufige Positionen von Grundrechtsträgern erforderlich. Eine derartige Grundrechtsposition beinhaltet das Grundrecht der Rundfunkfreiheit nicht, weil es hier um die Verwirklichung eines objektiv-rechtlichen Normziels geht. Der Grundrechtsschutz des Grundrechtsträgers erwächst aus diesem Normziel und nicht aus einem Selbstzweck oder zur Persönlichkeitsentfaltung. Somit ist eine Erforderlichkeitsprüfung nicht möglich. Aus dem gleichen Grunde kann eine Zumutbarkeitsprüfung nicht erfolgen, denn auch hier geht es um einen angemessenen Ausgleich zwischen zwei widerstreitenden Grundrechtsinteressen.

Aus diesem Grund wird der Auffassung des Bundesverfassungsgerichts gefolgt. Maßstab für die Zulässigkeit einer Ausgestaltungsregelung ist folglich neben dem Bestimmtheitsgrundsatz die Eignung der Regelung, für eine gleichgewichtige Vielfalt im Rundfunk Sorge zu tragen.

In der 8. Rundfunkentscheidung hat das Bundesverfassungsgericht eine Reihe von Kriterien herausgearbeitet, die bei einer gesetzlichen Präzisierung beachtet werden müssen, um die Gewährleistung der Programmautonomie zu wahren:[933]

1. Die Konkretisierung dürfe wegen der Gefahr finanziellen Drucks auf die Programmgestaltung nicht mit der Gebührenfestsetzung verknüpft, son-

931 Siehe 1. Teil B I 4 a).

932 Vgl. *Bremer/Esser/Hoffmann*, Rundfunk in der Verfassungs- und Wirtschaftsordnung in Deutschland, S. 44 f.; *Eberle*, Rundfunkübertragung, S. 44; *Lerche*, Presse und privater Rundfunk, S. 25 ff.

933 Vgl. *Ukrow*, WiVerw 2003, S. 160 (167).

dem müsse im Zusammenhang mit der allgemeinen rechtlichen Ordnung einer Anstalt vorgenommen werden.[934]

2. Sie dürfe auch im Übrigen weder unmittelbar noch mittelbar dazu dienen, politisch-staatlichen Einfluss auf die inhaltliche Programmgestaltung auszuüben. Legitim sei es lediglich, die verfassungsrechtlich vorgegebenen oder verfassungskonform gestalteten Aufgaben sowie die schutzwürdigen Interessen der Rundfunkgebührenzahler und anderer „Dritter" im Rahmen des Erforderlichen und Verhältnismäßigen konkretisierend zur Geltung zu bringen.[935]
3. Folge der Präzisierung dürfe nicht sein, dass die Rundfunkanstalt zum bloßen Vollzugsorgan werde. Statt dessen müsse ihr ein substantieller Freiraum für die eigene fachkundige Gestaltung des Programms verbleiben, soweit es darum gehe, die gesetzlich präzisierten Aufgaben durchzuführen.[936]
4. Der Rundfunkanstalt sei eine Flexibilität zu erhalten, die sie befähige, im Wettbewerb mit anderen Anbietern zu bestehen.[937]

Letztlich folgt noch aus der übrigen Rechtsprechung des Bundesverfassungsgerichts, dass

5. der öffentlich-rechtliche Rundfunk jedenfalls nicht im Ganzen zum wirtschaftlichen Schutz privater Veranstalter von der Betreuung bestimmter Gebietseinheiten wie der Gemeinden und Regionen, von bestimmten Sparten wie der massenattraktiven Unterhaltung oder von Programmarten wie den Spartenprogrammen ganz ausgeschlossen werden dürfe.[938]

II. Ergebnis

Der Gesetzgeber hat bei der Präzisierung des Funktionsauftrages einen breiten Gestaltungsspielraum. Dieser ist durch die Programmfreiheit der öffentlich-rechtlichen Rundfunkanstalten begrenzt. Aus diesem Grund muss der Gesetzgeber neben dem Bestimmtheitsgrundsatz insbesondere beachten, dass die Konkretisierung des Funktionsauftrages geeignet ist, für eine gleichgewichtige Vielfalt im Rundfunk zu sorgen.

---

934 Vgl. BVerfGE 90, 60 (94).
935 Vgl. BVerfGE 90, 60 (88 f., 94).
936 Vgl. BVerfGE 90, 60 (87, 91 f.).
937 Vgl. BVerfGE 90, 60 (90).
938 Vgl. etwa BVerfGE 74, 297 (331 ff.).

C. Form der Präzisierung

Letztlich bleibt die Frage, in welcher Form die Präzisierung des Funktionsauftrages zu geschehen hat.
Im Rahmen dieser Frage wird das bestehende Spannungsverhältnis zwischen der Programmfreiheit der Rundfunkanstalt und dem gesetzgeberischen Interesse deutlich, eine möglichst detaillierte Regelung zu schaffen. Das gesetzgeberische Interesse ergibt sich aus den unter A erörterten Gründen.
Dem Gesetzgeber steht grundsätzlich bei der Schaffung einer gesetzlichen Regelung, die den Funktionsauftrag präzisiert, ein weiter Gestaltungsspielraum zu. Er ist jedoch gehalten, das beschriebene Spannungsverhältnis in einer Form zu lösen, die die betroffenen Interessen bestmöglichst zur Geltung kommen lässt.

D. Ergebnis des 3. Teils

Es wurden erhebliche Zweifel deutlich, ob die öffentlich-rechtlichen Rundfunkanstalten zum gegenwärtigen Zeitpunkt ihren Funktionsauftrag in verfassungsgemäßer Weise erfüllen. Zudem ist gerade im Zusammenhang mit den neuen Medien nicht eindeutig geklärt, inwiefern der öffentlich-rechtliche Rundfunk hieran partizipieren darf. Insofern stellt sich die Präzisierung des Funktionsauftrages als ein notwendiges Mittel dar, um die entstehende Rechtsunsicherheit zu beheben. Auch das europäische Gemeinschaftsrecht sowie die schutzwürdigen Interessen der Rundfunkgebührenzahler und der privaten Konkurrenten verlangen zum gegenwärtigen Zeitpunkt eine Konkretisierung des Funktionsauftrages. Der Gesetzgeber ist einerseits dazu verpflichtet, bei einer Konkretisierung die Programmfreiheit der Rundfunkanstalten zu beachten und insbesondere dafür zu Sorgen, dass die Konkretisierung des Funktionsauftrages geeignet ist, eine gleichgewichtige Vielfalt im Rundfunk zu bewirken. Andererseits steht dem Gesetzgeber ein weiter Gestaltungsspielraum zu.

Nach diesen Ausführung ist deutlich geworden, dass ein Reformbedarf besteht. Der Gesetzgeber ist diesem mit der Neuregelung des § 11 RfStV nachgekommen. Diese Regelung soll, insbesondere unter den hier gewonnenen Erkenntnissen, im 4. Teil näher betrachtet werden.

4. Teil: Die Konkretisierung des Funktionsauftrages durch § 11 RfStV

Die Landesgesetzgeber haben den Funktionsauftrag in § 11 RfStV im Jahre 2004 konkretisiert. Im Folgenden wird diese Regelung analysiert und auf ihre Verfassungsmäßigkeit überprüft. Anschließend wird die Regelung mit den bisherigen Ergebnissen verglichen und es erfolgt eine Bewertung.

A. Neuregelungen des 7. RfÄndStV

Zur Einführung in dieses Kapitel werden zum einen die Änderungen des RfStV durch den 7. RfÄndStV erläutert und zum anderen die Neuregelung des § 11 RfStV umrissen.
Der von den Regierungschefs der Länder am 26. September 2003 unterzeichnete 7. RfÄndStV ist nach der Ratifizierung durch die Länderparlamente am 1. April 2004 in Kraft getreten.[939] Die Länder haben hiermit das Rundfunkrecht in gemeinsamer Verantwortung fortentwickelt. Der Vertrag ändert den RfStV, den ARD-StV, den ZDF-StV, den RfGebStV und den DLR-StV. Er dient darüber hinaus der Umsetzung der Richtlinie 2002/22/EG des europäischen Parlaments und des Rates vom 7. März 2002 über den Universaldienst und Nutzungsrechte bei elektronischen Kommunikationsnetzen und -diensten (Universaldienstrichtlinie).

Mit den Änderungen des RfStV, die für die vorliegende Untersuchung entscheidend sind, werden sowohl Bereiche des öffentlich-rechtlichen als auch des privaten Rundfunks erfasst. Der Ordnungsrahmen für das duale Rundfunksystem wird weiterentwickelt. Es werden Fragen der Förderung von Film- und Fernsehproduktionen geregelt (§ 6 RfStV). Erstmals wird der Auftrag des öffentlich-rechtlichen Rundfunks konkretisiert und die Teilnahme an Online-Diensten präzisiert (§§ 11, 13 RfStV). Weiterhin werden Fensterprogramme im Rahmen der beiden bundesweit reichweitenstärksten privaten Fernsehvollprogramme als verpflichtend vorgesehen (§ 26 Abs. 4 RfStV). Die Zusammenarbeit zwischen den Landesmedienanstalten, dem Bundeskartellamt und der Regulierungsbehörde für Telekommunikation und Post wird auf eine rechtliche Grundlage gestellt (§ 39 a RfStV). Des Weiteren sollen die sogenannten Warnhinweise für Heilmittelwerbung nicht mehr auf die Dauer der Werbezeit angerechnet werden (§§ 16, 45 RfStV). Letztlich werden die §§ 52 und 53 RfStV entsprechend Art. 31 Abs.

[939] Bzw. In-Kraft-Treten am 1.1.2006; vgl. Begründung zum 7. RfÄndStV, abgedruckt bei Hartstein/Ring/Kreile/Dörr/Stettner, RfStV I, A 2.5., S. 15.

1 der Universaldienstrichtlinie um eine regelmäßige Überprüfung alle drei Jahre ergänzt (§ 53 a RfStV).
Für die vorliegende Untersuchung ist vornehmlich die Änderung des Rundfunkstaatsvertrages, insbesondere die Neuregelung des § 11 RfStV von Bedeutung. Auf diesen Paragraphen soll im Folgenden näher eingegangen werden.

B. Einordnung des § 11 RfStV in das Regelungswerk und Normzweck

§ 11 RfStV wird zunächst in das Regelungswerk des RfStV eingeordnet (I). Anschließend wird der Normzweck (II 1) und sein Ziel (II 2) erörtert.

I. Einordnung des § 11 RfStV

Der RfStV ist aufbauend auf der Rechtsprechung des Bundesverfassungsgerichts, eine Art Grundgesetz für die duale Rundfunkordnung in der Bundesrepublik.[940] Insbesondere das 3. Rundfunkurteil, in dem das Bundesverfassungsgericht die grundsätzlichen Anforderungen an die Zulassung des privaten Rundfunks festgelegt hat[941], und das 4. Rundfunkurteil, in dem die duale Rundfunkordnung bestehend aus öffentlich-rechtlichem und privaten Rundfunk anerkannt wurde[942], sind von grundlegender Bedeutung. Der RfStV vom 31. August 1991 führt den ersten RfStV vom 3. April 1987 fort, und wird in immer wieder neuen Änderungen an die veränderten Verhältnisse angepasst bzw. nimmt gewonnene Erkenntnisse auf.
Zentrale Aufgabe des RfStV ist es, dem dualen System in der Bundesrepublik Deutschland eine Rahmenordnung zu geben. Nach Satz 1 der Präambel enthält der Staatsvertrag grundlegende Regelungen für den öffentlich-rechtlichen und den privaten Rundfunk in einem dualen Rundfunksystem der Länder des vereinten Deutschlands. Der RfStV gewährleistet zum einen den Bestand und die Fortentwicklung des öffentlich-rechtlichen Rundfunks und regelt zum anderen die Zulassung des privaten Rundfunks. Über die Regelungen der verschiedenen Finanzierungswege soll eine Machtbalance zwischen privaten und öffentlich-rechtlichen Veranstaltern gesichert werden.
Der RfStV ist in dieser Funktion Ausfluss der in Art. 5 Abs. 1 Satz 2 GG gewährleisteten Rundfunkfreiheit. Er ist Teil der positiven Ordnung, zu deren Schaffung der Gesetzgeber aufgrund der Rundfunkfreiheit verpflichtet ist.

---

940 Vgl. *Hartstein/Ring/Kreile/Dörr/Stettner*, RfStV I, B 3 Rn. 1.
941 Siehe 1. Teil B III 3.
942 Siehe 1. Teil B III 4.

Der neu in den RfStV eingeführte § 11 RfStV ist mit „Auftrag" überschrieben und enthält eine nähere Beschreibung des Auftrags des öffentlich-rechtlichen Rundfunks. Aufgrund seiner Stellung zu Beginn des 2. Teils „öffentlicher Rundfunks" im Anschluss an die allgemeinen Vorschriften des 1. Teils ist ihm eine zentrale Rolle zugewiesen. Er ist als Grundregel für den öffentlich-rechtlichen Rundfunk zu verstehen.
Die für alle öffentlich-rechtlichen Rundfunkanstalten geltende Norm knüpft an die in den spezielleren Staatsverträgen (ARD-, ZDF- und DLR-StV; Mehrländeranstalten) und in den jeweiligen Landesrundfunkgesetzen geregelten Programmaufträge in der Form einer Generalklausel an.[943]

II. Normzweck und Ziel

1. Normzweck

Der Zweck der Regelung des § 11 RfStV ist die Konkretisierung des Funktionsauftrages des öffentlich-rechtlichen Rundfunks unter Berücksichtigung der Vorgaben des Bundesverfassungsgerichts. Im Vordergrund steht hierbei, die Einführung des dreistufigen System der Selbstregulierung in Abs. 4 und damit die Inpflichtnahme der öffentlich-rechtlichen Rundfunkanstalten. Dieser soll einen eigenen Beitrag zur Konkretisierung des Funktionsauftrages leisten.

2. Ziel

Ziel der Regelungen des § 11 RfStV ist es, eine Norm zu schaffen, die den europarechtlichen Anforderungen[944] standhält, indem sie einerseits dem öffentlich-rechtlichen Rundfunk die Aufgabe zuweist, Rundfunk zu veranstalten, und andererseits den Funktionsauftrag zum Teil durch materielle Regelungen ausführt, zum Teil durch das Verfahren der Selbstregulierung der öffentlich-rechtlichen Rundfunkanstalten konkretisiert. Die Regelung soll eine Hilfe bei Auskunftsersuchen als Vorläufer von Vertragsverletzungsverfahren der Europäischen Kommission sein, die insbesondere beihilfe- und wettbewerbsrechtliche Aspekte prüft.[945] Durch die Konkretisierung soll eine bessere Ausgangsposition für ein

---

[943] Vgl. Begründung zum 7. RfÄndStV, abgedruckt bei Hartstein/Ring/Kreile/Dörr/Stettner, RfStV I, A 2.5., S. 3.

[944] Siehe 3. Teil A I 3.

[945] Zur Zeit liegt der EU-Kommission eine Beschwerde des VPRT vor, dass die Inhalte von ARD und ZDF unzulässig in den Wettbewerb eingreifen würden; siehe Akteneinsicht durch die Verfasserin am 22.6.2004 in der Staatskanzlei Rheinland-Pfalz, Mainz: Vermerk zur Sitzung des Ausschusses für Medien und Multimedia am 3.6.2003, Staatskanzlei Rheinland-Pfalz.

mögliches Vertragsverletzungsverfahren der EU erreicht werden, das die Angebotspraxis der öffentlich-rechtlichen Rundfunkanstalten im Online-Bereich betrifft. Die Norm soll den Verpflichtungen nachkommen, die sich aus dem Amsterdamer Protokoll ergeben.[946]

Weiterhin soll die künftige Finanzierbarkeit des öffentlich-rechtlichen Rundfunks angesichts immer weiter zunehmender Aufgaben durch die Konkretisierung der Aufgaben des öffentlich-rechtlichen Rundfunks und die Begrenzung der Tätigkeiten im Online-Bereich gewährleistet werden.[947] Dies geschieht insbesondere durch das Erfordernis einer engen Verbindung der Online-Dienste zum Programmangebot.[948]

Zudem soll bzw. kann mit dem 7. RfÄndStV, deren zentrale Regelung der § 11 RfStV ist, die Reform der Medienordnung vorangetrieben werden. § 11 RfStV stellt einen wesentlichen Beitrag für die künftige Wettbewerbsfähigkeit des dualen Rundfunksystems dar, denn durch ihn soll die Zukunftsfähigkeit des öffentlich-rechtlichen Rundfunks gewährleistet werden.

Weiter soll das Qualitätsbewusstsein innerhalb der Anstalt gestärkt und die besonderen Leistungen des öffentlich-rechtlichen Rundfunks deutlich gemacht werden. Durch das neu eingeführte Verfahren der Selbstverpflichtung soll die Akzeptanz des öffentlich-rechtlichen Rundfunks in der Öffentlichkeit gefördert werden.[949]

Letztlich erfolgt die Konkretisierung des Funktionsauftrages in formeller und inhaltlicher Weise auf der Grundlage einer bundeseinheitlichen Regelung. Hierdurch soll eine Vereinheitlichung der Rechtslage der öffentlich-rechtlichen Rundfunkanstalten bewirkt werden, die zuvor von landesrechtlichen Normen geprägt wurde.[950] Diese ähneln sich zwar, weichen aber in Teilen voneinander ab. Aufgrund der Relevanz, vor allen Dingen im europarechtlichen Bereich, wollte man durch eine einheitliche Regelung sicherstellen, dass kein Verstoß gegen europäisches Recht vorliegt.

---

946 Akteneinsicht durch die Verfasserin am 22.6.2004 in der Staatskanzlei Rheinland-Pfalz, Mainz: Chef der Staatskanzlei Rheinland-Pfalz an den Landtagspräsidenten von Rheinland-Pfalz vom 16.6.2003.

947 Akteneinsicht durch die Verfasserin am 22.6.2004 in der Staatskanzlei Rheinland-Pfalz, Mainz: Vermerk zur Sitzung des Ausschusses für Medien und Multimedia am 3.6.2003, Staatskanzlei Rheinland-Pfalz.

948 Im Einzelnen siehe 4. Teil D I 2.

949 Im Einzelnen siehe 4. Teil D IV e); vgl. auch *Hesse*, Rundfunkrecht, 4. 21 ff.

950 Vgl. bspw. § 6 SWR-StV; § 4 RBB-StV; § 5, 7 NDR-StV; § 6 MDR-StV; § 4 WDR-Gesetz.

C. Entstehungsgeschichte der Neuregelung des § 11 RfStV

I. Voraussetzungen

Die Festschreibung des Auftrages im RfStV und die Einfügung des Systems der abgestuften Auftragsdefinition ist auf einen jahrelangen Streit zurückzuführen. Die einen, insbesondere Vertreter des privaten Rundfunks, wollten den öffentlich-rechtlichen Rundfunk auf seine Kernaufgaben beschränken. Vielfach wurde darauf hingewiesen, dass der öffentlich-rechtliche Rundfunk seinen Aufgabenbereich in den letzten Jahren immer weiter ausgedehnt habe.[951] Die anderen wollten dem öffentlich-rechtlichen Rundfunk möglichst weitgehende Aufgabenbefugnisse zusprechen.[952]

Es hat sich gezeigt, dass die (Teil-) Beschreibungen des Rundfunkauftrages in den Landesrundfunkgesetzen und den Rundfunkstaatsverträgen so allgemein gehalten waren und sind, dass erkannte Fehlentwicklungen nicht mit dem Hinweis auf den Auftrag unterbunden werden konnten. Insbesondere hinsichtlich der qualitativen Anforderungen wurde dies deutlich.[953]
Die neuen technischen Entwicklungen, zum einen die Digitalisierung und zum anderen das Internet sowie die Globalisierung, boten neue Übertragungswege und Anwendungsformen, die zu der Diskussion darüber führten, ob der öffentlich-rechtliche Rundfunk an all diesen Möglichkeiten teilhaben sollte.[954] Gerade gegen die freie Nutzung des Internets durch den öffentlich-rechtlichen Rundfunk sprachen sich die privaten Anbieter aus, die die Online-Aktivitäten des öffentlich-rechtlichen Rundfunks einschränken, wenn nicht sogar gänzlich verhindern wollten.[955]
Hinzu kam in den Jahren 2002/2003 eine tiefgreifende Krise in der Werbewirtschaft, die insbesondere aus dem drastischen Rückgang des Werbeaufkommens entstanden war.[956] Die privaten Medien, vor allem die Zeitungs- und Zeitschriftenverleger, sahen in der Konkurrenz durch die öffentlich-rechtlichen Rundfunkanstalten eine Bedrohung ihrer Existenz und forderten eine deutliche Reduzierung der Aktivitäten des öffentlich-rechtlichen Rundfunks auf diesem Gebiet.[957]

---

951 Vgl. *Hartstein/Ring/Kreile/Dörr/Stettner*, RfStV I, § 11 Rn. 1.

952 Hervorgehoben werden sollen hierzu lediglich *Hamm*, Bericht zur Lage des Fernsehens und das Gutachten von *Bullinger*, Die Aufgabe des öffentlichen Rundfunks, die das Erfordernis einer Präzisierung des Funktionsauftrages und Lösungsansätze hierzu herausgearbeitet haben.

953 Siehe 3. Teil A I 1.

954 Siehe 3. Teil A I 2.

955 Vgl. *Hartstein/Ring/Kreile/Dörr/Stettner*, RfStV I, § 11 Rn. 1.

956 Vgl. *Eberle*, MMR 2003, S. 623 (623).

957 Vgl. *Eberle*, MMR 2003, S. 623 (623 f.).

Ob diese Bedrohung wirklich besteht, kann im Rahmen dieser Arbeit dahinstehen. Vorliegend es geht nur darum, dass auch diese Krise Einfluss auf die Diskussion über die Präzisierung des Funktionsauftrages hatte.
Ebenso hat der Zusammenbruch der Kirchgruppe 2002/2003 die Diskussion um den Auftrag des öffentlich-rechtlichen Rundfunks verschärft, obwohl auch hier ein Zusammenhang mit den Aktivitäten des öffentlich-rechtlichen Rundfunks kaum hergestellt werden kann.[958]
Aufgrund der finanziellen Einbußen im Bereich der Privatwirtschaft sprachen sich die Vertreter des privaten Rundfunks massiv gegen Gebührenerhöhungen für den öffentlich-rechtlichen Rundfunk aus.[959] Das Bundesverfassungsgericht hat den Privaten insofern Mut gemacht, als es entschieden hat, dass dem öffentlich-rechtlichen Rundfunk nur die Finanzierung derjenigen Programme zu ermöglichen sei, deren Veranstaltung ihrer Funktionen nicht nur entspräche, sondern auch zur Wahrnehmung dieser Funktion erforderlich sei.[960]

II. Verfahren

Die Länder, die sich entschlossen hatten, dieser Diskussion Rechnung zu tragen, beschlossen auf der Ministerkonferenz 2001 (24.-26. Oktober 2001), dass für die in der ARD zusammengeschlossenen Landesrundfunkanstalten, das ZDF und das DLR Selbstverpflichtungserklärungen staatsvertraglich festgelegt werden sollen.[961] Außerdem sollte mit der Neuregelung den europäischen Vorstellungen entsprochen werden, den Aufgabenbereich des gebührenfinanzierten Rundfunks genauer zu bestimmen.[962]
Im Rahmen der Sondermedienkonferenz der Chefs der Staats- und Senatskanzleien am 22. September 2000 verständigte man sich darauf, dass ein unbeschränktes Wachstum der Programme und Angebote des öffentlich-rechtlichen Rundfunks nicht möglich sein solle.[963] Die Rundfunkkommission wurde damit beauftragt, Wege zu finden, wie eine quantitative und qualitative Präzisierung des Rundfunkauftrages zu erreichen sei.
Die Rundfunkkommission erhielt dann auf der Jahreskonferenz der Ministerpräsidenten 2001 den Auftrag, eine Grundnorm zu entwickeln, die für die in der

958 Vgl. *Hartstein/Ring/Kreile/Dörr/Stettner*, RfStV I, § 11 Rn. 1.
959 Vgl. *Hartstein/Ring/Kreile/Dörr/Stettner*, RfStV I, § 11 Rn. 1.
960 Vgl. BVerfGE 87, 181 (202).
961 Vgl. epd medien 82/2002, S. 6; in einem Vorbereitungspapier für die Sitzung der Staatskanzleichefs am 19.10.2001 hielten die Rundfunkreferenten es für möglich, dass die öffentlich-rechtlichen Rundfunkanstalten gesetzlich zu Selbstverpflichtungserklärungen angehalten werden könnten, epd medien 80/2001, S. 15.
962 Vgl. Begründung zum 7. RfÄndStV, abgedruckt bei *Hartstein/Ring/Kreile/Dörr/Stettner*, RfStV I, A 2.5., S. 3.
963 Vgl. *Hartstein/Ring/Kreile/Dörr/Stettner*, RfStV I, B 1, K Rn. 238.

ARD zusammengeschlossenen Landesrundfunkanstalten, das ZDF und DLR Selbstverpflichtungen staatsvertraglich festlegt. Auf der Suche nach einem zeitlich flexiblen System, das gegenüber den technischen Entwicklungen offenen ist, entwickelte die Rundfunkkommission zur Präzisierung des Rundfunkauftrages in freier Übernahme des Systems der BBC die Idee, dass sich die Anstalten gegenüber dem Publikum selbst verpflichten könnten, bestimmte Vorgaben – auch inhaltlicher Art – einzuhalten.[964]
Einen ausführlichen Bericht legte die von der Rundfunkkommission eingesetzte Arbeitsgruppe „Öffentlich-rechtlicher Rundfunk – Auftrag und Transparenz" zur Jahreskonferenz der Chefs der Staats- und Senatskanzleien in Usedom 2001 vor.[965] Eine Einigung über entsprechende staatsvertragliche Regelungen konnte jedoch weder auf der Jahreskonferenz noch auf der Sondermedienkonferenz der Chefs der Staats- und Senatskanzleien am 19. Oktober 2001 in Berlin erreicht werden. Es wurde lediglich beschlossen, dass die Schranken der Online-Aktivitäten zunächst unberührt bleiben sollten. Weiterhin wurden die öffentlich-rechtlichen Rundfunkanstalten aufgefordert, Selbstverpflichtungserklärungen in qualitativer und quantitativer Hinsicht zu erstellen.[966]
Am 14. Oktober 2002 wurde auf Fachebene der erste Entwurf des Normtextes mit folgenden Elementen vorgelegt: Gegenstand des Auftrages, Inhalt des Programms, Art und Weise der Berichterstattung und Grundlegung des Systems der Selbstverpflichtungen durch Satzungen und Richtlinien. Die Intendanten der öffentlich-rechtlichen Rundfunkanstalten legten daraufhin mit dem Schreiben vom 11. Oktober 2002 erste Selbstverpflichtungen vor.[967]
Ein Ergebnis wurde auf der folgenden Jahreskonferenz der Ministerpräsidenten der Länder vom 23.-25. Oktober 2002 in Hamburg aufgrund von Differenzen über die künftige Rolle des Onlineangebotes der öffentlich-rechtlichen Rundfunkanstalten nicht erzielt. Ein Teil der Länder wollte Umfang und Inhalt des Onlineangebotes weiter beschränken, ein anderer Teil trat für die Beibehaltung des Status quo ein, ein Land strebte sogar eine Ausweitung der Aktivitäten an.[968]
Bei der Besprechung der Regierungschefs der Länder am 21. November 2002 in Berlin wurde der Text der Rundfunkkommission für die neue Auftragsnorm lediglich zur Kenntnis genommen. Die Zustimmung zu einem gestuften System der Präzisierung des öffentlich-rechtlichen Auftrags lässt sich allerdings dem Ergebnisprotokoll entnehmen.[969] Bezüglich des Auftrages blieben weiterhin die Fragen des Mediendienstangebots des öffentlich-rechtlichen Rundfunks, der Stellung der Unterhaltung im Programmauftrag und der Religion ungeklärt.

---

964 Vgl. epd medien 85/2001, S. 11.
965 Vgl. *Hartstein/Ring/Kreile/Dörr/Stettner*, RfStV I, B 1, K Rn. 242.
966 Vgl. *Hartstein/Ring/Kreile/Dörr/Stettner*, RfStV I, B 1, K Rn. 242.
967 Abgedruckt bei Hartstein/Ring/Kreile/Dörr/Stettner, RfStV I, B 1, K Rn. 226.
968 Vgl. *Hartstein/Ring/Kreile/Dörr/Stettner*, RfStV I, B 1, K Rn. 260.
969 Abgedruckt bei Hartstein/Ring/Kreile/Dörr/Stettner, RfStV I, B 1, K Rn. 260.

Nach diversen Stellungnahmen der Sender und anderer unmittelbar und mittelbar Betroffener und verschiedenen Formulierungsvorschlägen für den Auftrag des öffentlich-rechtlichen Rundfunks wurde über die streitigen Punkte bei der Besprechung der Chefs der Staats- und Senatskanzlei der Länder am 22. Mai 2003 eine Einigung erzielt.
Die Regierungschefs der Länder nahmen am 26. Juni 2003 in Berlin den entsprechend der bisherigen Ergebnisse formulierten Entwurf an. Der Staatsvertrag wurde dann in drei Schritten am 23., 25. und 26. September 2003 von den Ländern und Stadtstaaten unterzeichnet. Das Ratifikationsverfahren wurde in allen Ländern fristgerecht abgeschlossen. Der 7. RfÄndStV trat am 1. April 2004 in Kraft.

D. Inhalt des § 11 RfStV

In § 11 RfStV wird der „Auftrag" des öffentlich-rechtlichen Rundfunks festgeschrieben. Der „Auftrag" des öffentlich-rechtlichen Rundfunks wird allgemein in formeller und inhaltlicher Weise geregelt.[970] Bis zur Neuregelung des RfStV war der Auftrag der öffentlich-rechtlichen Rundfunkanstalten ausschließlich in den Landesrundfunkgesetzen enthalten, die ihn zwar unterschiedlich formulieren, aber dennoch eine einheitliche Grundaussage enthalten.[971] Nach der Auffassung von *Beck*, Ministerpräsident von Rheinland-Pfalz, werde mit der Konkretisierung des Funktionsauftrages „ein wesentlicher Beitrag für die Wettbewerbsfähigkeit des dualen Rundfunksystems geleistet".[972]

I. Die Generalklausel (§ 11 Abs. 1 RfStV)

In § 11 Abs. 1 RfStV wird in Form einer Generalklausel die Aufgabe des öffentlich-rechtlichen Rundfunks durch die Wiederholung der vom Bundesverfassungsgericht geprägten Kernbegriffe bestimmt.

---

970 Vgl. Begründung zum 7. RfÄndStV, abgedruckt bei Hartstein/Ring/Kreile/Dörr/Stettner, RfStV I, A 2.5., S. 3.

971 Vgl. bspw. §§ 6-8 MDR-StV; §§ 2, 3 HR-Gesetz; §§ 2, 4, 4a BayRFG; §§ 4-8 NDR-StV; §§ 2-4 RBG; § 23 Abs. 1 SMG.

972 Veröffentlichung der rheinland-pfälzischen Staatskanzlei, teilweise abgedruckt in epd medien 50/2003, S. 10.

1. § 11 Abs. 1 Satz 1 RfStV

Nach § 11 Abs. 1 Satz 1 RfStV ist die „Herstellung und Verbreitung von Hörfunk- und Fernsehprogrammen" „Pflichtaufgabe"[973] und Kerngeschäft des öffentlich-rechtlichen Rundfunks. Entsprechend der Rechtsprechung des Bundesverfassungsgerichts[974] wird weiter die Funktion der Programme für die öffentliche Meinungsbildung als Ausfluss der verfassungsrechtlich garantierten Rundfunkfreiheit nach Art. 5 Abs. 1 Satz 2 GG beschrieben.[975] Der Verweis auf die Herstellung und Verbreitung von Programmen gibt dem öffentlich-rechtlichen Rundfunk ausdrücklich den Auftrag, am gesamten Prozess der Meinungsbildung im Bereich des Rundfunks teilzunehmen.[976]

Mit der Umschreibung des öffentlich-rechtlichen Rundfunks als „Medium und Faktor" des Prozesses freier individueller und öffentlicher Meinungsbildung wird die Terminologie des Bundesverfassungsgerichts aufgegriffen.[977] Der öffentlich-rechtliche Rundfunk soll nicht nur vorhandene Informationen und Meinungen medial vermitteln („Medium"), sondern auch selbst zur öffentlichen Meinungsbildung beitragen, beispielsweise durch politische Kommentare oder durch die Art und Weise der Auswahl der Sendungen („Faktor"), und ein Forum für die politische Auseinandersetzung bieten.[978] Somit ist der öffentlich-rechtliche Rundfunk zum einen Vermittler im, zum anderen Teilhaber am Prozess der Meinungsbildung.[979]

Die Betonung der Mitwirkung am „Prozess freier individueller und öffentlicher Meinungsbildung" weist auf die vom Bundesverfassungsgericht herausgearbeitete Bedeutung des Rundfunks für die Meinungsbildung und damit nicht zuletzt für die Demokratie hin. Ohne eine aufgeklärte Bevölkerung, die sich frei infor-

---

973 Vgl. Begründung zum 7. RfÄndStV, abgedruckt bei Hartstein/Ring/Kreile/Dörr/Stettner, RfStV I, A 2.5., S. 3 f.

974 Siehe 1. Teil B III.

975 Vgl. Begründung zum 7. RfÄndStV, abgedruckt bei Hartstein/Ring/Kreile/Dörr/Stettner, RfStV I, A 2.5., S. 4.

Die Herstellung von Programmen wird gesondert in § 6 Abs. 4 RfStV aufgenommen, in dem es heißt: „Im Rahmen seines Programmauftrages und unter Berücksichtigung der Grundsätze von Wirtschaftlichkeit und Sparsamkeit ist der öffentlich-rechtliche Rundfunk zur qualitativen und quantitativen Sicherung seiner Programmbeschaffung berechtigt, sich an Filmförderungen zu beteiligen."

977 Siehe 1. Teil B I 4 a).

978 Vgl. Begründung zum 7. RfÄndStV, abgedruckt bei Hartstein/Ring/Kreile/Dörr/Stettner, RfStV I, A 2.5., S. 4.

979 Siehe 1. Teil B I 4 a).

mieren und sich mit den politischen Fragestellungen auseinandersetzen kann, ist eine Demokratie nicht funktionsfähig.[980]

Hiermit ist die kulturelle Funktion des öffentlich-rechtlichen Rundfunks eng verbunden, die den öffentlich-rechtlichen Rundfunk zur Wahrung und Vermittlung der Grundwerte des Grundgesetzes verpflichtet. Dem öffentlich-rechtlichen Rundfunk wird die Aufgabe zuteil, diese für eine demokratische Gesellschaft unabdingbaren Grundwerte zu vermitteln.[981] Hervorzuheben sind hierbei insbesondere das Bekenntnis zur Menschenwürde (Art. 1 GG), der Schutz von Ehe und Familie (Art. 6 GG), die Gleichberechtigung von Mann und Frau (Art. 3 Abs. 2 GG) und die Religionsfreiheit (Art. 4 GG). Denn gerade diese Werte sind es, die unsere Gesellschaft von anderen, beispielsweise totalitären Systemen unterscheiden. Der öffentlich-rechtliche Rundfunk hat sich entschieden für diese Werte einzusetzen.[982]

Der erste Satz stellt die Basis für die Auslegung des übrigen § 11 RfStV dar, da hier die wichtige vom Bundesverfassungsgericht herausgearbeitete Funktion des öffentlich-rechtlichen Rundfunks für den Prozess der freien individuellen und öffentlichen Meinungsbildung und damit nicht zuletzt für den demokratischen Prozess festgeschrieben wird.

2. § 11 Abs. 1 Satz 2 RfStV

Nach § 11 Abs. 1 Satz 2 RfStV kann der öffentlich-rechtliche Rundfunk programmbegleitend Druckwerke und Mediendienste mit programmbezogenem Inhalt anbieten. § 11 Abs. 1 Satz 2 RfStV verdeutlicht, dass die Berechtigung, Druckwerke und Mediendienste anzubieten, Ausfluss der Rundfunkfreiheit ist.[983] Klar zum Ausdruck kommt hier der Unterschied zwischen dem Angebot von Hörfunk- und Fernsehprogrammen, die zur Pflichtaufgabe des öffentlich-rechtlichen Rundfunks zählen und dem in Satz 2 erwähnten Angebot von Druckwerken und Mediendiensten, die zwar zulässig sind, aber nicht zu den Kernaufgaben des öffentlich-rechtlichen Rundfunks gehören.

---

980 Siehe 1. Teil B II 1.

981 Vgl. *Hartstein/Ring/Kreile/Dörr/Stettner*, RfStV I, § 11 Rn. 7.

982 Vgl. *Hartstein/Ring/Kreile/Dörr/Stettner*, RfStV I, § 11 Rn. 7.

983 Vgl. Begründung zum 7. RfÄndStV, abgedruckt bei Hartstein/Ring/Kreile/Dörr/Stettner, RfStV I, A 2.5., S. 4.

a) „Druckwerke und Mediendienste"

Zunächst soll geklärt werden, was unter den Begriffen „Druckwerk" und „Mediendienst" zu verstehen ist.

aa) Druckwerke

Der Begriff des Druckwerkes ist in der Verfassung selbst nicht definiert. Eine verfassungsgemäße Konkretisierung des Begriffs findet sich im Pressegesetz. Druckwerke sind danach alle Druckerzeugnisse sowie alle anderen zur Verbreitung bestimmten Vervielfältigungen von Schriften und bildlichen Darstellungen mit oder ohne Schrift und von Musikalien mit oder ohne Text oder Erläuterungen.[984] Hierunter fallen vor allem Zeitungen und Zeitschriften. Diese allgemein anerkannte Definition kann auch dem § 11 Abs. 1 Satz 2 RfStV zugrunde gelegt werden.

bb) Mediendienste

Weiterhin stellt sich die Frage, wie der Begriff des Mediendienstes zu verstehen ist. Eine Definition des Begriffs findet sich im MDStV. Nach § 2 Abs. 1 Satz 1 MDStV sind Mediendienste an die Allgemeinheit gerichtete Informations- und Kommunikationsdienste in Text, Bild und Ton, die unter Benutzung elektromagnetischer Schwingungen ohne Verbindungsleitung oder längs oder mittels eines Leiters verbreitet werden. Hierzu zählen nach § 2 Abs. 2 MDStV Fernseheinkauf, Verteildienste, Fernsehtext, Pay-TV und Online-Presse-Archive. Hiervon abzugrenzen sind die Teledienste nach § 2 Abs. 1 TDG, da diese zueinander in einem Ausschließlichkeitsverhältnis stehen.[985] Teledienste sind elektronische Informations- und Kommunikationsdienste, die für eine individuelle Nutzung von kombinierbaren Daten wie Zeichen, Bildern oder Tönen bestimmt sind. Beispielhaft nennt hier § 2 Abs. 2 TDG das Telebanking, Teleshopping, Datendienste und sonstige Angebote im Internet. Damit sind für die Unterscheidung der beiden Begriffe nicht technische Merkmale wie etwa Verteil- und Vermittlungsdienste oder Breit- und Schmalbanddienste entscheidend sondern allein ihre Zwecksetzung.[986] In den abstrakten Definitionen des MDStV und des TDG wird diese jedoch aus unterschiedlichen Blickwinkeln „an die Allgemeinheit gerichtet" oder „für eine individuelle Nutzung bestimmt" beschrieben, so dass es

---

984 Vgl. § 4 Hessisches Pressegesetz.

985 Vgl. *Roßnagel*, in: Roßnagel, Recht der Multimedia-Dienst, Einf. Rn. 43.

986 Vgl. *Roßnagel*, in: Roßnagel, Recht der Multimedia-Dienst, Einf. Rn. 44.

zu Abgrenzungsschwierigkeiten kommen kann.[987] Aufgrund der Notwendigkeit einer Abgrenzung, die sich nicht zuletzt aus der technischen Entwicklung ergibt,[988] und mangels überzeugender Alternativen muss mit dieser Abgrenzung gearbeitet werden.[989]
Fraglich ist jedoch, ob diese Definition auf den RfStV übertragen werden kann. Nach § 2 Abs. 1 Satz 2 MDStV bleiben die Bestimmungen des RfStV unberührt. Nach § 2 Abs. 1 Satz 3 RfStV gilt der RfStV nicht für Mediendienste i.S.v. § 2 MDStV: „§ 20 Abs. 2 und § 52 Abs. 2 bis 5 dieses Staatsvertrages bleiben unberührt". Grundsätzlich regelt der RfStV also nur Rundfunk und keine Mediendienste. Von diesem Grundsatz werden Ausnahmen zugelassen, die in § 2 RfStV ausdrücklich genannt sind. Fraglich ist, ob die Regelung des § 11 Abs. 1 Satz 2 RfStV eine derartige Ausnahme darstellt. Der Gesetzgeber kann grundsätzlich auch Ausnahmetatbestände an einer späteren Stelle eines Gesetzes einführen. So war bisher der Begriff des Mediendienstes das dritte und letzte Mal im RfStV in § 49 Abs. 1 RfStV aufgeführt. Diese Ausnahme ist somit erst an späterer Stelle des Gesetzes angeführt worden.
In § 11 RfStV hat der Gesetzgeber ausdrücklich das Angebot von Mediendiensten für den öffentlich-rechtlichen Rundfunk geregelt. Dieser soll unter bestimmten Voraussetzungen Mediendienste anbieten dürfen. Somit ist davon auszugehen, dass der Gesetzgeber eine weitere Ausnahme geschaffen hat. Es wäre allerdings exakter gewesen, wenn der Gesetzgeber auch diese Ausnahme mit in die Aufzählung des § 2 Abs. 1 Satz 3 RfStV aufgenommen hätte.

Weiterhin bleibt die Frage, ob die Definition des § 2 Abs. 1 Satz 1 MDStV auf den § 11 Abs. 1 Satz 2 RfStV einfach übertragen werden kann oder ob hier spezifische Eigenarten des Rundfunks Beachtung finden müssen.
In den 90er Jahren wurde es aufgrund technischer Innovationen (z.B. Internet und Online-Dienste) und neuer Angebotsinhalte (z.B. neue Teleshopping-Kanäle) für nötig erachtet, neben dem RfStV und dem Bildschirmtext-Staatsvertrag weitere Regelungen im Bereich der neuen Dienste zu schaffen.[990] Da es Streitigkeiten um die Gesetzgebungskompetenzen zwischen Bund und Ländern gab und die Ergebnisse mehr als politische Lösung anzusehen sind, sind die im RfStV, im MDStV und im Teledienstegesetz (TDG) getroffenen Abgrenzungen zwischen den einzelnen Angeboten nicht als dogmatisch stringent zu bezeichnen.[991]

---

987 Vgl. *Roßnagel*, in: Roßnagel, Recht der Multimedia-Dienst, Einf. Rn. 44.
988 Vgl. *Engel-Flechsig*, ZUM 1997, S. 231 (234 f.); *Bröhl*, CR 1997, S. 73 (74 ff.).
989 Vgl. *Roßnagel*, in: Roßnagel, Recht der Multimedia-Dienst, Einf. Rn. 44.
990 Vgl. *Beucher/Leyendecker/v.Rosenberg*, Mediengesetze, § 2 RfStV, Rn. 2; *Holznagel/Kibele*, in: Hoeren/Sieber, Handbuch des Multimedia-Rechts, 5, Rn. 37 ff.
991 Vgl. *Beucher/Leyendecker/v.Rosenberg*, Mediengesetze, § 2 RfStV, Rn. 8; *Gounalakis*, ZUM 2003, S. 180 (182).

Fraglich ist, worin also der Unterschied zwischen „Rundfunk" und „Mediendienst" besteht. Rundfunk ist nach § 2 Abs. 1 RfStV die für die Allgemeinheit bestimmte Veranstaltung und Verbreitung von Darbietungen aller Art in Wort, in Ton und in Bild unter Benutzung elektromagnetischer Schwingungen ohne Verbindungsleitung oder längs oder mittels eines Leiters. Damit liegt der Unterschied darin, dass Rundfunk zusätzlich das Element der „Darbietung" enthält.[992] Soweit den Mediendiensten der Darbietungscharakter fehlt, dienen sie nur in geringerem Maße der öffentlichen Meinungsbildung.[993] Aus diesem Grunde ist es gerechtfertigt, sie den weniger strengen Maßstäben des MDStV im Gegensatz zum RfStV zu unterwerfen.[994] Damit könnte angenommen werden, dass ein Angebot entweder Rundfunk oder Mediendienst sein kann und somit ein Verhältnis der Exklusivität zwischen beiden besteht.

Es ist daher zu prüfen, ob sich diese Annahme bei der Betrachtung der anderen Stellen im RfStV, an denen der Begriff „Mediendienst" erwähnt wird, Bestätigung findet.
Nach § 20 Abs. 2 RfStV bedürfen die Anbieter von Mediendiensten einer Zulassung nach Landesrecht, wenn und soweit diese dem Rundfunk zuzuordnen sind. Damit regelt § 20 Abs. 2 RfStV die Abgrenzung zwischen MDStV und Rundfunk verfahrensrechtlich.[995]
Der Gesetzgeber hat in seiner Begründung[996] weiterführende Aussagen getroffen. Die Abgrenzung von Rundfunk und Mediendienst ist allein inhaltlich vorzunehmen, auf die technische Verbreitungsart kommt es nicht an.[997] Somit gilt der Grundsatz, dass alles, was sich materiell und inhaltlich als Rundfunk darstellt, auch den rundfunkrechtlichen Regelungen des RfStV unterfällt.[998]

Wie eben bereits erwähnt, ist das entscheidende Merkmal des Rundfunks die „Darbietung", das in der Begriffsbestimmung des § 2 Abs. 1 MDStV nicht aufgeführt ist. Ein Mediendienst i.S.d. MDStV liegt also vor, wenn Angebote im Vordergrund stehen, die inhaltlich ein „Minus" zur Darbietung darstellen.[999]

---

992 Vgl. *Beucher/Leyendecker/v.Rosenberg*, Mediengesetze, § 2 RfStV, Rn. 7.
993 Vgl. *Beucher/Leyendecker/v.Rosenberg*, Mediengesetze, § 2 MDStV, Rn. 1.
994 Vgl. *Engel-Flechsig/Maennel/Tennelborn*, Neue gesetzliche Rahmenbedingungen für Multimedia, S. 12.
995 Vgl. *Hartstein/Ring/Kreile/Dörr/Stettner*, RfStV II, B 5, § 20 RfStV Rn. 14.
996 Vgl. Begründung zum 3. RfÄndStV, abgedruckt bei Hartstein/Ring/Kreile/Dörr/Stettner, RfStV I, A 2.1.
997 Vgl. Begründung zum 3. RfÄndStV, abgedruckt bei Hartstein/Ring/Kreile/Dörr/Stettner, RfStV I, A 2.1., S. 5.
998 Vgl. Begründung zum 3. RfÄndStV, abgedruckt bei Hartstein/Ring/Kreile/Dörr/Stettner, RfStV I, A 2.1., S. 5.
999 Vgl. *Engel-Flechsig/Maennel/Tettenborn*, Neue gesetzliche Rahmenbedingungen für Multimedia, S. 14.

Nach den gesetzlichen Vorgaben in § 2 MDStV lassen sich keine materiellen Vorgaben entnehmen, anhand derer festzustellen ist, wann ein Mediendienst zu einer Darbietung i.S.d. Rundfunkbegriffs wird und somit in Rundfunk „umschlägt“.[1000]
Nach der Rechtsprechung des Bundesverfassungsgerichts setzt der Begriff der Darbietung einen Bezug des Angebotes zur öffentlichen Meinungsbildung voraus.[1001] Meinungsbildung ist aber auch hier in einem umfassenden Sinne zu verstehen, so dass nicht nur von politischen und anderen informierenden Angeboten ausgegangen werden kann.[1002] Vielmehr hat jedes Rundfunkprogramm durch seine Auswahl und die Gestaltung der Sendung eine meinungsbildende Wirkung. Der Rundfunk spricht seine Teilnehmer über sein Programm an und erzeugt über seine Aktualität und Authentizität vermittelnde, massenorientierte Verbreitung eine ihm eigene Suggestivkraft. Mediendienste sind zwar auch an die Allgemeinheit gerichtet und haben potentiell eine hohe Breitenwirkung. Allerdings fehlt ihnen die dem Rundfunk typische Suggestivkraft und der damit verbundene Wirkungseffekt.[1003] Der meinungsbildende Charakter ist im Verhältnis zum Mediendienst nach dem MDStV somit erhöht.

Begründet wird diese Abgrenzung zwischen Mediendiensten i.S.d. RfStV und des MDStV in § 20 Abs. 2 RfStV damit, dass der Gesetzgeber den Zusatz „wenn und soweit sie dem Rundfunk zuzuordnen sind“ eingefügt hat.[1004]
Dem Wortlaut des § 11 RfStV ist ein derartiger Zusatz, der eine klare Abgrenzung erforderlich macht, nicht zu entnehmen. Somit könnte eine Übertragung des Mediendienstebegriffs aus dem MDStV einerseits weiterhin möglich sein, andererseits ist sie nach den Erkenntnissen zu § 20 Abs. 1 RfStV nicht notwendig. Denn es ist insoweit nicht klar, ob die dargestellte Abgrenzung zwischen Mediendienst i.S.d. MDStV und des RfStV automatisch auf das jeweilige Gesetz insgesamt übertragbar ist.

Eine genauere Betrachtung des § 52 Abs. 2 bis 5 RfStV, der zweiten Norm des Staatsvertrages, die „Mediendienste“ erwähnt und von der Ausnahmevorschrift des § 2 RfStV aufgeführt wird, könnte weitere Aufschlüsse bringen. In § 52 Abs. 2 bis 5 RfStV wird die Weiterleitung von Mediendiensten geregelt, soweit sie von Betreibern digitalisierter Kabelanlagen verbreitet werden. Die einzelnen Regelungen der Weiterverbreitung sind für die vorliegende Betrachtung nicht relevant. Entscheidend ist vielmehr, ob der Begriff Mediendienste in § 11 Abs. 1

[1000] Vgl. *Kröger/Moos*, ZUM 1997, S. 462 (465).
[1001] Vgl. BVerfGE 31, 314 (325 f.).
[1002] Vgl. *Beucher/Leyendecker/v.Rosenberg*, Mediengesetze, § 2 RfStV Rn. 7.
[1003] Vgl. *Eberle*, in: Eberle/Rudolf/Wasserburg, Mainzer Rechtshandbuch, Kap. I Rn. 26.
[1004] Vgl. Begründung zum 3. RfÄndStV, abgedruckt bei Hartstein/Ring/Kreile/Dörr/Stettner, RfStV I, A 2.1., S. 5.

Satz 2 RfStV i.S.d. MDStV oder im soeben erläuterten Sinne verstanden werden muss.

Aufgrund der Regelung des § 52 RfStV sehen Länder wie Bayern in Art. 41 BayMG i.d.F. vom 27. Dezember 1997 sowie Nordrhein-Westfalen in der 2. Medienversuchsordnung die Zuweisung von Kabelkanälen für Mediendienste i.S.d. MDStV vor. Die praktische Umsetzung in dieser Form könnte bedeuten, dass in dieser Vorschrift Mediendienste i.S.d. MDStV zu verstehen sind.
Nach der Begründung des Gesetzgebers[1005] führt der § 52 RfStV im Bereich der Weiterverbreitung von Rundfunk und Mediendiensten digitaler Technik eine bundesweit einheitliche Regelung für die Belegung von Kabelkanälen ein.[1006] Das Ziel dieser Regelung ist es, „die Gestaltungsspielräume der Netzbetreiber bei der Einspeisung von Fernsehprogrammen und Nichtrundfunkdiensten unter Berücksichtigung der Nutzerakzeptanz zu erhöhen, für den Rundfunk Übertragungskapazitäten zu definieren, in denen verfassungsrechtlich gebotene Vielfalt gewährleistet ist und die Weiterverbreitung bestimmter Programme für verpflichtend zu erklären“[1007]. Eine einheitliche Regelung für alle Angebote, die im digitalisierten Kabel weitergeleitet werden, ist praktisch und notwendig, denn nur so ist das Stufenverhältnis von Must-Carry-, Can-Carry- und Non-Must-Carry-Regelungen[1008] sinnvoll auszugestalten und festzuschreiben. Hierbei geht es nicht um eine Abgrenzung zwischen Mediendiensten und Rundfunk, sondern vielmehr darum, abgestufte Belegungsregeln für die Kabelanlagen zu finden, bei der alle Angebote, die weitergeleitet werden, erfasst werden müssen, eben auch Mediendienste i.S.d. MDStV.
Eine Betrachtung des § 49 Abs. 2 RfStV bringt keine weiterführenden Erkenntnisse, da er unmittelbar an § 52 Abs. 3 und 5 RfStV anknüpft.

Da die Regelung des § 20 Abs. 2 und des § 52 Abs. 2 bis 5 RfStV zu unterschiedlichen Ergebnissen bezüglich des Mediendienstes kommt, können aus dieser systematischen Auslegung keine Erkenntnisse für die Regelung des § 11 RfStV gezogen werden.
Maßgeblich ist damit die Ratio der Regelung. Sinn und Zweck der Regelung ist es, den öffentlich-rechtlichen Rundfunkunternehmen die Teilnahme an Mediendiensten unter bestimmten Voraussetzungen zu ermöglichen. Die Teilnahme an

---

[1005] Vgl. Begründung zum 4. RfÄndStV, abgedruckt bei Hartstein/Ring/Kreile/Dörr/Stettner, RfStV I, A 2.2.

[1006] Vgl. Begründung zum 4. RfÄndStV, abgedruckt bei Hartstein/Ring/Kreile/Dörr/Stettner, RfStV I, A 2.2., S. 29.

[1007] Vgl. Begründung zum 4. RfÄndStV, abgedruckt bei Hartstein/Ring/Kreile/Dörr/Stettner, RfStV I, A 2.2., S. 29.

[1008] Im Einzelnen zu den Begriffen vgl. *Nauheim*, Die Rechtmäßigkeit des Must-Carry-Prinzips.

solchen Diensten ist grundsätzlich erforderlich, um die Bestands- und Entwicklungsgarantie des öffentlich-rechtlichen Rundfunks zu gewährleisten. Eine Eingrenzung erfolgt über das Erfordernis, dass der Mediendienst programmbegleitend und mit programmbezogenem Inhalt angeboten werden muss. Da insofern eine inhaltliche Begrenzung durch den Gesetzgeber vorgenommen wurde, ist nicht davon auszugehen, dass dem Begriff selbst eine weitere Einengung zu entnehmen ist. Somit ist der Begriff des Mediendienstes nach § 11 RfStV i.S.d. Definition des MDStV zu verstehen. Dieses Ergebnis entspricht auch der Praxis, denn die Regelung des § 4 Abs. 3 ZDF-StV wurde entsprechend ausgelegt.[1009]

b) „programmbegleitend ... mit programmbezogenem Inhalt"

Mediendienste und Druckwerke sind nach § 11 Abs. 1 Satz 2 RfStV jedoch nur zulässig, wenn sie „programmbegleitend" und „mit programmbezogenem Inhalt" sind. Auffällig an der Formulierung ist die doppelte Erwähnung „programmbegleitend ... mit programmbezogenem Inhalt". Diese spricht dafür, dass hiermit eine doppelte Beschränkung hinsichtlich des Angebotes von Druckwerken und Mediendiensten festgeschrieben werden soll.[1010]

aa) Anknüpfungspunkt „programmbegleitend"

Anknüpfungspunkt für die Zulässigkeit von Druckwerken und Mediendiensten ist das Erfordernis, „programmbegleitend" zu sein. Das heißt Voraussetzung, um überhaupt Druckwerke und Mediendienste anzubieten, ist, dass sie das Rundfunkprogramm der jeweiligen Anstalt begleiten.
Bereits bei der Jahreskonferenz der Ministerpräsidenten 2001 wurde festgelegt, dass die öffentlich-rechtlichen Rundfunkanstalten nur noch „programmbegleitende Angebote" im Online-Bereich aufweisen sollten.[1011] Dieser Anknüpfungspunkt wurde trotzdem erst relativ spät in den Entwurftext aufgenommen. Hauptsächlich wurde über die inhaltliche Komponente der Angebote diskutiert. Es bestand schließlich aber doch das Bedürfnis eindeutig klarzustellen, dass Voraussetzung, um überhaupt Druckwerke und Mediendienste anbieten zu dürfen, die Anknüpfung an das Programm des Senders sei. Sie müssen sich also vorwiegend auf das tatsächlich veranstaltete Programm beziehen. Damit sind jedenfalls sol-

---

[1009] Telefonauskunft von Herrn Dr. Hammann, Staatskanzlei Rheinland-Pfalz, vom 8. September 2004 und Herrn Dr. Krone, ZDF, vom 20. September 2004.

[1010] Vgl. *Hartstein/Ring/Kreile/Dörr/Stettner*, RfStV I, B 1, S. 257; wobei Dr. Potthast hier davon ausgeht, dass die Formulierung „programmbegleitend ... mit programmbegleitendem Inhalt" lautet.

[1011] Vgl. *Hartstein/Ring/Kreile/Dörr/Stettner*, RfStV I, B 1, S. 223.

che Angebote ausgeschlossen, die ersichtlich keinerlei Bezug zum Rundfunkprogramm mehr aufweisen.
Fraglich ist, ob neben diesem Anknüpfungspunkt im Programm auch ein zeitlicher Zusammenhang zu den Programmangeboten der Rundfunkanstalten erforderlich ist. Hierfür spricht der Wortlaut. Der Begriff „-begleitend" legt einen zeitlichen Bezug zu einem bestimmten Programmangebot nahe. Dennoch ist der Begriff m.E. hier weit auszulegen, da es praxisfern wäre, ein Angebot auf den engen Zeitraum des Programms zu begrenzen. So ist zumindest eine gewisse Vorankündigungszeit anzunehmen. Ebenso ist eine Nachlaufzeit zu ermöglichen, da gerade dann Diskussionsbedarf über ein bestimmtes Programmangebot entsteht. Eben dieser Meinungsaustausch ist durch die Rundfunkfreiheit nach Art. 5 Abs. 1 Satz 2 GG gewollte und geschützt.

bb) Inhalt: „programmbezogen"

Druckwerke und Mediendienste sind nach § 11 Abs. 1 RfStV „mit programmbezogenem Inhalt" möglich. In diesem Nachsatz wird die inhaltliche Komponente der Zulässigkeit von Druckwerken und Mediendiensten bestimmt.

(1) Druckwerke mit programmbezogenem Inhalt

Es stellt sich die Frage, was unter Druckwerken mit programmbezogenem Inhalt zu verstehen ist.

Das Bundesverfassungsgericht hat sich im Jahre 1991 zu der Zulässigkeit des Angebotes von Druckwerken durch öffentlich-rechtliche Rundfunkanstalten geäußert.[1012] Aus diesem Urteil könnten sich Rückschlüsse ziehen lassen, was unter Druckwerken mit programmbezogenem Inhalt zu verstehen ist.
In dem Urteil ging es u.a. um die Frage, ob § 3 Abs. 7 WDR-Gesetz verfassungsgemäß ist, d.h. ob es rechtmäßig ist, dass der WDR „Druckwerke mit vorwiegend programmbezogenem Inhalt veröffentlichen kann, wenn dies zur Erfüllung seiner Aufgaben erforderlich ist". Das Gericht hat klargestellt, dass Druckwerke als unterstützende Randbetätigung letztlich der Erfüllung des Programmauftrages dienten und somit grundsätzlich zulässig seien.[1013] Notwendiges Kennzeichen sei hierbei ein durchgehender Programmbezug.[1014] Damit dürften Begleitmaterialien und Programminformationen außerhalb des eigentlichen Mediums Rundfunk angeboten werden.

[1012] Siehe 1. Teil B III 6.
[1013] Vgl. BVerfGE 83, 238 (312 f.).
[1014] Vgl. BVerfGE 83, 238 (313 f.).

Im Einzelnen sind neben der Programmvorschau im engeren Sinne und der Wiedergabe von Programminhalten auch weiterführende Informationen zu den Grundlagen Rahmenbedingungen der Programmtätigkeit, zur Struktur, zum Betrieb oder zu den Personalien der Anstalt zulässig.[1015] Der damalige Begriff des WDR-Gesetzes des „vorwiegend programmbezogenen Inhalts“ wurde folglich vom Bundesverfassungsgericht verfassungskonform ausgelegt.

Der Gesetzgeber greift bei der Begründung zu § 11 Abs. 1 Satz 2 RfStV auf die Argumentation des Bundesverfassungsgerichts zurück. Das spricht dafür, dass der Gesetzgeber die verfassungskonforme Auslegung des Begriffs des „vorwiegend programmbezogenen Inhalts“ nun verfassungsgemäß mit dem Begriff „mit programmbezogenem Inhalt“ festschreiben wollte. Somit ist davon auszugehen, dass sich praktisch im Gegensatz zur bisherigen Rechtslage nichts ändert.
Druckwerke mit progammbezogenem Inhalt sind als Randbetätigung somit zulässig, wenn sie einen durchgehenden Programmbezug aufweisen.

(2) Mediendienste mit programmbezogenem Inhalt

Während der Entstehung des 7. RfÄndStV war die Betätigung des öffentlich-rechtlichen Rundfunks im Online-Bereich einer der Hauptstreitpunkte.
Zuvor war es bereits in der Literatur umstritten, ob und unter welchen Umständen Mediendienste zulässig sein sollten.[1016] Zu klären ist mithin die Frage, welche Inhalte die Mediendienste nach der Neuregelung des § 11 RfStV haben und wie weit ihre Aktivitäten reichen dürfen. Hierzu soll auf die juristische Auslegungsmethodik zurückgegriffen werden.[1017]

(a) Grammatische und systematische Auslegung

Nach dem Wortlaut „mit programmbezogem Inhalt“ muss der Mediendienst sich inhaltlich auf das Programm, d.h. die Sendungen beziehen. Dem Wortlaut ist nicht zu entnehmen, ob damit ausschließlich die Kommentierung der Programme gemeint ist, oder ob auch Informationen, die in einem weiteren, indirekten Zusammenhang zu dem Programm stehen, gemeint sind. Somit kommt die grammatische Auslegung zu keinem eindeutigen Ergebnis.

[1015] Vgl. Begründung zum 7. RfÄndStV, abgedruckt bei *Hartstein/Ring/Kreile/Dörr/Stettner*, RfStV I, A 2.5., S. 4.

[1016] Vgl. *Jarass*, Online-Dienste und der Funktionsbereich des ZDF, S. 21 ff.; *Degenhart*, ZUM 1998, S. 333 (333 ff.).

[1017] Vgl. *Larenz*, Methodenlehre der Rechtswissenschaft, S. 307 ff.; *Schmalz*, Methodenlehre, S. 227 ff.

Systematisch bezieht sich die inhaltliche Einschränkung „mit programmbezogenem Inhalt“ sowohl auf die Druckwerke als auch auf die Mediendienste. Da keine Unterscheidung zwischen den beiden Angebotsformen gemacht wird, kann davon ausgegangen werden, dass inhaltlich auch bei beiden das gleiche gemeint sei. Das hieße, dass Mediendienste unter den gleichen Bedingungen wie Druckwerke zulässig wären.

(b) Historische Auslegung

Hierbei ist zunächst auf die bisherigen Regelungen zur Zulässigkeit von Mediendiensten (aa) und auf die Begründung des Gesetzgebers und das Gesetzgebungsverfahren einzugehen (bb).

(aa) Bisherige Regelungen

Nach den bis zum 7. RfÄndStV gültigen gesetzlichen Regelungen in § 4 Abs. 3 ARD-StV und § 4 Abs. 3 ZDF-StV genügte es, wenn die Onlineangebote einen „vorwiegend programmbezogenen Inhalt“ aufwiesen. Diese Regelungen waren mit dem 4. RfÄndStV eingeführt worden.[1018] Gleichzeitig wurde festgelegt, dass Werbung und Sponsoring in diesen Mediendiensten ausdrücklich untersagt seien, nachdem zuvor diese Einschränkung nicht gegolten hatte.

Die bisherige Formulierung ermöglichte aufgrund der Formulierung „vorwiegend“ auf den ersten Blick einen größeren Spielraum, als die Regelung des § 11 RfStV, in der das Wort „vorwiegend“ entfallen ist.[1019] Insofern könnte die heutige Formulierung eine Eingrenzung im Vergleich zur bisherigen Rechtslage darstellen.[1020]

Im Gesetzgebungsverfahren wurden auch Formulierungen diskutiert, entsprechend derer das Angebot von Mediendiensten im Programmauftrag als „nachrangig“ zu bezeichnen sei[1021], beziehungsweise Mediendienste nur mit „ausschließlich programmbezogenem“ Inhalt angeboten werden dürften. Diese Formulierungen stellen eine eindeutige Begrenzung dar.[1022] Zuzustimmen ist diesbezüglich den öffentlich-rechtlichen Rundfunkanstalten, die eine derartige Zurücksetzung von Mediendiensten als einen Verstoß gegen die dynamische Interpretation des Rundfunkbegriffs und die Bestands- und Entwicklungsgarantie des

---

1018 Vgl. *Hartstein/Ring/Kreile/Dörr/Stettner*, RfStV I, § 11 Rn. 9.

1019 Vgl. epd medien 40/2003, S. 11.

1020 Vgl. *Hartstein/Ring/Kreile/Dörr/Stettner*, RfStV I, § 11 Rn. 9.

1021 Vgl. Änderungsvorschlag Baden-Württemberg, abgedruckt bei Hartstein/Ring/Kreile/Dörr/Stettner, RfStV I, B 1, S. 251.

1022 Vgl. Regelungsentwurf für die Sitzung der Chefs der Staats- und Senatskanzleien, teilweise abgedruckt in epd medien 37/2003, S. 13.

öffentlich-rechtlichen Rundfunks ansahen.[1023] Es sei nicht erlaubt, den öffentlich-rechtlichen Rundfunk auf eine bestimmte Technik zu beschränken, weil so bei einer Veränderung der Technik die Gewährleistung der Freiheit in Gefahr sei. Der öffentlich-rechtliche Rundfunk würde weiterhin, wenn nur die nachrangige Möglichkeit bestehe, Mediendienste anzubieten, in seinem Recht und seiner Pflicht die gesamte Bevölkerung zu erreichen, in einer Weise verkürzt, für die kein sachlicher Grund ersichtlich sei.[1024]
Eine derartig eingeschränkte Sichtweise ist im Vergleich zur Regelung des § 11 RfStV nicht zu sehen. Es wird jedoch deutlich, dass mit der gewählten Formulierung kein Rangverhältnis begründet wird. Ein eindeutiges Ergebnis liefert der Vergleich mit bisherigen Regelungen somit nicht.

(bb) Begründung des Gesetzgebers

Die Begründung des Gesetzgebers könnte weiterführende Erkenntnisse liefern. Der Gesetzgeber führt in der Begründung aus, dass für die Mediendienste die Grundsätze für die Druckwerke unter Berücksichtigung der medialen Besonderheiten entsprechend gelten sollen, wobei insbesondere auf die Bedeutung der Aktualität ergänzender Hintergrundinformationen zu den Programminhalten hingewiesen wird.[1025] Somit wäre auch hier der durchgehende Programmbezug notwendiges Kennzeichen für die Zulässigkeit von Mediendiensten.
Aus der Begründung folgt weiterhin, dass Begleitmaterialien und Programminformationen auch außerhalb des eigentlichen Mediums Rundfunk angeboten werden dürfen. Neben Programminformationen im engeren Sinne und der Wiedergabe von Programminhalten sind auch hier Informationen zu den Grundlagen und Rahmenbedingungen der Programmtätigkeit, zur Programmplanung, zur Struktur, zum Betrieb oder zu den Personalien möglich.[1026] Diese Interpretation steht auf dem ersten Blick im Gegensatz zu dem Ergebnis mit dem Vergleich der bisherigen Regelungen. Allerdings ist davon auszugehen, dass diese ebenfalls von der Rechtsprechung des Bundesverfassungsgerichts zu der Auslegung der „vorwiegend programmbezogenen Inhalte" bei Druckwerken beeinflusst sind. Der Gesetzgeber wird beabsichtigt haben, die gleichen Voraussetzungen

[1023] Vgl. Kritik der öffentlich-rechtlichen Rundfunkanstalten am Vorschlag Baden-Württembergs vom 15. Mai 2003, abgedruckt bei Hartstein/Ring/Kreile/Dörr/Stettner, RfStV I, B 1, S. 252.

[1024] Vgl. Kritik der öffentlich-rechtlichen Rundfunkanstalten am Vorschlag Baden-Württembergs vom 15. Mai 2003, abgedruckt bei Hartstein/Ring/Kreile/Dörr/Stettner, RfStV I, B 1, S. 252.

[1025] Vgl. Begründung zum 7. RfÄndStV, abgedruckt bei Hartstein/Ring/Kreile/Dörr/Stettner, RfStV I, A 2.5., S. 4.

[1026] Vgl. Begründung zum 7. RfÄndStV, abgedruckt bei Hartstein/Ring/Kreile/Dörr/Stettner, RfStV I, A 2.5., S. 4.

wie beim Angebot von Druckwerken zu schaffen. Das heißt, die verfassungskonforme Auslegung des Bundesverfassungsgerichts zu dem Angebot von Druckwerken sollte entsprechend für die Mediendienste festgeschrieben werden. Insofern kann auch hier von einer verfassungskonformen Auslegung gesprochen werden, so dass sich der vordergründige Widerspruch aufklärt.

(c) Teleologische Auslegung

Fraglich ist, ob der Sinn und Zweck der Regelung dieses Ergebnis bestätigt. Sinn und Zweck des § 11 Abs. 1 Satz 2 RfStV ist es, den öffentlich-rechtlichen Rundfunk nicht auf die herkömmlichen Druckwerke zu beschränken, sondern die Möglichkeit zu geben, angesichts der schnellen Entwicklung im Bereich des Rundfunks wettbewerbsfähig zu bleiben. Der öffentlich-rechtliche Rundfunk soll seinen Funktionsauftrag mit allen zur Verfügung stehenden Mitteln erfüllen können. Aufgrund der technischen Entwicklung werden heute Informationen nicht mehr nur schriftlich über Funk und Fernsehen übermittelt, sondern auch durch Internet, Bildschirmtext und dergleichen. Es ist Teil der Bestands- und Entwicklungsgarantie des öffentlich-rechtlichen Rundfunks, dass dieser auch an neuen technischen Möglichkeiten teilhaben darf. Dies gilt aber nur insofern, als diese Tätigkeiten zur Erfüllung des Funktionsauftrages notwendig sind. Insofern ist die Einschränkung „mit programmbezogenem Inhalt“ so zu verstehen, dass dem öffentlich-rechtlichen Rundfunk das Angebot von Mediendiensten erlaubt sein soll, das zur Erfüllung seines verfassungsmäßigen Auftrages notwendig ist. Dies entspricht der Auslegung des Begriffs „mit programmbezogenem Inhalt“ bei Druckwerken.

cc) Ergebnis bezüglich des Angebots von Druckwerken und Mediendiensten

Das Angebot von Druckwerken und Mediendiensten mit programmbezogenem Inhalt ist folglich nach § 11 RfStV zulässig, wenn die Druckwerke und Mediendienste als unterstützende Randbetätigung letztlich der Erfüllung des Programmauftrages dienen und ein durchgehender Programmbezug besteht. Allerdings dürfen die Begleitmaterialien und Programminformationen auch außerhalb des eigentlichen Mediums Rundfunk angeboten werden. Es sind also neben der Programmvorschau im engeren Sinne und der Wiedergabe von Programminhalten Informationen zu den Grundlagen und Rahmenbedingungen der Programmtätigkeit, zur Programmplanung, zur Struktur, zum Betrieb oder zu den Personalien der Anstalt zulässig. Von der übrigen großen Bandbreite des Internets sind die öffentlich-rechtlichen Rundfunkanstalten weiterhin ausgeschlossen.

c) Exkurs: Entgeltlichkeit

Es stellt sich die Frage, ob der öffentlich-rechtliche Rundfunk verpflichtet ist, Druckwerke und Mediendienste unentgeltlich anzubieten.
Würde das Angebot von Druckwerken und Mediendiensten vorrangig oder allein Finanzierungszwecken dienen, würde dies nicht mehr vom Informationsauftrag gedeckt sein und somit der Rundfunkfreiheit widersprechen.[1027] Es darf also keine Gewinnerzielungsabsicht seitens der Rundfunkanstalt bestehen, ein Kostendeckungsbeitrag ist jedoch als zulässig anzusehen.[1028]

Durch den im 7. RfÄndStV eingefügten § 13 Abs. 1 Satz 2 RfStV wurde jedoch klargestellt, dass für Begleitmaterialien, zu denen auch Druckwerke und Programmzeitschriften gehören können, Entgelte grundsätzlich zulässig sind. Es ist nicht zu erkennen, dass eine Programmzeitschrift in diesem Fall zu einer Gefährdung der wirtschaftlichen Existenzgrundlage der Presse führen könnte. Auch steht den Presseverlagen kein gegen die Rundfunkanstalten gerichteter verfassungsrechtlicher Anspruch auf alleinige Verbreitung der Programminformationen zu.[1029]
Die Veröffentlichung darf insofern auch nicht Selbstzweck sein. Sie dient vielmehr der Erfüllung des öffentlich-rechtlichen Auftrags und damit gerade nicht wirtschaftlichen Zwecken.

d) Exkurs: Werbung, Sponsoring und weitere Online-Aktivitäten

Für Mediendienste gilt weiterhin das Werbe- und Sponsoringverbot der § 4 Abs. 3 ARD-StV, § 4 Abs. 3 ZDF-StV und § 4 Abs. 3 DLR-StV. Im Gesetzgebungsverfahren wurde deutlich, dass die öffentlich-rechtlichen Rundfunkanstalten auf Bestellmöglichkeiten verzichten sollten.
§ 13 Abs. 1 Satz 2 RfStV regelt nun, dass „Programme und Angebote im Rahmen des Auftrages des öffentlich-rechtlichen Rundfunks gegen besonderes Entgelt unzulässig sind; ausgenommen hiervon sind Begleitmaterialien".
Die Rundfunkanstalten dürfen ihre Internetdienste nicht kostenpflichtig machen, weil die Finanzierung über die Rundfunkgebühr erfolgt, d.h. dass die Angebote des öffentlich-rechtlichen Rundfunks in Erfüllung seines Auftrages aus Abs. 1 mit der Entrichtung der Rundfunkgebühr durch den Zuschauer finanziert sind.[1030] Außerdem soll kein wirtschaftliches Konkurrenzverhalten zu den priva-

---

[1027] Vgl. BVerfGE 83, 238 (314).
[1028] Vgl. *Hartstein/Ring/Kreile/Dörr/Stettner*, RfStV I, B 5 § 13 Rn. 38-43, 46.
[1029] Vgl. BVerfGE 83, 238 (314).
[1030] Vgl. Begründung zum 7. RfÄndStV, abgedruckt bei Hartstein/Ring/Kreile/Dörr/Stettner, RfStV I, A 2.5., S. 7.

ten Anbietern aufgebaut werden.[1031] Damit wird klargestellt, dass die öffentlich-rechtlichen Rundfunkanstalten auch im Internet keine Filme oder sonstige Angebote gegen Bezahlung zur Verfügung stellen dürfen.[1032] Sie müssen also auf Pay-TV, Pay-Radio, Pay-per-View- und Pay-per-Channel-Angebote verzichten. Dieser Verzicht soll bei Angeboten von „Waren und Dienstleistungen in elektronisch abrufbaren Datenbanken mit interaktivem Zugriff und unmittelbaren Bestellmöglichkeiten" von den Sendern konkretisiert werden.[1033] Es soll von den öffentlich-rechtlichen Sendern weiterhin auch die „zielgerichtete Vermittlung oder Verknüpfung zu derartigen Dienstleistungen" ausgeschlossen werden.[1034]

Der Gesetzgeber stellt in der Begründung weiterhin klar, dass sich das Entgeltverbot nicht auf den Verkauf von Eigenproduktionen oder den Vertrieb von Bild- oder Tonträgern mit den Sendeinhalten erstreckten. Weiterhin würden auch Randnutzungen, die dem Gebot der Wirtschaftlichkeit und Sparsamkeit entsprächen, nicht dem Entgeltverbot unterfallen.[1035]

II. Der Programmauftrag (§ 11 Abs. 2 RfStV)

Der Abs. 2 des neu eingeführten § 11 RfStV enthält inhaltliche Vorgaben für die Auftragserfüllung des öffentlich-rechtlichen Rundfunks und somit den eigentlichen Programmauftrag.

1. Informationsauftrag (Satz 1)

Im Rahmen des Gesetzgebungsverfahrens war zunächst unklar, ob den Anstalten nur noch eine gewisse Zahl von Programmen erlaubt sein sollte, sie gesetzlich zum Programmaustausch verpflichtet oder der Auftrag des öffentlich-rechtlichen Rundfunks qualitativ definiert werden sollte.[1036] Der Gesetzgeber hat sich entschieden, in Abs. 2 Satz 1 zunächst den umfassenden Informationsauftrag des öffentlich-rechtlichen Rundfunks festzuschreiben. Die für die Demokratie entscheidende freie Meinungsbildung setzt einen freien Informationszugang vor-

---

[1031] Vgl. *Eberle*, MMR 2003, S. 623 (626).
[1032] Vgl. epd medien 40/2003, S. 11.
[1033] Vgl. Regelungsentwurf für die Sitzung der Chefs der Staats- und Senatskanzleien, teilweise abgedruckt in epd medien 37/2003, S. 13.
[1034] Vgl. Regelungsentwurf für die Sitzung der Chefs der Staats- und Senatskanzleien, teilweise abgedruckt in epd medien 37/2003, S. 13.
[1035] Vgl. Begründung zum 7. RfÄndStV, abgedruckt bei Hartstein/Ring/Kreile/Dörr/Stettner, RfStV I, A 2.5., S. 7.
[1036] Vgl. epd medien 80/2001, S. 15.

aus.[1037] Vor der Vereinheitlichung durch § 11 Abs. 2 RfStV war der Informationsauftrag in den Landesrundfunkgesetzen in unterschiedlichen Formulierungen enthalten.

Durch die Formulierung „Angebote und Programme“ wird wiederum deutlich, dass der öffentlich-rechtliche Rundfunk nicht auf Radio und Fernsehen beschränkt ist, sondern auch andere Angebote, einschließlich des Internets anbieten kann.
Die Anforderungen an die Berichterstattung sind weitreichend. Der öffentlich-rechtliche Rundfunk hat einen „umfassenden Überblick über das internationale, europäische, nationale und regionale Geschehen ... zu geben“. Hieraus folgt zum einen, dass der öffentlich-rechtliche Rundfunk die Vielzahl der Informationsfelder abbilden und durch eine gezielte Auswahl die Komplexität der eingehenden Informationen bewältigen soll.[1038] Aufgrund der Formulierung „umfassend“ wird deutlich, dass der öffentlich-rechtliche Rundfunk auch die Meinungen von Minderheiten und Randgruppen darstellen und dass die Berichterstattung nicht einseitig, sondern aus verschiedenen Blickwinkeln stattfinden soll. Da der öffentlich-rechtliche Rundfunk einen „Überblick“ zu geben hat, ist nicht zu erwarten, dass er detailliert auf bestimmte Sachverhalte eingeht. Entscheidend ist vielmehr, dass er die Breite des Meinungsangebotes darstellt.

Der öffentlich-rechtliche Rundfunk hat sich hierbei auf „alle wesentlichen Lebensbereiche“ zu konzentrieren. Ob hierin eine Einschränkung zu sehen ist, ist fraglich, da letztlich – abhängig von der Sichtweise – jeder Lebensbereich wesentlich sein kann. Dies könnte aber auch eine Möglichkeit sein, die Interessen von Minderheiten weniger oder gar nicht zu beachten, da sie nicht notwendig zu den wesentlichen Lebensbereichen der Mehrheit zählen. Allerdings würde diese Interpretation den Zielen des öffentlich-rechtlichen Rundfunks widersprechen. Seine Aufgabe ist es gerade, die Auseinandersetzung mit Anderen zu fördern und so eine Verständigung und letztlich die Integration von Minderheiten zu ermöglichen.[1039] Es ist also davon auszugehen, dass eine umfassende Beschreibung der inhaltlichen Themen gemeint ist.
Mit der Auflistung von „international“ bis „regional“ wird der räumliche Bezug beschrieben und die Gleichwertigkeit dieser Berichtsebenen betont.[1040] Der Verzicht der Berichterstattung auf eine der genannten Ebenen ist aufgrund der In-

---

[1037] Vgl. Begründung zum 7. RfÄndStV, abgedruckt bei Hartstein/Ring/Kreile/Dörr/Stettner, RfStV I, A 2.5., S. 4.
[1038] Vgl. Begründung zum 7. RfÄndStV, abgedruckt bei Hartstein/Ring/Kreile/Dörr/Stettner, RfStV I, A 2.5., S. 4.
[1039] Siehe 1. Teil C II 3 b).
[1040] Vgl. Begründung zum 7. RfÄndStV, abgedruckt bei Hartstein/Ring/Kreile/Dörr/Stettner, RfStV I, A 2.5., S. 4.

tegrationsfunktion des öffentlich-rechtlichen Rundfunks ausgeschlossen.[1041] Eine programmliche Zielsetzung, die sich auf das lokale Geschehen richtet, findet sich in der Beschreibung hingegen nicht. Dieser Bereich ist bewusst vom Gesetzgeber ausgeklammert worden, da die Aufnahme dieses Bereiches im Gesetzgebungsverfahren diskutiert wurde.[1042]

Mit einem derartig umfassenden Informationsauftrag sind verkürzte Informationen, wie sie teilweise bei Privatsendern im Hörfunk und Fernsehen zu beobachten sind, nicht vereinbar.[1043] Schon hierdurch wird deutlich, dass der öffentlich-rechtliche Rundfunk sein Programm nicht dem der Privaten anpassen kann, also sich nicht „selbst kommerzialisieren" darf.[1044] Die Berichterstattungsfunktion muss deshalb im Mittelpunkt seiner Tätigkeit stehen, da er ansonsten seinen Auftrag verletzt und die Rechtfertigung seiner Gebührenfinanzierung verliert.

Weiterhin muss der öffentlich-rechtliche Rundfunk hierbei seinem kulturellen Auftrag Rechnung tragen. Diese Anforderung ergibt sich aus der neueren Diskussion um die „Herleitung" des öffentlich-rechtlichen Rundfunks.[1045] In der Literatur wird richtigerweise darauf
verwiesen, dass der öffentlich-rechtliche Rundfunk aus den Grundwerten des Grundgesetzes hergeleitet werden muss. Für eine hohe Wertekultur und Demokratie, wie sie in der Bundesrepublik Deutschland vorliegt, ist es von entscheidender Bedeutung, dass die Werte, die sie ausmachen und prägen, vermittelt und weitergegeben werden. Dies geschieht im öffentlichen Bereich vornehmlich in der Schule und im öffentlich-rechtlichen Rundfunk. Damit obliegt dem öffentlich-rechtlichen Rundfunk in besonderer Weise die Aufgabe, diese für die Demokratie unabdingbaren Grundwerte zu vermitteln und für sie einzutreten. Zu diesen Grundwerten zählen allen voran die Menschenwürde, der Schutz von Ehe und Familie, die Gleichberechtigung zwischen Männern und Frauen und das Toleranzgebot auch und gerade im Bereich der Religion.[1046] Diese Funktion des öffentlich-rechtlichen Rundfunks ergänzt die demokratische Funktion, für die Meinungsvielfalt Sorge zu tragen. Weiterhin findet der Kulturauftrag seine rechtliche Fundierung in dieser Funktion.[1047]

1041 Vgl. Begründung zum 7. RfÄndStV, abgedruckt bei Hartstein/Ring/Kreile/Dörr/Stettner, RfStV I, A 2.5., S. 4.

1042 Vgl. Regelungsentwurf für die Sitzung der Chefs der Staats- und Senatskanzleien, teilweise abgedruckt in epd medien 37/2003, S. 13.

1043 Vgl. *Hartstein/Ring/Kreile/Dörr/Stettner*, RfStV I, § 11 Rn. 12.

1044 Vgl. *Hartstein/Ring/Kreile/Dörr/Stettner*, RfStV I, § 11 Rn. 12.

1045 Siehe 1. Teil B I 1.

1046 Vgl. *Hartstein/Ring/Kreile/Dörr/Stettner*, RfStV I, § 11 Rn. 7.

1047 Vgl. *Hartstein/Ring/Kreile/Dörr/Stettner*, RfStV I, § 11 Rn. 7.

2. Inhaltliche Vorgaben (Satz 2)

In § 11 Abs. 2 Satz 2 RfStV wird die Zielsetzung der Berichterstattung des öffentlich-rechtlichen Rundfunks erläutert. „Der öffentlich-rechtliche Rundfunk soll die internationale Verständigung, die europäische Integration und den gesellschaftlichen Zusammenhalt zwischen Bund und Ländern fördern." Damit macht der Gesetzgeber inhaltliche Vorgaben, die weit über die bloße objektive Berichterstattung hinausgehen. Dem öffentlich-rechtlichen Rundfunk wird eine besondere gesellschaftliche Verantwortung zugesprochen. Durch einen umfassenden Überblick und eine ausgewogene Berichterstattung soll das Verständnis für unterschiedliche Meinungen geweckt, durch Kenntnisse der Zusammenhänge Toleranz gefördert und der gesellschaftliche Zusammenhalt gestärkt werden.[1048]

Teil der Aufgabe des öffentlich-rechtlichen Rundfunks ist es als Faktor an der freien öffentlichen und individuellen Meinungsbildung mitzuwirken. Daher sind auch kritische Betrachtung und Bewertung von anderen Staaten, der Europäischen Union und ihren Institutionen oder bestimmten gesellschaftlichen Gruppen und Entwicklungen zulässig. Eine grundsätzliche Ablehnung der Völkerverständigung oder der europäischen Einigung würde allerdings einen Verstoß gegen den Programmauftrag darstellen.

3. Informations-, Bildungs-, Beratungs- und Unterhaltungsauftrag (Satz 3)

In Satz 3 wird festgeschrieben, dass das Programm des öffentlich-rechtlichen Rundfunks der „Information, Bildung, Beratung und Unterhaltung zu dienen" hat. Diese Formulierung bestand zuvor ebenso in den meisten Landesrundfunkgesetzen.[1049]
Information, Bildung, Beratung und Unterhaltung stehen gleichwertig nebeneinander. Damit konnte sich das Land Baden-Württemberg nicht mit seiner Forderung durchsetzen, die Unterhaltung als „nachrangig" zu bezeichnen.[1050] Dies entspricht der Auffassung des Bundesverfassungsgerichts, das die Unterhaltung ausdrücklich als Teil des inhaltlich umfassenden Programmauftrages anerkannt hat.[1051] Unterhaltungssendungen können Informationen und Wertvorstellungen

---

[1048] Vgl. Begründung zum 7. RfÄndStV, abgedruckt bei Hartstein/Ring/Kreile/Dörr/Stettner, RfStV I, A 2.5., S. 4 f.

[1049] Vgl. bspw. Art. 4 Abs. 1 BayRFG; § 5 Abs. 1 NDR-StV; § 4 Abs. 1 RBB-StV; § 15 Abs. 1 SMG.

[1050] Vgl. epd medien 40/2003, S. 11.

[1051] Siehe 1. Teil C II 2 c) bb).

ebenso wie Informations- und Magazinsendungen transportieren, so dass auch die Unterhaltungssendungen zu einer Pluralität der Sichtweisen beitragen.[1052] Diese mangelnde quantitative Vorgabe spricht für die Erkenntnis des Gesetzgebers, dass mehrere der verschiedenen Bereiche in einer Sendung gleichzeitig vorkommen können.[1053] Nur die Kombination mit der Unterhaltung macht die Programme so attraktiv, dass die Informations- und Bildungsangebote in ausreichendem Umfang wahrgenommen werden und der öffentlich-rechtliche Rundfunk das nötige publizistische Gewicht erhält, um seine Grundversorgungsaufgabe zu erfüllen.[1054]
Der Gesetzgeber weist in seiner Begründung zudem auf die besondere Bedeutung der Information hin, die sich aus der Zusammenschau der Sätze 1 und 2 ergibt.[1055] Weiterhin wurde die „Beratung" als schon heute wichtiger Bestandteil dieses Informationsangebotes klarstellend aufgenommen.

4. Kulturauftrag (Satz 4)

Nach den Funktionszuschreibungen Information, Bildung, Beratung und Unterhaltung wird in Satz 4 besonders hervorgehoben, dass „insbesondere Beiträge zur Kultur anzubieten" sind.[1056] Damit wird der vom Bundesverfassungsgericht hervorgehobene Aspekt des Kulturauftrages des öffentlich-rechtlichen Rundfunks besonders betont.

a) Reichweite des Kulturauftrages

Der Kulturauftrag lässt sich in drei Komponenten aufteilen. Erstens muss der öffentlich-rechtliche Rundfunk über Kultur berichten. Dies kann in den verschiedensten Formen geschehen. Zweitens muss er Kultur vermitteln, d.h. er muss Künstlern aller Kulturbereiche ein Forum bieten, ihre Kunst darzustellen und zu vermitteln. Drittens wird der öffentlich-rechtliche Rundfunk in die Kulturträgerschaft mit einbezogen, d.h. er muss an der Kreation, also der Schaffung

1052 Vgl. Kritik der öffentlich-rechtlichen Rundfunkanstalten am Vorschlag Baden-Württembergs vom 15. Mai 2003, abgedruckt bei Hartstein/Ring/Kreile/Dörr/Stettner, RfStV I, B 1, S. 253.
1053 Vgl. Begründung zum 7. RfÄndStV, abgedruckt bei Hartstein/Ring/Kreile/Dörr/Stettner, RfStV I, A 2.5., S. 5.
1054 Vgl. *Hartstein/Ring/Kreile/Dörr/Stettner*, RfStV I, § 11 Rn. 14.
1055 Vgl. Begründung zum 7. RfÄndStV, abgedruckt bei Hartstein/Ring/Kreile/Dörr/Stettner, RfStV I, A 2.5., S. 5.
1056 Vgl. epd medien 51/2003, S. 15.

kultureller Ereignisse, Werke und Erlebnisse mitwirken.[1057] Dies kann z.B. durch eigene Orchester und andere Musikgruppen geschehen.

b) Inhalt des Kulturauftrages

Fraglich ist, wie der Inhalt des Kulturauftrages zu bestimmen ist. Der Gesetzgeber führt in der Gesetzesbegründung den Kulturbegriff wie folgt aus: Neben der bevorzugten Ausstrahlung von Eigenproduktionen oder sonstigen inländischen wie auch europäischen Werken solle ein Schwerpunkt der öffentlich-rechtlichen Angebote die Pflege der deutschen wie christlich-abendländischen Kultur sein.[1058] Somit fallen nach Auffassung des Gesetzgebers populäre und anspruchsvolle Themen, allgemeinbildende und sogenannte Special Interest-Programme, theoretische wie praktische Inhalte, die informieren, bilden oder unterhalten, unter diesen Begriff.[1059] Der Kulturbegriff in § 11 Abs. 2 RfStV ist somit weit zu verstehen.

c) Stellung der Religion

Im Gesetzgebungsverfahren war die Frage, ob und in welcher Form die Religion in die Auftragsbeschreibung aufgenommen werden soll, höchst umstritten.
Baden-Württemberg hatte in seinem Gesetzesentwurf die Religion explizit aufgeführt.[1060] In der Pressemitteilung des Staatsministeriums Baden-Württemberg vom 28. April 2003 wurde ausgeführt, dass mit Religion die christliche Religion gemeint sei, die neben den humanistischen Werten nach wie vor zu den wesentlichen kulturellen Grundlagen unserer Gesellschaft gehöre.
Die Frage, ob eine explizite Nennung von Vorteil sei, wurde jedoch nicht von allen positiv beantwortet. So äußerten sich ARD, ZDF und DLR in der Weise, dass sie sich zwar nachhaltig zu diesen Werten bekannten, aber die explizite Nennung für ein ungeeignetes Mittel hielten, diese zu fördern.[1061] Sie argumentierten, zur Religion gehörten nicht nur die großen christlichen Kirchen, sondern alle staatlich anerkannten Glaubensgemeinschaften und darüber hinaus alle

---

[1057] Im Einzelnen *Hartstein/Ring/Kreile/Dörr/Stettner*, RfStV I, § 11 Rn. 15 f.
[1058] Vgl. Begründung zum 7. RfÄndStV, abgedruckt bei Hartstein/Ring/Kreile/Dörr/Stettner, RfStV I, A 2.5., S. 5.
[1059] Vgl. Begründung zum 7. RfÄndStV, abgedruckt bei Hartstein/Ring/Kreile/Dörr/Stettner, RfStV I, A 2.5., S. 5.
[1060] Abgedruckt bei Hartstein/Ring/Kreile/Dörr/Stettner, RfStV I, B 1, S. 251.
[1061] Vgl. Kritik der öffentlich-rechtlichen Rundfunkanstalten am Vorschlag Baden-Württembergs vom 15. Mai 2003, abgedruckt bei Hartstein/Ring/Kreile/Dörr/Stettner, RfStV I, B 1, S. 253.

Glaubensrichtungen und unter Umständen sogar Sekten.[1062] Insofern stelle sich zum einen die Frage, ob eine explizite Förderung des christlichen Glaubens überhaupt möglich sei, zum anderen könne so ein Präzedenzfall geschaffen werden, der dazu führen könne, dass andere gesellschaftliche Gruppierungen ebenfalls eine gesetzliche Absicherung im Rahmen des Programmauftrages verlangten und so letztlich eine Lähmung des öffentlich-rechtlichen Rundfunks eintreten könnte.[1063]

In einem der ersten Gesetzentwürfe hieß es, dass Beiträge insbesondere zur Kultur, Kunst und Beratung anzubieten seien.[1064] Gegen diese Formulierung wandte sich der Vorsitzende der römisch-katholischen Bischofskonferenz, *Kardinal Lehmann*, der die Formulierung für missverständlich hielt.[1065] Es wurde daher empfohlen, die „Beratung" mit zu den programmlichen Grundfunktionen zu nehmen und sich im Satz 4 auf die Kultur zu konzentrieren. Der Begriff der Kultur umfasse dann unmissverständlich sowohl den Bereich der Kunst als auch den Bereich der Religion. Sollte diese Empfehlung nicht umgesetzt werden, solle der Begriff der Religion mit in die Aufzählung aufgenommen werden. Die Religion sei nämlich integraler Bestandteil und ein die Programmangebote der beiden öffentlich-rechtlichen Systeme auszeichnendes Element, welches in deren „Grundnorm" auch ausdrücklich genannt werden solle.

Der Gesetzgeber hat sich entschieden, in § 11 Abs. 2 RfStV nur zu verlangen, dass „insbesondere Beiträge zur Kultur anzubieten" sind. Damit ist er der Forderung des Landes Baden-Württemberg nicht gefolgt, sondern der der öffentlich-rechtlichen Rundfunkanstalten und der christlichen Kirche in Deutschland.
Daraus folgt, dass der Begriff der Kultur als Oberbegriff umfassend ist und eine exemplarische Aufzählung obsolet macht. Es wird somit als selbstverständlich vorausgesetzt, dass zu den wesentlichen Wurzeln und prägenden Kräften der deutschen Kultur stets in besonderer Weise religiöse Leitbilder und Anliegen gehören. Baden-Württemberg dokumentierte seine abweichende Position in der

[1062] Vgl. Kritik der öffentlich-rechtlichen Rundfunkanstalten am Vorschlag Baden-Württembergs vom 15. Mai 2003, abgedruckt bei Hartstein/Ring/Kreile/Dörr/Stettner, RfStV I, B 1, S. 253.

[1063] Vgl. Kritik der öffentlich-rechtlichen Rundfunkanstalten am Vorschlag Baden-Württembergs vom 15. Mai 2003, abgedruckt bei Hartstein/Ring/Kreile/Dörr/Stettner, RfStV I, B 1, S. 253 f.

[1064] Akteneinsicht durch die Verfasserin am 22.6.2004 in der Staatskanzlei Rheinland-Pfalz, Mainz: Schreiben der Bayrische Staatskanzlei vom 28. Februar 2003 an die Staatskanzlei Rheinland-Pfalz.

[1065] Akteneinsicht durch die Verfasserin am 22.6.2004 in der Staatskanzlei Rheinland-Pfalz, Mainz: Schreiben des Vorsitzenden der katholischen Bischofskonferenz Karl Kardinal Lehmann vom 28. Februar 2003 an die Staatskanzlei Rheinland-Pfalz.

Frage im Rahmen einer Protokollerklärung, stimmte aber im Hinblick auf den ansonsten erreichten Kompromiss zu.[1066]
Durch den Kompromiss ist es auf der einen Seite möglich, die religiösen Werte zu fördern, auf denen unsere Gesellschaft beruht. Gleichzeitig ist auf der anderen Seite eine positive Auseinandersetzung mit anderen Religionen nicht ausgeschlossen. Zudem wird ein möglicherweise diskriminierendes Moment der Aufnahme der christlichen Religion auf diesem Wege verhindert. Dieser Kompromiss ist somit als positiv zu bewerten.

III. Zentrale Verpflichtungen des öffentlich-rechtlichen Rundfunks (§ 11 Abs. 3 RfStV)

In § 11 Abs. 3 RfStV wird abstrakt die Art und Weise der Auftragserfüllung durch den öffentlich-rechtlichen Rundfunk geregelt. Der öffentlich-rechtliche Rundfunk hat bei der Erfüllung seines Auftrages die Grundsätze der Objektivität und Unparteilichkeit der Berichterstattung, die Meinungsvielfalt sowie die Ausgewogenheit der Angebote und Programme zu berücksichtigen. Diese zentralen Verpflichtungen des öffentlich-rechtlichen Rundfunks waren schon vorher Bestandteil der Landesrundfunkgesetze[1067] und folgen letztlich aus der Rechtsprechung des Bundesverfassungsgerichts[1068].
Der Gesetzgeber führt in seiner Begründung aus, dass die genannten Grundsätze vor allem für das Programm als Ganzes gelten würden. Aber auch für einzelne Sendungen sollten sie eine Orientierung bieten. Hiervon wären auch Sendungen mit pointierten Standpunkten zur Bereicherung der öffentlichen Meinungsbildung nicht ausgeschlossen.[1069]

1. Verpflichtung zur Objektivität

Der öffentlich-rechtliche Rundfunk ist dem Grundsatz der Objektivität verpflichtet. Dieses Gebot einer fairen und unabhängigen Berichterstattung lässt sich letztlich als Ziel aus der verfassungsmäßig garantierten Rundfunkfreiheit ableiten.[1070] Das Bundesverfassungsgericht hat in der Auslegung des Art. 5 Abs. 1 Satz 2 GG durch die programminhaltlichen Leitgrundsätze ein Mindestmaß an

---

1066 Vgl. Protokollerklärung im Anhang.
1067 Vgl. bspw. Art. 4 Abs. 1 BayRFG; § 6 MDR-StV; § 5 Abs. 5 WDR-Gesetz; § 5 Abs. 1 NDR-StV.
1068 Siehe 1. Teil B III.
1069 Vgl. Begründung zum 7. RfÄndStV, abgedruckt bei Hartstein/Ring/Kreile/Dörr/Stettner, RfStV I, A 2.5., S. 5.
1070 Vgl. Begründung zum 7. RfÄndStV, abgedruckt bei Hartstein/Ring/Kreile/Dörr/Stettner, RfStV I, A 2.5., S. 5.

inhaltlicher Ausgewogenheit und Sachlichkeit gefordert.[1071] Dieses wird durch die Attribute „objektiv" und „umfassend" in den § 11 RfStV aufgenommen.[1072] Zu klären ist, was Objektivität im Einzelnen bedeutet. Objektivität bedeutet nicht Meinungslosigkeit. Der Begriff beinhaltet vielmehr, dass der öffentlich-rechtliche Rundfunk sich nicht in den Dienst einer Partei stellen darf, wobei Partei in einem umfassenden Sinne zu verstehen ist, d.h. der öffentlich-rechtliche Rundfunk darf sich nicht auf eine Seite stellen. Objektiver Journalismus wahrt die Distanz zu den Personen und zum Geschehen und berichtet wahrheitsgemäß über die Tatsachen und Geschehnisse unabhängig von der Meinung des Autors oder des Reporters. Erst im Anschluss kann der Bericht kommentiert und bewertet werden.[1073]

In diesem Zusammenhang ist von besonderer Bedeutung, dass eine Trennung zwischen der Berichterstattung und ihrer Kommentierung stattfindet. Auch wenn diese praktisch nicht immer durchzuhalten ist, sollte es das Ziel objektiver Berichterstattung sein, deutlich zu machen, wo Tatsachen und wo Meinungen vermittelt werden. Das gleiche gilt für die Sendeformen. Auch hier sollte zwischen tatsachenbetonten und meinungsbetonten Sendeformen unterschieden werden.[1074] Zu den tatsachenbetonten Sendeformaten zählen beispielsweise Nachrichtensendungen. Hier ist es nicht notwendig, dass jede Tatsache durch eine Gegentatsache ausbalanciert wird, da es sich bei den Nachrichten oftmals um aktuelle Ereignisse handelt und die Gegentatsachen regelmäßig nicht aktuell sind.
Meinungsbetonte Sendeformate sind zum Beispiel Kommentare. Hier liegt es in der Natur der Sache, dass eine Ausgewogenheit oftmals nicht gegeben ist, denn hierin liegt meist eine Meinungsäußerung, die oft einseitig ist.[1075] Die Berechtigung derartiger Sendeformate ergibt sich daraus, dass so Zusammenhänge dargestellt, Hintergründe aufgezeigt und auf Missstände hingewiesen wird. So betätigt sich der öffentlich-rechtliche Rundfunk als „Faktor" der Meinungsbildung.
Die Objektivität kann in der Praxis – wie bereits angedeutet – immer nur ein angestrebtes Ideal sein.[1076] Somit ist es erforderlich, dass sich die im Rundfunkbereich tätigen Personen nach bestem Wissen und Gewissen darum bemühen, den Grundsatz der Objektivität zu erfüllen.

[1071] Vgl. BVerfGE 12, 205 (263); 31, 303 (326); 57, 295 (325).
[1072] Vgl. *Hartstein/Ring/Kreile/Dörr/Stettner*, RfStV I, § 11 Rn. 18.
[1073] Vgl. *Hartstein/Ring/Kreile/Dörr/Stettner*, RfStV I, § 11 Rn. 19.
[1074] Vgl. *Hartstein/Ring/Kreile/Dörr/Stettner*, RfStV I, § 11 Rn. 18.
[1075] Vgl. *Hartstein/Ring/Kreile/Dörr/Stettner*, RfStV I, § 11 Rn. 18.
[1076] Vgl. *Hartstein/Ring/Kreile/Dörr/Stettner*, RfStV I, § 11 Rn. 18.

2. Verpflichtung zur Unparteilichkeit der Berichterstattung

Die Verpflichtung zur Unparteilichkeit stellt einen Teilausschnitt des Grundsatzes der Objektivität dar, ergänzt und spezifiziert ihn.[1077] Insofern kann in weiten Teilen auf die Ausführungen zur Objektivität verwiesen werden. Die Verpflichtung zur Unparteilichkeit bezieht sich nicht nur auf politische Parteien, sondern auch auf gesellschaftliche Gruppen oder Vereinigungen.
Der Grundsatz der Unparteilichkeit wird durch den Programmauftrag in § 11 Abs. 2 Satz 2 RfStV allerdings unterbrochen, nach dem der öffentlich-rechtliche Rundfunk die internationale Verständigung, die europäische Integration und den gesellschaftlichen Zusammenhalt in Bund und Ländern zu fördern hat.[1078] Insoweit muss entsprechend Partei ergriffen werden.

3. Verpflichtung zur Meinungsvielfalt

Aufgrund des Grundversorgungsauftrages des öffentlich-rechtlichen Rundfunks und der Entscheidung des Gesetzgeber für eine binnenplurale Rundfunkordnung ist der öffentlich-rechtliche Rundfunk in einem umfassenden Sinn zur Ausgewogenheit im Programm verpflichtet.[1079] Die Verpflichtung zur Meinungsvielfalt hat zwei verschiedene Komponenten.

Zum einen geht es um die Darstellung und Vermittlung der Vielfalt der gesellschaftlichen Meinungen und Auffassungen. Zum anderen geht es um die Vielfalt der Inhalte und Themen.
Die Frage nach der Meinungsvielfalt wurde bei der Entstehung der dualen Rundfunkordnung heftig diskutiert und durch das Urteil des Bundesverfassungsgerichts zum niedersächsischen Rundfunk beendet.[1080] Das Gericht wies hierin dem privaten Rundfunk die Aufgabe zu, einen Grundstandard gleichgewichtiger Meinungsvielfalt sicherzustellen, d.h. es müssen einseitige, in hohem Maße ungleichgewichtige Einflüsse auf die öffentliche Meinungsbildung ausgeschlossen werden. Im Gesamtprogramm des privaten Rundfunks müssen alle Meinungsrichtungen die Möglichkeit haben, zu Wort zu kommen.[1081]
Dem öffentlich-rechtlichen Rundfunk hingegen wurde in dem Urteil eine Garantenstellung für die Sicherung der Meinungsvielfalt zugesprochen. An anderer Stelle hat das Gericht noch einmal deutlich formuliert: Der öffentlich-rechtliche

---

1077 Vgl. *Hartstein/Ring/Kreile/Dörr/Stettner*, RfStV I, § 11 Rn. 21.
1078 Vgl. *Hartstein/Ring/Kreile/Dörr/Stettner*, RfStV I, § 11 Rn. 21.
1079 Vgl. Begründung zum 7. RfÄndStV, abgedruckt bei Hartstein/Ring/Kreile/Dörr/Stettner, RfStV I, A 2.5., S. 5.
1080 Siehe dazu auch 1. Teil A II 2 a).
1081 Siehe 1. Teil C I.

Rundfunk sei gehalten, die gleichgewichtige Vielfalt der Meinungen und gesellschaftliche Strömungen durch die Darstellung aller bestehenden Meinungsrichtungen wirksam zu sichern.[1082]
Ein Verstoß gegen das Gebot der Meinungsvielfalt liegt also vor, wenn einzelne politische oder gesellschaftliche Auffassungen nicht dargestellt werden. Insbesondere müssen auch die Auffassungen und Meinungen von Minderheiten zum Ausdruck gebracht werden können.

Im Zusammenhang mit dem Grundversorgungsauftrag heißt das, dass der öffentlich-rechtliche Rundfunk sein Angebot inhaltlich umfassend auszugestalten hat, damit auch die Gesamtheit der Bevölkerung angesprochen wird.[1083] Die bestehende Vielfalt der Meinungen muss in allen vier Programmbereichen, d.h. Information, Bildung, Beratung und Unterhaltung gleichgewichtig zum Ausdruck kommen. Eine Sicherung der Meinungsvielfalt geschieht nicht nur im Bereich von Nachrichtensendungen und Kommentaren, sondern ebenso in Hörspielen, musikalischen Darbietungen und dergleichen mehr.[1084] Der Gesetzgeber betont ebenfalls, dass diese Vorgaben insbesondere für Nachrichten und politische Sendungen gelten, sie aber auch in anderen Formaten entsprechend zu beachten seien.[1085] Allerdings muss nicht jedes Programm in sich ausgewogen sein, sondern sich die Meinungsvielfalt im Gesamtprogramm einstellen.[1086]
Insofern liegt ein Verstoß gegen das Gebot der Meinungsvielfalt vor, wenn die Themenschwerpunkte über das Gesamtprogramm hinweg einseitig gewählt werden, wichtige Berichterstattungsfelder vernachlässigt werden und so die Inhalte letztlich einseitig sind.[1087]

4. Verpflichtung zur Ausgewogenheit der Angebote und Programme

Die Verpflichtung zur Ausgewogenheit der Angebote und Programme entspricht dem Gebot der Meinungsvielfalt. Das Bundesverfassungsgericht hat diese programmbezogene Vorgabe aufgestellt. Ausgewogenheit liegt vor, wenn ein Gesamtprogramm sichergestellt wird, in dem die Vielfalt der gesellschaftlich relevanten Meinungen in relativer Gleichwertigkeit und Gleichgewichtigkeit berücksichtigt werden.[1088] Dabei muss zugleich die Neutralität in dem Sinne ge-

---

1082 Vgl. BVerfGE 74, 297 (326); *Fromm*, Öffentlich-rechtlicher Programmauftrag und Rundfunkföderalismus, S. 34 f.
1083 Vgl. *Hartstein/Ring/Kreile/Dörr/Stettner*, RfStV I, § 11 Rn. 23.
1084 Vgl. BVerfGE 12, 205 (260).
1085 Vgl. Begründung zum 7. RfÄndStV, abgedruckt bei Hartstein/Ring/Kreile/Dörr/Stettner, RfStV I, A 2.5., S. 5.
1086 Vgl. BVerfGE 74, 297 (326).
1087 Vgl. *Hartstein/Ring/Kreile/Dörr/Stettner*, RfStV I, § 11 Rn. 24.
1088 Vgl. *Fuhr*, ZDF-Staatsvertrag, § 2 1113 m.w.N.

wahrt bleiben, dass sich der Rundfunk in seiner gesamten Ausrichtung nicht einer einzelnen, gesellschaftlich artikulierten Meinung verschreiben darf.[1089] Ausgewogenheit meint weiterhin, dass die Themen und Parteien bzw. Gruppierungen im Programm angemessen berücksichtigt werden.

Deshalb kann auch ein Weglassen von bestimmten Meinungen gegen dieses Prinzip verstoßen.
Wichtig ist wiederum, dass nicht der einzelne Beitrag ausgewogen sein muss, sondern das Gesamtprogramm. Eine Sendung kann also durchaus eine bestimmte, einseitige Meinung oder nur die Auffassung einer Gruppe oder Partei zum Ausdruck bringen. Wichtig ist, dass für alle ein Forum geschaffen wird, so dass sie im Gesamtprogramm zu Wort kommen und ihre Meinung vertreten können. Unsachgemäß wäre es hierbei abzuzählen, wie oft eine Gruppe oder Partei zu Wort gekommen ist, weil die Häufigkeit der Nennung oder des Zu-Wort-Kommens nur wenig, wenn nicht gar nichts über die Inhalte, die Wirkung auf den Zuschauer und letztlich die Ausgewogenheit des Programms aussagt.[1090]

IV. Modell der Selbstverpflichtungserklärungen (§ 11 Abs. 4 RfStV)

Das Modell der Selbstverpflichtungserklärungen ist das eigentliche Novum der Änderung des § 11 RfStV. Zwar gab es auch bisher schon interne Programmgrundsätze zur Präzisierung des gesetzlichen Programmauftrages. Diese hatten aber keinen rechtsverbindlichen Charakter.
Das Modell ist dreistufig aufgebaut. Die erste Stufe ist die gesetzliche Aufgabenumschreibung in § 11 RfStV. Auf der zweiten Stufe erlassen die Rundfunkanstalten Satzungen oder Richtlinien zur näheren Ausgestaltung ihres jeweiligen Auftrags (Abs. 4 Satz 1 und 2 RfStV). Letztlich veröffentlichen die Rundfunkanstalten selbst auf der dritten Stufe einen Bericht über die Erfüllung ihres Auftrages, über die Qualität und Quantität der Angebote und Programme sowie die geplanten Schwerpunkte der jeweils anstehenden programmlichen Leistungen (Abs. 4 Satz 3 RfStV). Die letzte Stufe stellt die eigentliche Selbstverpflichtung dar.

[1089] Vgl. *Hartstein/Ring/Kreile/Dörr/Stettner*, RfStV I, § 11 Rn. 25.
[1090] Vgl. *Hartstein/Ring/Kreile/Dörr/Stettner*, RfStV I, § 11 Rn. 26.

1. Erlass von Satzungen oder Richtlinien (§ 11 Abs. 4 Satz 1 und 2 RfStV)

Die in der ARD zusammengeschlossenen Landesrundfunkanstalten, das ZDF und das DLR erlassen nach § 11 Abs. 4 Satz 1 RfStV jeweils Satzungen oder Richtlinien zur näheren Ausgestaltung ihres jeweiligen Auftrages. Nach Satz 2 sind die Satzungen und Richtlinien in den amtlichen Verkündungsblättern der Länder zu veröffentlichen.

Die Rundfunkanstalten selbst sollen Regelungen erlassen, die ihren Auftrag näher ausgestalten. Damit werden sie in die Pflicht genommen, bei der Konkretisierung mitzuwirken. Dies entspricht dem Gedanken der Rundfunkfreiheit, da in der Beschreibung des Funktionsauftrages Einzelheiten zur Programmgestaltung enthalten sein können, die von der Rundfunkfreiheit, genauer von der Programmgestaltungsfreiheit umfasst sind.[1091]

Die Regelung wirft jedoch eine Reihe von Fragen auf. So ist nicht eindeutig, welche Rundfunkanstalten von der Regelung erfasst sind (a). Weiterhin stellt sich die Frage, ob den Rundfunkanstalten ein Wahlrecht zwischen den Satzungen und Richtlinien zugestanden wird (b), was der Erlass von Satzungen und Richtlinien im Einzelnen bedeutet (c) und welchen Inhalt sie haben (d). Weiterhin wird zu klären sein, wie die Veröffentlichungspflicht für die Richtlinien zu verstehen ist, die normalerweise nur anstaltsintern und nicht in den amtlichen Verkündungsblättern veröffentlicht werden (e). Letztlich soll auf die Mitwirkungsverpflichtung der Rundfunkanstalten eingegangen werden (f).

a) Betroffene Rundfunkanstalten

Nach dem Wortlaut der Regelung des § 11 Abs. 4 Satz 1 RfStV erlassen „die in der ARD zusammengeschlossenen Landesrundfunkanstalten, das ZDF und das DLR“ Satzungen oder Richtlinien.

Es stellt sich die Frage, ob die ARD selbst ebenfalls eine entsprechende Satzung oder Richtlinie erlassen soll, da diese vom Wortlaut zunächst einmal nicht ausdrücklich erfasst ist. Dagegen spricht, dass die ARD keine eigene Rechtspersönlichkeit hat[1092] und aus diesem Grunde gar keine Satzungen erlassen kann. Allerdings bestünde für sie immer noch die Möglichkeit, ihren Auftrag mittels einer Richtlinie näher auszugestalten.

Der Gesetzgeber hat diese Problematik während des Gesetzgebungsverfahrens erkannt und deshalb in § 11 Abs. 4 RfStV bestimmt, dass Satzungen <u>oder</u> Richt-

---

[1091] Vgl. *Hartstein/Ring/Kreile/Dörr/Stettner*, RfStV I, B 5, § 11 Rn. 27.

[1092] Vgl. *Herrmann/Lausen*, Rundfunkrecht, § 16 Rn. 10; *Hesse*, Rundfunkrecht, 4.172.

linien erlassen werden.[1093] Für andere Rundfunkanstalten trifft diese Problematik nicht zu, da alle anderen aufgrund ihrer Rechtspersönlichkeit sowohl Satzungen als auch Richtlinien erlassen können. Somit ist die Regelung in dieser Form ausschließlich für die ARD getroffen worden.
Sinn und Zweck der Regelung ist es, dass die Regelung des § 11 RfStV in das interne Recht der öffentlich-rechtlichen Rundfunkanstalten umgesetzt und der Auftrag weiter konkretisiert wird. Es ist kein Grund ersichtlich, weshalb die ARD von dieser Verpflichtung ausgenommen sein sollte. Somit ist die Regelung des § 11 RfStV dahingehend auszulegen, dass neben den in der ARD zusammengeschlossenen Landesrundfunkanstalten, dem ZDF und dem DLR auch die ARD selbst eine Richtlinie zur näheren Ausgestaltung ihres jeweiligen Auftrags erlässt.

b) Bestehendes Wahlrecht zwischen Satzungen und Richtlinien

Auffällig an der Regelung des § 11 RfStV ist, dass die Rundfunkanstalten „Satzungen oder Richtlinien" erlassen können. Fraglich ist, ob hiermit ein Wahlrecht für die Rundfunkanstalten begründet wird oder ob eine Zuordnung der Satzungen bzw. Richtlinien zu den verschiedenen Rundfunkanstalten erfolgen soll.
Für eine Zuordnung der Satzungen und Richtlinien zu den einzelnen Rundfunkanstalten könnte die besondere Stellung der ARD sprechen. Wie soeben bereits dargestellt, kann die ARD mangels einer eigenen Rechtspersönlichkeit keine Satzungen erlassen, so dass sie auf das Instrument der Richtlinie festgelegt ist.
Gegen eine solche Zuordnung und für ein Wahlrecht der Rundfunkanstalten spricht indes die Formulierung „oder". Hiermit wird zum einen die Alternative und zum anderen die Gleichwertigkeit der beiden Möglichkeiten ausgedrückt. Weiterhin spricht der Wille des Gesetzgebers für ein Wahlrecht. Der Gesetzgeber wollte, dass die Regelung des § 11 RfStV in internes Recht der Rundfunkanstalten umgesetzt wird. Wie dies genau geschehen sollte, war für ihn nicht von Relevanz. Aus diesem Grunde wollte er den Rundfunkanstalten ein Wahlrecht zugestehen, selbst zu entscheiden, wie sie die Umsetzung am Besten gestalten.[1094] Diese Argumente überzeugen, so dass hier von einem Wahlrecht der Rundfunkanstalten ausgegangen wird.
Allerdings ist die Vorschrift dann im Rahmen der teleologischen Reduktion dahingehend auszulegen, dass für die ARD kein Wahlrecht besteht, da sie keine Satzung erlassen kann und insofern auf das Instrument der Richtlinie festgelegt ist.

[1093] Akteneinsicht durch die Verfasserin am 22.6.2004 in der Staatskanzlei Rheinland-Pfalz, Mainz: Schreiben von ARD, ZDF und DLR an die rheinland-pfälzische Staatskanzlei vom 29.4.2003.
[1094] Telefonauskunft von Herrn Dr. Krone, ZDF, vom 20. September 2004.

c) Rechtliche Einordnung von Satzungen und Richtlinien

Satzungen sind generell-abstrakte Rechtsnormen, die von einer juristischen Person des öffentlichen Rechts zur Regelung ihrer Angelegenheiten erlassen werden.[1095] Richtlinien hingegen sind generell-abstrakte Regeln, die von einer staatlichen Stelle an nachgeordnete Behörden oder Amtswalter gerichtet werden.[1096] Die öffentlich-rechtlichen Rundfunkanstalten sind befugt Satzungen im Bereich ihres gesetzlich bestimmten Aufgaben- und Zuständigkeitsbereichs zu erlassen, solange und soweit der Gesetzesvorbehalt nicht verletzt wird.

Ein wesentlicher Unterschied zwischen beiden Rechtsquellen liegt in der Bindungswirkung. Satzungen sind sowohl im Außen- wie auch im Innenbereich bindend. Richtlinien sind ebenfalls im Innenbereich bindend, ihre Außenwirkung ist jedoch umstritten.[1097]
Um die Außenwirkung zu bestimmen, werden die Richtlinien in der Verwaltungslehre in verschiedene Kategorien eingeteilt. Grundsätzlich wird zwischen organisatorischen und verhaltenslenkenden Verwaltungsvorschriften (Richtlinien) unterschieden. Die verhaltenslenkenden Verwaltungsvorschriften werden weiter in norminterpretierende, normkonkretisierende und ermessensausgestaltende Verwaltungsvorschriften eingeteilt. Durch norminterpretierende Verwaltungsvorschriften soll eine einheitliche Auslegung einer Gesetzesvorschrift sichergestellt werden. Ermessensrichtlinien sollen in Bezug auf die Ausübung des Ermessensspielraums Maßstäbe setzen, die eine möglichst einheitliche, ausgewogene und gleichmäßige Verwaltungspraxis gewährleisten. Normkonkretisierende Vorwaltungsvorschriften füllen aufgrund einer gesetzlichen Ermächtigung unbestimmte Rechtsbegriffe bzw. „offene" gesetzliche Tatbestände aus.[1098]

Die Richtlinien zur Ausgestaltung des Auftrages nach § 11 RfStV könnten normkonkretisierende Verwaltungsvorschriften darstellen, da hier der Auftrag der Rundfunkanstalt näher bestimmt wird.
Fraglich ist, ob die Rechtsfigur der normkonkretisierende Verwaltungsvorschrift, die vom Bundesverwaltungsgericht für den Bereich des Umwelt- und

---

[1095] Vgl. BVerfGE 10, 20 (49 f.); 33, 125 (156); *Ossenbühl*, in: Erichsen, Allgemeines Verwaltungsrecht, § 5 Rn. 60; *Maurer*, Allgemeines Verwaltungsrecht, § 4 Rn. 14; *Starck*, AöR 92 (1967), S. 449 (449 f.); *Wolff/Bachof/Stober*, Verwaltungsrecht I , § 25 Rn. 46, S. 359.

[1096] Vgl. *Ossenbühl*, in: Erichsen, Allgemeines Verwaltungsrecht, § 6 Rn. 31; *Ossenbühl*, in: Isensee/Kirchhof, Handbuch des Staatsrechts III, § 65 Rn. 4; *Maurer*, Allgemeines Verwaltungsrecht, § 24 Rn. 1; *Achterberg*, Allgemeines Verwaltungsrecht, § 16 Rn. 51.

[1097] Vgl. *Maurer*, Allgemeines Verwaltungsrecht, § 24 Rn. 3; *Jarass*, JuS 1999, S. 105 ff.; *Erbguth*, DVBl. 1989, S. 473 (474 ff.).

[1098] Vgl. *Maurer*, Allgemeines Verwaltungsrecht, § 24 Rn. 7 ff.

technischen Sicherheitsrechts geschaffen wurde, auf die Richtlinien der Rundfunkanstalten i.S.d. § 11 RfStV übertragen werden kann. Dies ist nur möglich, wenn beide Regelungen vergleichbar sind. Im Bereich der Verwaltungsvorschriften zum Umwelt- und technischen Sicherheitsrecht geht es darum, dass der Verwaltung aufgrund eines unbestimmten Rechtsbegriffs ein „Beurteilungsspielraum" zugestanden wird (sog. Lehre vom Beurteilungsspielraum).[1099] Dies wird damit erklärt, dass die Verwaltung durch die Verwendung von unbestimmten Rechtsbegriffen zu eigenverantwortlichen, gerichtlich nur beschränkt überprüfbaren Entscheidungen ermächtigt wird. Weiterer Grund für die Zulassung eines Beurteilungsspielraums ist, dass die unbestimmten Rechtsbegriffe unterschiedliche Wertungen zulassen und dass deshalb schon aus normlogischen Gründen nicht nur eine „richtige" Lösung möglich ist. Deshalb soll die Verwaltung, die eine größere Sachkunde und Erfahrung besitzt und die dem konkreten Verwaltungsproblem näher steht, als eigenständige Staatsgewalt ein eigener Verantwortungsbereich auch gegenüber der Gerichtsbarkeit zugestanden werden.[1100]

Bei der Ausgestaltung des Auftrages durch Richtlinien i.S.d. § 11 RfStV geht es hingegen darum, dass der Auftrag der öffentlich-rechtlichen Rundfunkanstalten, der sich aus der Verfassung ergibt, konkretisiert wird. Der Programmauftrag als Kern des Funktionsauftrages fällt in den Bereich der Rundfunkfreiheit der Rundfunkanstalten. Es ist ihre Aufgabe, diesen näher auszugestalten. Sie erledigen damit einen Teil ihrer öffentlichen Aufgabe. Insofern ist auch die Umsetzung dieser Aufgabe durch den Erlass einer Richtlinie als verfassungsrechtlich vorgegebene Aufgabe anzusehen.

Daraus folgt, dass hinter der Konkretisierung des Auftrages der öffentlich-rechtlichen Rundfunkanstalten ein völlig anderer Ansatz steht als bei dem Erlass normkonkretisierender Verwaltungsvorschriften. Hier geht es nicht um die Ausübung einer größeren Sachkunde oder Erfahrung, sondern um die Ausgestaltung einer grundrechtlichen Freiheit. Aus diesem Grunde können die Grundsätze der normkonkretisierenden Verwaltungsvorschriften nicht auf die Richtlinien nach § 11 Abs. 4 RfStV übertragen werden.

Fraglich ist also, inwiefern der Richtlinie im vorliegenden Fall Außenwirkung zugesprochen werden kann. Sinn und Zweck der Richtlinie ist die Umsetzung des in § 11 RfStV ausformulierten Auftrages in internes Recht und damit eine

---

[1099] Im Einzelnen *Maurer*, Allgemeines Verwaltungsrecht, § 7 Rn. 31 ff.

[1100] Vgl. *Maurer*, Allgemeines Verwaltungsrecht, § 7 Rn. 32; *Bachof*, JZ 1955, 97 (98 ff.); *Ule*, VerwArch 76 (1985), S. 1 (9 ff.); *Ule*, Zur Anwendung unbestimmter Rechtsbegriffe im Verwaltungsrecht, in: Gedächtnisschrift für Jellinek, S. 309 (313); *Wolff/Bachof/Stober*, Verwaltungsrecht I, § 31 Rn. 8 ff.; *Peine*, Allgemeines Verwaltungsrecht, Rn. 72 ff.; *Wahl*, NVwZ 1991, S. 409 (410).

weitere Konkretisierung. Es geht folglich darum, dass die öffentlich-rechtlichen Rundfunkanstalten insbesondere bei der Programmgestaltung nicht nur durch das Gesetz gebunden sind, sondern dass die internen Regelungen auf der Basis des Gesetzes diesen Auftrag ebenso festlegen. Insofern ist es das Ziel der Richtlinie, internes Recht zu schaffen. Eine Außenwirkung i.S. eines einklagbaren Anspruchs für Dritte soll nicht erzielt werden. Vielmehr ist lediglich eine politische Bindung der Rundfunkanstalten bezweckt.[1101] Durch die öffentliche Diskussion sollen sie auf bestimmte Werte und Aufgaben, die sich letztlich aus ihrer öffentlichen Aufgabe ergeben, festgelegt werden. Damit entsteht eine Kontrolle durch die Öffentlichkeit, deren Interesse darin begründet ist, dass der Auftrag der öffentlich-rechtlichen Rundfunkanstalt nicht Selbstzweck ist, sondern i.S.d. Allgemeinheit steht. Die Rezipienten zahlen die Rundfunkgebühren dafür, dass die öffentlich-rechtlichen Rundfunkanstalten ihren Auftrag erfüllen.
Somit lässt sich abschließend festhalten, dass die Richtlinien der Rundfunkanstalten volle Rechtswirkung im Binnenbereich entfalten, ihnen aber keine Rechtswirkung im Außenbereich zukommt.
Dieses Ergebnis entspricht dem Willen des Gesetzgebers, dem es lediglich auf die Umsetzung des § 11 RfStV in internes Recht ankam.

d) Inhalt

Der Gesetzgeber hat keine detaillierten Vorgaben für die Richtlinien und Satzungen gemacht. Allerdings wird in der amtlichen Begründung ausgeführt, dass Bestandteil der Satzungen und Richtlinien auch Bestimmungen zu Form, Verfahren und Inhalt der Selbstverpflichtungserklärungen sein sollen.[1102] Damit wird klar gestellt, dass die Satzungen und Richtlinien die Grundlage für den Erlass der Selbstverpflichtungserklärungen sein sollen.

aa) Richtlinie für programmliche Selbstverpflichtungen (ARD)[1103]

Nach dem Hinweis auf die besondere Verpflichtung der ARD bezüglich der verfassungsrechtlichen Vorgaben in der Präambel wird in Punkt I. der Richtlinie auf die Programmgestaltung der ARD eingegangen. Zunächst wird in Abs. 1 die Auftragsbeschreibung des § 11 RfStV wieder aufgegriffen und noch detaillierter ausgeführt. In Abs. 2 werden die Anforderungen an die Gestaltung von Sendungen und Angeboten ausgeführt. Hierbei wird wiederum insbesondere auf die

---

1101 Telefonauskunft von Herrn Dr. Krone, ZDF, vom 20. September 2004.

1102 Vgl. Begründung zum 7. RfÄndStV, abgedruckt bei Hartstein/Ring/Kreile/Dörr/Stettner, RfStV I, A 2.5., S. 6.

1103 Abgedruckt bei Ring, Medienrecht – Bundes- und Landesrecht – Vorschriftensammlung, C IV 1.203.

Bindung an die Verfassung und die Grundrechte, aber auch den Schutz von Jugend und Familie eingegangen. Abs. 3 beinhaltet genaue Vorgaben zu Informationssendungen und -angebote. Hier kommt zum einen die besondere Bedeutung zum Ausdruck, die dem Bereich Information zugesprochen wird, und zum anderen die Bindung an die Grundsätze von Objektivität, Unparteilichkeit, Meinungsvielfalt und Ausgewogenheit der Programme und Angebote. Im folgenden Absatz werden die besonderen Anforderungen für Onlineangebote betrachtet.
Unter Punkt II. wird näher auf den Bericht über die Erfüllung des Auftrages nach § 11 Abs. 4 RfStV und das Verfahren zur Aufstellung von Selbstverpflichtungen eingegangen. Unter den Punkten III., IV. und V. werden die Programmkontrolle, die Beschwerde gegen Beiträge und das Gegendarstellungsrecht und sonstige äußerungsrechtliche Ansprüche dargestellt.

bb) Richtlinie für Sendungen des „Zweiten Deutschen Fernsehens" vom 11. Juli 1963 in der Fassung vom 19.3.2004[1104]

Zunächst werden in Punkt I. die Allgemeinen Grundlagen festgelegt. Hier wird vor allem auf die Rundfunkfreiheit nach Art. 5 Abs. 1 GG eingegangen und detailliert die Rechtsprechung des Bundesverfassungsgerichts aufgenommen. Besonders hervorzuheben ist, dass der Schwerpunkt des Programms in den Bereichen Information und Kultur liegt. Unter Punkt II. werden die Grundsätze für die Gestaltung der Sendungen aufgeführt.

e) Veröffentlichungspflicht

Im Folgenden soll die Veröffentlichungspflicht näher betrachtet werden. Nach § 11 Abs. 4 Satz 2 RfStV sind die Satzungen und Richtlinien in den amtlichen Verkündungsblättern der Länder zu veröffentlichen. Für Satzungen ergibt sich die Veröffentlichungspflicht schon aus ihrem Rechtsquellencharakter und somit letztlich aus dem Rechtsstaatsprinzip.
Richtlinien brauchen grundsätzlich nur den Behörden, an die sie gerichtet sind, bekannt gegeben zu werden.[1105] Insofern würde es grundsätzlich genügen, wenn die Richtlinien anstaltsintern veröffentlicht werden. Allerdings kann der Gesetzgeber eine Veröffentlichungspflicht vorschreiben. Das ist vorliegend der Fall. Zu begründen ist diese Veröffentlichungspflicht mit dem Sinn und Zweck der Regelung. Eine wirksame politische Bindung kann nur erreicht werden, wenn

---

[1104] Abgedruckt bei Ring, Medienrecht – Bundes- und Landesrecht – Vorschriftensammlung, C V 1.200.

[1105] Vgl. *Maurer*, Allgemeines Verwaltungsrecht, § 24 Rn. 36; *Ossenbühl*, in: Erichsen/Ehlers, Allgemeines Verwaltungsrecht, § 6 Rn. 57.

die Richtlinie auch bekannt ist. Die Öffentlichkeit wird informiert und so wird eine öffentliche Diskussion über die nähere Ausgestaltung des Auftrages der Rundfunkanstalt ermöglicht. Auch wird durch die bloße Veröffentlichungspflicht keine Außenwirkung erzeugt. Es geht vielmehr darum, die Kenntnis zu vermitteln. Letztlich ist dies aufgrund der öffentlichen Aufgabe der öffentlich-rechtlichen Rundfunkanstalten notwendig, die eine Kommunikation mit der Öffentlichkeit voraussetzt. Dies ist jedoch nur möglich, wenn die Öffentlichkeit auch die internen Grundsätze des Handelns kennt.

Die Veröffentlichungspflicht wird ebenfalls von den öffentlich-rechtlichen Rundfunkanstalten anerkannt. Die öffentlich-rechtlichen Rundfunkanstalten haben selbst erklärt, dass sie ein Interesse daran haben, ihre Anliegen einer möglichst breiten Öffentlichkeit nahe zu bringen und hierfür auf die unterschiedlichsten Verbreitungsmittel bis hin zum Internet zurückzugreifen.[1106] Die Rundfunkanstalten können so in der Öffentlichkeit ihre Leistungen herausstellen und eine höhere Akzeptanz erreichen. Allerdings ist zu bezweifeln, dass hierin ein primäres Interesse der Rundfunkanstalten liegt, weil zum Beispiel ein nur teilweises Veröffentlichen der Richtlinien ihnen eine größere Freiheit und weniger Kontrolle ermöglichen könnte. Insofern ist es sinnvoll, die Publizitätspflicht der Richtlinien gesetzlich festzuschreiben.

f) Mitwirkung der Rundfunkanstalten

Für die Erstellung der Satzung und Richtlinien sind der jeweilige Sender und die nach seinem Recht dazu befugten Organe zuständig.[1107] Nach der Auffassung des Gesetzgebers ist es insbesondere die Aufgabe der zuständigen Organe, regelmäßig bei der Erstellung der Selbstverpflichtungen die Besonderheiten des öffentlich-rechtlichen Programmauftrages herauszuarbeiten und im Detail fortzuentwickeln.[1108]

Diese Mitwirkung der öffentlich-rechtlichen Rundfunkanstalten ist von erheblicher Bedeutung für das Gelingen dieser Regelung. Bereits im Laufe des Gesetzgebungsverfahrens haben sich die in der ARD zusammengeschlossenen Rundfunkanstalten, das ZDF und das DLR mit einer derartigen Regelung einverstan-

---

1106 Akteneinsicht durch die Verfasserin am 22.6.2004 in der Staatskanzlei Rheinland-Pfalz, Mainz: Brief der ARD, ZDF und DLR an die rheinland-pfälzische Staatskanzlei vom 29.4.2003.

1107 Vgl. Begründung zum 7. RfÄndStV, abgedruckt bei Hartstein/Ring/Kreile/Dörr/Stettner, RfStV I, A 2.5., S. 6.

1108 Vgl. Begründung zum 7. RfÄndStV, abgedruckt bei Hartstein/Ring/Kreile/Dörr/Stettner, RfStV I, A 2.5., S. 6.

den erklärt und wollten eine derartige Staatsvertragsnorm durch Selbstverpflichtungserklärungen inhaltlich ausfüllen.[1109]

2. Selbstverpflichtungserklärung, § 11 Abs. 4 Satz 3 RfStV

Nach § 11 Abs. 4 Satz 3 RfStV „veröffentlichen die öffentlich-rechtlichen Rundfunkanstalten alle zwei Jahre, erstmals zum 1. Oktober 2004, einen Bericht über die Erfüllung ihres jeweiligen Auftrags, über die Qualität und Quantität der Angebote und Programme sowie die geplanten Schwerpunkte der jeweils anstehenden programmlichen Leistungen". ARD, ZDF und DLR haben diese Selbstverpflichtungserklärungen pünktlich vorgelegt.

Die ARD-Hauptversammlung hat die „Leitlinien für die Programmgestaltung der ARD für die Jahre 2005/2006" am 14. September 2004 in Köln verabschiedet.[1110] Das ZDF hatte seine Selbstverpflichtungserklärung einen Tag zuvor in Mainz vorgelegt. Getitelt wurden die Leitlinien des Senders „Programm-Perspektiven des ZDF 2004-2006".[1111] Der Hörfunkrat des DLR hat am 9. September 2004 in Halle die Selbstverpflichtungserklärung „Bericht über programmliche Leistungen und Perspektiven des DLR 2004-2006" verabschiedet.[1112]

a) Begriff der „Selbstverpflichtungserklärung"

Der Begriff der „Selbstverpflichtungserklärung", der sich sprachlich für diese Neuerung eingebürgert hat, kommt in § 11 Abs. 4 RfStV nicht vor. Allerdings wird er in einer Protokollerklärung aller Länder erwähnt, in der sie die Bereitschaft der Anstalten begrüßen, „sich durch Selbstverpflichtungen gegenüber der Öffentlichkeit zu binden".[1113] Die Regierungschefs der Länder gehen davon aus, „dass die Inhalte der Selbstverpflichtungen auch im Hinblick auf Qualität und quantitative Begrenzung noch weiterer Präzisierung und Konkretisierung bedürfen." Die Länder behalten sich vor zu prüfen, „ob die Praxis der Selbstverpflichtungserklärungen den Erwartungen an die Präzisierung des öffentlich-rechtlichen Funktionsauftrags genügt".[1114]
Die Länder verstehen die Selbstverpflichtung der Anstalten als Anwendung des Prinzips der regulierten Selbstregulierung. Bei diesem Prinzip hat die Selbstregulierung der Anstalt Vorrang. Allerdings beruht sie auf einer gesetzlichen Re-

[1109] Vgl. epd medien 82/2002, S. 7; erklärt im Schreiben vom 11. Oktober 2002.
[1110] Siehe Meldung in FK 38/2004, S. 8.
[1111] Siehe Meldung in epd medien 72/2004, S. 10.
[1112] Siehe Meldung in FK 38/2004 S. 10.
[1113] Siehe Protokollerklärung im Anhang.
[1114] Siehe Protokollerklärung im Anhang.

gelung und der Staat überprüft ihre Wirksamkeit als Regulierer.[1115] Dies ist auch im vorliegenden Fall geschehen. Die Überprüfung der Anwendung der Bestimmungen des Abs. 4 findet nach § 11 Abs. 5 RfStV drei Jahre nach Inkrafttreten der Regelung durch die Länder statt.[1116]
Zudem gibt der Staat die Ziele der Selbstregulierung in der Rahmenregelung des § 11 RfStV vor.[1117] Der Gesetzgeber erwartet von diesen Berichten konkrete Aussagen zu den Aktivitäten des öffentlich-rechtlichen Rundfunks sowohl in qualitativer als auch in quantitativer Hinsicht.[1118] Wichtig ist hierbei, dass die Erklärungen so abgegeben werden, dass sie zum einen nachvollziehbar sind und zum anderen im Nachhinein die Prüfung zulassen, ob die Selbstverpflichtung in der praktischen Arbeit des Senders auch umgesetzt wurde.[1119]

b) Inhalt

Den Selbstverpflichtungserklärungen der öffentlich-rechtlichen Rundfunkanstalten ist gemein, dass sie sich darin zu verantwortungsbewusstem Handeln und qualitativ hochwertigen Programmen bekennen, in denen Informationen und Kultur eine entscheidende Rolle spielen und in denen auch in Unterhaltungsprogrammen Grundsätze wie die Menschenwürde beachtet werden. Im Folgenden soll ein Überblick über den Inhalt der Selbstverpflichtungserklärungen von ARD, ZDF und DLR gegeben werden.

Die ARD betont in ihren Leitlinien insbesondere, dass die Information im Gesamtangebot eine herausragende Rolle spiele. Diese machten den größten Anteil im Programm aus und prägen auch im Hauptabendprogramm des Ersten das öffentlich-rechtliche Profil der ARD. „Die ARD informiert in der ganzen Bandbreite der journalistischen Formen über alle wichtigen politischen, sozialen, wirtschaftlichen, kulturellen, ökologischen, sportlichen und alltagsbezogenen Themen“[1120]. Für das Gemeinschaftsprogramm Erstes Deutsches Fernsehen verpflichtet sich die ARD zu einem Informationsanteil von mindestens 40 %, worin die Sportinformationen mit rund 10 % noch nicht enthalten sind.[1121]
Neben der Information gehören nach den ARD-Leitlinien Kultur, Bildung und Beratung ebenso zu den Kernaufgaben des öffentlich-rechtlichen Rundfunks wie

---

1115 Vgl. *Schwarzkopf*, epd medien 58/2004, S. 3 (5).
1116 Im Einzelnen siehe 4. Teil D V.
1117 Vgl. *Schwarzkopf*, epd medien 58/2004, S. 3 (3).
1118 Vgl. Begründung zum 7. RfÄndStV, abgedruckt bei Hartstein/Ring/Kreile/Dörr/Stettner, RfStV I, A 2.5., S. 6.
1119 Vgl. Begründung zum 7. RfÄndStV, abgedruckt bei Hartstein/Ring/Kreile/Dörr/Stettner, RfStV I, A 2.5., S. 6.
1120 Vgl. Leitlinien der ARD 2005/2006, S. 14.
1121 Vgl. Leitlinien der ARD 2005/2006, S. 15.

die Unterhaltung.[1122] Die ARD bildet in ihrem Programm nicht nur Kultur ab, sondern versteht sich auch als ein Teil von ihr. Die ARD fördert mit ihren Chören und Orchestern gerade auch in den unterschiedlichen Regionen das kulturelle Leben. Besonders hervorgehoben wird in diesem Zusammenhang, dass die ARD auch in Zukunft Programme anbieten wird, die Kultur nicht nur einer schmalen Elite, sondern breiten Schichten der Bevölkerung zugänglich machen. Weiter wird auf die wachsende Bedeutung der Vermittlung von Bildung und Wissen in einer immer komplexeren Welt verwiesen.[1123] Sozial-, gesellschafts- und wirtschaftspolitische Zusammenhänge werden von der ARD auf vielfältige Weise aufbereitet und dargestellt.[1124]
Weiterhin wird darauf hingewiesen, dass sich die ARD ihrer besonderen Verantwortung für Kinder und Jugendliche bewusst ist. Um deren spezifischen Interessen und Bedürfnissen gerecht zu werden, produziere und sende die ARD in all ihren Kinderangeboten sowie im Kinderkanal von ARD und ZDF werbe- und gewaltfreie Formate, die in altersgerechter und unterhaltsamer Weise Werte und Wissen vermitteln.[1125] Das Angebot zeichne sich durch Inhalte aus, die das Demokratieverständnis, den Sinn für Toleranz und Fairness, Umweltbewusstsein und die Sensibilität für das Zusammenleben der Menschen mit verschiedenen kulturellen Hintergründen fördern.[1126]
Nach dem Selbstverständnis der ARD lässt sich mit den Worten ihres Vorsitzenden Plog sagen, dass „die ARD durch die Qualität und Pluralität ihrer Programme einen wesentlichen Faktor der demokratischen Meinungsbildung in der Bundesrepublik darstellt. Die jetzt beschlossenen Leitlinien werden helfen, diese wichtige gesellschaftliche Aufgabe auch in Zukunft verantwortungsvoll zu erfüllen. Die Leitlinien werden das öffentlich-rechtliche Profil weiter schärfen."[1127]

Auch die Selbstverpflichtungserklärung des ZDF stellt die Information als „die stärkste Säule des Programms" dar.[1128] Grundlage sind zum einen die Vielfalt der Programmmischung und zum anderen die Kultur als Leitprinzip der Programmarbeit.[1129] In der Mischung des ZDF-Hauptprogramms zu rund der Hälfte aus Information, zu rund einem Drittel Fiktion und zu je rund sieben Prozent aus Show-Unterhaltung, Sport und Kinderprogramm kommt diese Vielfalt der Programmstruktur zum Ausdruck. Sendungen zur Wissensvermittlung, Bildung, zum Service und zur Geschichte bilden die Schwerpunkte des Informationspro-

---

[1122] Vgl. Leitlinien der ARD 2005/2006, S. 9.
[1123] Vgl. Leitlinien der ARD 2005/2006, S. 38.
[1124] Vgl. Leitlinien der ARD 2005/2006, S. 38.
[1125] Vgl. Leitlinien der ARD 2005/2006, S. 58.
[1126] Vgl. Leitlinien der ARD 2005/2006, S. 59.
[1127] Abgedruckt in FK 38/2004, S. 8 (8).
[1128] Vgl. Programm-Perspektiven des ZDF 2004-2006, S. 3.
[1129] Vgl. Programm-Perspektiven des ZDF 2004-2006, S. 3.

gramms.[1130] Ebenso wichtig ist dem ZDF aber weiterhin, die erste Adresse bei Spielserien und Fernsehfilm zu sein.
Auch das ZDF bekennt sich zu Kindern und Jugendlichen und will weiterhin am Wochenende im Hauptprogramm ein Kinder- und Jugendprogramm senden.[1131] Aufgrund des Jugendschutzes sollen Gewaltdarstellungen soweit wie möglich vermieden und nur dargestellt werden, wenn dies dramaturgisch-inhaltlich unumgänglich sei.[1132]

Die Selbstverpflichtungserklärung des ZDF enthält einen eigenen Abschnitt zur Frage der Kooperationen mit Partnern aus der Wirtschaft. Dem Eindruck einer Selbstkommerzialisierung des Programms soll, nachdem immer wieder Kritik diesbezüglich aufgekommen war[1133], dadurch begegnet werden, dass die Zahl bildschirmpräsenter Kooperationen verringert wird.[1134] Mehr Transparenz soll zudem dadurch erzeugt werden, dass auf die Kooperationspartner künftig im Abspann hingewiesen werde.[1135] Weiterhin zulässig und erlaubt sind Beteiligungen von Dritten, von denen das ZDF einen geldwerten Vorteil hat, beispielsweise die Zurverfügungstellung von Fahrzeugen, die es so nicht selbst anmieten muss.
ZDF-Intendant Schächter erklärte, als er die Selbstverpflichtungserklärung vorstellte, dass das ZDF mit Umfang, Vielfalt, Vitalität und Innovationskraft seines Angebots „zu den qualitativ führenden, akzeptanzstarken Programmanbietern auf dem deutschen Fernsehmarkt" gehöre. Auch im sich weiter verschärfenden Wettbewerb des digitalen Zeitalters wolle das ZDF mit einem substanziellen und attraktiven Programmangebot sowie mit seinen Partnerprogrammen 3sat, Arte, Kinderkanal und Phoenix sowie im digitalen Programmbouquet ZDF Vision bei breiten Zuschauergruppen Resonanz finden.[1136] Das ZDF biete „Qualitätsfernsehen" und wolle einen „Integrationsbeitrag" für die Gesellschaft leisten.[1137]

Genauso wie für ARD und ZDF bilden Information und Kultur für das DLR die inhaltlichen Schwerpunkte der beiden werbefreien nationalen Programme (DLF und DLR).[1138] Das DLR bekennt sich in seiner Selbstverpflichtung zu seinem Integrationsauftrag und will einen weiteren journalistischen Akzent auf „Euro-

---

[1130] Vgl. Programm-Perspektiven des ZDF 2004-2006, S. 3.
[1131] Vgl. Programm-Perspektiven des ZDF 2004-2006, S. 16.
[1132] Vgl. Programm-Perspektiven des ZDF 2004-2006, S. 16.
[1133] Vgl. nur *Lilienthal*, epd medien 19/2004, S. 3 ff.
[1134] Vgl. Programm-Perspektiven des ZDF 2004-2006, S. 20.
[1135] Vgl. Programm-Perspektiven des ZDF 2004-2006, S. 20.
[1136] Abgedruckt in FK 38/2004, S. 8 (9).
[1137] Abgedruckt in epd medien 72/2004, S. 10 (10).
[1138] Vgl. Bericht des DLR 2004-2006, S. 4.

pa-Themen“ legen.[1139] Weiterhin soll es Informationen zu speziellen Fachgebieten wie Wirtschafts- und Sozialpolitik, Umwelt, Landwirtschaft, Gesundheit, Sport und Religion geben und historische und zeitgeschichtliche Ereignisse sollen einc besondere Aufmerksamkeit erfahren.

Letztlich ist das Ziel aller Selbstverpflichtungserklärungen, eine zukunftssichere Positionierung des öffentlich-rechtlichen Rundfunks in der dualen Rundfunkordnung zu erreichen.[1140] Primäre Rolle der Selbstverpflichtungserklärungen ist es nicht, die Programmplanung zu gestalten, sondern die Öffentlichkeit als Adressaten der Regelung wirksam davon zu überzeugen, dass der Gebührenzahler eine adäquate Leistung für seine Gebühr erhält, dass er eine ähnliche Angebotsfülle und -vielfalt anderswo nicht erhält und dass er letztlich die Zukunftsfähigkeit des öffentlich-rechtlichen Rundfunks klar bejaht. Insofern ist es notwendig, dass die Darstellung der öffentlich-rechtlichen Leistungen in den Selbstverpflichtungserklärungen und die Programmwirklichkeit in den öffentlich-rechtlichen Rundfunksendern glaubwürdig und deckungsgleich sind.

3. Verfahren der Rundfunkanstalten

Nachfolgend soll ein Überblick über das Verfahren zum Erlass der Richtlinien und Satzungen und des Berichts gegeben werden.

a) Verfahren der ARD

Die ARD-Intendanten haben sich mit den Vorsitzenden der Rundfunk- und Verwaltungsräte in der ARD-Hauptversammlung am 30. März 2004 auf Grundsätze für die Zusammenarbeit im ARD-Gemeinschaftsprogramm „Erstes Deutsches Fernsehen“ und den anderen Gemeinschaftsprogrammen und -angeboten geeinigt. Diese Richtlinie entspricht dem § 11 RfStV und stellt die Grundlage für die Selbstverpflichtungserklärungen dar.
Federführendes Organ der ARD für die Erstellung des ersten Entwurfes des Berichts einschließlich der Selbstverpflichtungserklärungen, die für die kommenden zwei Jahre abgegeben werden sollen, ist die Ständige Programmkonferenz.[1141] Diese stimmt sich mit den anderen betroffenen Bereichen ab. Die Intendanten der Landesrundfunkanstalten beraten und leiten den Entwurf in die zuständigen Aufsichtsgremien der einzelnen Landesrundfunkanstalten weiter. Nach einer möglichen Überarbeitung des Entwurfs durch die Fernsehkonferenz

---

[1139] Vgl. Bericht des DLR 2004-2006, S. 6.
[1140] Vgl. FK 35/2004, S. 9.
[1141] Vgl. ARD Richtlinie, abgedruckt in epd medien 25/2004, S. 25 (28); II (2).

und einer erneuten Beratung durch die Intendanten wird der Entwurf zur Beschlussfassung an die einzelnen Landesrundfunkanstalten weitergeleitet. Letztlich wird der Bericht von der Hauptversammlung abschließend behandelt und verabschiedet.[1142] Dieser Bericht ist in geeigneter Form einschließlich der Selbstverpflichtungserklärungen zu veröffentlichen.[1143]

b) Verfahren des ZDF

Das Verfahren des ZDF erstreckt sich über drei Stufen. Zunächst sind die Richtlinien für Sendungen des „Zweiten Deutschen Fernsehens" vom 11. Juli 1963 geändert worden, so dass sie jetzt in der Fassung vom 19. März 2004 vorliegen. Diese sogenannte Programmrichtlinie ist nochmals präziser gefasst und den Anforderungen an § 11 RfStV angepasst worden.
In einem zweiten Schritt wird die Satzung des ZDF geändert. Über diese Änderung beschließt der Fernsehrat nach einer ersten Beratung und der Zustimmung des Verwaltungsrates endgültig. Dies ist auf der Sitzung des Fernsehrates am 9. Juli 2004 geschehen. Diese schreibt das formale Verfahren für die Selbstverpflichtungserklärung fest.
In einem dritten Schritt erlässt der Intendant eine Selbstverpflichtungserklärung, wobei er im Vorfeld das Beratungsrecht des Fernsehrates in Anspruch nimmt.

V. Überprüfung gemäß § 11 Abs. 5 RfStV

Wie bereits erwähnt, ist das in Abs. 4 erläuterte Modell der „gestuften Auftragsdefinition" im deutschen Rundfunkrecht in dieser Form neu. Da die Selbstverpflichtungserklärung in der Praxis entscheidend für die Wirksamkeit der Regelung ist, wurde frühzeitig dafür plädiert, auch hier wie bei anderen rundfunkrechtlichen Sachmaterien einen zeitlich befristeten Prüfungsvorbehalt anzufügen.[1144] Daher soll nach Abs. 5 drei Jahre nach In-Kraft-Treten des 7. RfÄndStV, also Anfang des Jahres 2007, geprüft werden, inwieweit das festgelegte Verfahren angewandt wurde, ob und welche Schwierigkeiten bei der praktischen Umsetzung entstanden sind und welche Ergebnisse erzielt wurden.[1145]

[1142] Vgl. ARD Richtlinie, abgedruckt in epd medien 25/2004, S. 25 (28); II (2).
[1143] Vgl. ARD Richtlinie, abgedruckt in epd medien 25/2004, S. 25 (28); II (3).
[1144] Vgl. Erklärung von Klaus Rüter (Chef der federführenden Staatskanzlei Rheinland-Pfalz), vgl. epd medien 82/2002, S. 7.
[1145] Vgl. Begründung zum 7. RfÄndStV, abgedruckt bei Hartstein/Ring/Kreile/Dörr/Stettner, RfStV I, A 2.5., S. 6.

VI. Protokollerklärungen[1146]

Der 7. RfÄndStV weist zahlreiche Protokollerklärungen auf. In der einvernehmlichen Protokollerklärung begrüßen die Länder die im Vorfeld des Staatsvertrages erkennbare Bereitschaft von ARD, ZDF und DLR, sich durch Selbstverpflichtungserklärungen gegenüber der Öffentlichkeit zu binden. Sie gingen mit ARD, ZDF und DLR davon aus, dass die Inhalte der bisher als Entwurf vorgelegten Selbstverpflichtungen auch im Hinblick auf Qualität und quantitative Begrenzung noch weiterer Präzisierung und Konkretisierung bedürfen.[1147] Die einvernehmlichen Erklärungen werden zunehmend als bindend für die künftige Problembehandlung angesehen.[1148] Dies gilt insbesondere im Bereich der Co-Regulierung. Hierunter wird der Bereich verstanden, in dem staatliche Vorgaben durch eine Regelung der Akteure ergänzt oder ersetzt werden soll,[1149] wie es vorliegend der Fall ist.
Schon in den ersten Entwürfen fand sich eine Erklärung zum neuen § 11 RfStV, wonach die Länder die Bereitschaft von ARD, ZDF und DLR begrüßten, sich durch Selbstverpflichtungen gegenüber der Öffentlichkeit zu binden.[1150] Weiterhin behalten sich die Länder in einer Protokollerklärung vor zu prüfen, ob die Praxis der Selbstverpflichtungserklärungen den Erwartungen an eine Präzisierung des öffentlich-rechtlichen Funktionsauftrages genügt.[1151]

Die übrigen Protokollerklärungen sind entstanden, weil ein Großteil der Länder die Regelung des § 11 RfStV als defizitär ansieht. Daher wurden vom Bundesland Bayern folgende Erwartungen formuliert, an die sich eine Reihe von Ländern bis zur Unterzeichnung anschlossen. Es wird eine stärkere Berücksichtigung deutschsprachiger Musik und deutschsprachiger Musikangebote durch entsprechende Sendeplätze gefordert.[1152] Weiterhin wird die Vergabe von Auftragsproduktionen an unabhängige Produzenten zur Sicherung der Vielfalt im Programm und in der Programmlandschaft angemahnt. Letztlich sollen die öffentlich-rechtlichen Rundfunkanstalten auf eine geschlechtssensible Perspektive bei Programmauswahl und -inhalten sowie bei der inneren Organisation und Personalentscheidung achten.

1146 Siehe Abdruck im Anhang.

1147 Vgl. Begründung zum 7. RfÄndStV, abgedruckt bei Hartstein/Ring/Kreile/Dörr/Stettner, RfStV I, A 2.5., S. 6.

1148 Vgl. *Hartstein/Ring/Kreile/Dörr/Stettner*, RfStV I, B 1, S. 263.

1149 Vgl. *Hartstein/Ring/Kreile/Dörr/Stettner*, RfStV I, B 1, S. 263.

1150 Siehe 4. Teil C II.

1151 Vgl. Begründung zum 7. RfÄndStV, abgedruckt bei Hartstein/Ring/Kreile/Dörr/Stettner, RfStV I, A 2.5., S. 6.

1152 Vgl. bspw. epd medien 50/2003, S. 11.

Sachsen hat vorgeschlagen, einen Kontaktausschuss zur Beilegung von Streitigkeiten bei Onlineaktivitäten der öffentlich-rechtlichen Rundfunkanstalten einzurichten. Aufgrund der Ablehnung durch die Ländermehrheit fand auch dieser Vorschlag nur in einer Protokollerklärung Niederschlag.

VII. Verhältnis von § 11 RfStV zu § 19 RfStV

§ 19 RfStV wurde durch den 8. RfÄndStV neu gefasst. Die Regelung betrifft nicht mehr nur Satellitenprogramme sondern alle Programme der öffentlich-rechtlichen Rundfunkanstalten. Zunächst soll diese Regelung erläutert und anschließend ihr Verhältnis zu § 11 RfStV erläutert werden.

Durch § 19 Abs. 1 Satz 1 RfStV werden ARD und ZDF ausdrücklich mit der Aufgabe betraut, ein Fernsehvollprogramm zu veranstalten. An diese Aufgabenzuweisung sind die Rundfunkanstalten gebunden. Allerdings können sie daneben fakultative Programme betreiben.[1153]

In § 19 Abs. 1 Satz 2 RfStV wird die Zahl der Fernsehprogramme, die die einzelnen in der ARD zusammengeschlossenen Landesrundfunkanstalten veranstalten dürfen, begrenzt. Als Stichtag für die Obergrenze der verbreiteten Fernsehprogramme wurde die Anzahl der Programme am 1. April 2004 festgelegt.
Fraglich ist, ob sich diese Obergrenze auf das Angebot aller in der ARD zusammengeschlossenen Landesrundfunkanstalten bezieht oder ob diese jeweils für die einzelne Rundfunkanstalt gilt. In concreto bedeutet dies: Kann eine Rundfunkanstalt, wenn eine andere ein Programm einstellt, diesen Programmplatz für ein neues Angebot übernehmen. Der Wortlaut der Regelung „dürfen insgesamt nicht mehr als" spricht für eine gemeinsame Regelung. Nach der amtlichen Begründung soll sich jedoch Satz 2 auf die einzelnen Angebote der jeweiligen Landesrundfunkanstalten der ARD beziehen.[1154] Dieses Ergebnis entspricht auch der Zielsetzung der Neufassung des § 19 RfStV, wonach eine Programmbegrenzung bezweckt ist.[1155] Aufgrund der amtlichen Begründung und der Zielsetzung der Neuregelung ist somit anzunehmen, dass sich die Obergrenze auf die jeweilige Anstalt bezieht und deshalb eine Übernahme eingestellter Fernsehprogramme nicht zulässig ist.
Weiterhin stellt sich die Frage, ob angesichts der Programmfreiheit der Rundfunkanstalten eine derartige Programmzahlbeschränkung der Rundfunkanstalt zulässig ist. Nach der Rechtsprechung des Bundesverfassungsgerichts ist es

---

[1153] Vgl. *Hartstein/Ring/Kreile/Dörr/Stettner*, RfStV II, § 19 Rn. 5.
[1154] Vgl. Begründung zum 8. RfÄndStV, abgedruckt bei Hartstein/Ring/Kreile/Dörr/Stettner, RfStV I, A 2.6., S. 3.
[1155] Vgl. *Hartstein/Ring/Kreile/Dörr/Stettner*, RfStV II, § 19 Rn. 5.

Aufgabe des Landesgesetzgebers, den Aufgabenbereich der öffentlich-rechtlichen Rundfunkanstalten zu bestimmen.[1156] Hierbei darf der Landesgesetzgeber jedoch weder mittels finanzieller Beschränkungen noch durch sonstige Vorgaben Einfluss auf konkrete Programmentscheidungen nehmen.[1157] Insofern sind nur allgemeine Vorgaben im Rahmen der Rundfunkgesetzgebung möglich.[1158] Insbesondere Programmzahlbeschränkungen kommen in Betracht, um den Aufgabenbereich der öffentlich-rechtlichen Rundfunkanstalten zu konkretisieren.[1159] Daher ist die Begrenzung durch § 19 Abs. 1 Satz 2 RfStV zulässig.

Nach Abs. 2 können die in der ARD zusammengeschlossenen Landesrundfunkanstalten und das ZDF gemeinsam ein Fernsehprogramm mit kulturellem Schwerpunkt und zwei Spartenfernsehprogramme veranstalten. Zudem beteiligen sie sich an dem Europäischen Fernsehkulturkanal. Diese Programme werden nach Abs. 3 über Satellit ausgestrahlt; die zusätzliche Verbreitung auf anderen Übertragungswegen richtet sich nach dem jeweiligen Landesrecht.

Abs. 4 Satz 1 Halbsatz 1 bestimmt, dass die in der ARD zusammengeschlossenen Landesrundfunkanstalten und das ZDF ihre Programme auch in digitaler Technik verbreiten dürfen. Nach Abs. 4 Satz 1 Halbsatz 2 sind sie darüber hinaus berechtigt, ausschließlich in digitaler Technik jeweils bis zu drei weitere Fernsehprogramme mit den Schwerpunkten Kultur, Bildung und Information zu veranstalten. Diese Regelung trägt der Bestands- und Entwicklungsgarantie des öffentlich-rechtlichen Rundfunks Rechnung.[1160] Gemäß Abs. 4 Satz 2 können diese Programme zu einem Gesamtangebot, d.h. einem Programmbouquet i.S.v. § 2 Abs. 2 Nr. 9 RfStV[1161] unter einem elektronischen Programmführer zusammengefasst werden.

Auch das Angebot digitaler Programme wird technisch beschränkt (Abs. 5). Danach dürfen die Programme und Programmbouquets insgesamt für die ARD und das ZDF den Umfang von drei analogen Fernsehkanälen nicht übersteigen, wobei die ARD zwei Fernsehkanäle und das ZDF einen Fernsehkanal erhält. Trotz der Kompressions- und Reduktionstechnik kann in einem Kanal nur eine bestimmte Anzahl digitaler Programme und Angebote verbreitet werden, so dass mit dieser Regelung die Entwicklungs- und Erweiterungsmöglichkeit des Angebotes des öffentlich-rechtlichen Rundfunkanstalten konkret begrenzt wird. Dem

1156 Siehe 1. Teil B III 1.
1157 Siehe 1. Teil B III 8.
1158 Vgl. *Hartstein/Ring/Kreile/Dörr/Stettner*, RfStV II, § 19 Rn. 5.
1159 Vgl. BVerfGE 90, 60 (91 ff.); *Dörr*, Die Gebührenfrage und die Debatte um die Strukturreform, in: Festschrift für Ress, S. 1151 (1156 ff.).
1160 Vgl. *Hartstein/Ring/Kreile/Dörr/Stettner*, RfStV II, § 19 Rn. 21.
1161 „...Bündelung von Programmen und Diensten..."

erhöhten Kapazitätsbedarf der Sendeanstalten der ARD wird dadurch Rechnung getragen, dass der ARD die Bandbreite von zwei analogen Fernsehkanälen und dem ZDF von einem zugesprochen wird. Über die gemeinsam veranstalteten Programme wie 3sat, Phoenix, Kinderkanal und Arte müssen sich beide verständigen.

Mit dem neuen Abs. 6 wird bereits das zuvor für digitale Angebote verankerte Austauschgebot erweitert.[1162] Ein neues Programm kann nach der Regelung nur dann aufgenommen werden, wenn eines der beiden Spartenprogramme (Abs. 2 Satz 1b) oder eines der insgesamt bis zu sechs digitalen Zusatzprogramme (Abs. 4 Satz 1) aufgegeben wird. Eine weitere Grenze der Austauschmöglichkeit liegt darin, dass das neue Angebot keine Mehrkosten herbeiführen darf. Inhaltliche Beschränkungen bestehen hingegen nicht.

Auch diese Regelung stellt keine Verletzung der Programmfreiheit des öffentlich-rechtlichen Rundfunks dar. Das Austauschgebot ist programmneutral.[1163] Es schärft die Konzentration auf das Wesentliche und verhindert, dass der Rundfunkgebührenzahler unangemessen belastet wird.[1164]

Abs. 7 trifft eine entsprechende Regelung für analoge und digitale Hörfunkprogramme. Für die zahlenmäßige Begrenzung ist ebenfalls der 1. April 2004 als Stichtag festgelegt. Nach Satz 2 ist bei der Zählung der vorhandenen Hörfunkprogramme auf den Inhalt und nicht auf die technische Weiterverbreitung abzustellen. Daher gilt ein Programm, das inhaltsgleich analog und digital ausgestrahlt wird, nur als ein Hörfunkprogramm. Gemäß Satz 3 ist auch beim Hörfunk eine Austauschmöglichkeit gegeben, die ebenfalls keine Mehrkosten verursachen darf. In diesem Zusammenhang ist auch Satz 4 zu sehen, wonach der Austausch eines digitalen Programms gegen ein analoges nicht zulässig ist.

Nach Abs. 8 wirken die in der ARD zusammengeschlossenen Landesrundfunkanstalten auf eine Bündelung ihrer Hörfunkprogramme und weitere Kooperationen hin. Damit wird zum Ausdruck gebracht, dass eine Reduzierung der Hörfunkprogramme durchaus möglich, wenn nicht erwünscht ist.[1165] Sie sind nach Abs. 8 Satz 1 dazu verpflichtet, hierüber im Rahmen von § 11 Abs. 4 zu berichten.

1162 Vgl. *Hartstein/Ring/Kreile/Dörr/Stettner*, RfStV II, § 19 Rn. 29.

1163 Vgl. *Hartstein/Ring/Kreile/Dörr/Stettner*, RfStV II, § 19 Rn. 29.

1164 Vgl. *Dörr*, Die Gebührenfrage und die Debatte um die Strukturreform, in: Festschrift für Ress, S. 1151 (1156 ff.).

1165 Vgl. *Hartstein/Ring/Kreile/Dörr/Stettner*, RfStV II, § 19 Rn. 31.

Nach der Änderung durch den 8. RfÄndStV bietet § 19 RfStV eine Übersicht über sämtliche Programme der öffentlich-rechtlichen Rundfunkanstalten und ist damit die quantitative Ergänzung zu den qualitativen Festlegungen in § 11 RfStV.[1166] Das Programmangebot der öffentlich-rechtlichen Rundfunkanstalten wird durch Obergrenzen begrenzt.

VIII. Ergebnis der inhaltlichen Betrachtungen zu § 11 RfStV

In weiten Teilen stellt die Regelung des § 11 RfStV eine Festschreibung der bisherigen Rechtsprechung des Bundesverfassungsgerichts dar. Zwei Neuerungen sind jedoch zu nennen, die von künftiger Bedeutung sind.
Zum einen wird den öffentlich-rechtlichen Rundfunkanstalten das Angebot von Mediendiensten gewährt, solange und soweit diese programmbegleitend sind und einen programmbezogenen Inhalt aufweisen. Zum anderen wird das Modell der Selbstverpflichtungserklärung eingeführt. Der Gesetzgeber stellt bei der Konkretisierung des Programmauftrages also nicht auf eine einseitig-normative Regelung ab, bei der den öffentlich-rechtlichen Rundfunkanstalten vorgegeben wird, wie ihr Auftrag auszugestalten ist, sondern setzt auf ihre Mitarbeit. Nach diesem Modell wird der größte Anteil der Konkretisierung des Programmauftrages von den öffentlich-rechtlichen Rundfunkanstalten vorgenommen, die zur näheren Ausgestaltung ihres jeweiligen Auftrages Satzungen oder Richtlinien erlassen und dann regelmäßig Berichte über die Erfüllung ihres Auftrages, die Qualität und Quantität der Angebote und Programme und letztlich auch eine Zukunftsprognose abgeben.

E. Verfassungsmäßigkeit des § 11 RfStV

Die Auftragsbeschreibung des öffentlich-rechtlichen Rundfunks in § 11 RfStV könnte einen Verstoß gegen die Rundfunkfreiheit nach Art. 5 Abs. 1 Satz 2 GG darstellen.

I. Schutzbereich der Rundfunkfreiheit

Dann müsste zunächst der Schutzbereich in persönlicher und sachlicher Hinsicht eröffnet sein. Die öffentlich-rechtlichen Rundfunkanstalten sind, wie bereits

---

1166 Vgl. Begründung zum 8. RfÄndStV, abgedruckt bei Hartstein/Ring/Kreile/ Dörr/Stettner, RfStV I, A 2.6., S. 3.

dargestellt,[1167] Grundrechtsträger im Sinne des Art. 5 Abs. 1 Satz 2 GG, so dass hier der persönliche Schutzbereich eröffnet ist.

Der sachliche Schutzbereich müsste ebenfalls eröffnet sein. Die in § 11 RfStV genannten Hörfunk- und Fernsehprogramme, die programmbegleitenden Druckwerke und Mediendienste mit programmbezogenem Inhalt müssten dem Rundfunkbegriff unterfallen. Der Rundfunkbegriff ist sehr umstritten und soll im Folgenden nur im Hinblick auf die konkreten Programme und Dienste geklärt werden.
Als Rundfunk wird jede an eine unbestimmte Vielzahl von Personen gerichtete drahtlose oder drahtgebundene Übermittlung von Gedankeninhalten durch physikalische Wellen bezeichnet.[1168] Der Rundfunkbegriff umfasst neben dem – in der Umgangssprache allein als Rundfunk bezeichneten – Hörfunk auch das Fernsehen.[1169] Somit sind die in § 11 RfStV erwähnten Hörfunk- und Fernsehprogramme vom Rundfunkbegriff umfasst.

Fraglich ist, ob die Druckwerke und Mediendienste in diesem Zusammenhang dem Rundfunkbegriff unterfallen. Grundsätzlich fällt die Herstellung und Verbreitung von Druckwerken unter den Begriff der Pressefreiheit nach Art. 5 Abs. 1 Satz 1 GG und die der Mediendienste unter die Informationsfreiheit nach Art. 5 Abs. 1 Satz 1 GG. Vorliegend ist jedoch zu beachten, dass die Druckwerke und Mediendienste in unmittelbarem Zusammenhang mit dem Rundfunkprogramm stehen müssen. Voraussetzung für ihre Zulässigkeit ist nämlich, dass sie „programmbegleitend" und „mit programmbezogenem Inhalt" sind.[1170]
Insofern könnte es sich um eine Annexkompetenz zu der Rundfunkfreiheit handeln. Eine Annexkompetenz ist eine Vertiefung, nicht aber eine sachliche Ausweitung der öffentlich-rechtlichen Kompetenzen in Vorbereitung und Durchführung, jedenfalls aber Unterstützung der Kompetenzausübung im Bereich der Hauptmaterie.[1171] Nach § 11 RfStV sollen die Druckwerke und Mediendienste nur programmbegleitend, also zur Unterstützung und Begleitung der Hauptfunktion durchgeführt werden. Insofern ist hier ein Annex zur Rundfunkfreiheit zu sehen, so dass die in § 11 RfStV genannten Mediendienste und Druckwerke unter den Begriff der Rundfunkfreiheit nach Art. 5 Abs. 1 Satz 2 GG fallen.[1172]
Somit ist der sachliche Schutzbereich der Rundfunkfreiheit eröffnet.

1167 Siehe 3. Teil B I 1.
1168 Siehe 4. Teil D I 2 a) aa).
1169 Vgl. BVerfGE, 12, 205 (226); 31, 314 (315); *Degenhart*, in: Dolzer/Vogel/Graßhof (Hrsg.), BK, Art. 5 Abs. 1 und 2, Rn. 692; *Schulze-Fielitz*, in: Dreier I, GG, Art. 5, Rn. 100.
1170 Siehe 4. Teil D I 2 b).
1171 Vgl. *Degenhart*, in: Sachs, GG, Art. 70, Rn. 30.
1172 Vgl. *Degenhart*, in: Dolzer/Vogel/Graßhof (Hrsg.), BK, Art. 5 Abs. 1 und 2, Rn. 765 f.

Aufgrund der Systematik ist davon auszugehen, dass sich die in Abs. 2 erwähnten Angebote und Programme auf den Abs. 1 beziehen. Deshalb sind die Hörfunk- und Fernsehprogramme ebenso wie die Druckwerke und Mediendienste vom Schutzbereich umfasst.

II. Verfassungskonforme Ausgestaltungsregelung, § 11 RfStV

Wie im 3. Teil bereits ausführlich erörtert wurde, handelt es sich bei der Konkretisierung des Funktionsauftrages, um eine Ausgestaltungsregelung der Rundfunkfreiheit. Dem Gesetzgeber ist bei der Ausgestaltung ein breiter Spielraum gegeben. Allerdings muss er neben der Beachtung des Bestimmtheitsgrundsatzes eine Regelung schaffen, die geeignet ist, für eine gleichgewichtige Vielfalt im Rundfunk Sorge zu tragen.[1173] Mit anderen Worten muss die Regelung mit hinreichend hoher Wahrscheinlichkeit der Sicherung der Funktionsfähigkeit der Medienordnung und damit der Medienfreiheit dienen.[1174] Eine Verfassungswidrigkeit könnte sich auch daraus ergeben, dass die Regelung einzelne Grundrechtsträger im Hinblick auf ihre jeweilige Rolle in dem vom Gesetzgeber zulässigerweise gewählten Ordnungsmodell unangemessen belastet.[1175] Eine weitere Prüfung der Verhältnismäßigkeit findet nicht statt.[1176]

1. Eignung, für die gleichgewichtige Vielfalt Sorge zu tragen

Die Regelung des § 11 RfStV müsste also geeignet sein, für die gleichgewichtige Vielfalt Sorge zu tragen.

a) Sicherung der Funktionsfähigkeit der Medienordnung

Ob § 11 RfStV der Sicherung der Funktionsfähigkeit dient, ergibt sich zunächst aus dem Zweck der Regelung. Der Gesetzgeber entwickelt nach seiner Begründung mit den Neuregelungen des 7. RfÄndStV den Ordnungsrahmen für das du-

---

1173 Siehe 3. Teil B I 2 b).

1174 Vgl. *Hoffmann-Riem*, in: Benda/Maihofer/Vogel, Handbuch des Verfassungsrechts I, § 7 Rn. 34; *Schulze-Fielitz*, in: Dreier I, GG, Art. 5 I, II, Rn. 169.

1175 Vgl. *Ruck*, AöR 117 (1992), S. 543 (549); *Jarass*, AöR 110 (1985), S. 363 (391 ff.).

1176 Siehe 3. Teil B I 2 b).

ale Rundfunksystem fort.[1177] Zudem dienen die Änderungen der Umsetzung der Universaldienstrichtlinie.[1178]
Eine Weiterentwicklung des Ordnungsrahmens ist insofern notwendig geworden, als die technische Entwicklung eine Anpassung der Regelungen an die veränderte Situation erforderlich macht. Weiterhin erfordern einerseits europarechtliche Vorgaben und andererseits die bestehende Gefahr, dass die öffentlich-rechtliche Rundfunkgebühr als europarechtswidrige Beihilfe eingestuft werden könnte, eine Weiterentwicklung des Ordnungsrahmens des dualen Rundfunksystems, insbesondere die Auftragsbeschreibung des öffentlich-rechtlichen Rundfunks. Würde die Medienordnung nicht an die bestehenden Herausforderungen angepasst, wäre ihre Funktionsfähigkeit gefährdet.
Insofern dient die Regelung der Sicherung der Funktionsfähigkeit der Medienordnung und ist insofern als verfassungsgemäß anzusehen.

b) Keine unangemessene Belastung des öffentlich-rechtlichen Rundfunks

Eine Verfassungswidrigkeit der Regelung des § 11 RfStV könnte sich daraus ergeben, dass mit der Regelung der öffentlich-rechtliche Rundfunk im Hinblick auf seine Rolle im dualen System unangemessen belastet würde. Die Aufgabenbestimmung durch den Gesetzgeber erfolgt in verfassungskonformer Weise, wenn die verfassungsrechtlichen Aufgaben von dem Auftrag umfasst werden und die Rundfunkanstalt nicht daran gehindert wird, ihrem Aufgaben nachzukommen.[1179] Hierunter fällt die vorrangig dem öffentlich-rechtlichen Rundfunk zugewiesene Grundversorgung bzw. die Wahrnehmung des „klassischen Rundfunkauftrages". Dabei kann sich die Wahrnehmung des klassischen Rundfunkauftrages auch auf Bereiche beziehen, die nicht von der Grundversorgung gedeckt sind.[1180] Die einzelnen Regelungen des § 11 RfStV sind vor diesem Hintergrund zu untersuchen.

aa) § 11 Abs. 1 Satz 1 RfStV

§ 11 Abs. 1 Satz 1 RfStV definiert Fernsehen und Hörfunk als Pflichtaufgaben des öffentlich-rechtlichen Rundfunks. In Übereinstimmung mit den Entscheidungen des Bundesverfassungsgerichts[1181] wird zudem die Funktion der Pro-

---

1177 Vgl. Begründung zum 7. RfÄndStV, abgedruckt bei Hartstein/Ring/Kreile/Dörr/Stettner, RfStV I, A 2.5., S. 1.
1178 Vgl. Begründung zum 7. RfÄndStV, abgedruckt bei Hartstein/Ring/Kreile/Dörr/Stettner, RfStV I, A 2.5., S. 1.
1179 Vgl. *Degenhart*, in: Dolzer/Vogel/Graßhof (Hrsg.), BK, Art. 5 Abs. 1 und 2, Rn. 779.
1180 Vgl. *Degenhart*, in: Dolzer/Vogel/Graßhof (Hrsg.), BK, Art. 5 Abs. 1 und 2, Rn. 779.
1181 Siehe 1. Teil B III.

gramme für die öffentliche Meinungsbildung als Ausfluss der verfassungsrechtlich garantierten Rundfunkfreiheit beschrieben. Der Gesetzgeber hat die besonderen Bindungen hervorgehoben, denen die Rundfunkfreiheit als eine der Meinungsbildung dienende Freiheit unterliegt.[1182] Jede Inanspruchnahme der Rundfunkfreiheit solle der Aufgabe dienen, eine freie und umfassende Meinungsbildung zu gewährleisten und steht somit in einer Verantwortungsbeziehung gegenüber der Allgemeinheit.[1183] Insofern ist keine unangemessene Einschränkung des öffentlich-rechtlichen Rundfunks zu erkennen. Vielmehr wird der vom Bundesverfassungsgericht beschriebene Auftrag in § 11 RfStV kodifiziert.

bb) § 11 Abs. 1 Satz 2 RfStV

§ 11 Abs. 1 Satz 2 RfStV stellt im Gegensatz zu Satz 1 eine Beschränkung des öffentlich-rechtlichen Rundfunks dar. Dieser ist nach der Vorschrift lediglich dazu berechtigt, programmbegleitend Druckwerke und Mediendienst mit programmbezogenem Inhalt anzubieten. Fraglich ist, ob diese verfassungsgemäß ist.

Die Verfassungsmäßigkeit dieser Einschränkung ergibt sich wiederum aus der bereits dargestellten Rechtsprechung des Bundesverfassungsgerichts, auf die sich auch der Gesetzgeber in seiner Begründung bezieht.[1184] Danach sind Druckwerke und Mediendienste zulässig, wenn das Angebot zum einen einen durchgängigen Programmbezug aufweist und die öffentlich-rechtliche Rundfunkanstalt zum anderen keine wirtschaftliche Zielsetzung mit der Veröffentlichung verfolgt. Damit sind über die reine Programmvorschau hinaus nur Informationen zu den Grundlagen und Rahmenbedingungen der Programmtätigkeit, zur Programmgestaltung, zur Struktur, zum Betrieb oder zu den Personalien der Anstalt zulässig.

Da diese Rechtsprechung des Bundesverfassungsgerichts nun normativ in § 11 RfStV festgeschrieben wurde, ist hierin keine unangemessene Beschränkung des öffentlich-rechtlichen Rundfunks zu sehen. Somit ist § 11 Abs. 1 Satz 2 GG auch diesbezüglich als verfassungsgemäß anzusehen.

cc) § 11 Abs. 2 und 3 RfStV

Im Vordergrund der Regelung des § 11 Abs. 2 RfStV steht die Informationsaufgabe des öffentlich-rechtlichen Rundfunks. Er hat in seinen Angeboten und Pro-

---

1182 Vgl. BVerfGE 83, 238 (300).
1183 Vgl. BVerfGE 83, 238 (300).
1184 Begründung zum 7. RfÄndStV, abgedruckt bei Hartstein/Ring/Kreile/Dörr/Stettner, RfStV I, A 2.5., S. 4.

grammen einen umfassenden Überblick über das internationale, europäische, nationale und regionale Geschehen in allen wesentlichen Lebensbereichen zu geben (Satz 1). Das Programm wird hierauf aber nicht beschränkt, sondern hat der Information, Bildung, Beratung und Unterhaltung zu dienen (Satz 3). Schließlich hat der öffentlich-rechtliche Rundfunk insbesondere Beiträge zur Kultur anzubieten (Satz 4). Damit wird ausgeschlossen, dass es zu einem verfassungsrechtlich bedenklichen Rückzug aus bestimmten Programmsektoren oder einer Vernachlässigung oder Bevorzugung bestimmter Sektoren, kommt etwa mit dem Ziel der Einnahmensteigerung oder aus der Konkurrenz zu privaten Veranstaltern.

Nach Satz 2 soll es das Ziel der Angebote und Programme sein, die internationale Verständigung, die europäische Integration und den gesellschaftlichen Zusammenhalt in Bund und Ländern zu fördern. Hiermit werden weitere Grundwerte der Verfassung in den Auftrag des öffentlich-rechtlichen Rundfunks aufgenommen.

Dieser umfassend angelegte Programmauftrag wird in § 11 Abs. 3 RfStV um das Kriterium inhaltlich-meinungsmäßiger Vielfalt ergänzt. Der öffentlich-rechtliche Rundfunk wird dazu angehalten, die Grundsätze der Objektivität und Unparteilichkeit der Berichterstattung, die Meinungsvielfalt sowie die Ausgewogenheit der Angebote und Programme bei der Erfüllung seines Auftrages zu berücksichtigen. Damit soll sichergestellt werden, dass der öffentlich-rechtliche Rundfunk nicht durch einseitige oder die Interessen von Minderheiten vernachlässigende Programme den Prozess der Meinungsbildung verzerrt.[1185]

§ 11 Abs. 2 und 3 RfStV legen somit diejenigen Grundsätze fest, denen der öffentlich-rechtliche Rundfunk unter dem Gesichtspunkt der Grundversorgung im dualen System von Verfassungs wegen genügen muss. Nach diesen Grundsätzen muss der öffentlich-rechtliche Rundfunk handeln, wenn er seinen Auftrag nach § 11 Abs. 1 RfStV erfüllt. Somit wird die in Abs. 1 festgelegte Bestands- und Entwicklungsgarantie an die Grundversorgungsaufgabe gebunden und von dieser begrenzt und legitimiert. Der öffentlich-rechtliche Rundfunk wird auf diese Weise so eingebunden, dass er nicht die Möglichkeit hat, sich in ein quasiprivates Großunternehmen zu wandeln, das allein wirtschaftliche Ziele verfolgt und damit der dualen Rundfunkordnung zuwiderlaufen würde.

Somit ist in den Abs. 2 und 3 des § 11 RfStV ebenfalls keine unangemessene Belastung der öffentlich-rechtlichen Rundfunkanstalten zu erblicken.

dd) § 11 Abs. 4 RfStV

Letztlich stellt sich die Frage, ob das neu eingeführte Modell der „gestuften Auftragsdefinition" nach Abs. 4 den verfassungsrechtlichen Anforderungen an eine

[1185] Vgl. BVerfGE 83, 238 (301).

Ausgestaltungsregelung genügt. Wiederum dürfte keine unangemessene Belastung des öffentlich-rechtlichen Rundfunks vorliegen.
Wichtig für die Beurteilung der Frage, ob § 11 Abs. 4 RfStV den Anforderungen genügt, sind zwei Aussagen des Bundesverfassungsgerichts. Zum einen hält das Gericht eine externe, detaillierte Definition des Funktionsauftrages nicht für verfassungsgemäß, da die Funktionserfüllung in den internen Freiheitsraum der Rundfunkanstalt fiele.[1186] Nur eine abstrakte Definition des Funktionsauftrages des öffentlich-rechtlichen Rundfunks durch den Gesetzgeber ist verfassungsgemäß. Zum anderen ist es grundsätzlich Aufgabe der Rundfunkanstalten, den Programmauftrag näher auszuführen.[1187]

(1) Rahmenregelung des § 11 RfStV

Der Gesetzgeber hat mit § 11 RfStV eine Rahmenregelung beschlossen, die den Auftrag des öffentlich-rechtlichen Rundfunks abstrakt umreißt. Damit ist den öffentlich-rechtlichen Rundfunkanstalten die Möglichkeit genommen, ihren Aufgabenkreis unkontrolliert und schrankenlos nach ihrem Belieben zu erweitern. Da nur allgemeine Zielvorgaben und Leitlinien aufgeführt werden, stellen diese Rahmenregelungen keinen Eingriff in die Rundfunkfreiheit der öffentlich-rechtlichen Rundfunkanstalten dar, auch nicht in den Grundsatz staatsfreier Rundfunkorganisation. Vielmehr erfüllt der Gesetzgeber auf diese Weise seinen Auftrag, eine positive Ordnung zu schaffen.

(2) Richtlinien und Satzungen

Durch die Bestimmung, dass die Rundfunkanstalten sich zur näheren Ausgestaltung ihres Auftrages Richtlinien oder Satzungen geben, präzisieren die öffentlich-rechtlichen Rundfunkanstalten ihren Aufgabenbereich selbst. Damit ist eine schnelle und flexible Anpassung der Rundfunkanstalten an neue Entwicklungen im Rundfunksektor möglich. Diese Anpassungen sind nicht zuletzt für die Zuschauerakzeptanz nötig. Die Richtlinien und Satzungen sind weiterhin rechtsverbindlich, d.h. dass sie für den Gesamtbereich der Anstalt bis hin zum Intendanten bindend sind.
Weiterhin entspricht es der Tradition der deutschen Rundfunkorganisation, Regulierungs- und Kontrollaufgaben den binnenpluralistisch zusammengesetzten

---

[1186] Vgl. BVerfGE 90, 60 (95).
[1187] Siehe 1. Teil B I 3.

Gremien zu übergeben.[1188] Befürchtungen, dass diese ihre Kompetenzen ausweiten könnten,[1189] wird mit der Rahmenregelung begegnet.
Die Rechtspflicht zum Erlass von Satzungen und Richtlinien bedeutet für die Rundfunkanstalten eine staatlich angeordnete Verpflichtung, ein teures, zeit- und arbeitsintensives Verfahren einzuführen, bzw. das bisherige Verfahren deutlich auszuweiten. Allerdings ist zu beachten, dass die Rundfunkanstalten durch dieses Verfahren so wenig wie möglich in ihrer Programmfreiheit beeinträchtigt werden. Sie können im Rahmen der Regelung des § 11 RfStV und der Verfassung frei entscheiden, wie sie ihren Auftrag ausfüllen. Insofern ist in der Verpflichtung, Satzungen und Richtlinien zu erlassen, keine unangemessene Belastung des öffentlich-rechtlichen Rundfunks zu sehen.

(3) Bericht

Letztlich könnte in der Verpflichtung der öffentlich-rechtlichen Rundfunkanstalten, alle zwei Jahre einen Bericht über die Erfüllung ihres Auftrages abzuliefern, eine unangemessene Behandlung liegen. Die öffentlich-rechtlichen Rundfunkanstalten leisten durch die Abgabe dieser Berichte jedoch einen weiteren Beitrag zur Konkretisierung des Funktionsauftrages. Hierbei geht es also um die Ausgestaltung der öffentlichen Aufgabe. Wie bei der Verpflichtung zum Erlass der Richtlinien und Satzungen, ist aufgrund der weitgehenden Achtung der Programmautonomie der Rundfunkanstalten in dieser Regelung keine unangemessene Behandlung zu erblicken, obwohl dieses Verfahren mit Kosten- und Personalaufwand verbunden ist.

2. Ergebnis der Prüfung der Verfassungsmäßigkeit

Die Regelung des § 11 RfStV stellt somit eine verfassungsmäßige Ausgestaltung der Rundfunkfreiheit dar. Bemerkenswert ist, dass im Rahmen der Selbstverpflichtung auf eine größtmögliche Freiheit der Rundfunkanstalten geachtet wurde.

1188 Vgl. *Holznagel*, Der spezifische Funktionsauftrag, S. 131.
1189 Vgl. *Böckenförde/Wieland*, AfP 1982, S. 83 f.; *Ossenbühl*, DÖV 1997, S. 385.

F. Vereinbarkeit der Regelung des § 11 RfStV mit den Anforderungen des europäischen Gemeinschaftsrechts

Im Folgenden wird überprüft, ob der § 11 RfStV, insbesondere das System der Selbstregulierung nach Abs. 4, den im 3. Teil erarbeiteten Anforderungen des europäischen Gemeinschaftsrechts entspricht.
Aus verschiedenen Erklärungen und Protokollen, aber auch aus den Kriterien der Altmark-Trans-Entscheidung des EuGH, die auch von der Europäischen Kommission angewandt werden, ergibt sich die Verpflichtung der Mitgliedstaaten zur Präzisierung des Funktionsauftrages.[1190]

Die Auftragsdefinition wird bei der Beurteilung der Frage, ob eine unzulässige Beihilfe i.S.d. europäischen Gemeinschaftsrechts vorliegt, zum einen bei dem ersten Altmark-Trans-Kriterium relevant (I) und zum anderen für den Fall, dass tatbestandlich eine Beihilfe angenommen wird, im Rahmen des Art. 86 Abs. 2 EG (II). Im Folgenden soll nur auf diese beiden Punkte eingegangen werden, da ein Prüfung der Beihilfekriterien den Rahmen dieser Untersuchung übersteigen würde.

I. Erstes Kriterium der Altmark-Trans-Entscheidung

Nach dem ersten Kriterium der Altmark-Trans-Entscheidung muss das begünstigte Unternehmen, hier die öffentlich-rechtlichen Rundfunkanstalten, tatsächlich mit der Erfüllung gemeinwirtschaftlicher Verpflichtungen (1) betraut (2) sein, und diese müssen klar definiert (3) sein.

1. Erfüllung gemeinwirtschaftlicher Aufgaben

Zunächst müsste der öffentlich-rechtliche Rundfunk mit der Erfüllung gemeinwirtschaftlicher Aufgaben betraut sein. Es ist zu klären, ob die Aufgaben in § 11 RfStV gemeinwirtschaftlich in diesem Sinne sind.

Die Bedeutung des öffentlich-rechtlichen Rundfunks in sozialer, demokratischer und kultureller Hinsicht wurde bereits ausführlich im 1. Teil erläutert.
Fraglich ist, ob diese Bedeutung auch dem Angebot von Mediendiensten zukommt. Der Charakter von Online-Angeboten hat sich in den letzten Jahren von einem Randphänomen zu einem wichtigen Faktor der Meinungsbildung entwickelt.[1191] Die Anzahl der Nutzer einiger Internet-Angebote erreicht bereits heute

[1190] Siehe 3. Teil A I 3.
[1191] Vgl. *van Eimeren/Gerhard/Frees*, Media Perspektiven 2004, S. 350 (351).

die Hörerzahlen von Radiosendern und die Zuschauerzahlen einzelner Fernsehsendungen.[1192] Im Bereich des World Wide Web steht vor allem die Informationsfunktion im Vordergrund, aber auch die Online-Ableger klassischer Print- und Rundfunk-Angebote verzeichnen hohe Nutzerzahlen.[1193] Diese Suchmaschinen, Portale und Onlinezeitungen haben eine große Relevanz für die öffentliche und individuelle Meinungsbildung.[1194]
Den Mediendiensten kommt auch im Zuge der Konvergenz eine wichtige Bedeutung zu, denn sie können klassische und neue Medien verbinden. So stehen beispielsweise Hintergrundinformationen zu Fernsehangeboten im World Wide Web.
Die Mediendienste nach § 11 RfStV sind auf solche mit programmbezogenem Inhalt beschränkt. Aufgrund dieses Programmbezuges können die Gefahren, die bei Online-Angeboten bestehen, wie beispielsweise die Vermischung von publizistischer und kommerzieller Kommunikation, verhindert werden. Zudem kann der öffentlich-rechtliche Rundfunk der befürchteten Einengung des Themenangebots entgegentreten.[1195]

Somit ist auch das Angebot von Mediendiensten nach § 11 RfStV als Erfüllung einer gemeinwirtschaftlichen Verpflichtung anzusehen und damit sämtliche Aufgaben des öffentlich-rechtlichen Rundfunks nach § 11 RfStV.

2. Betrauung des begünstigten Unternehmens

Ein weiterer Bestandteil des ersten Kriteriums der Altmark-Trans-Entscheidung ist, dass das begünstigte Unternehmen mit der Erfüllung der gemeinwirtschaftlichen Verpflichtung tatsächlich betraut ist. Nach § 11 RfStV erfolgt eine gestufte Auftragsdefinition. Fraglich ist, ob eine solche zulässig ist.
Der EuGH hat bereits entschieden, dass eine Betrauung nicht zwingend durch eine Rechtsvorschrift erfolgen muss.[1196] Er hat die Betrauung durch eine öffentlich-rechtliche Konzession anerkannt[1197] und in einer weiteren Entscheidung betont, dass eine solche Konzession erst recht ausreiche, wenn gesetzliche Vorgaben existierten, die durch die Konzession konkretisiert würden.[1198]

[1192] Vgl. *Held/Schulz*, Europarechtliche Beurteilung von Online-Angeboten öffentlich-rechtlicher Rundfunkanstalten, S. 15.
[1193] Vgl. *van Eimeren/Gerhard/Frees*, Media Perspektiven 2004, S. 350 (355 f.).
[1194] Vgl. *Schulz/Held/Kops*, Perspektiven der Gewährleistung öffentlicher Kommunikation, S. 77 ff.
[1195] Vgl. *Held/Schulz*, Europarechtliche Beurteilung von Online-Angeboten öffentlich-rechtlicher Rundfunkanstalten, S. 17.
[1196] Vgl. *Koenig/Kühling*, in: Streinz, EUV/EGV, Art. 86, Rn. 53.
[1197] Vgl. EuGH, Rs. C-393/92, „Gemeente Almelo", Slg. 1994, I-1477, Rn. 47.
[1198] Vgl. EuGH, Rs. C-159/94, „Kommission/Frankreich", Slg. 1997, I-5815, Rn. 66.

Die Kommission hat eine „breit gefasste“ und „eher qualitativ“ definierte Aufgabe nicht kritisiert, gleichzeitig aber in der Mitteilung aus 2001 klargestellt, dass die Definition „so präzise wie möglich“ sein und aus ihr „unmissverständlich“ hervorgehen sollte, welche Tätigkeiten umfasst sind und welche nicht.[1199]
In der Entscheidung „BBC licence fee“ hat die Kommission das zweistufige Verfahren der Auftragsdefinition in Großbritannien akzeptiert.[1200] Für die Kommission war entscheidend, dass es eine offizielle Beauftragung an die BBC gebe, einen konkreten Dienst anzubieten.
Die gestufte Auftragsdefinition, die dem System der BBC nachgebildet ist[1201] und bei der die grundlegenden qualitativen Voraussetzungen und das weitere Verfahren in der gesetzlichen Regelung des § 11 RfStV geregelt sind, ist somit als tatsächlicher Betrauungsakt i.S.d. ersten Kriteriums der Altmark-Trans-Entscheidung anzusehen.

3. Klare Definition

Letzter Bestandteil des ersten Kriteriums der „Altmark-Trans-Entscheidung“ ist, dass die gemeinwirtschaftlichen Verpflichtungen, mit deren Erfüllung die öffentlich-rechtlichen Rundfunkanstalten betraut sind, klar definiert sind.

Dieses Merkmal bezweckt den Schutz des freien Wettbewerbes in der EU, indem durch die klare Definition Rechtssicherheit sowohl für die beauftragten Unternehmen als auch für die Wettbewerber bewirkt werden soll. Das bedeutet, dass die Wettbewerber so erfahren, welche Programme und Dienste durch die öffentlich-rechtlichen Rundfunkanstalten angeboten werden und sich so darauf einstellen können. Weiterhin stellt diese Definition die Grundlage für die Bestimmung der Lasten dar, die Gegenstand des Ausgleichs sind und ermöglicht so, eine Überkompensation zu verhindern.

In der gesetzlichen Regelung des § 11 RfStV findet zunächst eine qualitative Beschreibung des Auftrages statt (Abs. 1-3). Diese ist jedoch sehr allgemein gehalten. Eine nähere Beschreibung erfolgt in den Satzungen und Richtlinien und letztlich in den Selbstverpflichtungen, die die öffentlich-rechtlichen Rundfunkanstalten erlassen. Fraglich ist, ob es zulässig ist, dass die Definition erst in den Selbstverpflichtungserklärungen erfolgt.

[1199] Vgl. auch *Held/Schulz*, Europarechtliche Beurteilung von Online-Angeboten öffentlich-rechtlicher Rundfunkanstalten, S. 66.

[1200] Vgl. Entscheidung der Kommission im Fall N 631/2001 vom 22.5.2002, „BBC licence fee“, C(2002)1886fin, abrufbar unter http://europa.eu.int/comm/secreta-riat_general/sgb/state_aids/comp-2001/n631-01.pdf vom 16.12.2004.

[1201] Siehe 4. Teil C II; ausführlich zur BBC 4. Teil G.

Wie oben bereits dargestellt, entspricht die Betrauung des öffentlich-rechtlichen Rundfunks in dem gestuften System den Anforderungen des europäischen Gemeinschaftsrechts. Somit müssen sämtliche Stufen der Auftragsdefinition für die Betrachtung herangezogen werden, ob die Definition hinreichend klar ist.
In den Selbstverpflichtungserklärungen sind die geplanten Angebote der öffentlich-rechtlichen Rundfunkanstalten aufgeführt. Damit haben die privaten Konkurrenten die Möglichkeit, sich auf diese einzustellen. Weiterhin wird durch die Veröffentlichungspflicht der Satzungen, Richtlinien und Selbstverpflichtungserklärungen eine öffentliche Diskussion erzeugt. Diese wird von der Wissenschaft als geeignetes Instrument angesehen, um einerseits die Staatsfreiheit des öffentlich-rechtlichen Rundfunks zu wahren und andererseits den Interessen der übrigen Betroffenen gerecht zu werden (insbesondere Konkurrenten und Rundfunkgebührenzahler).[1202] In dieser öffentlichen Diskussion haben auch die privaten Konkurrenten die Möglichkeit, zu Wort zu kommen.
Die gesetzlich festgeschriebenen Verfahrensregeln schaffen darüber hinaus Transparenz und Rechtssicherheit. Dies geschieht neben der öffentlichen Diskussion durch die Beteiligung der Rundfunkräte.[1203]
Der Funktionsauftrag ist somit auch hinreichend klar i.S.d. europäischen Gemeinschaftsrecht definiert.

4. Ergebnis bezüglich des ersten Kriteriums der Altmark-Trans-Entscheidung

Im Ergebnis erfüllt die Auftragsbeschreibung in § 11 RfStV die Anforderungen des europäischen Gemeinschaftsrechts insofern, als das erste Kriterium der Altmark-Trans-Entscheidung erfüllt ist.

II. Rechtfertigung nach Art. 86 Abs. 2 EG

Fraglich ist weiterhin, ob die Auftragsdefinition in § 11 RfStV die Betrauung eines Unternehmen i.S.d. Art. 86 Abs. 2 EG darstellt. Nach Art. 86 Abs. 2 Satz 1 EG gelten für Unternehmen, die mit Dienstleistungen von allgemeinem Interesse betraut sind, die Vorschriften dieses [EG-] Vertrages, insbesondere die Wettbewerbsregeln, soweit die Anwendung dieser Vorschriften nicht die Erfüllung der ihnen übertragenen besonderen Aufgaben rechtlich oder tatsächlich verhindert. Vorliegend soll nicht untersucht werden, ob eine derartige Rechtfertigung gegebenenfalls für den öffentlich-rechtlichen Rundfunk greifen würde. Für die vor-

[1202] Vgl. *Hoffmann-Riem*, Regulierung der dualen Rundfunkordnung, S. 290.
[1203] Vgl. *Held/Schulz*, Europarechtliche Beurteilung von Online-Angeboten öffentlich-rechtlicher Rundfunkanstalten, S. 68.

liegende Untersuchung ist lediglich von Bedeutung, ob die öffentlich-rechtlichen Rundfunkanstalten Unternehmen sind, die mit Dienstleistungen von allgemeinem Interesse betraut sind.

Das allgemeine wirtschaftliche Interesse ist weit zu verstehen.[1204] Mit der herrschenden Auffassung ist davon auszugehen, dass das Interesse selbst nicht allein wirtschaftlich sein muss.[1205] Die Programme und Angebote der öffentlich-rechtlichen Rundfunkanstalten sind Dienstleistung, die entsprechend der oben gemachten Ausführungen auch von allgemeinem wirtschaftlichen Interesse sind. Bezüglich des Betrauungsakts sind die gleichen Anforderungen zu stellen, wie bei dem ersten Kriterium der Altmark-Trans-Entscheidung. Somit ist auch hier die gestufte Auftragsdefinition des § 11 RfStV als europarechtsmäßiger Akt der Betrauung der öffentlich-rechtlichen Rundfunkanstalten anzusehen.
Insofern entspricht die Auftragsdefinition des § 11 RfStV auch den Anforderungen des Art. 86 Abs. 2 EG.

III. Ergebnis der Bewertung der Regelung auf ihre Vereinbarkeit mit dem europäischen Gemeinschaftsrecht

Die Auftragsdefinition entspricht den konkreten Anforderungen des ersten Kriteriums der Altmark-Trans-Entscheidung und dem Art. 86 Abs. 2 EG. Insofern wird durch die Regelung des § 11 RfStV die Gefahr gemindert, dass die Rundfunkgebühren als unzulässige Beihilfen i.S.d. europäischen Gemeinschaftsrechts gewertet werden.

Aufgrund der im 3. Teil erwähnten Unsicherheiten im Hinblick auf die Entwicklung der Entscheidungen der Europäischen Kommission, kann trotz der Konkretisierung des Funktionsauftrages nicht mit abschließende Sicherheit die künftige Praxis der Europäischen Kommission vorhergesagt werden. Vielmehr hat die Bundesrepublik, d.h. hier die Bundesländer, das ihnen verfassungsrechtlich Mögliche unternommen, um den Funktionsauftrag entsprechend der europäischen Anforderungen zu konkretisieren. Ob die Kommission die gestufte Auftragsdefinition in § 11 RfStV künftig genügen lässt, um den Beihilfetatbestand auszuschließen, bleibt abzuwarten. Zumindest ist so der Kontrollmaßstab der Europäischen Kommission geringer, da der Funktionsauftrag präzisier gefasst ist.[1206] Insofern entspricht die Neuregelung den Zielen des § 11 RfStV, insbe-

[1204] Vgl. GA *de Lamothe*, SchA Rs. 10/71, Hafen von Mertert. Slg. 1971, 723 (739).
[1205] Vgl. *Held/Schulz*, Europarechtliche Beurteilung von Online-Angeboten öffentlich-rechtlicher Rundfunkanstalten, S. 78.
[1206] Siehe 3. Teil A I 3 i).

sondere wird zumindest eine bessere Ausgangsposition in einem möglichen Vertragsverletzungsverfahren der Europäischen Kommission geschaffen.

G. Die britische Regelung

Eingangs wurde bereits erwähnt, dass die Regelung des § 11 RfStV, insbesondere die Regelung der Selbstverpflichtungserklärung, in freier Übernahme des Systems der BBC entwickelt wurde.[1207]
Im Folgenden soll daher zunächst ein Überblick über das britische Rundfunksystem gegeben und erläutert werden, warum gerade die BBC eine so herausragende Vorreiterrolle als öffentlich-rechtliche Rundfunkanstalt einnimmt (I). Anschließend wird die Konkretisierung des Funktionsauftrags in Großbritannien dargestellt (II). Hierbei ist zwischen der Konkretisierung der Aufgaben der BBC (II 1) und des Channel 4 zu unterscheiden (II 2). In einem Ausblick mit einer entsprechenden Bewertung sollen abschließend die Probleme der britischen Regelung dargestellt werden, wobei wiederum ein besonderes Augenmerk auf die BBC zu legen ist (III).

I. Die Entwicklung des britischen (terrestrischen) Rundfunksystems

Durch die unabhängige Kriegsberichterstattung hatte die BBC während des Zweiten Weltkriegs publizistische Maßstäbe gesetzt, so dass sie zum Vorbild für die Etablierung und Ausgestaltung des öffentlich-rechtlichen Rundfunks in der Bundesrepublik wurde.[1208] Auch in den letzten Jahren nimmt das Rundfunkrecht in Großbritannien bei der Bewältigung von Regulierungsaufgaben eine Vorreiterrolle in Europa ein.[1209]

Großbritannien besitzt, anders als die übrigen europäischen Staaten, keine geschriebene Verfassung, so dass sich auch die Rundfunkordnung nicht auf verfassungsrechtliche Vorschriften, sondern auf eine fortlaufende, sich entwickelnde Übung stützt. Auf gewohnheitsrechtlicher Basis hat sich der Konsens herausgebildet, dass die Unabhängigkeit des Rundfunks zu wahren und gegen programmliche Einseitigkeit und das Entstehen von Meinungsmonopolen vorzugehen ist.

[1207] Bereits 1945 wurde der öffentlich-rechtliche Rundfunk in den drei westlichen Besatzungszonen nach dem Vorbild der BBC geschaffen.
[1208] Vgl. *Holznagel*, Der spezifische Funktionsauftrag, S. 95.
[1209] Vgl. *Holznagel*, Der spezifische Funktionsauftrag, S. 95.

Die Gewährleistung von Pluralismus und Meinungsvielfalt gehört somit zu den normativen Prämissen der britischen Rundfunkordnung.[1210]
Bereits 1927 wurde die bis dahin private *British Broadcasting Company* in die *British Broadcasting Corporation* (BBC), eine öffentlich-rechtliche Rundfunkanstalt, umgewandelt.[1211] Die rechtlichen Grundlagen der BBC sind in einem Regierungsakt (*Royal Charter*) und den ihn ergänzenden Abkommen, dem sog. *BBC Agreement*, aufgeführt. Das Agreement wird zwischen der Regierung und der BBC ausgehandelt.
Die *Royal Charter* gibt die Ziele, Funktionen, die interne Organisation sowie die Finanzierung der BBC vor und bestimmt ihren Charakter als *public service* Einrichtung.[1212] Der Auftrag ist sehr allgemein formuliert. Nach Art. 3a der *Royal Charter* hat die BBC „als *public services* an die Allgemeinheit gerichtete Hörfunk- und Fernsehdienste (analog und digital) bereitzustellen sowie Hörfunk- und Fernsehprogramme aus den Bereichen Information, Bildung und Unterhaltung in Großbritannien anzubieten".[1213]
Nominell steht die BBC unter voller Weisungsgewalt des Staates. Der Innenminister (ab 1992 der *Minister of National Heritage*) kann der BBC die betreffende Lizenz entziehen, das Parlament (tatsächlich die Regierung) kann die Lizenzgebühr festsetzen und der Staat kann auf vielfältige Weise die Programmgestaltung beeinflussen, sogar Zensur üben.[1214]
Faktisch hat die BBC aber eine außerordentlich weitgehende Unabhängigkeit erlangt und genießt aufgrund ihrer politischen Neutralität und der hohen Programmqualität trotz jüngster Krisen[1215] großes Ansehen.[1216] Für die Einhaltung des Programmauftrages der BBC ist der *Broad of Governors* zuständig; ein Organ der BBC das weitreichende allgemeine Befugnisse hat, beispielsweise bei der Ämterbesetzung und der Programmgestaltung.[1217] BBC 2 ging 1964 auf Sendung und sollte ein Gegengewicht zu dem am Massengeschmack orientierten BBC 1 sein.[1218]

Die BBC ist nicht befugt, Wirtschaftswerbung zu betreiben, muss also ihren gesetzlichen Programmauftrag, abgesehen von den Einnahmen aus dem Vertrieb

---

1210 Vgl. *Holznagel*, Rundfunk in Europa, S. 110.
1211 Vgl. *Humphreys*, Großbritanniens, in: Internationales Handbuch für Rundfunk und Fernsehen, S. 329.
1212 Vgl. *Holznagel*, Der spezifische Funktionsauftrag, S. 98.
1213 Originalfassung im Anhang abgedruckt.
1214 Vgl. *Bullinger*, Die Aufgabe des öffentlichen Rundfunks, S. 67.
1215 Vgl. *Graham*, Media Perspektiven 2004, S. 95 ff.
1216 Vgl. *Brenner*, Zur Gewährleistung des Funktionsauftrages, S. 280; *Bullinger*, Die Aufgabe des öffentlichen Rundfunks, S. 67.
1217 Vgl. *Humphreys*, Großbritanniens, in: Internationales Handbuch für Rundfunk und Fernsehen, S. 330.
1218 Vgl. *Bullinger*, Die Aufgabe des öffentlichen Rundfunks, S. 67.

etwa von Programmrechten, voll aus gesetzlich festgelegten Rundfunkgebühren finanzieren. Dadurch steht die BBC anders als die deutschen öffentlich-rechtlichen Rundfunkanstalten nicht unter dem Druck des Wettbewerbes um Werbeeinnahmen.[1219] Weiterhin ist der Druck der BBC insofern geringer, als zusätzliche private Anbieter auf terrestrischen Frequenzen, die als öffentliche Güter der Vergabe nach staatlichem Ermessen bedürfen, nur behutsam und bis heute immer noch mit erheblichen Auflagen für die Programmgestaltung zugelassen werden.[1220]

Bereits 1954 verlor die BBC ihre Monopolstellung im Bereich des terrestrischen Rundfunks. Zunächst wurde allerdings nur eine unabhängige öffentliche Einrichtung gegründet, die *Independent Broadcasting Authority* (IBA), die regionale private Unternehmen (*Independent Television*, ITV) mit Programmen belieferten. Faktisch entwickelten sich aus diesen „Programmlieferanten" Träger des werbefinanzierten Programmangebotes, unter einer intensiven Kontrolle der IBA. Die IBA sorgte dafür, dass auch die faktisch privaten Programme eine öffentliche Aufgabe erfüllten.[1221]

In dem 1990 verabschiedeten *Broadcasting Act* wurden bezüglich der ITV einschneidende Reformen vorgenommen. So wurden die immer noch nur begrenzt zugelassenen privaten Unternehmen rechtlich als eigene Programmveranstalter anerkannt, die ihre Lizenz ersteigern müssen und nur noch begrenzt öffentlichen Bindungen unterworfen sind. Kontrolliert werden diese durch eine Aufsichtsbehörde ohne Veranstaltereigenschaft (*Independent Telvision Commission*, ITC), einen Rat für Programmstandards und eine Beschwerdekommission.[1222]

Mit dem *Broadcasting Act* von 1981 wurde mit dem *Channel 4*[1223] neben den beiden öffentlich-rechtlichen Programmen der BBC ein weiteres, von der BBC unabhängiges, öffentlich-rechtliches Programm geschaffen.[1224] *Channel 4* soll ohne Gewinnerzielungsabsicht bestimmte Aufgaben des *public service* übernehmen. Insbesondere sollen anspruchsvolle Unterhaltungs-, Minderheiten- und Bildungssendungen übertragen, Innovationen, Experimente und unabhängige Produktionen gefördert und insgesamt ein hoher Standard gewahrt werden.[1225] Der öffentlich-rechtliche *Channel 4* darf im Gegensatz zur BBC Wirtschaftswerbung ausstrahlen. Nach einer Übergangsphase, in der die Einnahmen die ITV-Gesellschaften erhielten[1226], wurden dann die Erträge durch den *Broad-*

1219 Vgl. *Bullinger*, Die Aufgabe des öffentlichen Rundfunks, S. 67.
1220 Vgl. *Holznagel/Grünwald*, ZUM 1997, S. 417 (419).
1221 Vgl. *Brenner*, Zur Gewährleistung des Funktionsauftrages, S. 280 f.
1222 Vgl. *Holznagel*, Rundfunk in Europa, S. 66.
1223 Für Wales wurde der Kanal S4C eingerichtet.
1224 Vgl. *Bullinger*, Die Aufgabe des öffentlichen Rundfunks, S. 68.
1225 Vgl. Broadcasting Act 1990 i.V.m. den Lizenzbedingungen.
1226 Vgl. *Holznagel*, Rundfunk in Europa, S. 68.

casting Act von 1990 von *Channel 4* selbst eingeworben.[1227] Durch diese unmittelbare Werbefinanzierung stellt sich die Frage, ob diese nicht auf Dauer zu einer Angleichung des Programms an das der werbefinanzierten privaten Veranstalter führt.

Der *Broadcasting Act* von 1990 sah weiterhin die Einrichtung eines fünften terrestrischen Fernsehsenders vor. 1995 wurde die Lizenz für den Kanal an das Konsortium *Channel 5 Broadcasting* vergeben. Dieses nationale Fernsehprogramm finanziert sich durch Werbeeinnahmen.[1228]

II. Konkretisierung der Aufgaben des öffentlich-rechtlichen Rundfunks

Die Konkretisierung der Aufgaben für die beiden öffentlich-rechtlichen Rundfunkanstalten, die BBC und *Channel 4*, erfolgte auf grundverschiedene Weise.

1. Konkretisierung der Aufgaben der BBC

Es gab in den neunziger Jahren eine Reihe von Gründen, die zu einer Präzisierung und Konkretisierung der Aufgaben der BBC führten.

a) Gründe für die Präzisierung der Aufgaben der BBC

Aufgrund der ständig zunehmenden Knappheit der Finanzmittel der öffentlichen Hand wurde von allen Trägern des *public service* verlangt, ihre Leistungen für die Allgemeinheit, ihre Kosten und Erträge nach betriebswirtschaftlichen Methoden transparent zu erfassen und in ein angemessenes Verhältnis zu bringen.[1229] Unter dem Begriff *New Public Management* wandelte sich dieser Zwang in ein neues Selbstverständnis. Die staatliche Daseinsvorsorge wurde immer weniger zum reinen Selbstzweck.

Infolgedessen ging auch die BBC dazu über, der Öffentlichkeit deutlicher und genauer zu erklären, welchen Nutzen und welche Leistung sie für den Einzelnen erbringt (*value for money*). Die bisherigen allgemeinen Hinweise auf den *public service*, die Errungenschaften der BBC und das hohe Ethos der BBC sind nicht mehr ausreichend.

[1227] Vgl. *Bullinger*, Die Aufgabe des öffentlichen Rundfunks, S. 68.

[1228] Vgl. *Holznagel*, Rundfunk in Europa, S. 66; *Brenner*, Zur Gewährleistung des Funktionsauftrages, S. 282.

[1229] Vgl. *Bullinger*, Die Aufgabe des öffentlichen Rundfunks, S. 69.

Die britische Regierung war weiterhin der Auffassung, dass die Finanzierung aus Rundfunkgebühren die BBC nicht dazu zwinge, ihr Rundfunkangebot unmittelbar oder mittelbar an den Wünschen der Bürger auszurichten. Bis heute wird die Finanzierung des öffentlich-rechtlichen Rundfunks in Großbritannien aus Pflichtgebühren als die beste Garantie zur Erfüllung der Meinungsvielfalt angesehen.[1230]
Denn so könne am ehesten gewährleistet werden, dass Minderheitenprogramme nicht zu Gunsten von massenattraktiven Programmen verdrängt werden. Um dies zu belegen, muss die BBC Mittel und Wege finden, um der Öffentlichkeit zu zeigen, dass sie als Gegenleistung für die Pflichtgebühren zu einem erheblichen Teil höhere oder doch andere Leistungen für alle Bürger erbringt als die werbefinanzierten privaten Rundfunkveranstalter.[1231]

Seit dem Beginn der neunziger Jahre verschärfte sich der Wettbewerb auf dem Rundfunkmarkt durch das Hinzutreten einer Vielzahl kommerzieller Programmanbieter, insbesondere durch den über Satellit verbreiteten Pay-TV Sender *BSkyB*. Infolgedessen verzeichneten sowohl die BBC als auch die ITV einen Rückgang an Zuschaueranteilen. Hinzu kam eine starke Erhöhung der Kosten für den Rechteerwerb an massenattraktiven Programmen wie Sportsendungen und Spielfilmen.[1232] Aufgrund dieser veränderten Rahmenbedingungen wurde von der Regierung *Thatcher* die Legitimation des öffentlich-rechtlichen Rundfunks in Zweifel gezogen.[1233] Die BBC war aufgerufen, sich an die neuen Bedingungen im Rundfunksektor anzupassen. Die Notwendigkeit des öffentlich-rechtlichen Rundfunks wurde von der BBC in einem Papier[1234] betont, wobei eine klare Abgrenzung und Definition der Rolle der BBC zu erfolgen hatte.[1235] Die BBC sollte sich künftig auf vier Kernbereiche[1236] konzentrieren, die vom kommerziellen Fernsehen nicht ausreichend bedient würden und sich durch Qualität und Originalität klar von diesen unterschieden.[1237]

1230 Vgl. *Bullinger*, Die Aufgabe des öffentlichen Rundfunks, S. 70.
1231 Vgl. *Bullinger*, Die Aufgabe des öffentlichen Rundfunks, S. 70.
1232 Vgl. *Ridder*, Media Perspektiven 1993, S. 150 (151); *Holznagel*, Rundfunkrecht in Europa, S. 68.
1233 Vgl. *Holznagel*, Rundfunkrecht in Europa, S. 68.
1234 BBC Extending Choice; BBC Responding to the Green Paper.
1235 Vgl. *Ridder*, Media Perspektiven 1993, S. 150 (152).
1236 Vgl. *Holznagel*, Rundfunkrecht in Europa, S. 69; *Ridder*, Media Perspektiven 1993, S. 150 (152):
1. Bereitstellung eines umfassenden Angebotes an Nachrichten, Informationssendungen und politischen Hintergrundberichten
2. Förderung der nationalen britischen Kultur und Unterhaltung
3. Bereitstellung eines breiten Angebotes an Bildungsprogrammen i.w.S.
4. Intensivierung der Kommunikation zwischen Großbritannien und der Welt.

1237 Vgl. *Ridder*, Media Perspektiven 1993, S. 150 (152).

Weiterhin wurden Einsparungen und eine Organisationsreform angekündigt, die auch zu weitreichenden Rationalisierungsmaßnahmen in der BBC führten. Daraufhin wurde die *Royal Charter* 1996 für weitere zehn Jahre bis 2006 verlängert.

Der Charakter der BBC hat sich allerdings insofern geändert, als die BBC innerhalb des Königreiches strikt öffentlich-rechtlich und werbefrei auftreten muss, außerhalb Großbritanniens aber kommerziell agieren darf und ihr insofern eine „Doppelexistenz" gestattet wurde.[1238] Daraufhin entwickelte sich die BBC von einem nationalen öffentlich-rechtlichen Rundfunksender zu einem international agierenden Multimediaunternehmen.[1239] Hierbei besteht jedoch die Gefahr, dass es durch die Rundfunkgebühren zu einer Quersubventionierung der kommerziellen Aktivitäten der BBC kommt.

b) Programmstandards

Nach der allgemeinen Auftragsformulierung der BBC in der *Royal Charter* enthalten die Rundfunkgesetze und insbesondere das *BBC Agreement* eine Reihe von allgemeinen Verpflichtungen und Standards für die BBC Programme und Dienste.[1240] Diese ähneln den entsprechenden Vorgaben des deutschen Rundfunkrechts. So muss die BBC beispielsweise ein vielfältiges Programmangebot bereithalten, unparteiisch berichten und die Belange des Jugendschutzes beachten. Diese Grundsätze kommen in den zentralen Vorschriften Art. 3.2. und Art. 5.1. des *BBC Agreements* zum Ausdruck.[1241] Um diese immer noch recht allgemein gehaltenen Vorgaben zu konkretisieren, setzt das britische Rundfunkrecht auf Selbstregulierung.

c) Selbstverpflichtung der BBC

Aufgrund eines Vorschlags der BBC wurde die *Royal Charter* von 1995 mit einer ergänzenden Vereinbarung zwischen dem *Departement of National Heritage* und der BBC versehen. Die BBC bleibt danach zwar als ausschließlich aus Gebühren finanzierte, faktisch unabhängige Einrichtung bestehen. Sie ist aber dazu verpflichtet, jährlich vor der Öffentlichkeit im Einzelnen darzulegen, wie sie die ihre Gebührenfinanzierung rechtfertigende, besondere Aufgabe im Vergleich zu den privaten Anbietern versteht und effizient erfüllen will (*Statements of Programme Policy*).[1242] In den Selbstverpflichtungserklärungen werden gesondert

---

[1238] Vgl. *Brenner*, Zur Gewährleistung des Funktionsauftrages, S. 285.
[1239] Vgl. *Steemers*, Media Perspektiven 1998, S. 287 (294).
[1240] Vgl. *Holznagel*, epd medien 59/2004, S. 17 (21).
[1241] Originaltext abgedruckt im Anhang.
[1242] Vgl. *Bullinger*, Die Aufgabe des öffentlichen Rundfunks, S. 70.

für jedes Programm Ziele festgelegt, die im nächsten Geschäftsjahr erfüllt werden sollen.[1243] Über die Einhaltung der Ziele gibt der nächste Bericht Auskunft (*BBC Annual Report and Accounts*).[1244] Durch diese Selbstverpflichtung zwingt sich die BBC dazu, über ihr Programm unter dem Aspekt ihrer *public service* Aufgabe zu reflektieren und ihre Programmentscheidungen gegenüber der Öffentlichkeit als Gegenleistung für die Entrichtung der Rundfunkgebühr zu rechtfertigen.[1245] Die BBC muss somit darauf achten, dass ihr Programm ein breites Publikum anspricht, gleichzeitig aber die Interessen von Minderheiten in einem angemessenen Umfang auch zu den Haupteinschaltzeiten berücksichtigt, um die Gebührenpflicht gegenüber jedem Bürger zu rechtfertigen.

Darüber hinaus hat sich die BBC eine Reihe von Leitlinien gegeben, die sie ihrer Tätigkeit zugrunde legt. Beispielsweise hat sie sich zur Einhaltung der *Watershed Rule* verpflichtet, wonach keine „anstößigen" Sendungen vor 21:00 Uhr ausgestrahlt werden dürfen. Die kommerziellen Aktivitäten der BBC werden von den *Commercial Policy Guidelinies* und dem *Fair Traiding Commitment* gesteuert. Der Öffentlichkeit soll so gezeigt werden, dass die BBC ihre Marktmacht nicht in wettbewerbswidriger Weise benutzt.[1246]
Die BBC entscheidet nach Art. 2.1. des *BBC Agreements* unabhängig über alle programmlichen Fragen.[1247] Dem entspricht der Grundsatz, dass es nach Art. 7 (1) der Royal Charter die Aufgabe des *Board of Governors* ist, die Erfüllung der rechtlichen und vertraglichen Verpflichtungen der BBC zu überwachen und bei einem Verstoß gegebenenfalls Abhilfe zu schaffen.[1248] So prüft der *Board of Governors* am Ende eines jeden Jahres, wie weit die übernommenen Selbstverpflichtungen erfüllt worden sind. Seine Stellungnahme wird im Parlament in dem zuständigen Ausschuss zusammen mit der Verpflichtungserklärung der BBC debattiert. Die BBC nimmt anschließend selbst Stellung und entwickelt ein verbessertes und erweitertes Programm für das Folgejahr. Wichtige Änderungen im Programmschema werden zuvor mit der Bevölkerung erörtert.[1249]

[1243] Vgl. *Holznagel*, epd medien 59/2004, S. 17 (22).
[1244] Vgl. *Holznagel*, epd medien 59/2004, S. 17 (22).
[1245] Vgl. *Brenner*, Zur Gewährleistung des Funktionsauftrages, S. 288.
[1246] Vgl. *Holznagel*, epd medien 59/2004, S. 17 (22).
[1247] Durch den neuen *Communications Act* wird die BBC erstmals in Teilen einer externen Kontrolle durch eine unabhängige Aufsichtsbehörde, dem *Office of Communication* (*Ofcom*) unterworfen. Nicht erfasst wird die Umsetzung des eigentlichen Funktionsauftrages der BBC. Dieses Tätigkeitsfeld ist exclusiv der internen Selbstkontrolle der BBC vorbehalten.
[1248] Vgl. *Holznagel*, epd medien 59/2004, S. 17 (22).
[1249] Vgl. *Bullinger*, Die Aufgabe des öffentlichen Rundfunks, S. 70; *Ukrow*, WiVerw 2003, S. 160 (171).

d) Bewertung des Systems

Die Selbstregulierung ist Ausdruck der Programmfreiheit, die der BBC in der *Royal Charter* und dem *BBC Agreement* eingeräumt ist.
Die jährliche Selbstverpflichtung der BBC ist zwar nicht rechtlich bindend, dennoch steht sie unter einem öffentlichen Druck, die Verpflichtungen zu erfüllen. Mittelbar führt dieser Druck dazu, dass die Gebühren nicht für ein gleiches Programm verwendet werden, wie es bei den privaten Anbietern zu finden ist.[1250] Die Verantwortlichen der BBC werden durch die Selbstverpflichtung motiviert und mobilisiert. Bislang kann man sagen, dass die Selbstverpflichtung der BBC zumindest auf dem Gebiet der terrestrischen Vollprogramme zu einem fairen Wettbewerb im britischen dualen System geführt hat. Die BBC sieht sich auf diesem Wege veranlasst, das Gebührenaufkommen nicht für Programme aufzuwenden, die so oder so ähnlich auch im Bereich des privaten Fernsehens zu finden sind.

Inzwischen hat allerdings der Elan zur Selbstverpflichtung nachgelassen, was darauf zurückzuführen ist, dass für die Ausarbeitung und Kontrolle der Selbstverpflichtung eine Bürokratie geschaffen und aufrechterhalten werden muss, die aufgrund des fast gleichbleibenden Etats zu einer Verknappung der Mittel für das aktive Programm führt.[1251]

Sicherlich ist diese Form der Konkretisierung des Programmauftrags durch eine Selbstverpflichtung dadurch begünstigt, dass die BBC ausschließlich aus Gebühren und nicht aus Werbeeinnahmen finanziert ist. Deshalb besteht zwischen der BBC und dem privaten Rundfunk lediglich ein publizistischer und kein marktmäßiger Wettbewerb. Die BBC ist nicht darauf angewiesen, möglichst hohe Einschaltquoten zu erreichen, um so größtmögliche Werbeeinnahmen zu erzielen, sondern kann sich ganz auf ihre *public service* Aufgabe konzentrieren.

2. Hoheitliche Konkretisierung der öffentlichen Aufgaben von *Channel 4*

Aufgrund der Werbefinanzierung von *Channel 4* wurde die Gefahr gesehen, dass sich dieser öffentlich-rechtliche Rundfunkanbieter in einen rein marktmäßigen Wettbewerb mit den anderen werbefinanzierten, privaten Rundfunkanbietern begibt.[1252] Diese Gefahr ist noch deutlicher geworden, als *Channel 4* die Werbefinanzierung in die eigenen Hände genommen hat. Daraufhin hat der bri-

[1250] Vgl. *Brenner*, Zur Gewährleistung des Funktionsauftrages, S. 288.
[1251] Vgl. *Bullinger*, Die Aufgabe des öffentlichen Rundfunks, S. 71.
[1252] Vgl. *Bullinger*, Die Aufgabe des öffentlichen Rundfunks, S. 73.

tische Gesetzgeber die *public service* Aufgabe des *Channel 4* durch detaillierte gesetzliche und aufsichtsbehördliche Bindungen konkretisiert und so das Programm des *Channel 4* gegen den Markt und dadurch bedingte Angleichungstendenzen abgeschirmt. Hier wurde also anders als bei der BBC nicht auf eine Selbstverpflichtung der Rundfunkanstalt vertraut.
Dies ist auch damit zu begründen, dass *Channel 4* kein ebenso gesichertes Selbstverständnis zugetraut wurde, wie es sich nach allgemeiner Auffassung bei der BBC in den Jahrzehnten der Alleinstellung herausgebildet hatte. So werden die Aufgaben von *Channel* 4 durch Gesetz oder durch einseitige Auflagen der Aufsichtsbehörde ITC präzise und detailliert festgelegt.[1253]

III. Ausblick

Die BBC hatte in jüngster Zeit mit großen Krisen zu kämpfen. Zunächst wurde vermehrt der Vorwurf der Selbstkommerzialisierung laut. So wurde ihr vorgeworfen, sie habe ihr Programm immer stärker an massenattraktiven und im Wettbewerb erfolgreichen Programmen ausgerichtet und beispielsweise eine Reihe von Reality-TV Formaten ausgestrahlt, die lediglich auf die Erreichung bestimmter Einschaltquoten ausgelegt waren. Die BBC hat auf diesem Weg unter dem Generaldirektor *Dyke* deutlich Marktanteile[1254] gewonnen.[1255]
Weiterhin stand die BBC im Zusammenhang mit der *Gilligan*-Affaire[1256] massiv unter Druck. Ihr wurde ein Mangel an „Fairness und Augenmaß" vorgeworfen.[1257] Es wurden Stimmen laut, die die Selbstregulierung der BBC in Frage stellten und auch ein Überdenken zumindest der ausschließlichen Gebührenfinanzierung forderten.[1258]

Diese Probleme sind vor dem Hintergrund zu sehen, dass die Royal Charter 2006 ausläuft und vom Unterhaus erneuert werden muss. Im Zusammenhang mit dem *Communications Act 2003* hatten sich bereits verschiedene Minister

---

1253 Beispielsweise: ITC Notes, No. 29: Channel 4. November 1997: Pro Jahr müssen 330 Stunden Schulfernsehen, pro Woche sieben Stunden Bildungsprogramme, vier Stunden Nachrichten, vier Stunden zum Zeitgeschehen, drei Stunden multikulturelle und eine Stunde religiöse Sendungen ausgestrahlt werden.

1254 Nach jahrelangem Trend sinkenden Anteile konnte diese Tendenz gestoppt werden, so dass der Marktanteil von BBC 1 und BBC 2 im Jahre 2004 38 % beträgt, vgl. *Graham*, Media Perspektiven 2004, S. 95 (97).

1255 Vgl. *Graham*, Media Perspektiven 2004, S. 95 (97); *Krönig*, epd medien 69/2004, S. 25 (25); *Krönig*, epd medien 51/2004, S. 29 (29).

1256 Auch bekannt als Kelly-Affaire.

1257 Im Einzelnen vgl. *Graham*, Media Perspektiven 2004, S. 95 (97); *Krönig*, epd medien 45/46/2004, S. 28 (28).

1258 Vgl. *Krönig*, epd medien 3/2004, S. 7 (8); *Krönig*, epd medien 38/2003, S. 11 (11).

u.a. zur Zukunft der *Royal Charter* geäußert. Für die BBC beruhigend war die Aussage der zuständigen Kultusministerin, dass die Rundfunkgebühr auch in Zukunft die Hauptfinanzierungsquelle der BBC sein solle. Beunruhigend waren allerdings Äußerungen, die die Rolle des *Board of Governors* in Frage stellten und eine Untersuchung des Konzepts des öffentlich-rechtlichen Rundfunks durch die *Ofcom* ankündigten.[1259]

Es ist nun Aufgabe der BBC, den Tendenzen der Selbstkommerzialisierung zu begegnen und sich auf ihre eigentliche *public service* Aufgabe zu konzentrieren. Erste Schritte wurden durch die Ernennung eines neuen Generaldirektors, *Mark Thompson*, gemacht, der bereits erklärt hat, dass die BBC sich wieder stärker auf die *public values* besinnen wolle. Die BBC solle fortan stets nach „Exzellenz" streben und müsse immer „etwas Spezielles, Originelles und Wertvolles bieten".[1260] Auf diesem Wege wird es auch möglich sein, die Notwendigkeit des öffentlich-rechtlichen Rundfunks im digitalen Zeitalter zu verdeutlichen.

Es ist wahrscheinlich, dass die BBC relativ unbeschädigt aus diesem Prozess hervorgeht und ihre privilegierte Stellung verteidigen können wird, obwohl die Gefahr für die BBC bei einem Regierungswechsel, d.h. der Machtübernahme der *Torries*, größer wäre, Einschnitte hinnehmen zu müssen.[1261] Letztlich wird aber keine Regierung dafür sein können, dass über das Land eine „Flut ungezügelter Kommerzialisierung" hereinbrechen wird.[1262] Somit bleibt es abzuwarten, inwieweit sich die BBC bis 2006 auf ihre *public service* Aufgabe besinnt und ob es in Großbritannien zu einem Regierungswechsel kommt.

H. Bewertung der Neuregelung

Im Folgenden wird die Neuregelung des § 11 RfStV insbesondere vor dem Hintergrund der Zielsetzung der Regelung und der Ergebnisse des bisherigen Teile bewertet.

I. Rahmenregelung des § 11 RfStV

Die Rahmenregelung des § 11 RfStV stellt lediglich eine Festschreibung des Art. 5 Abs. 1 Satz 2 GG und insbesondere der hierzu ergangenen Rechtsprechung des Bundesverfassungsgerichts dar. Der Gesetzgeber hat die wesentlichen

---

[1259] Vgl. *Graham*, Media Perspektiven 2004, S. 95 (97).
[1260] Vgl. *Krönig*, epd medien 69/2004, S. 25 (25).
[1261] Vgl. *Krönig*, epd medien 51/2004, S. 29 (30).
[1262] Vgl. *Krönig*, epd medien 3/2004, S. 7 (9).

Merkmale des öffentlich-rechtlichen Rundfunks aufgenommen, die vom Bundesverfassungsgericht herausgearbeitet wurden. Insofern stellt die Regelung mit zwei Ausnahmen, auf die nachfolgend eingegangen werden soll, keine Neuerung dar.
Zwar gab es verschiedene Regelungen in den Landesrundfunkgesetzen und den Staatsverträgen, die bereits (Teil-) Beschreibungen eines Rundfunkauftrages enthielten, die sich jedoch in Teilen erheblich voneinander unterschieden. Insofern wird mit der einheitlichen Regelung den Anforderungen des europäischen Gemeinschaftsrechts entsprochen und somit eine bessere Ausgangslage für ein mögliches Auskunftsersuchen der Europäischen Kommission im Vorfeld eines Vertragsverletzungsverfahrens oder für ein Vertragsverletzungsverfahren selbst geschaffen.[1263]
Zudem sind die Regelungen in den Landesrundfunkgesetzen und den Staatsverträgen oftmals so allgemein gehalten, dass erkannte Fehlentwicklungen, insbesondere im qualitativen Bereich, nicht mit dem Hinweis auf den Auftrag unterbunden werden können.[1264] Insofern ist die Neuregelung zu begrüßen.

II. Besonderheiten der Neuregelung

Zwei Besonderheiten sind bezüglich der Neuregelung hier besonders zu diskutieren: die Regelung bezüglich des Angebotes von Mediendiensten durch den öffentlich-rechtlichen Rundfunk (§ 11 Abs. 1 Satz 2 RfStV) und das Verfahren der Selbstverpflichtungserklärungen der öffentlich-rechtlichen Rundfunkanstalten (§ 11 Abs. 4 RfStV).

1. Das Angebot von Mediendiensten

Nach der Regelung des § 11 RfStV ist das Angebot von Mediendiensten durch die öffentlich-rechtlichen Rundfunkanstalten nur möglich, wenn diese programmbegleitend sind und einen programmbezogenen Inhalt aufweisen.
Zu klären ist zum einen, ob durch diese Kriterien eine klare Abgrenzung zwischen den Angeboten, die der öffentlich-rechtliche Rundfunk anbieten darf und denjenigen, die der privaten Wirtschaft vorbehalten sind, möglich ist (a). Zum anderen ist zu prüfen, ob durch diese Eingrenzung der Tätigkeit des öffentlich-rechtlichen Rundfunks, dessen Finanzierbarkeit in Bezug auf die Neuen Medien sichergestellt wird (b).

[1263] Siehe hierzu bereits 4. Teil F.
[1264] Bereits im Jahre 2002 wurde mit der Neuregelung des § 23 SMG, der dem § 11 RfStV sehr ähnelt, ein System der Selbstregulierung für den SR geschaffen.

a) Mögliche Online-Aktivitäten

Zunächst soll anhand einiger umstrittener Beispiele geklärt werden, ob die Kriterien für dic Abgrenzung brauchbar sind (a).

aa) E-Commerce

Öffentlich-rechtliche Rundfunkanstalten haben teilweise Produkte im Internet verkauft, die in keinem Zusammenhang mit dem Programm standen. So zum Beispiel der berühmte Verkauf von Bratpfannen auf der Homepage des WDR.[1265] Derartige Tätigkeiten, die keinerlei Programmbezug aufweisen, sind nach der neuen Regelung des § 11 Abs. 1 Satz 2 RfStV nicht zulässig.

bb) Anzeigenportale der öffentlich-rechtlichen Rundfunkanstalten

Öffentlich-rechtliche Rundfunkanstalten veranstalten Anzeigenportale auf ihren Internetseiten. So hat der SWR beispielsweise eine Kleinanzeigenbörse und eine Internet-Mitfahrerzentrale ins Internet gestellt. Der MDR bietet einen Stellenanzeigenmarkt an. Auch diese Tätigkeiten haben weder in inhaltlich noch in quantitativer Hinsicht einen Programmbezug i.S.d. § 11 RfStV und sind somit als unzulässig anzusehen.[1266]

cc) Chat

Der NDR bot beispielsweise einen Chat an, an dem man sich rund um die Uhr beteiligen konnte. Dieser hatte keinen Bezug zu einem konkreten Thema einer Sendung oder einer Sendung überhaupt. Dies wäre aber die Voraussetzung für die Zulässigkeit eines derartigen Angebots nach § 11 RfStV. Insofern stellt ein solcher Chat eine unzulässige Erweiterung der Tätigkeit auf das Gebiet des Telekommunikationsanbieters dar. Anders verhält es sich nur, wenn der Chat einen Bezug zu einem bestimmten Programm oder einer Sendung hätte.

[1265] Dieser ist mittlerweile eingestellt worden.

[1266] Mit derartigen kostenlosen Anzeigenportalen wird zudem direkt in das Kerngeschäft der Zeitungen eingegriffen. Zwar gibt es derartige Sendungen auch teilweise im Radio, diese sind dann aber dem Unterhaltungszweck untergeordnet.

dd) Online-Computerspiele

Eine große Anzahl von Online-Spielen wurde von öffentlich-rechtlichen Rundfunkanstalten auf ihre Internetseiten gestellt. Diese Spiele wurden mit den Rundfunkgebühren hergestellt und können heruntergeladen oder online gespielt werden. Diese Erweiterung hin zu einem „Spieleproduzenten" ist nicht nur im Hinblick auf § 11 RfStV problematisch. Diese Spiele sind nach § 11 RfStV nur zulässig, wenn sie den geforderten Programmbezug aufweisen. Dies ist durchaus im Einzelfall vorstellbar, wenn beispielsweise das Thema einer Kindersendung in einem entsprechenden Computerspiel aufgenommen wird. Problematisch ist aber, dass die Spiele rein individuell ausgerichtet sind und somit nicht mehr vom Rundfunkbegriff und damit nicht vom klassischen Auftrag gedeckt sind. Insofern sind diese als nicht vom Funktionsauftrag umfasst und deshalb als grundsätzlich unzulässig zu bewerten.

ee) Lokal ausgerichtete Internet-Angebote

Viele Rundfunkanstalten stellen lokal ausgerichtete Angebote auf ihre Internetseiten. So werden beispielsweise Restaurant- oder Museumsführer für bestimmte Städte oder andere lokale Freizeitführer angeboten. Der Auftrag nach § 11 Abs. 2 RfStV erfasst zwar regionale aber keine lokalen Geschehnisse. Die Grenzziehung zwischen lokalen und regionalen Ereignissen ist nicht immer einfach und im Zweifel für den öffentlich-rechtlichen Rundfunk auszulegen, aber eine ausführliche Berichterstattung im lokalen Bereich durch den öffentlich-rechtlichen Rundfunk ist nicht zulässig. Andernfalls würde unzulässig in das Informationsrecht der lokalen Zeitungen eingegriffen. Fällt insofern schon die lokale Berichterstattung nicht in den Auftrag der öffentlich-rechtlichen Rundfunkanstalten, kann auch kein zulässiger Programmbezug der Online-Angebote zum Programm bestehen.

ff) Ergebnis

Im Ergebnis lässt sich festhalten, dass die Zulässigkeit nach dieser Regelung nicht generell zu bejahen oder zu verneinen, sondern im Einzelfall zu prüfen ist. Dennoch stellt die Neuregelung des § 11 RfStV eine Einschränkung der Internetangebote der öffentlich-rechtlichen Rundfunkanstalten dar und verhindert in weiten Teilen eine Ausweitung. Insofern werden die privaten Konkurrenten der öffentlich-rechtlichen Rundfunkanstalten dadurch geschützt, dass der öffentlich-rechtliche Rundfunk auf seinen Funktionsauftrag in einer konkreten Weise festgelegt wird.

b) Finanzierbarkeit des öffentlich-rechtlichen Rundfunks

Die Regelung des § 11 Abs. 1 Satz 2 RfStV begrenzt die Online-Aktivitäten in einem umfassenden Maße. Dem öffentlich-rechtlichen Rundfunk ist nur ein Angebot bezogen auf sein Rundfunkprogramm gestattet. Insofern wird eine Ausweitung der Aktivitäten des öffentlich-rechtlichen Rundfunks in diesem Bereich verhindert, die grundsätzlich mit einem höheren finanziellen Aufwand verbunden wäre. Insofern wird der Rundfunkgebührenzahler durch die Regelung geschützt, da seine Gebühren entsprechend ihres Zwecks nur für die Erfüllung des Funktionsauftrages verwandt werden. Die Tätigkeit des öffentlich-rechtlichen Rundfunks wird auf den Kernbereich, das Hörfunk- und Fernsehprogramm, konzentriert und der Randbereich der Mediendienste wird auf das Maß beschränkt, das der Erfüllung des Programmauftrages dient und hierfür notwendig ist.
Zu beachten ist, dass dem öffentlich-rechtlichen Rundfunk die Teilnahme an diesem zukunftsfähigen Markt auch nicht verwehrt wird. Insofern wird mit der Regelung seiner Entwicklungsgarantie entsprochen und ein Beitrag zur Zukunftsfähigkeit des öffentlich-rechtlichen Rundfunks geleistet.

2. Selbstverpflichtungserklärungen

Im Folgenden sollen die Selbstverpflichtungserklärungen kritisch bewertet werden. Zunächst wird allgemein das System der Selbstverpflichtung (a) und dann die einzelnen Regelungen der öffentlich-rechtlichen Rundfunkanstalten betrachtet (b). Hierbei werden immer wieder Bezüge zur britischen Regelung hergestellt, um so weitere Kenntnisse zu erlangen.

a) Das System der Selbstverpflichtung

Das System der Selbstverpflichtung gewährleistet eine größtmögliche Einbindung der öffentlich-rechtlichen Rundfunkanstalten bei der Konkretisierung des Funktionsauftrages. Auf diesem Wege wird die Programmfreiheit der Rundfunkanstalten in größtmöglichem Umfang geachtet. Durch diese Einbindung können in den Rundfunkanstalten Kräfte freigesetzt werden, die eine bessere Erfüllung des Funktionsauftrags ermöglichen. Die Verantwortlichen werden motiviert und mobilisiert. Diejenigen Kräfte in den Rundfunkanstalten, die verstärkt für eine Einhaltung des Funktionsauftrags eintreten, werden gestärkt.
Den öffentlich-rechtlichen Rundfunkanstalten wird so die Möglichkeit geboten, ihre Aufgabe und ihre besondere Stellung im dualen System klar herauszustellen und so ihren Rückhalt in der Öffentlichkeit zu stärken. Die Selbstverpflichtungserklärungen bieten ihnen die Möglichkeit, über ihre Auftragserfüllung zu reflektieren und die notwendigen Konsequenzen zu ziehen. Zudem wird die

Rechtfertigung der Rundfunkgebühr auf eine breitere Basis gestellt, d.h. sie wird nicht mehr ausschließlich aus der Verfassung und der Rechtsprechung des Bundesverfassungsgerichts entwickelt. Vielmehr ist es nun möglich, die Erfüllung der konkreten „Versprechen" der Rundfunkanstalten zu überprüfen.
Insofern stellt das System der Selbstregulierung ein ausgesprochen freies System dar, das den öffentlich-rechtlichen Rundfunkanstalten einen weiten Spielraum zugesteht und sehr weitreichende, positive Ergebnisse in Bezug auf die Verwirklichung des Funktionsauftrages bewirken kann, die von den Rundfunkanstalten selbst getragen und bewirkt werden.

Allerdings gibt es auch eine Reihe von negativen Aspekten, die dem System der Selbstregulierung anhaften.
Die gesetzlichen Regelungen, die der Selbstverpflichtung zugrunde liegen, sind sehr allgemein gehalten und wenig konkret. Sie entsprechen, wie bereits oben erwähnt, in weiten Teilen der Rechtsprechung des Bundesverfassungsgerichts. Da sie bisher so wenig konkret gefasst waren, dass sich negative Entwicklungen im Rundfunk einstellen konnten,[1267] werden sie m.E. auch künftig nicht genügen, um die Einhaltung des Funktionsauftrages zu gewährleisten. Somit hängt die Erfüllung des Funktionsauftrages von den Selbstverpflichtungen der öffentlich-rechtlichen Rundfunkanstalten ab. Hierin liegt, wie bereits geschildert, eine Chance zugleich aber auch eine Gefahr.

Das Bundesverfassungsgericht hatte den öffentlich-rechtlichen Rundfunkanstalten die Eignung abgesprochen, selbst das Funktionsnotwendige zu bestimmen, um die Höhe der Rundfunkgebühr festzusetzen. Dies wurde damit begründet, dass die Rundfunkanstalten ein Selbstbehauptungs- und Ausweitungsinteresse hätten. Dieses besteht weiterhin und wird auch in den Selbstverpflichtungserklärungen zum Ausdruck kommen.
Hinzu kommt noch ein weiteres Problem. Im Gegensatz zu der BBC sind die öffentlich-rechtlichen Rundfunkanstalten in der Bundesrepublik gemischtfinanziert, so dass sie in einem marktmäßigen Wettbewerb um die Werbeeinnahmen mit den privaten Rundfunkanbietern stehen. Somit können sie sich nicht ausschließlich auf ihren öffentlichen Auftrag konzentrieren, sondern müssen sich zumindest teilweise im marktmäßigen Wettbewerb behaupten.
Aus diesen Gründen ist es nicht möglich, sich „blind" auf die Selbstverpflichtung der Rundfunkanstalten zu verlassen. Insofern ist eine Kontrolle notwendig.

Diese Kontrolle geschieht auf zwei verschiedene Weisen: Zum einen durch die Öffentlichkeit und zum anderen durch die Länder nach § 11 Abs. 5 RfStV. Da-

[1267] Siehe 3. Teil A I 1.

mit ist eine Kontrolle gegeben. Es stellt sich allerdings die Frage, wie effektiv diese ist.
Die Selbstverpflichtungserklärungen bewirken keine rechtliche Bindung, sondern werden durch den Druck, den die Öffentlichkeit erzeugen kann, kontrolliert. Auch in Großbritannien besteht ein solches System der öffentlichen Kontrolle. Wie geschildert, konnte diese nicht verhindern, dass sich die BBC in den letzten Jahren immer mehr den privaten Konkurrenten angenähert hat. Insofern scheint diese Kontrolle auf den ersten Blick nicht sehr effektiv. Allerdings hat ein Bewusstseinswandel in der BBC stattgefunden, der zumindest auch auf den öffentlichen Druck zurückzuführen ist. Die BBC besinnt sich, wie oben beschrieben, wieder vermehrt auf ihre *public service* Aufgabe. Insofern ist der öffentlichen Kontrolle eine nicht zu unterschätzende Wirkung zuzusprechen. Allerdings soll nicht bestritten werden, dass auch der Druck, der durch das regelmäßige Erneuern der Royal Charter entsteht, zu dieser Rückbesinnung beigetragen hat. In Bezug auf die Bewertung der Regelung des RfStV können Erfahrungen nutzbar gemacht werden. Somit ist eine Kontrolle durch die Öffentlichkeit als durchaus effektiv zu bewerten. Allerdings mit dem Nachteil, dass sie in Teilen etwas langwieriger ist.

Zweite Kontrolle der Selbstverpflichtungserklärungen ist die Überprüfung durch die Länder nach Abs. 5. Fraglich ist jedoch, was geschehen würde, wenn die Rundfunkanstalten nicht den Anforderungen der Länder genügten. Eine Möglichkeit wäre die Aufhebung der Selbstverpflichtungsregelung und die Schaffung einer detaillierteren gesetzlichen Regelung. Die andere Möglichkeit wäre eine Verschärfung der Anforderungen.
Gegen eine Aufhebung der Selbstverpflichtungsregelung spricht die Gefahr, dass die Rundfunkfreiheit der öffentlich-rechtlichen Rundfunkanstalten beeinträchtigt wird. Die Staatsfreiheit des Rundfunks wird in der Bundesrepublik u.a. aus historischen Gründen für besonders wichtig erachtet. Eine detaillierte gesetzliche Regelung des Funktionsauftrages würde leicht den Anschein einer staatlichen Einflussnahme auf das Programm erwecken. Daher ist davon auszugehen, dass der Gesetzgeber nicht gleich in das andere Extrem umschlagen und die Selbstverpflichtung ganz abschaffen würde. Vielmehr ist m.E. dann eine Verschärfung der Anforderungen an die Selbstverpflichtungserklärungen angezeigt, weil bei dem System der Selbstregulierung die Rundfunkfreiheit der Rundfunkanstalt bestmöglich gewahrt wird.

Ein weiteres Problem, das sich auch in Großbritannien gezeigt hat, ist der enorme Verwaltungsaufwand verbunden mit hohen Kosten, den die Selbstverpflichtungen erfordern. Ebenso wie bei der BBC sind auch bei den öffentlich-rechtlichen Rundfunkanstalten in der Bundesrepublik die Möglichkeiten von Gebührenerhöhungen begrenzt. Daher sind die Aufwendungen in personeller und fi-

nanzieller Hinsicht, die für die Selbstverpflichtungserklärungen notwendig sind, aus dem bestehenden Etat zu bestreiten. Diese Mittel fehlen dann im operativen Geschäft. Aus diesem Grunde kann es dazu kommen, dass die öffentlich-rechtlichen Rundfunkanstalten den Elan verlieren, sich intensiv mit ihrer Auftragserfüllung und der Reflexion darüber zu befassen. Da jedoch die Mitwirkung der Rundfunkanstalten essentiell für die Konkretisierung des Auftrages nach diesem System ist, wäre eine Vernachlässigung dieser Pflichten nicht haltbar.
Das eben bewertete Kontrollsystem könnte diese Mängel jedoch aufdecken und zu einer Rückbesinnung führen. Allerdings kann von den Rundfunkanstalten auch nichts Unmögliches verlangt werden, denn die Mittel zur Erfüllung der Selbstverpflichtung sind, wie beschrieben, begrenzt und eigentliche Aufgabe der Rundfunkanstalten ist und bleibt die Veranstaltung von Rundfunk und nicht die Verwaltung.

Trotz einiger Mängel stellt das System der Selbstverpflichtung m.E. ein System dar, dass den Besonderheiten der Rundfunkfreiheit gerecht wird. Durch die staatsferne Konkretisierung des Funktionsauftrages kann zum einen dem Regulierungsinteresse des Gesetzgebers entsprochen werden und zum anderen der Rundfunkfreiheit der öffentlich-rechtlichen Rundfunkanstalten.
Durch die Veröffentlichung von Selbstverpflichtungen und der regelmäßigen auf einen Bericht der Anstalten gestützte Überprüfung wird ein hohes Maß an Verbindlichkeit gesichert. Es entsteht somit ein Instrument, dass die Qualität der Programminhalte durch die öffentliche Diskussion dynamisch sichert.[1268]
Insofern ist die Einführung des § 11 Abs. 4 RfStV in den RfStV zu begrüßen.

b) Umsetzung in den Erklärungen für 2004 bis 2006

Im Folgenden soll die Umsetzung der Selbstverpflichtungserklärungen durch die öffentlich-rechtlichen Rundfunkanstalten für die Jahre 2004 bis 2006 bewertet werden.

Die Selbstverpflichtungserklärungen wiederholen in Teilen die bestehenden gesetzlichen Regelungen und die Rechtsprechung des Bundesverfassungsgerichts. Insofern bringen die Regelungen keine Neuerungen, sondern stellen lediglich eine Absicherung des Status quo dar. Von Interesse sind daher diejenigen Regelungen, die wirkliche Selbstverpflichtungen der Rundfunkanstalten darstellen.
Bevor auf einzelne Regelungen einzugehen sein wird, stellt sich die Frage, was von den ersten Selbstverpflichtungserklärungen zu erwarten ist. Die Selbstverpflichtungserklärungen sind Instrumente der Programmplanung. Die Programmplanung hat eine lange Vorlaufzeit. Aus diesem Grunde kann im Bereich der

---

[1268] Vgl. *Hartstein/Ring/Kreile/Dörr/Stettner*, RfStV I, B 1, S. 225, Rn. 241.

konkreten Programmplanung in diesem ersten Bericht nicht viel mehr erwartet werden als ein Niederlegen der schon längst abgeschlossenen Programmplanung.
Eine detaillierte Programmplanung im Voraus wird zudem dadurch erschwert, dass sich aus politischen, wirtschaftlichen und kulturellen allgemeinen Entwicklungen oder aus Rücksicht auf geänderte Erwartungen des Publikums nicht vorhersehbare aktuelle und mittelfristige Notwendigkeiten in der Programmplanung und nicht zuletzt in der Schwerpunktbildung ergeben. Insofern muss eine gewisse Flexibilität und Offenheit der Rundfunkanstalten gewahrt bleiben.[1269]
Weiterhin ist eine detaillierte Offenlegung des Programms im Hinblick auf den Wettbewerb mit den privaten Rundfunkveranstaltern problematisch. Die Konkretisierung des Funktionsauftrages soll, wie oben beschrieben, unter anderem einen Schutz der privaten Rundfunkanbieter bewirken. Dies geschieht auch vor dem Hintergrund der Anforderungen des europäischen Gemeinschaftsrecht, da die privaten Rundfunkanbieter in ihrer Wettbewerbsfreiheit durch die öffentlich-rechtlichen Rundfunkanstalten beeinträchtigt werden. Insofern soll die Konkretisierung ihnen ermöglichen, sich auf das Angebot der öffentlich-rechtlichen Konkurrenz einzustellen. Allerdings bedeutet dies nicht, dass die öffentlich-rechtlichen Rundfunkanstalten ihre Angebote und Programme gänzlich offen legen müssen. Dies würde nämlich einen unzumutbaren Wettbewerbsnachteil bedeuten und letztlich dazu führen, dass der öffentlich-rechtliche Rundfunk seinem öffentlichen Auftrag nicht mehr nachkommen kann.
Insofern ist es als zulässig anzusehen, dass die öffentlich-rechtlichen Rundfunkanstalten in Teilen auch prinzipielle Regelungen treffen. Voraussetzung hierfür ist jedoch, dass diese auf die Tätigkeiten der Rundfunkanstalten zurückwirken und damit eine Erfüllung des Funktionsauftrages entsprechend der gesetzlichen Vorgaben gesichert ist.

Im Folgenden soll auf einige Regelungen der öffentlich-rechtlichen Rundfunkanstalten eingegangen werden.
Das ZDF hat in seiner Selbstverpflichtungserklärung festgelegt, dass die Zahl der digitalen Kanäle eingefroren wird. Diese Regelung entspricht zwar der Tendenz, die Aufgaben und Programme der öffentlich-rechtlichen Rundfunkanstalten zu begrenzen. Allerdings ist diese Begrenzung ohnehin im RfStV festgelegt. Weiterhin sehen ARD und ZDF in ihren Selbstverpflichtungserklärungen vor, bei Zuschauergewinnspielen keine teuren 0190er-Telefonnummern mehr einzusetzen. Hiermit wird sicherlich den Interessen der Rezipienten entsprochen, allerdings wären die 0190er-Nummern sowieso zum Jahresende 2004/05 ausgelaufen und durch 0900er-Nummern ersetzt worden.[1270]

[1269] Vgl. *Schwarzkopf*, epd medien 58/2004, S. 3 (5).
[1270] Vgl. epd medien 73/2004, S. 12.

Insofern ist die Kritik von *Doetz* als berechtigt anzusehen, dass die Selbstverpflichtungen von ARD und ZDF so „in die Nähe von Alibiveranstaltungen" geraten würden.[1271] Mit großen Worten werden so Versprechungen abgegeben, die im Ergebnis nur eine Wiederholung gesetzlicher Pflichten sind. Dies trägt sicherlich nicht zur Akzeptanz der Selbstverpflichtungserklärungen bei.

Kritisch zu sehen sind weiterhin die Aussagen der öffentlich-rechtlichen Rundfunkanstalten, wie beispielsweise die Aussage der ARD, die sich als „größte Kultureinrichtung des Landes" sieht. Für das ZDF die Kultur nicht nur „eine Säule im Programm", sondern sie „markiert ein Leitprinzip seiner Programmphilosophie und seiner gesamten programmlichen Leistungen". Das DLR rühmt sich als „publizistischer Seismograph", der frühzeitig auf gesellschaftliche Veränderungen hinweise.[1272]
Lilienthal wirft den öffentlich-rechtlichen Rundfunkanstalten vor, dass bei der Fixierung auf das Beste des public service, die Verleugnung des Gewöhnlichen liegt, das in jeder Programmmischung mitschwimmt.[1273] Denn auch dem öffentlich-rechtlichen Rundfunk gelinge nicht immer das Beste, was auch entsprechend der oben gefundenen Ergebnisse nicht von ihm verlangt werden kann. Ebenso wenig wie der private Rundfunk verfügt der öffentlich-rechtliche Rundfunk über eine Garantie des Gelingens.[1274]
Fraglich ist aber, ob mit den Selbstverpflichtungserklärungen in allen Bereichen eine Garantie des Gelingens abgegeben werden soll oder ob es nicht vielmehr in Teilen eine Niederlegung der Ziele ist, nach denen der öffentlich-rechtliche Rundfunk nach bestem Wissen und Gewissen streben soll. Hierfür spricht, dass der Rundfunk und das Programm von Menschen gemacht wird und Perfektion insofern immer nur das theoretische Ziel sein kann. Die Formulierungen in den Selbstverpflichtungserklärungen hätten dies zum Ausdruck bringen müssen, um seriös zu wirken. Denn Aussagen wie: „Die Unterhaltungsformate der ARD zeichnen sich durch das unbedingte Festhalten an Werten wie Respekt, Toleranz und Achtung der Menschwürde aus.", lassen Zweifel aufkommen, ob dies der Fall ist beziehungsweise immer der Fall sein kann und bieten eine große Angriffsfläche gegenüber den öffentlich-rechtlichen Rundfunkanstalten.

Kritisch zu betrachten sind auch Versprechungen wie die Aussage der ARD, dass Gewalthandlungen nur gezeigt würden, wenn sie dramaturgisch begründet seinen. Anzuzweifeln ist, ob dies beispielsweise in allen Folgen des Tatorts der Fall ist, der bereits um 20.15 Uhr ausgestrahlt wird.

[1271] Abgedruckt in epd medien 72/2004, S. 12.
[1272] Vgl. *Lilienthal*, epd medien 73/2004, S. 3 (3).
[1273] Vgl. *Lilienthal*, epd medien 73/2004, S. 3 (3).
[1274] Vgl. *Lilienthal*, epd medien 73/2004, S. 3 (3).

Weiterhin verspricht die ARD, die Kulturmagazine nicht später als 23 Uhr senden zu wollen („nicht vorgesehen“). Allerdings stellt m.E. auch die Ausstrahlung eine Stunde vor Mitternacht ein zeitliches Abseits dar, das vor dem Hintergrund der Bezeichnung als „größte Kultureinrichtung des Landes“ widersinnig erscheint.

Ebenso kritisch sind die Verpflichtungen im Online-Bereich zu betrachten. Neben einem vermehrten Live-Streaming in verbesserter Qualität sollen Chats und Foren ebenso wie Gästebücher und Communities auf gebührenfinanzierter Basis angeboten werden. Bei der ARD lässt sich im Gegensatz zum ZDF keine Bereitschaft erkennen, die Breite der via Internet angebotenen Themen zu reduzieren. Es bleibt die Frage, welche Angebote zulässig sind.[1275]

Grundsätzlich positiv zu bewerten, sind die Einschränkungen bezüglich der Kooperationen des ZDF mit Dritten, die während der Ausarbeitung der Selbstverpflichtungserklärungen noch verschärft wurden.[1276] Der Anstoß zu dieser Korrektur kam zwar von außen, wurde aber vom ZDF vorgenommen. „Die im 1. Halbjahr 2004 öffentlich und in den Gremien des ZDF geführte Diskussion“ habe gezeigt, dass „schon dem Anschein einer unzulässigen Verquickung des Programms mit kommerziellen Interessen stärker entgegenzuwirken“ sei.[1277]

Abschließend bleibt festzuhalten, dass die öffentlich-rechtlichen Rundfunkanstalten sicherlich die Chance genutzt haben, mit Hilfe der Selbstverpflichtungserklärungen die Öffentlichkeit daran zu erinnern, welche Bedeutung die öffentlich-rechtlichen Rundfunkanstalten für die Meinungsbildung, die Kultur und die Demokratie haben, wie vielfältig die Angebote sind und wie getreulich die Anstalten ihren Auftrag erfüllen. Sie haben dargestellt, wie sie auf gesellschaftliche und technische Entwicklungen eingehen, sich anpassen und erkannte Kommerzialisierungsgefahren vermeiden. Die aufgezeigten Mängel sind zwar aufzuheben und wirken teilweise dem eigentlichen Ziel entgegen, sind im Großen und Ganzen jedoch zu vernachlässigen. Wichtig ist, dass die Rundfunkanstalten bei der Reflexion und Erarbeitung der nächsten Selbstverpflichtungserklärung aus diesen Fehlern lernen.

Entscheidend für den Erfolg der Selbstverpflichtungserklärungen wird am Ende die Frage sein, wie diese in der Praxis umgesetzt und eingehalten werden. ZDF-Chefredakteur *Nikolaus Brender* formulierte dies wie folgt: „Bleiben wir auf

---

[1275] Siehe 4. Teil H II 1.
[1276] Vgl. epd medien 62/2004, S. 31.
[1277] Vgl. *Lilienthal*, epd medien 73/2004, S. 3 (4).
Hierin ist wiederum ein Beispiel für die Wirksamkeit öffentlicher Kontrolle zu sehen.

dem Weg oder büchsen wir aus?“[1278]. Weder in der gesetzlichen Regelung noch in den Selbstverpflichtungserklärungen der Rundfunkanstalten wird jedoch von den Programmmachern etwas Unmögliches verlangt. Insofern entsprechen die Selbstverpflichtungserklärungen dem, was man von ihnen erwarten darf.

c) Ergebnis der Bewertung der Selbstverpflichtung

Trotz der Gefahren, die aufgrund des großen Spielraums der Rundfunkanstalten bei der Erstellung der Selbstverpflichtungen entstehen können, sind die Selbstverpflichtungen eine hervorragende Möglichkeit, die Programmautonomie der öffentlich-rechtlichen Rundfunkanstalten in einem besonders hohen Maße zu wahren. Diese neue Form der Konkretisierung des Funktionsauftrages ist als große Chance für die Freiheit anzusehen. Eine verfassungsrechtlich als bedenklich anzusehende, detaillierte gesetzliche Regelung zur Konkretisierung ist somit unnötig, dennoch entspricht diese Form der Konkretisierung den Anforderungen des europäischen Gemeinschaftsrechts nach einer möglichst detaillierten Regelung. Es entspricht dem Gedanken der Rundfunkfreiheit, dass die öffentlich-rechtlichen Rundfunkanstalten selbst die nähere Ausgestaltung ihres Auftrags übernehmen, weil diese eng mit der Programmfreiheit der Anstalten zusammenhängen. Durch diese Regelung wird nicht nur die Autonomie der Rundfunkanstalten gewahrt, sondern den Rundfunkanstalten gleichzeitig die Chance geboten, im Wege der Veröffentlichung die Berichte die Leistungen des öffentlich-rechtlichen Rundfunks transparent zu machen und so der Öffentlichkeit näher zu bringen. Damit wird die Akzeptanz des öffentlich-rechtlichen Rundfunks gefördert und trägt zur Legitimation der Rundfunkgebühren bei.
Weiterhin bietet die Selbstevaluation den Rundfunkanstalten die Chance, in der gesellschaftspolitischen Diskussion zu bestehen. Dies ist ebenso Voraussetzung für den Erhalt des öffentlich-rechtlichen Rundfunks insgesamt wie für eine sachgerechte und an den Notwendigkeiten und gesellschaftlichen Auffassung orientierte Reform.
Das System der Selbstverpflichtungen ist – unter der Voraussetzung, dass es von den Beteiligten angenommen wird und insbesondere die öffentlich-rechtlichen Rundfunkanstalten ihrer Mitgestaltungspflicht dauerhaft nachkommen – begrüßenswert.

[1278] Abgedruckt in epd medien 72/2004, S. 11.

III. Staatliche Aufsicht über die Regelung des § 11 RfStV

Es stellt sich die Frage, ob die staatliche Aufsicht eingreifen kann[1279], wenn die öffentlich-rechtlichen Rundfunkanstalten die Vorgaben des § 11 RfStV nicht einhalten, bzw. sich nicht an die Richtlinien und Selbstverpflichtungserklärungen halten.

Die staatliche Aufsicht ist auf eine Rechtskontrolle beschränkt, die sich aufgrund der Gefahr des Unterlaufens der Grenze zur Fachaufsicht, gerade beim Auftreten vieler unbestimmter Rechtsbegriffe auf eine Evidenzkontrolle reduziert ist und ein staatliches Eingreifen nur in außergewöhnlichen und gravierenden Verstößen zulässt.[1280]
In § 11 RfStV finden sich eine Vielzahl von unbestimmten Rechtsbegriffen, die sich gerade auf die Programmgestaltung beziehen. Die Rundfunkanstalt hat also einen weiten Gestaltungsspielraum, der einer Beurteilung durch die Rechtsaufsicht entzogen ist. Er geht über die im allgemeinen Verwaltungsrecht entwickelten Begriffe des „Beurteilungsspielraums" und „Ermessensspielraums" hinaus. Eine Staatsaufsicht ist hier nur in einem höchst eingeschränkten Maß zulässig und beschränkt sich auf extreme Ausnahmefälle.
Allerdings ist zu beachten, dass den internen Kontrollgremien ausreichend Gelegenheit gegeben werden muss, ihren Kontrollaufgaben nachzukommen.

Es stellt sich die Frage, inwieweit die staatliche Aufsicht, die Einhaltung der Richtlinien und Selbstverpflichtungen überwachen kann und ob gegebenenfalls ein Anspruch der privaten Konkurrenten auf Tätigwerden der staatlichen Aufsicht besteht.
Bei den Richtlinien und Selbstverpflichtungserklärungen handelt es sich um internes Recht[1281], das grundsätzlich von den anstaltsinternen Gremien überwacht wird. Fraglich ist, was geschieht, wenn ein Fall evidenter Verletzung von rundfunkrechtlichen Vorschriften vorliegt und der Rundfunkrat seiner Aufsichtspflicht in grober Weise nicht nachkommt. In diesem Fall könnten die Programmnormen als Aufsichtsmaßstab herangezogen werden, so dass den Richtlinien und Selbstverpflichtungen auf diesem Wege mittelbar eine rechtliche Außenwirkung zukäme. Hiergegen könnte sprechen, dass die Programmgestaltung staatsunabhängig zu erfolgen hat. Könnte die Staatsaufsicht hier Einfluss nehmen, wäre die Staatsunabhängigkeit der Programmgestaltung nicht mehr gewährleistet. Allerdings handelt die Rundfunkanstalt in diesem Fall nicht mehr im Rahmen ihres verfassungsrechtlichen Auftrages, so dass kein Grund für ihre

[1279] Siehe 1. Teil C II 6.
[1280] Siehe 1. Teil C II 6.
[1281] Siehe 5. Teil D IV 1 c).

Privilegierung vorliegt. Insofern ist in Fällen evidenter Verletzung eine staatliche Aufsicht möglich.[1282] In der Praxis ist es sehr unwahrscheinlich, dass ein derartiger Fall eintritt, weil kein Grund ersichtlich ist, warum nicht bereits die Rundfunkanstalt selbst Abhilfe schaffen sollte.[1283]
In einem derartigen Fall, wenn die öffentlich-rechtlichen Rundfunkanstalten nicht in den Grenzen ihres Funktionsauftrages handeln, läge eine Verletzung der Rundfunkfreiheit der privaten Konkurrenten vor.[1284] In diesem Fall offensichtlicher Pflichtverletzung ist die staatliche Aufsicht verpflichtet, tätig zu werden, da die Schutzwürdigkeit der privaten Konkurrenten der der öffentlich-rechtlichen Rundfunkanstalten überwiegt. Insofern besteht, parallel zu dem im Einzelfall möglichen subjektiven Recht der Rezipienten auf Ausstrahlung bestimmter Programme und Inhalte[1285], ein Anspruch der privaten Konkurrenten auf Tätigwerden der staatlichen Aufsicht in evidenten, extremen Ausnahmefällen.

IV. Einzelne Aspekte

Im Folgenden sollen abschließend einzelne Aspekte, die zu der Konkretisierung geführt haben, noch einmal herausgegriffen werden und ihre Umsetzung in der Neuregelung des § 11 RfStV überprüft werden.
Durch die Neureglung sollte eine Stärkung des öffentlich-rechtlichen Rundfunks, insbesondere des Vollprogramms, erfolgen (1) und seine Abgrenzbarkeit zum privaten Rundfunk deutlicher werden (2). Der Auftrag des öffentlich-rechtlichen Rundfunks soll so erhalten und ein Rundfunk für alle gewährleistet bleiben (3). Insgesamt wird die Zukunftsfähigkeit des öffentlich-rechtlichen Rundfunks im digitalen Zeitalter mit der Neuregelung bezweckt (4). Abschließend wird geklärt, ob die Einführung des § 11 RfStV ein Ende der Diskussion um den Funktionsauftrag mit sich bringt (5).

1. Stärkung des öffentlich-rechtlichen Vollprogramms

Mit der Regelung des § 11 RfStV wird das öffentlich-rechtliche Vollprogramm, wie oben ausführlich dargestellt wurde, gestärkt und dessen Zukunftsfähigkeit damit zumindest mittelfristig gesichert. Langfristig lassen sich diesbezüglich keine Aussagen machen, da abzuwarten bleibt, wie sich die Digitalisierung tatsächlich auswirkt und sich das Verhalten der Zuschauer ändert. Zumindest ist

---

[1282] Vgl. *Hesse*, Rundfunkrecht, 6.115.

[1283] Nach der verwaltungsrechtlichen Terminologie ist die Rechtswidrigkeit eines Mangels evident, wenn er den Mangel „auf der Stirn trägt" und damit für jedermann erkennbar ist.

[1284] Siehe 3. Teil A II 2.

[1285] Siehe 3. Teil A II 1 a) aa).

aber die gesetzliche Grundlage für die Sicherung des öffentlich-rechtlichen Vollprogramms geschaffen worden.

Somit kann der öffentlich-rechtliche Rundfunk negativen Tendenzen einer zunehmenden Individualisierung des Rundfunks entgegenwirken. Er wird weiterhin seiner Integrationsfunktion nachkommen und so einer möglichen Teilung der Gesellschaft entgegenwirken können. Er wird diese ausgesprochen wichtige Funktion für die Demokratie auch künftig erfüllen können.

2. Abgrenzung zum privaten Rundfunk

Ziel der Regelung ist die schärfere Konturierung des öffentlich-rechtlichen Rundfunks, um ihn so vom privaten Rundfunk abzugrenzen und seine Berechtigung und Legitimation besser darstellen zu können.
Aufgrund der Generalklausel des Abs. 1 ist keine bessere Unterscheidung zwischen privatem und öffentlich-rechtlichem Rundfunk möglich. Denn auch der private Rundfunk ist Medium und Faktor des Prozesses freier individueller und öffentlicher Meinungsbildung. Für die Rechtfertigung des öffentlich-rechtlichen Rundfunks und seiner Gebührenfinanzierung sind wesentlich tiefgehendere Begründungen erforderlich.[1286]
Mit den besonderen inhaltlichen Vorgaben, die der Gesetzgeber dem öffentlich-rechtlichen Rundfunk in Abs. 2 Satz 2 stellt, kommt jedoch ein deutlicher Unterschied zu den privaten Rundfunkbetreibern zum Ausdruck. Nur dem öffentlich-rechtlichen Rundfunk spricht der Gesetzgeber eine derartige gesellschaftliche Verantwortung zu, die Integration in sämtlichen Bereichen zu fördern.
Mit der Verpflichtung zur Objektivität in § 11 Abs. 3 RfStV gehen die Anforderungen an den öffentlich-rechtlichen Rundfunk über diejenigen an den privaten Rundfunk hinaus, die in § 25 RfStV zusammengefasst sind. Dieser muss danach in seinem Gesamtprogramm inhaltlich die Vielfalt der Meinungen zum Ausdruck bringen und die bedeutsamen politisch, weltanschaulichen und gesellschaftlichen Kräfte und Gruppen angemessen zu Wort kommen lassen. Nach Abs. 2 darf das einzelne Programm die Bildung der öffentlichen Meinung nicht in hohem Maße ungleichgewichtig beeinflussen. Damit fehlt für den privaten Rundfunk eine ausdrückliche Verpflichtung zur Objektivität. Insofern wird ein besonderer Qualitätsanspruch an den öffentlich-rechtlichen Rundfunk gestellt.
Insgesamt lässt sich festhalten, dass die Konturen des öffentlich-rechtlichen Rundfunks durch die Regelung des § 11 RfStV geschärft werden und somit ein klareres Profil, auch und gerade im Verhältnis zum privaten Rundfunk herausgestellt wird.

[1286] Vgl. *Hartstein/Ring/Kreile/Dörr/Stettner*, RfStV I, § 11 Rn. 7.

3. Rundfunk für alle

Durch die Stärkung des öffentlich-rechtlichen Rundfunks, die in der Regelung des § 11 RfStV zu sehen ist, bleibt die besondere Aufgabe des Rundfunks erhalten. Der Rundfunk soll seine Funktionen auch künftig für alle beibehalten. Das heißt, dass in der digitalen Zukunft die Grundversorgung durch den öffentlich-rechtlichen Rundfunk erhalten bleibt. Somit ist sichergestellt, dass diese künftig für jeden finanzierbar, die Erreichbarkeit und Qualitätsanforderungen gesichert sein müssen.

4. Öffnung für digitale Zukunft

Mit der Regelung des § 11 RfStV soll die Zukunftsfähigkeit des öffentlich-rechtlichen Rundfunks gesichert werden.

Der Auftrag in § 11 RfStV ist zukunftsoffen und der Entwicklungsgarantie entsprechend formuliert. Einzige Einschränkung ist, dass das Angebot von Druckwerken und Mediendiensten an die Bedingung des Programmbezugs geknüpft ist. Hierin kommt der Wille des Gesetzgebers zum Ausdruck, den öffentlich-rechtlichen Rundfunk im digitalen Zeitalter im Kern an den angestammten Bereich des Hörfunks und Fernsehen zu binden, ihm aber die für die Erfüllung seines verfassungsrechtlichen Auftrages notwendige Teilnahme an den neuen Medien zu gewähren.

Auf diese Weise wird die weitere Finanzierbarkeit des öffentlich-rechtlichen Rundfunks gewährleistet. In der heutigen Zeit, in der die sozialen Systeme tiefgreifende und einschneidende Veränderungen erfahren, lassen sich Gebührenerhöhungen politisch nur in sehr begrenztem Umfang durchsetzen. Eine weitere Ausdehnung der Tätigkeitsfelder des öffentlich-rechtlichen Rundfunks würde einen höheren finanziellen Aufwand zur Folge haben. Deshalb ist die Begrenzung auch aus finanziellen Gesichtspunkten sinnvoll.[1287] Letztlich wird mit dieser Regelung nicht nur der Bestand des öffentlich-rechtlichen Rundfunks gesichert, sondern auch die Zukunftsfähigkeit der dualen Rundfunkordnung und des privaten Rundfunks in seiner jetzigen Form gewährleistet. Weiterhin übernimmt der öffentlich-rechtliche Rundfunk die Grundversorgungsaufgabe, so dass auch in Zukunft an den privaten Rundfunk weniger hohe Anforderungen gestellt werden können und dieser sein Programm wie bisher hauptsächlich an Einschaltquoten und Werbeeinnahmen messen kann.

Auch die in hohem Maße zum Ausdruck kommende Respektierung der Programmautonomie ist zukunftsweisend. Damit wird auch weiterhin für den öf-

---

[1287] Auch wenn hier nicht der Eindruck erweckt werden darf, dass die Diskussion um den Funktionsauftrag mit der der Finanzierung verknüpft würde.

fentlich-rechtlichen Rundfunk in der Bundesrepublik Deutschland eine größtmögliche Staatsferne gewährleistet.
Zusammenfassend lässt sich sagen, dass die getroffene Regelung die Zukunftsfähigkeit der dualen Rundfunkordnung in der Bundesrepublik grundsätzlich gewährleistet. Einschränkend ist die Überprüfungsklausel in Abs. 5 zu sehen, die eine Änderung des Systems in Betracht zieht.

5. Kein Ende der Diskussion

Anhand der Diskussion um die Notwendigkeit der Gebührenerhöhung zu Beginn des Jahres 2005,[1288] ist zu erkennen, dass mit der Schaffung des § 11 RfStV die Diskussion um den Funktionsauftrag, die Zahl seiner Programme, die Reichweite seiner wirtschaftlichen Betätigung und seine Gebührenfinanzierung noch nicht beendet ist.
Ebenfalls zeigen § 11 Abs. 5 RfStV und die Protokollerklärung aller Länder zu § 11 RfStV, dass die Länder ihre Regelung nicht notwendigerweise für abschließend halten. Sie haben sich vielmehr vorbehalten zu prüfen, ob die Praxis der Selbstverpflichtungserklärungen den Erwartungen an die Präzisierung des Funktionsauftrages genügen. Allerdings haben die Länder die Bereitschaft der Anstalten zu einer Selbstverpflichtung gegenüber der Öffentlichkeit begrüßt. Wie bereits dargestellt, hängt von dieser Bereitschaft das Funktionieren der Regelung ab. Der § 11 RfStV ist somit mehr als ein erster Schritt anzusehen als als eine endgültige Regelung. Der nächste Schritt wird von den Reaktionen und dem Verhalten der Rundfunkanstalten abhängig sein.[1289] Durch den Abs. 5 wird deutlich, dass der Gesetzgeber zumindest weitere Maßnahmen in Betracht zieht, da er hiernach nach Ablauf von drei Jahren die Anwendung der Praxis der Selbstverpflichtungserklärungen überprüfen wird.
Die politische Diskussion um den Auftrag des öffentlich-rechtlichen Rundfunks ist nach dem Beschluss der Neuregelung des § 11 RfStV bereits weiter gegangen. Die Länder Bayern, Sachsen und Nordrhein-Westfalen haben im Rahmen der Diskussion um die Rundfunkgebührenerhöhung eine weitgehende Strukturreform des öffentlich-rechtlichen Rundfunks gefordert.[1290]

1288 Die Gebührenempfehlung der KEF stößt auf große Ablehnung einer großen Anzahl von Ländern, vgl. Diskussion in den epd medien.
1289 Vgl. *Hartstein/Ring/Kreile/Dörr/Stettner*, RfStV I, § 11 Rn. 1.
1290 Vgl. epd medien 89/2003, S. 23 f.

V. Fazit

Insgesamt stellt § 11 RfStV eine Regelung dar, die zum einen den schwierigen verfassungs- und europarechtlichen Anforderungen gerecht zu werden scheint und zum anderen unter Beachtung der größtmöglichen Freiheit der öffentlich-rechtlichen Rundfunkanstalten das Fortbestehen der dualen Rundfunkordnung sichert.

Die Regelung stellt in ausreichendem Maße Unterschiede zwischen dem öffentlich-rechtlichen und dem privaten Rundfunk dar, so dass sie eine Grundlage für die Legitimation des öffentlich-rechtlichen Rundfunks und seiner Gebührenfinanzierung darstellt.

5. Teil: Zusammenfassung

Im Folgenden werden die Ergebnisse der bisherigen Bearbeitung in Thesen zusammengefasst dargestellt.

1. Teil: Entwicklung des Rundfunks und der rechtliche Rahmen

1. Nach Beendigung des Zweiten Weltkrieges wurde unter Mitwirkung der alliierten Besatzungsmächte Rundfunkanstalten als Anstalten des öffentlichen Rechts gegründet. Aufgrund der Erfahrungen aus der Weimarer Republik und der Zeit der nationalsozialistischen Diktatur wurde insbesondere auf eine staatsferne, dezentrale Organisation des Rundfunks sowie die Sicherung der politischen, kulturellen und gesellschaftlichen Vielfalt geachtet.
2. In der ersten Phase des Rundfunks in der Bundesrepublik Deutschland (1949 bis zum Beginn der Achtziger Jahre) wurde eine föderale Rundfunkstruktur eingerichtet, die auf der Zuständigkeit der Länder für den Rundfunk beruht (Art. 30, 70 GG). Zudem wurden Strukturen eingeführt, die die Unabhängigkeit des Rundfunks vom Staat gewährleisten sollen. Hier ist insbesondere die binnenpluralistische Organisation des öffentlich-rechtlichen Rundfunks hervorzuheben, die den Meinungspluralismus gewährleisten soll.
3. Zu Beginn der achtziger Jahre wurde aufgrund der fortschreitenden technischen Entwicklung der private Rundfunk in der Bundesrepublik eingeführt (Zweite Phase). 1987 wurde das duale Rundfunksystem mit dem Nebeneinander von öffentlich-rechtlichem und privatem Rundfunk durch den Rundfunkstaatsvertrag kodifiziert.
4. Die Rundfunkfreiheit nach Art. 5 Abs. 1 Satz 1 GG weist zwei Besonderheiten auf. Erstens stellt die Rundfunkfreiheit kein klassisches Individualgrundrecht dar, sondern eine dienende Freiheit. Sie dient in erster Linie nicht dem Grundrechtsträger sondern der freien individuellen und öffentlichen Meinungsbildung. Zweitens wird der Gesetzgeber durch das Grundrecht verpflichtet, eine vielfaltstiftende und -erhaltende positive Ordnung zu schaffen, die einerseits die Staatsfreiheit des Rundfunks gewährleistet und andererseits verhindert, dass der Rundfunk einzelnen gesellschaftlichen Gruppen ausgeliefert wird.
5. Das Bundesverfassungsgericht konstatierte in den sechziger Jahren eine Sondersituation im Bereich des Rundfunks, die auf die knappe Anzahl an Frequenzen und den großen finanziellen Aufwand bei der Veranstaltung von Rundfunk zurückgeführt wurde. Die Sondersituation stellte die Legitimationsgrundlage für die Existenz des öffentlich-rechtlichen Rundfunks dar.
6. In der dualen Rundfunkordnung kommt nach der Rechtsprechung des Bundesverfassungsgerichts dem öffentlich-rechtlichen Rundfunk die Aufgabe

der Grundversorgung zu. Aufgrund der vielfaltsverengenden Werbefinanzierung des privaten Rundfunks ist dieser nicht in der Lage, ein Programm anzubieten, das den Anforderungen der Rundfunkfreiheit entspricht.

7. Die Grundversorgung umfasst drei Elemente: erstens muss eine Übertragungstechnik gewählt werden, die den Empfang der Sendungen für die gesamte Bevölkerung sicherstellt. Zweitens muss der inhaltliche Standard der Programme im Sinne eines Angebots bestehen, das nach seinen Gegenständen und der Art der Darbietung oder Behandlung dem klassischen Auftrag des Rundfunks entspricht. Insbesondere müssen diese Standards die meinungsbezogene und gegenständliche Vielfalt gewährleisten. Drittens muss diese gleichgewichtige Vielfalt durch organisatorische und verfahrensrechtliche Vorkehrungen gesichert werden.
8. Aus dieser Grundversorgungsaufgabe des öffentlich-rechtlichen Rundfunks resultiert eine Bestands- und Entwicklungsgarantie. Demnach geht es zum einen um die normative Sicherung des Status-quo der öffentlich-rechtlichen Rundfunkanstalten und zum anderen um die rechtliche Absicherung der Rundfunkanstalten, auch an den künftigen Entwicklungen teilzunehmen.
9. Eine wirtschaftliche Betätigung der öffentlich-rechtlichen Rundfunkanstalten ist möglich, wenn diese innerhalb des verfassungsrechtlich begründeten und gesetzlich näher bestimmten Aufgabenbereichs des öffentlich-rechtlichen Rundfunks liegt. Zum einen können die öffentlich-rechtlichen Rundfunkanstalten in ihrem Kernbereich wirtschaftlich tätig werden, zum anderen wenn eine Hilfstätigkeit vorliegt, die als Annexbefugnis oder als fiskalische Randnutzung zulässig ist.
10. Eine staatliche Aufsicht ist in beschränktem Maße verfassungsrechtlich zulässig, wobei niemals in verfassungswidriger Weise auf die Programmfreiheit der öffentlich-rechtlichen Rundfunkanstalten Einfluss genommen werden darf. Deshalb ist nur eine Rechtsaufsicht zulässig, die auf Evidenzkontrolle und ein Eingreifen bei gravierenden und außergewöhnlich schweren Verstößen zulässig ist, insbesondere wenn die Rundfunkanstalten aufgrund von unbestimmten Rechtsbegriffen einen weiten Beurteilungsspielraum haben. Zudem ist die staatliche Rechtsaufsicht subsidiär zu den anstaltsinternen Aufsichtsverfahren.
11. Weiterhin resultiert aus der Grundversorgungsaufgabe und der Bestands- und Entwicklungsgarantie eine Finanzierungsgarantie für den öffentlich-rechtlichen Rundfunk. Er ist mit den finanziellen Mitteln auszustatten, die für die Erfüllung seines Auftrages notwendig sind. In der Praxis hat sich eine Mischfinanzierung auf Rundfunkgebühren und Werbefinanzierung eingebürgert, die ein Höchstmaß an Unabhängigkeit des öffentlich-rechtlichen Rundfunks gewährleisten soll. Aufgrund der Programmautonomie der Rundfunkanstalten ist es grundsätzlich ihre Aufgabe, darüber zu entscheiden, welche finanziellen Mittel erforderlich und wie diese zu verteilen sind. Die

Höhe der Rundfunkgebühr wird dann durch die staatsfern organisierte KEF ermittelt.

12. In der Rechtsprechung des Bundesverfassungsgerichts ist der Begriff der Grundversorgung mehr und mehr in den Hintergrund getreten und durch den Begriff des Funktionsauftrages ersetzt worden. Der Funktionsauftrag des öffentlich-rechtlichen Rundfunks umfasst den Auftrag zur freien individuellen und öffentlichen Meinungsbildung, die Integrations- und Leitbildfunktion, den Kultur-, Innovations- und Produktionsauftrag.

2. Teil: Die Rundfunkfreiheit im digitalen Zeitalter

1. Heute stehen wir am Beginn der dritten Phase des Rundfunks. Diese ist vor allem durch die Digitalisierung des Rundfunks geprägt, die eine Konvergenz der Übertragungsplattformen und Endgeräte auslöst.
2. Durch die Übertragung des Fernsehsignals mittels Binär-Code und die Fortschritte in der Kompressions- und Reduktionstechnologie ist es möglich in einem Kanal, der bislang ein Programm fassen konnte, bis zu zehn Programme und Angebote zu transportieren, so dass es zu einer explosionsartigen Vermehrung der Programmplätze kommt. Dadurch entfällt die Frequenzknappheit im Rundfunkbereich.
3. Herausragende Veränderungen in der Übertragung des digitalen Signals sind die Möglichkeit der Fehlerkorrektur, die Multifunktionalität der Übertragungswege und ihre Rückkanalfähigkeit. Durch die Rückkanalfähigkeit wird interaktives Fernsehen möglich.
4. Im digitalen Zeitalter sind technisch-administrative Dienstleistungen notwendig, die den Zugang zu den neuen Angeboten vermitteln. Hierzu zählen unter anderem der Vertrieb der Programme in Programmbouquets, die elektronischen Programmführer und der Conditional Access. Zudem werden neue Vertriebsformen wie das Pay-TV durch die bessere Abrechnungsmöglichkeit begünstigt.
5. Insbesondere die neu entstehenden Gatekeeperpositionen bergen neue Gefahren für die freie individuelle und öffentliche Meinungsbildung. Ebenso ist die Integrationsfunktion des öffentlich-rechtlichen Rundfunks aufgrund der veränderten Programmstrukturen gefährdet. Aus diesen Gründen kann ebenfalls eine Gefährdung der demokratischen und sozialen Funktion des Rundfunks entstehen, da eine Teilung der Gesellschaft, in einen informierten und einen nicht-informierten Teil möglich ist und sich dies negativ auf die gesellschaftliche Kommunikation auswirken kann.
6. Der Gesetzgeber hat auf die Gefahren, die durch die Gatekeeperpositionen entstehen, mit den Regelungen §§ 52 und 53 RfStV reagiert. Mit § 52 RfStV hat er ein System von Must-Carry-, Can-Carry- und Non-Must-Carry-Regelungen geschaffen und so die Weiterverbreitung von Programmen geregelt.

Zu den Must-Carry Programmen zählen die öffentlich-rechtlichen Rundfunkprogramme, so dass aufgrund dieser Regelung sichergestellt ist, dass die gesamte Bevölkerung von den Programmen der öffentlich-rechtlichen Rundfunkanbieter auch im digitalen Netz erreicht wird.

7. In § 53 RfStV wird die Zugangsfreiheit für Anbieter von technischen Diensten so geregelt, dass allen Veranstaltern zu chancengleichen und diskriminierungsfreien Bedingungen ein Zugang zu Telekommunikationsdienstleistungen ermöglicht wird.
8. Aufgrund dieser Gefahren und der weiterhin bestehenden besonderen Breitenwirkung, Aktualität und Suggestivkraft des Rundfunks ist trotz des Wegfalls der Frequenzknappheit ein Fortbestehen der dualen Rundfunkordnung angezeigt. Von dem privaten Rundfunk kann aufgrund der Werbefinanzierung auch künftig nicht die Erfüllung der Grundversorgungsaufgabe erwartet werden, so dass diese weiterhin von dem öffentlich-rechtlichen Rundfunk zu gewährleisten ist.
9. Die bestehende Sonderrolle des Rundfunks erfordert somit, dass der öffentlich-rechtliche Rundfunk auch in Zukunft die Meinungsvielfalt im Rundfunk, die Integration des Gemeinwesens und seine soziale und demokratische Rolle garantiert. Die Aufgabe des öffentlich-rechtlichen Rundfunks ist weiterhin für die Grundversorgung der Bevölkerung mit Rundfunk zu angemessenen Preisen.

3. Teil: Die Reichweite des Funktionsauftrages

1. Die Tätigkeitsbereiche des öffentlich-rechtlichen Rundfunks sind im Einzelnen sehr umstritten und richten sich nach der Reichweite des Funktionsauftrages. Der Funktionsauftrag war bis zum 7. Rundfunkänderungsstaatsvertrag uneinheitlich und recht oberflächlich gefasst.
2. Eine Präzisierung ist zum gegenwärtigen Zeitpunkt notwendig geworden, da Zweifel bestehen, ob der öffentlich-rechtliche Rundfunk seinen Funktionsauftrag sowohl bezüglich der angebotenen Vielfalt als auch bezüglich der Qualität der Programme noch in verfassungsgemäßer Weise ausführt.
3. Die Veränderungen der Kommunikations- und Medienwelt, die durch die Digitalisierung hervorgerufen werden, erfordern insofern eine Präzisierung des Funktionsauftrags, als dass so die umstrittene Frage geklärt werden kann, an welchen neuen Diensten und Angeboten der öffentlich-rechtliche Rundfunk teilhaben darf.
4. Ebenso verlangen Erfordernisse des europäischen Gemeinschaftsrechts eine Präzisierung des Funktionsauftrages. Dies ist vor dem Hintergrund zu sehen, dass die Rundfunkgebühren unter bestimmten Umständen als unzulässige Beihilfe im Sinne des Art. 87 Abs. 1 EG qualifiziert werden könnten.

5. Der öffentlich-rechtliche Rundfunk wird auf europäischer Ebene insbesondere von den Vertretern der Mitgliedstaaten im Rat der Europäischen Gemeinschaft gestützt. Im Amsterdamer Protokoll wurde festgestellt, dass die Befugnis der Mitgliedstaaten, den öffentlich-rechtlichen Rundfunk zu finanzieren, nicht durch die Bestimmungen des EG-Vertrages berührt werden sollen. Dieses Protokoll ist jedoch nicht als eine Garantie, sondern nur als eine Auslegungshilfe zu sehen.
6. In einer Mitteilung hat die Europäische Kommission 2001 die besondere Bedeutung des öffentlich-rechtlichen Rundfunks in kultureller, sozialer und demokratischer Hinsicht sowie als wichtige Informationsquelle anerkannt. Sie hat festgestellt, dass die Definition des Auftrages sowie die Wahl der Finanzierung grundsätzlich Sache der Mitgliedstaaten sei. Aus diesem Grund beschränke sie sich bei der Überprüfung der Rundfunkgebühr auf offensichtliche Fehler. Daraus folgt, dass die Prüfung weniger intensiv ausfällt, wenn der Auftrag durch den Mitgliedstaat präziser gefasst ist.
7. Die bisherige Praxis der Europäischen Kommission (Kinderkanal und Phoenix) war die Gebührenfinanzierung als Beihilfe im Sinne des Art. 87 Abs. 1 EG zu qualifizieren, diese jedoch aufgrund der Regelung des Art. 86 Abs. 2 EG zu rechtfertigen.
8. Seit der Altmark-Trans-Entscheidung des EuGH geht auch die Kommission davon aus, dass keine Begünstigung und damit keine Beihilfe im Sinne des Art. 87 Abs. 1 EG vorliegt, wenn die folgenden vier Kriterien vorliegen: Erstens eine klare Beauftragung mit einer gemeinwirtschaftlichen Verpflichtung, zweitens objektive und transparente Parameter, anhand derer der Ausgleich berechnet wird, drittens keine Überkompensation und viertens die Durchführung eines Vergabeverfahrens oder Bestimmung des erforderlichen Ausgleichs auf der Grundlage der Kosten der Erfüllung der gemeinwirtschaftlichen Verpflichtungen durch ein durchschnittliches, gut geführtes Unternehmen.
9. Allerdings ist nicht abzusehen, ob sich die Anwendung der Altmark-Trans-Kriterien im Rundfunkbereich durchsetzen wird, da die Europäische Kommission in einem „Entwurf eines Gemeinschaftsrahmens für staatliche Beihilfen, die als Ausgleich für die Erbringung öffentlicher Dienstleistungen gewährt werden", gerade diesen Bereich ausgenommen hat. Insofern besteht weiterhin trotz einer Präzisierung des Funktionsauftrages Unsicherheit, ob die Rundfunkgebühr tatbestandlich als Beihilfe zu qualifizieren ist. Allerdings ist diese aufgrund der bisherigen Anforderungen und der Aussagen der Europäischen Kommission notwendig.
10. Ebenso ist eine Präzisierung des Funktionsauftrages zum Schutz der Rundfunkgebührenzahler notwendig, die ein Interesse daran haben, für eine möglichst niedrige Gebühr ein möglichst vielfältiges und qualitativ hochwertiges Programm zu empfangen. Umso präziser der Auftrag gefasst ist, desto eher

halten sich die öffentlich-rechtlichen Rundfunkanstalten an ihre funktionsnotwendigen Tätigkeiten, die von der Rundfunkgebühr umfasst sind. Dieser stellt wiederum einen kontrollfähigen Maßstab dar, anhand dessen die KEF beurteilen kann, welche Programme funktionsnotwendig sind. Andernfalls bestünde die Gefahr, dass das Grundrecht der allgemeinen Handlungsfreiheit nach Art. 2 Abs. 1 GG der Rezipienten verletzt würde.

11. Letztlich erfordert auch der Schutz der privaten Konkurrenten der öffentlich-rechtlichen Rundfunkanstalten eine Präzisierung des Funktionsauftrages. Diese können in ihren kommunikativen und wirtschaftlichen Grundrechten aus Art. 5 Abs. 1, Art. 12 Abs. 1 und Art. 2 Abs. 1 GG verletzt sein, wenn die öffentlich-rechtlichen Rundfunkanstalten außerhalb ihres Funktionsauftrages handeln.
12. Damit ist eine gesetzliche Präzisierung des Funktionsauftrages angezeigt, die jedoch gewissen inneren und äußeren Grenzen unterliegt. Insbesondere ist die Programmautonomie der Rundfunkanstalten zu beachten.
13. Die Einordnung der Rundfunkgesetze als Ausgestaltung oder Beschränkung der Rundfunkfreiheit ist umstritten. Aufgrund des dienenden Charakters der Rundfunkfreiheit ist die rundfunkspezifische Ausgestaltung der Rundfunkfreiheit von erheblicher Bedeutung für den Grundrechtsträger, denn die Ausgestaltung ermöglicht ihm erst die Freiheitsbetätigung. Das Ausgestaltungserfordernis ergibt sich also aus der Interpretation als dienende Freiheit, so dass sie keine Grundrechtsbeschränkungen sondern eine bloße Ausgestaltung darstellen.
14. Neben dem rechtsstaatlichen Bestimmtheitsgrundsatz ist nur das Erfordernis der Eignung als Prüfungsmaßstab für die Zulässigkeit der Ausgestaltungsregelung heranzuziehen. Die Ausgestaltungsgesetze, hier also die Präzisierung des Funktionsauftrages muss lediglich geeignet sein, für die gleichgewichtige Vielfalt im Rundfunk Sorge zu tragen.
15. Aufgrund der verschiedenen bestehenden Erfordernisse ist der Funktionsauftrag des öffentlich-rechtlichen Rundfunks in den verfassungsrechtlich vorgegebenen Grenzen zu präzisieren.

4. Teil: Die Konkretisierung des Funktionsauftrages durch § 11 RfStV

1. Der Gesetzgeber hat mit der Neuregelung § 11 RfStV durch den 7. RfÄndStV vom 1. April 2004 eine Auftragsdefinition für den öffentlich-rechtlichen Rundfunk geschaffen, die zum einen eine bessere Ausgangslage in einem möglichen Vertragverletzungsverfahren der Europäischen Kommission insbesondere bei beihilfe- und wettbewerbsrechtlichen Fragen schaffen soll und zum anderen die künftige Finanzierung des öffentlich-rechtlichen Rundfunks angesichts immer weiter zunehmender Aufgaben sichern soll.

2. Zwei Aspekte des § 11 RfStV stellen wichtige Neuerungen dar. Erstens begrenzt § 11 Abs. 1 Satz 2 RfStV die Tätigkeit der öffentlich-rechtlichen Rundfunkanstalten im Bereich der Mediendienste. Zweitens wird in § 11 Abs. 4 RfStV ein dreistufiges Verfahren zur Konkretisierung des Funktionsauftrages eingerichtet. Hierbei liegt der Schwerpunkt auf einer Selbstverpflichtung der öffentlich-rechtlichen Rundfunkanstalten.
3. In der Generalklausel des § 11 Abs. 1 RfStV wird die Herstellung von Hörfunk- und Fernsehprogrammen als die Hauptaufgabe des öffentlich-rechtlichen Rundfunks herausgestellt. Dieser hat entsprechend der bisherigen Rechtsprechung des Bundesverfassungsgerichts als Medium und Faktor des Prozesses freier individueller und öffentlicher Meinungsbildung zu wirken. Damit bekennt sich der Gesetzgeber zum öffentlich-rechtlichen Rundfunk und seiner Bedeutung für die Meinungsbildung und somit zur freiheitlich demokratischen Grundordnung.
4. Nach § 11 Abs. 1 Satz 2 RfStV kann der öffentlich-rechtliche Rundfunk programmbegleitend Druckwerke und Mediendienste mit programmbezogenem Inhalt anbieten, die zwar unter den Schutz der Rundfunkfreiheit fallen, nicht jedoch zu den Kernaufgaben des öffentlich-rechtlichen Rundfunks zählen.
5. Der Begriff des Mediendienstes ist i.S.d. Definition des MDStV zu verstehen. Die Zulässigkeit dieser Dienste ist zwei Beschränkungen unterworfen: Zum einen ist Anknüpfungspunkt für die Zulässigkeit das Erfordernis, „programmbegleitend" zu sein. Zum anderen muss der Inhalt der Druckwerke und Mediendienste programmbezogen sein. Das heißt, dass die Angebote und Dienste als Randtätigkeit zulässig sind, wenn sie einen durchgehenden Programmbezug aufweisen und somit als unterstützende Randbetätigung der Erfüllung des Auftrages des öffentlich-rechtlichen Rundfunks dienen. Damit sind neben der Programmvorschau im engeren Sinne und der Wiedergabe von Programminhalten auch Informationen zur Programmtätigkeit und -planung und zur internen Struktur der Rundfunkanstalt möglich.
6. In § 11 Abs. 2 RfStV ist der Programmauftrag des öffentlich-rechtlichen Rundfunks geregelt. In Satz 1 wird ein umfassender Informationsauftrag des öffentlich-rechtlichen Rundfunks festgeschrieben. Es soll die Vielzahl der Informationsfelder in ihrer gesamten Breite abgebildet werden und die Meinungen von Minderheiten und Randgruppen Berücksichtigung finden.
7. In inhaltlicher Sicht soll der öffentlich-rechtliche Rundfunk entsprechend Satz 2 die internationale Verständigung, die europäische Integration und den gesellschaftlichen Zusammenhalt zwischen Bund und Ländern fördern. Damit wird ihm eine besondere gesellschaftliche Verantwortung zugesprochen, die über die bloße objektive Berichterstattung weit hinaus geht.
8. In Satz 3 wird der Informations-, Bildungs-, Beratungs- und Unterhaltungsauftrag festgeschrieben, wobei alle Bereiche gleichwertig nebeneinander

stehen, insbesondere auch der Unterhaltungsauftrag, da alle Bereiche zur Meinungsvielfalt im Rundfunk beitragen.

9. Der in Satz 4 festgeschriebene Kulturauftrag des öffentlich-rechtlichen Rundfunks ist weit zu verstehen, so dass insbesondere auch Beiträge im Bereich der Religion anzubieten sind.
10. Objektivität, Unparteilichkeit der Berichterstattung, Meinungsvielfalt sowie die Ausgewogenheit der Angebote und Programme werden als zentrale Verpflichtungen des öffentlich-rechtlichen Rundfunks in § 11 Abs. 3 RfStV festgeschrieben.
11. Aufgrund der Verpflichtung zur Objektivität darf sich der öffentlich-rechtliche Rundfunk nicht in den Dienst einer Partei stellen. In diesem Zusammenhang ist die Trennung von Berichterstattung und Kommentierung besonders wichtig. Die Verpflichtung zur Unparteilichkeit der Berichterstattung ist als Teilausschnitt der Verpflichtung zur Objektivität zu sehen.
12. Die Verpflichtung zur Meinungsvielfalt umfasst einerseits die Verpflichtung zur Darstellung und Vermittlung der Vielfalt der gesellschaftlichen Meinungen und Auffassungen und andererseits der Vielfalt der Inhalte und Themen. Hierin wird die Verpflichtung des öffentlich-rechtlichen Rundfunks deutlich, auch die Auffassungen und Meinungen von Minderheiten zum Ausdruck zu bringen. Dies entspricht wiederum dem Grundversorgungsauftrag des öffentlich-rechtlichen Rundfunks.
13. Die Verpflichtung zur Ausgewogenheit der Angebote und Programme entspricht dem Gebot der Meinungsvielfalt. Nach diesem Gebot muss im Gesamtprogramm sichergestellt werden, dass die Vielfalt der gesellschaftlich relevanten Meinungen in relativer Gleichwertigkeit und Gleichgewichtigkeit berücksichtigt wird.
14. Mit § 11 Abs. 4 RfStV wird erstmals ein rechtsverbindliches dreistufiges Modell der Selbstverpflichtung des öffentlich-rechtlichen Rundfunks eingeführt: die erste Stufe ist die Aufgabenumschreiben in § 11 RfStV, die zweite der Erlass von Satzungen und Richtlinien durch die Rundfunkanstalten nach § 11 Abs. 4 Satz 1, 2 RfStV und die dritte die eigentliche Selbstverpflichtung der Rundfunkanstalten durch einen regelmäßigen Bericht (§ 11 Abs. 4 Satz 3 RfStV).
15. Von der Verpflichtung, Satzungen oder Richtlinien zu erlassen, sind die in der ARD zusammengeschlossenen Landesrundfunkanstalten, das ZDF und das DLR erfasst, obwohl die ARD keine eigene Rechtspersönlichkeit hat und somit nur Richtlinien erlassen kann. Grundsätzlich besteht für die Rundfunkanstalten ein Wahlrecht zwischen dem Erlass von Satzungen oder Richtlinien. Die Vorschrift ist allerdings im Rahmen der teleologischen Reduktion so auszulegen, dass der ARD kein Wahlrecht zusteht, da sie nur Richtlinien erlassen kann.

16. Auf die Richtlinien der Rundfunkanstalten sind nicht die Grundsätze für normkonkretisierende Verwaltungsvorschriften anzuwenden, da es hier um die Ausgestaltung einer grundrechtlichen Freiheit und nicht die Sachkunde oder Erfahrung einer Behörde geht. Ziel der Richtlinie ist es internes Recht zu schaffen, so dass ihnen volle Rechtsbindung im Binnenbereich aber keine Rechtswirkung im Außenbereich zukommt.
17. In der Praxis haben die öffentlich-rechtlichen Rundfunkanstalten Richtlinien erlassen, die insbesondere Bestimmungen zu der Form, dem Verfahren und dem Inhalt der Selbstverpflichtungserklärungen enthalten sowie eine Wiederholung und Vertiefung der Rundfunkfreiheit nach Art. 5 Abs. 1 Satz 2 GG, der Rechtsprechung des Bundesverfassungsgerichts und des § 11 RfStV.
18. Weiterhin besteht für die Satzungen und Richtlinien nach § 11 Abs. 4 Satz 2 RfStV eine Veröffentlichungspflicht, die sich aus dem Sinn und Zweck der Regelung ergibt, eine öffentliche Diskussion über die Erfüllung des Funktionsauftrages zu bewirken. Damit wird auch keine Außenwirkung durch die Veröffentlichungspflicht bezweckt, sondern lediglich der öffentlichen Aufgabe des Rundfunks entsprochen.
19. Nach § 11 Abs. 4 Satz 3 RfStV veröffentlichen die öffentlich-rechtlichen Rundfunkanstalten alle zwei Jahre, erstmals zum 1. Oktober 2004, einen Bericht über die Erfüllung ihres jeweiligen Auftrags, über die Qualität und Quantität der Angebote und Programme sowie die geplanten Schwerpunkte der jeweils anstehenden programmlichen Leistungen. Diese werden als Selbstverpflichtungserklärungen bezeichnet und folgen dem Prinzip der regulierten Selbstregulierung.
20. In § 11 Abs. 5 RfStV ist ein zeitlich befristeter Prüfungsvorbehalt eingeführt worden, wonach die Länder drei Jahre nach In-Kraft-Treten des 7. RfÄndStV prüfen, inwieweit das festgelegte Verfahren angewandt wurde, ob und welche Schwierigkeiten bei der praktischen Umsetzung entstanden sind und welche Ergebnisse erzielt wurden.
21. Der Regelung des § 11 RfStV sind eine Reihe von Protokollerklärungen beigefügt worden. Dies liegt insbesondere daran, dass ein Großteil der Länder die Regelung als defizitär ansieht und in den Protokollerklärungen die abweichenden Meinungen zum Ausdruck bringt.
22. § 19 RfStV ist eine quantitative Ergänzung zu den qualitatven Festlegungen in § 11 RfStV. Das Programmangebot der öffentlich-rechtlichen Rundfunkanstalten wird durch Obergrenzen begrenzt. Die Obergrenze bezieht sich auf die jeweilige Rundfunkanstalt. Eine derartige Programmzahlbeschränkung ist verfassungsrechtlich zulässig.
23. Die Regelung des § 11 RfStV ist nach dem hier gefundenen Ergebnis als verfassungsgemäß anzusehen, da die geringen Anforderungen an die vorliegende Ausgestaltungsregelung, insbesondere die Eignung, für eine gleich-

gewichtige Vielfalt im Rundfunk Sorge zu tragen, erfüllt werden. Da die Programmfreiheit des öffentlich-rechtlichen Rundfunks im System der Selbstverpflichtung in hohem Maße geachtet wird, liegt keine unangemessene Belastung des öffentlich-rechtlichen Rundfunks vor.

24. Soweit das europäische Gemeinschaftsrecht eine Präzisierung des Funktionsauftrages fordert, ist dieser Verpflichtung mit der Regelung des § 11 RfStV genüge getan. Vor allem ist auch nach den Anforderungen der Europäischen Kommission die Konkretisierung mittels eines Verfahrens der Selbstverpflichtung zulässig. Das erste Kriterium der Altmark-Trans-Entscheidung, das eine tatsächliche Betrauung der öffentlich-rechtlichen Rundfunkanstalten mit der Erfüllung gemeinwirtschaftlicher Verpflichtungen und eine klare Definition derselben erfordert, und die Voraussetzungen des Art. 86 Abs. 2 EG sind erfüllt. Allerdings ist aufgrund der Ungewissheit, wie die Europäische Kommission künftig den öffentlich-rechtlichen Rundfunk bewertet und ob die Altmark-Trans-Rechtsprechung auf den Rundfunkbereich angewandt wird, keine abschließende Aussage darüber zu machen, ob die Rundfunkgebühren als Beihilfe gewertet werden. Allerdings wird mit der Regelung zumindest den bisher ersichtlichen Anforderung entsprochen.
25. Das Modell der Selbstverpflichtung ist aus einer freien Übernahme des Systems der BBC entwickelt worden. Das Modell der Selbstverpflichtung der BBC ist im Rahmen des *New Public Management* entstanden, da auch die Träger von *public service* Einrichtungen aufgrund der knapper werdenden staatlichen Mittel ihren Nutzen und ihre Leistungen erklären mussten.
26. Die Rundfunkgesetze und insbesondere das *BBC Agreement* enthalten eine Reihe von Verpflichtungen und Standards für die Programme und Dienste der BBC. Diese ähneln den Vorgaben des deutschen Rundfunkrechts.
27. Die eigentliche Konkretisierung des Auftrags der BBC erfolgt in den Selbstverpflichtungen. Die allein aus Gebühren finanzierte BBC ist verpflichtet, jährlich vor der Öffentlichkeit im Einzelnen darzulegen, wie sie ihre besondere Aufgabe im Vergleich zu den privaten Anbietern versteht und effizient erfüllen will. Damit wird die BBC veranlasst, über ihre *public service* Aufgabe zu reflektieren und ihre Programmentscheidungen gegenüber der Öffentlichkeit als Gegenleistung für die Entrichtung der Rundfunkgebühr zu rechtfertigen.
28. Obwohl das System der Selbstverpflichtung die BBC stärken soll, hat der Elan zur Selbstverpflichtung nachgelassen, da für die Ausarbeitung und Kontrolle der Selbstverpflichtungen eine Bürokratie notwendig ist, die Mittel bindet, die nicht mehr für das aktive Programm zur Verfügung stehen. Die BBC ist in der jüngsten Zeit zum einen mit dem Vorwurf der Selbstkommerzialisierung und zum anderen mit politischen Krisen konfrontiert worden, die bei einigen dazu geführt haben, das System der Selbstverpflichtung in Frage zu stellen. Allerdings wirkt die BBC diesen Vorwürfen nun

entgegen und hat einen neuen Generaldirektor ernannt. Dies ist vor dem Hintergrund zu sehen, dass die *Royal Charter* 2006 erneuert werden muss und es hierbei letztlich um den Fortbestand der BBC in ihrer bisherigen Form geht.

29. Eine staatliche Aufsicht ist nur bei außergewöhnlichen und gravierenden Verstößen gegen § 11 RfStV, die Richtlinien und Selbstverpflichtungserklärungen zulässig, wenn die internen Kontrollgremien versagen. Ausnahmsweise kann es bei einem Verstoß gegen Richtlinien und Selbstverpflichtungserklärungen zu einem Anspruch der privaten Konkurrenten auf Einschreiten der staatlichen Aufsicht kommen.

30. Als Bewertung der Neuregelung des § 11 RfStV lassen sich die folgenden Punkte zusammenfassend festhalten:
    - Die Rahmenregelung des § 11 RfStV stellt in großen Teilen lediglich eine Festschreibung des Art. 5 Abs. 1 Satz 2 GG und der hierzu ergangenen Rechtsprechung des Bundesverfassungsgerichts dar, die auch schon vorher in den verschiedenen Landesrundfunkgesetzen bestand. Allerdings ist diese bundeseinheitliche Regelung aufgrund der Anforderungen des europäischen Gemeinschaftsrechts notwendig und insofern zu begrüßen.
    - Aufgrund der Regelung des § 11 Abs. 1 Satz 2 RfStV ist zwar eine Abgrenzung, ob ein bestimmter Mediendienst durch den öffentlich-rechtlichen Rundfunk angeboten werden darf, vorzunehmen. Allerdings muss diese Abgrenzung im Einzelfall erfolgen, so dass die Frage der Zulässigkeit von Mediendiensten weiterhin nicht generell beantwortet werden kann.
    - Die Neuregelung des § 11 Abs. 1 Satz 2 RfStV stellt eine Einschränkung der Internettätigkeit der öffentlich-rechtlichen Rundfunkangebote dar, verhindert eine Ausweitung der Angebote und sichert so die Finanzierbarkeit des öffentlich-rechtlichen Rundfunks im digitalen Zeitalter.
    - Das System der Selbstverpflichtung gewährleistet eine größtmögliche Achtung der Rundfunkfreiheit der öffentlich-rechtlichen Rundfunkanstalten bei der Konkretisierung des Funktionsauftrages. Es werden anstaltsinterne Kräfte und die Verantwortlichen motiviert. Die öffentlich-rechtlichen Rundfunkanstalten können hervorragend ihre besondere Aufgabe und ihre Stellung im dualen System gegenüber der Öffentlichkeit verdeutlichen und so ihre Akzeptanz erhöhen.
    - Problematisch sind die Selbstverpflichtungen insofern, als dass die Rundfunkanstalten ein Selbstbehauptungs- und Ausweitungsinteresse haben, dass gegen eine Konkretisierung des Funktionsauftrages unter Berücksichtigung der Interessen der Rundfunkgebührenzahler und der privaten Konkurrenten sprechen kann. Hinzu kommt, dass die öffentlich-rechtlichen Rundfunkanstalten auch weiterhin in einem marktmäßigen

Wettbewerb mit den privaten Rundfunkveranstaltern stehen. Dieser Gefahr wird jedoch zum einen durch die Kontrolle nach § 11 Abs. 5 RfStV und die Kontrolle durch die Öffentlichkeit begegnet. Auch die Bindung finanzieller und personeller Mittel ist im Verhältnis zu der gewonnenen Freiheit der Rundfunkanstalten hinzunehmen. Somit ist die Regelung gerade vor dem Hintergrund der herausragenden Beachtung der Rundfunkfreiheit der öffentlich-rechtlichen Rundfunkanstalten als gelungen zu werten.

- An die Selbstverpflichtungserklärungen für die Jahre 2004 bis 2006 sind weniger hohe Anforderungen zu stellen, als es künftig der Fall sein wird, da die Programmplanungen über einen langen Zeitraum laufen und insofern nicht viel mehr als eine Festschreibung der längst abgeschlossenen Programmplanung sein konnte. Zudem muss den Rundfunkanstalten eine gewisse Flexibilität und Offenheit in der Programmplanung erhalten bleiben. Die Verpflichtung zur Selbstverpflichtung dürfen für die öffentlich-rechtlichen Rundfunkanstalten nicht zu einem unzumutbaren Wettbewerbsnachteil gegenüber den privaten Rundfunkveranstaltern führen. Die Selbstverpflichtungserklärungen sind trotz einiger Mängel als gelungen zu bezeichnen. Entscheidend für die Zukunft ist, dass das System der Selbstverpflichtung in den Rundfunkanstalten gelebt wird und sie somit ihren Teil an der Konkretisierung des Funktionsauftrages beitragen.
- Insgesamt bewirkt § 11 RfStV eine Stärkung der öffentlich-rechtlichen Vollprogramme und sichert ihre Zukunftsfähigkeit und wirkt so negativen Entwicklungen entgegen, die durch die Individualisierung bedingt sind. So wird der öffentlich-rechtliche Rundfunk weiterhin seiner Integrationsfunktion nachkommen können.
- Insbesondere durch § 11 Abs. 2 Satz 2 und Abs. 3 RfStV wird die besondere Aufgabe des öffentlich-rechtlichen Rundfunks klar herausgestellt und seine Konturen gegenüber dem privaten Rundfunk schärfer abgegrenzt.
- Der öffentlich-rechtliche Rundfunk wird auch künftig in der Lage sein, die Grundversorgungsaufgabe wahrzunehmen. Der Gesetzgeber hat eine Regelung getroffen, die dem öffentlich-rechtlichen Rundfunk seinen Platz im digitalen Zeitalter sichert.
- Allerdings beendet der neue § 11 RfStV nicht die Diskussion um den Funktionsauftrag des öffentlich-rechtlichen Rundfunks, die Zahl seiner Programme, die Reichweite seiner wirtschaftlichen Betätigung und seiner Gebührenfinanzierung. Die Regelung ist somit in einem Gesamtzusammenhang der Umstrukturierung des öffentlich-rechtlichen Rundfunks zu sehen, die seine Zukunftsfähigkeit zu sichern soll.

Literaturverzeichnis

Achterberg, Norbert, Allgemeines Verwaltungsrecht, Heidelberg 1988.

Anschlag, Peter, Brüssel – Berlin – Brüssel, Rundfunkfinanzierung: Die Bundesregierung antwortet der EU-Kommission, in: FK 18/2005, S. 3-5.

Bachof, Otto, Beurteilungsspielraum, Ermessen und unbestimmter Rechtsbegriff im Verwaltungsrecht, in: JZ 1955, S. 97-102.

Badura, Peter, Gleichgewichtige Vielfalt im dualen System des Rundfunks, in: JA 1987, S. 180-187.

Bahr, Heinz, Philips Lehrbriefe: Elektrotechnik und Elektronik, Band 1: Einführung und Grundlagen, 11. Auflage, Hamburg 1987.

Bartosch, Andreas, Die Kommissionspraxis nach dem Urteil des EuGH in der Rechtsache Altmark – Worin liegt das Neue?, in: EuZW 2004, S. 295-301.

Ders., Digital Video Broadcasting (DVB) im Kabel, Ein Wirrwarr aus Rundfunk-, Telekommunikations- und Wettbewerbsrecht, in: CR 1997, S. 517-525.

Bauer, Helmut G./ Ory, Stephan, Recht in Hörfunk und Fernsehen: Das unentbehrliche Praktiker-Handbuch, Band 2, 57. Ergänzungslieferung, Stand: Dezember 2004, München, Neuwied, Köln 2004.

Bausch, Hans (Hrsg.), Rundfunk in Deutschland, Band 2: Ansgar Diller: Rundfunkpolitik im Dritten Reich, Band 3: Hans Bausch: Rundfunkpolitik nach 1945 (1. Teil), Band 4: Hans Bausch: Rundfunkpolitik nach 1945 (2. Teil), München 1980.

Beckert, Bernd/ Kubicek, Herbert, Multimedia möglich machen: Vom Pilotprojekt zur Markteinführung, in: Media Perspektiven 1999, S. 128-143.

Benda, Ernst/ Maihofer, Werner/ Vogel, Hans-Jochen (Hrsg.), Handbuch des Verfassungsrechts der Bundesrepublik Deutschland I, 2. Auflage, Berlin, New York 1995. (zitiert: Bearbeiter, in: Benda/Maihofer/Vogel, Handbuch des Verfassungsrecht.)

Berendes, Konrad, Zulässigkeit und Grenzen einer staatlichen Rechtsaufsicht über die Rundfunkanstalten, in: DÖV 1975, S: 413-421.

Berg, Klaus, Grundversorgung, Begriff und Bedeutung im Verhältnis von öffentlich-rechtlichem und privatem Rundfunk nach der neueren Rechtsprechung des Bundesverfassungsgerichts, in: AfP 1987, S. 457-462.

Bethge, Herbert, Die verfassungsrechtliche Problematik der Zulassung von Rundfunkveranstaltern des Privatrechts, Rechtsgutachten aus Anlass der konkreten Normenkontrolle über die Verfassungsmäßigkeit der §§ 38-46 e des saarländischen Rundfunkgesetzes, München 1981.

Ders., Freiheit und Gebundenheit der Massenmedien, in: DVBl. 1983, S. 369-377.

Ders., Der verfassungsrechtliche Standort des öffentlich-rechtlichen Rundfunks – Rechtsgutachten über die Verfassungsmäßigkeit des WDR-Gesetzes vom 19. März 1985, Frankfurt am Main, Berlin 1987.

Ders., Rundfunkfreiheit und öffentlich-rechtlicher Organisationsvorbehalt – Die Verfassungsmäßigkeit des Bayerischen Medien-erprobungs- und -entwicklungsgesetzes (MEG), Baden-Baden 1987.

Ders., Rundfunkfreiheit in der Perspektive von Bundes- und Landesverfassungsgerichtsbarkeit – Anmerkung zum Urteil des Bundesverfassungsgerichts vom 4. November 1986 und zur Entscheidung des Bayerischen Verfassungsgerichtshofs vom 21. November 1986, in: ZUM 1987, S. 199-208.

Ders., Die verfassungsrechtliche Position des öffentlich-rechtlichen Rundfunks in der dualen Rundfunkordnung, Rechtsgutachten erstattet im Auftrag von ARD und ZDF, 1. Auflage, Baden-Baden 1996.

Betz, Jürgen, Spartenkanäle bei ARD und ZDF, Eine juristische Bewertung, in: Media Perspektiven 1997, S. 2-16.

Beucher, Klaus/ Leyendecker, Ludwig/ von Rosenberg, Oliver, Mediengesetze: Rundfunk, Mediendienste, Teledienste; Kommentar zum Rundfunkstaatsvertrag, Mediendienste-Staatsvertrag, Teledienstegesetz und Teledienstedatenschutzgesetz, München 1999.

Beuth, Klaus/ Hanebuth, Richard/ Kurz, Günter/ Lüders, Christian, Nachrichtentechnik, 2. Auflage, Würzburg 2001.

Blair, Robin, Digital Techniques in Broadcasting transmission, 2. Auflage, Woburn 2002.

Böckenförde, Ernst-Wolfgang, Wieland, Joachim, Die „Rundfunkfreiheit“ – ein Grundrecht?, Überlegungen zu den verfassungsrechtlichen Vorgaben in Art. 5 Abs. 1 GG für die Organisation des Rundfunks, in: AfP 1982, S. 77-85.

Bremer, Eckhard/ Esser, Michael/ Hoffmann, Martin, Der Rundfunk in der Verfassungs- und Wirtschaftsordnung in Deutschland, 1. Auflage, Baden-Baden 1992.

Brenner, Christian, Zur Gewährleistung des Funktionsauftrages durch den öffentlich-rechtlichen Rundfunk, Eine Konkretisierung der Aufgaben des öffentlich-rechtlichen Rundfunks im Fernsehen, Hörfunk- und Online-Bereich, Berlin 2002, zugl. Tübingen, Univ., Diss. 2002.

Brickmann, Michael, Die Rundfunkordnung in den neuen Bundesländern – Ein Überblick über die neuen Rechtsgrundlagen für die Veranstaltung von Rundfunk, in: ZUM 1992, S. 238-244.

Bröhl, Georg M., Rechtliche Rahmenbedingungen für neue Informations- und Kommunikationsdienste, in: CR 1997, S. 73-79.

Bullinger, Martin, Verbreitung entgeltlicher Rundfunkprogramme und Mediendienste in Paketen, in: AfP 1997, S. 761-766.

Ders., Kommunikationsfreiheit im Strukturwandel der Telekommunikation, 1. Auflage, Baden-Baden 1980.
Ders., Die Aufgaben des öffentlichen Rundfunks: Wege zu einem Funktionsauftrag, Gütersloh 1999.
Ders./ Gödel, Christoph, Landesmediengesetz Baden-Württemberg (LMedienG), Kommentar, 1. Auflage, Baden-Baden 1986.
Burmeister, Joachim, „Dienende" Freiheitsgewährleistungen – Struktur und Gehalt eines besonderen Grundrechtstypus, in: Verfassungsstaatlichkeit, Festschrift für Klaus Stern zum 65. Geburtstag, hrsg. von Joachim Burmeister, München 1997, S. 835-873.

Calliess, Christian/ Ruffert, Matthias, Kommentar des Vertrages über die Europäische Union und des Vertrages zur Gründung der Europäischen Gemeinschaft – EUV/EGV –, 2. Auflage, Neuwied, Kriftel 2002. (zitiert: Bearbeiter, in: Callies/Ruffert, EUV/EGV.)

Darschin, Wolfgang, Tendenzen im Zuschauerverhalten, Fernsehgewohnheiten und Programmbewertungen 1998, in: Media Perspektiven 1999, S. 154-166.
de Bruin, Ronald/ Smits, Jan, Digital Video Broadcasting, Technology, standards and regulations, Norwood 1999.
Degenhart, Christoph, Rundfunkaufsicht und Wettbewerbsgleichheit im dualen Rundfunksystem – Verfassungsfragen des § 49 (§ 32 a.F.) RfStV –, in: ZUM 1997, S. 153-167.
Ders., Anmerkung zu BVerfG, Urt. v. 16.6.1981 – 1 BvL 89/78 – abgedruckt in DÖV 1981, S. 625, in: DÖV 1981, S. 960-963.
Ders., Der Funktionsauftrag des öffentlich-rechtlichen Rundfunks in der „Digitalen Welt", Heidelberg 2001.
Ders., Öffentlich-rechtlicher Rundfunk und Freizeitparks, Rechtsfragen eines ZDF-„Medienparks", Heidelberg 2001.
Ders., Rundfunk und Internet, in: ZUM 1998, S. 333-349.
Ders., Rundfunkfreiheit in gesetzgeberischer Beliebigkeit?, Zum 6. Rundfunkurteil des Bundesverfassungsgerichts – WDR-Gesetz und Landesrundfunkgesetz Nordrhein-Westfalen, in: DVBl. 1991, S. 510-521.
Ders., Wirtschaftliche Betätigung öffentlich-rechtlicher Rundfunkanstalten: Der Medienpark des ZDF, in: ZUM 2001, S. 357-373.
Denninger, Erhard, Rundfunkaufgaben nach dem WDR-Gesetz, Möglichkeiten und Grenzen der wirtschaftlichen Betätigung, der Zusammenarbeit und der Beteiligung einer öffentlich-rechtlichen Rundfunkanstalt, in: ZUM 1987, S. 293-306.

Depenheuer, Otto, Informationsordnung durch Informationsmarkt, Rechtliche Rahmenbedingungen einer Informationsordnung, in: AfP 1997, S. 669-675.

Deutsche TV-Plattform e.V. (Hrsg.), Übergang vom analogen zum digitalen terrestrischen Fernsehen: Grundlagen – Anforderungen – Szenarien, Berlin 1999.

Dies., Fernsehen heute und morgen: Techniken – Märkte – Strategien, 3. Ausgabe, Berlin 2000.

Diesbach, Martin, Pay-TV oder Free-TV, Zur Zulässigkeit der verschlüsselten Exklusivübertragung sportlicher Großereignisse, 1. Auflage, Baden-Baden 1998.

Diller, Ansgar, Rundfunkgeschichte, in: Was Sie über Rundfunk wissen sollten, hrsg. von Hermann Fünfgeld, Berlin 1997.

Dolzer, Rudolf/ Vogel, Klaus/ Graßhof, Karin (Hrsg.), Bonner Kommentar zum Grundgesetz, Band 1: Einleitung – Art. 5, Band 7: Art. 50-74, Loseblatt, Stand: 115. Aktualisierung, Dezember 2004. (zitiert: Bearbeiter, in: Dolzer/Vogel/Graßhof, BK.)

Dörr, Dieter, Die öffentlich-rechtliche Rundfunkfinanzierung und die Vorgaben des EG-Vertrages, Köln 1998.

Ders., Öffentlich-rechtlicher Rundfunk und Gebührenregelung unter dem Druck des Gemeinschaftsrechts, in: K&R 2001, S. 233-238.

Ders., Das für die Medienkonzentration maßgebliche Verfahren, in: Die Sicherung der Meinungsvielfalt: Berichte, Gutachten und Vorschläge zur Fortentwicklung des Rechts der Medienkonzentrationskontrolle, hrsg. von den Landesmedienanstalten, Berlin 1995, S. 331-433.

Ders., Die Gebührenfrage und die Debatte um die Strukturreform, in: Internationale Gemeinschaft und Menschenrechte, Festschrift für Georg Ress zum 70. Geburtstag am 21. Januar 2005, hrsg. von Jürgen Bröhmer, Christine Langenfeld, Roland Bieber, Stefan Weber, Christian Calliess, Joachim Wolf, Köln, Berlin, München, 2005, S. 1152-1162.

Ders., Öffentlich-rechtlicher Rundfunk und die Vorgaben des Europarechts, in: Media Perspektiven 2005, S. 333-342.

Ders., Vielfaltsicherung durch die EU?, Chancen und Risiken europäischer Medienpolitik, in: Media Perspektiven 1996, S. 87-92.

Ders., Rundfunkföderalismus auf dem Prüfstand, in: ZUM 1996, S. 617-631.

Ders., Der Einfluss der Judikatur des Bundesverfassungsgerichts auf das Medienrecht, in: VerwArch 92 (2001), S. 149-183.

Ders., Umfang und Grenzen der Rechtsaufsicht über die Deutsche Welle, Frankfurt am Main 2000.

Ders./ Janik, Victor/ Zorn, Nicole/ Gersdorf, Hubertus, Der Zugang zu den Kabelnetzen und die Regelungen des europäischen Rechts, in: Der Zugang

zum digitalen Kabel, Zwei Rechtsgutachten im Auftrag der gemeinsamen Stelle digitaler Zugang der Landesmedienanstalten, Berlin 2002.
Dreier, Horst (Hrsg.), Grundgesetz Kommentar, Band I: Präambel, Artikel 1-19, 2. Auflage, Tübingen 2004, Band II: Artikel 20-82, 1. Auflage, Tübingen 1998. (zitiert: Bearbeiter, in: Dreier I, GG.)
Dubrau, Claudia/ Oehmichen, Ekkehardt/ Erk, Simon, Kultur in Hörfunk und Fernsehen: Angebot und Publikumspotentiale, in: Media Perspektiven 2000, S. 50-57.

Eberle, Carl Eugen, Die Rundfunkgebühr auf dem EU-Prüfstand, in: AfP 2001, S. 477-481.
Ders., Rundfunkübertragung, Rechtsfragen der Nutzung terrestrischer Rundfunkfrequenzen, Berlin 1989.
Ders., Rundfunkübertragung: Rechtsfragen der Nutzung terrestrischer Rundfunkfrequenzen, Berlin 1989.
Ders., Digitale Rundfunkfreiheit – Rundfunk zwischen Couch-Viewing und Online-Nutzung, in: CR 1996, S. 193-198.
Ders., Krise der Medienwirtschaft – ein Fall für die Medienregulierung, in: MMR 2003, S. 623-628.
Ders., Neue Übertragungstechniken und Verfassungsrecht, in: ZUM 1995, S. 249-256.
Ders., Die Rundfunkgebühr: Verfassungsrechtlicher Anspruch und gesellschaftspolitische Funktion, in: AfP 1995, S. 559-565.
Ders., Rudorf, Walter/ Wasserburg, Klaus (Hrsg.), Mainzer Rechtshandbuch der Neuen Medien, Heidelberg 2003.
Eierhoff, Klaus, E-Commerce – Herausforderung auf dem Weg ins 21. Jahrhundert, in: MMR 2000, S. 57-58.
Emmerich, Volker/ Steiner, Udo, Möglichkeiten und Grenzen der wirtschaftlichen Betätigung der öffentlich-rechtlichen Rundfunkanstalten, Berlin 1986.
Engel, Christoph, Rundfunk in Freiheit, in: AfP 1994, S. 185-191.
Engel-Flechsig, Stefan, Das Informations- und Kommunikationsdienstegesetz des Bundes und der Mediendienstestaatsvertrag der Bundesländer, in: ZUM 1997, S. 231-239.
Ders./ Maennel, Frithjof A./ Tettenborn, Alexander, Neue gesetzliche Rahmenbedingungen für Multimedia, Die Regelungen des IuKDG und des MDStV, 1. Auflage, Heidelberg 1998.
Erbguth, Wilfried, Normkonkretisierende Verwaltungsvorschriften, Rechtsdogmatische Grundlagen einer originären Rechtserzeugung durch die Exekutive, in: DVBl. 1989, S. 473-487.
Erichsen, Hans-Uwe/ Ehlers, Dirk, Allgemeines Verwaltungsrecht, 12. Auflage, Berlin 2002.

Fechner, Frank, Medienrecht, 6. Auflage, Tübingen 2004.
Fink, Udo, Wem dient die Rundfunkfreiheit?, in: DÖV 1992, S. 805-813.
Fischer, Klemens H., Der Europäische Verfassungsvertrag, Texte und Kommentar mit einem Geleitwort von Dr. Benita Ferrero-Waldner, 1. Auflage, Baden-Baden 2005.
Forsthoff, Ernst, Rechtsfragen der Werbesendungen im Fernsehen, in: DÖV 1957, S. 97-99.
Freyer, Ulrich, Hertz schlägt in Bit-Rate, Der Weg von der analogen in die digitale Rundfunkwelt, hrsg. von Landesanstalt für Rundfunk Nordrhein-Westfalen, Düsseldorf 1995.
Fromm, Michael, Öffentlich-rechtlicher Programmauftrag und Rundfunkföderalismus, Der verfassungsrechtliche Programmauftrag der Rundfunkanstalten unter besonderer Berücksichtigung des Rundfunkfinanzausgleichs, Baden-Baden 1998.
Fuhr, Ernst W., Der öffentlich-rechtliche Rundfunk im dualen Rundfunksystem – Anmerkung zum 4. Rundfunkurteil des Bundesverfassungsgerichts vom 4.11.1986, in: ZUM 1987, S. 145-154.
Ders., ZDF-Staatsvertrag, Staatsvertrag über die Errichtung der gemeinnützigen Anstalt des öffentlichen Rechts „Zweites Deutsches Fernsehen" (ZDF-Staatsvertrag), 2. Auflage, Mainz 1985.
Ders., Der öffentlich-rechtliche Rundfunk im dualen Rundfunksystem: Anmerkungen zum 4. Rundfunkurteil des Bundesverfassungsgerichts vom 04.11.1986, in: ZUM 1987, S. 145-154.

Gall, Andreas, Die Rundfunkgebühr – Garant der dualen Rundfunkordnung, in: ZUM 1991, S. 167-174.
Gersdorf, Hubertus, Grundzüge des Rundfunkrechts, Nationaler und europäischer Regulierungsrahmen, München 2003.
Ders., Chancengleicher Zugang zum digitalen Fernsehen: Eine Untersuchung des verfassungsrechtlichen Regulierungsrahmens am Beispiel des Entwurfs zum 4. Rundfunkänderungsstaatsvertrag vom 27. Februar 1998, Berlin 1998.
Ders., Der verfassungsrechtliche Rundfunkbegriff im Lichte der Digitalisierung der Telekommunikation, Berlin 1995.
Ders., Kabeleinspeisung von Programmbouquets, Zugang digitaler Programmbouquets des öffentlich-rechtlichen Rundfunks zum breitbandigen Kommunikationsnetz, Berlin 2000.
Giehl, Christoph, Der Wettbewerb zwischen öffentlich-rechtlichen und privaten Rundfunkveranstaltern – Wirtschaftliche, verfassungsrechtliche und gesetzliche Rahmenbedingungen, Baden-Baden 1993.

Goerlich, Helmut, Zur „Finanzbedarfseinschätzungsprärogative“ der ARD-Anstalten als Element der Garantie freier Berichterstattung durch Rundfunk gemäß Art. 5 Abs. 1 Satz 2 GG, in: ZUM 1996, S. 390-394.

Gounalakis, Georgios, Konvergenz der Medien – Sollte das Recht der Medien harmonisiert werden?, in: Verhandlungen des Vierundsechzigsten Deutschen Juristentages, Berlin 2002, Band I: Gutachten, C 1 bis C 152, München 2002.

Ders., Regulierung von Presse, Rundfunk und elektronischen Diensten in der künftigen Medienordnung, in: ZUM 2003, S. 180-192.

Ders., Funktionsauftrag und wirtschaftliche Betätigung des Zweiten Deutschen Fernsehens, Am Beispiel des ZDF-Medienparks, Mainz 2000.

Grabitz, Eberhard/ Hilf, Meinhard, Das Recht der Europäischen Union, Band I, EUV/EGV, hrsg. von Meinhard Hilf, Band II, EUV/EGV, hrsg. von Meinhard Hilf, 22. Ergänzungslieferung, August 2003, München 2004. (zitiert: Bearbeiter, in: Grabitz/Hilf, EUV/EGV.)

Graham, Andrew, Öffentlich-rechtlicher Rundfunk in der Demokratie, in: Media Perspektiven 2004, S. 95-101.

Groß, Rolf, Das 3. Rundfunkurteil des Bundesverfassungsgerichts – Echo und Konsequenzen –, in: DVBl. 1982, S. 561-570.

Grundmann, Birgit, Die öffentlich-rechtlichen Rundfunkanstalten im Wettbewerb, 1. Auflage, Baden-Baden 1990, zugl. Hamburg, Univ., Diss. 1990.

Grünwald, Andreas, Analoger Switch-Off: Zur Verwaltung terrestrischer Rundfunkfrequenzen im Zeichen der Digitalisierung der Fernsehübertragung in Deutschland und den U.S.A., München 2001, zugl. Münster, Univ., Diss. 2000.

Hahn, Werner/ Vesting, Thomas (Hrsg.), Beck´scher Kommentar zum Rundfunkrecht, Rundfunkstaatsvertrag, Rundfunkgebührenstaatsvertrag, Rundfunkfinanzierungsstaatsvertrag, Jugendmedienschutzstaatsvertrag, München 2003.

Hain, Karl-Eberhard, Die europäische Transparenz-Richtlinie und der öffentlich-rechtliche Rundfunk in Deutschland, in: MMR 2001, S. 219-224.

Ders., Rundfunkfreiheit und Rundfunkordnung, Baden-Baden 1993, zugl. Göttingen, Univ., Diss. 1993.

Ders., Zur Frage der Europäisierung des Grundgesetzes, - Eine kritische Analyse -, in: DVBl. 2002, S. 148-157.

Hamm, Ingrid (Hrsg.), Bericht zur Lage des Fernsehens für den Präsidenten der Bundesrepublik Deutschland, Gütersloh 1995.

Hartstein, Reinhard/ Ring, Wolf-Dieter/ Kreile, Johannes/ Dörr, Dieter/ Stettner, Rupert, Rundfunkstaatsvertrag, Kommentar, Ordner I, II, 28. Ergänzungslieferung, Januar 2006, Heidelberg, München, Berlin.

Hege, Hans, Offene Wege in die digitale Zukunft, Überlegungen zur Fortentwicklung des Medienrechts, Berlin 1995.

Held, Thorsten/ Schulz, Dieter, Europarechtliche Beurteilung von Online-Angeboten öffentlich-rechtlicher Rundfunkanstalten: Inwieweit beeinflussen die Beihilferegeln die Einbeziehung neuer Dienste in den Funktionsauftrag öffentlich-rechtlichen Rundfunks?, Berlin 2004.

Herdegen, Matthias, Europarecht, 6. Auflage, München 2004.

Herrmann, Günter, Fernsehen und Hörfunk nach dem 6. Rundfunkurteil des Bundesverfassungsgerichts vom 5.2.1991, in: ZUM 1991, S. 325-337.

Ders., Die Rundfunkanstalt, Eine Studie zum heutigen Rechtszustand, in: AöR 90 (1965), S: 286-340.

Ders./ Lausen, Matthias, Rundfunkrecht, Fernsehen und Hörfunk mit Neuen Medien, 2. Auflage, München 2004.

Hess, Wolfgang, Verfassungsrechtliche Probleme der Gebührenfinanzierung im dualen Rundfunksystem, Köln 1996, zugl. Köln, Univ., Diss. 1996.

Hesse, Albrecht, Der 4. Rundfunkänderungsstaatsvertrag aus Sicht des öffentlich-rechtlichen Rundfunks, in: ZUM 2000, S. 183-195.

Ders., Rechtsfragen der Weiterverbreitung von Rundfunkprogrammen: Die Weiterverbreitungsregelungen in den Landesmediengesetzen unter Berücksichtigung der Entscheidung des Bundesverfassungsgerichts zum Niedersächsischen Landesrundfunkgesetz, in: ZUM 1987, S. 19-35.

Ders., Rundfunkrecht, 3. Auflage, München 2003.

Hesse, Konrad, Grundzüge des Verfassungsrechts der Bundesrepublik Deutschland, 20. Auflage, Heidelberg 1999.

Heydt, Volker, Rundfunkfinanzierung aus dem Staatshaushalt, in: AöR 100 (1975), S. 584-611.

Hilf, Meinhard/ Pache, Eckhard, Der Vertrag von Amsterdam, in: NJW 1998, S. 705-713.

Hoeren, Thomas/ Sieber, Ulrich, (Hrsg.), Handbuch des Multimedia-Rechts, Rechtsfragen des elektronischen Geschäftsverkehrs, 9. Ergänzungslieferung, April 2004, München 2004.

Hoffmann-Riem, Wolfgang, Rundfunkfreiheit durch Rundfunkorganisation – Anmerkung zur Neufassung des Radio-Bremen-Gesetzes, Frankfurt am Main, Berlin 1979.

Ders., Regulierung der dualen Rundfunkordnung, Grundfragen, 1. Auflage, Baden-Baden 2000.

Ders., Pay-TV im öffentlich-rechtlichen Rundfunk, Eine verfassungsrechtliche Analyse auf der Grundlage der Rechtsprechung des Bundesverfassungsgerichts, 1. Auflage, Baden-Baden, Hamburg 1996.

Ders., Rundfunkrecht neben Wirtschaftsrecht, Zur Anwendbarkeit des GWB und des EWG-V auf das Wettbewerbsverhalten öffentlich-rechtlichen Rundfunks in der dualen Rundfunkordnung, Baden-Baden 1991.

Holzer, Norbert, Deutsche Rundfunkgebühr als unzulässige Beihilfe im Sinne des europäischen Rechts, in: ZUM 1996, S. 274-285.

Holznagel, Bernd, Der spezifische Funktionsauftrag des Zweiten Deutschen Fernsehens (ZDF), Bedeutung, Anforderungen und Unverzichtbarkeit unter Berücksichtigung der Digitalisierung, der europäischen Einigung und der Globalisierung der Informationsgesellschaft, Mainz 1999.

Ders., Rundfunkrecht in Europa, Auf dem Weg zu einem Gemeinrecht europäischer Rundfunkordnungen, Tübingen 1996.

Ders., Probleme der Rundfunkregulierung im Multimedia-Zeitalter, in: ZUM 1996, S. 16-26.

Ders./ Daufeldt, Dirk, Zugangssicherungen bei digitaler Fernsehübertragung, in: CR 1998, S. 151-156.

Ders./ Grünwald, Andreas, Multimedia per Antenne, Terrestrisches Digitalfernsehen in Großbritannien, in: ZUM 1997, S. 417-427.

Ders./ Vesting, Thomas, Sparten- und Zielgruppenprogramme im öffentlich-rechtlichen Rundfunk, insbesondere im Hörfunk, Baden-Baden 1999.

Huber, Peter-Michael, Konkurrenzschutz im Verwaltungsrecht, Schutzanspruch und Rechtsschutz bei Lenkungs- und Verteilungsentscheidungen der öffentlichen Verwaltung, 1. Auflage, Tübingen 1991.

Hümmerich, Klaus, Rundfunkgebühren: Staatsvertragliche Entwürfe zur Umsetzung des 8. Rundfunkurteils, in: AfP 1996, S. 25-31.

Ders./ Heinze, Matthias, Vom politischen Brotpreis zur fachlichen Bedarfsfeststellung – das 8. Rundfunkurteil und die KEF, in: ZUM 1994, S. 488-494.

Humphreys, Peter, Großbritannien, in: Internationales Handbuch Medien 2004/05, hrsg. vom Hans-Bredow-Institut für Medienforschung an der Universität Hamburg, 27. Auflage, Baden-Baden 2004.

Ipsen, Hans Peter, Zum Funktionsbereich der öffentlich-rechtlichen Rundfunkanstalten außerhalb der unmittelbaren Programmveranstaltung, in: DÖV 1974, S. 721-736.

Isensee, Josef/ Kirchhof, Paul (Hrsg.), Handbuch des Staatsrechts der Bundesrepublik Deutschland, Band III: Das Handeln des Staates, 2. Auflage, Heidelberg 1996. (zitiert: Bearbeiter, in: Isensee/Kirchhof, Handbuch des Staatsrechts.)

Jach, Frank-Rüdiger, Programm- und Organisationsanforderungen für private Veranstalter in der dualen Rundfunkordnung – Perspektiven der Rundfunkverfassung nach dem 6. Rundfunkurteil des Bundesverfassungsgerichts –, in: DÖV 1992, S. 730-737.

Jarass, Hans D., Bindungswirkung von Verwaltungsvorschriften, in: JuS 1999, S. 105-112.

Ders., Online-Dienste und Funktionsbereiche des Zweiten Deutschen Fernsehens, Mainz 1997.

Ders., Grundrechte als Wertentscheidungen bzw. objektivrechtliche Prinzipien in der Rechtsprechung des Bundesverfassungsgerichts, in: AöR 110 (1985), S. 363-397.

Ders., Die Freiheit des Rundfunks vom Staat, 1. Auflage, Berlin 1981.

Ders./ Pieroth, Bodo, Grundgesetz für die Bundesrepublik Deutschland, Kommentar, 7. Auflage, München 2004. (zitiert: Bearbeiter, in: Jarass/Pieroth, GG.)

Jung, Volker/ Warnecke, Hans-Jürgen, Handbuch für die Telekommunikation, 2. Auflage, Berlin, Heidelberg, New-York 2002.

Katz, Alfred, Staatsrecht, Grundkurs im öffentlichen Recht, 15. Auflage, Heidelberg 2002.

Kepplinger, Hans Mathias, Der Einfluss der Rundfunkräte auf die Programmgestaltung der öffentlich-rechtlichen Rundfunkanstalten, in: Offene Rundfunkordnung: Prinzipien für den Wettbewerb im grenzüberschreitenden Rundfunk, hrsg. von Ernst-Joachim Mestmäcker, Gütersloh 1988, S. 453-493.

Klein, Hans Hugo, Die Rundfunkfreiheit, München 1978.

Ders., Rundfunkrecht und Rundfunkfreiheit, in: Der Staat 20 (1981), S. 177-200.

Kleinsteuber, Hans J./ Rosenbach, Marcel, Digitales Fernsehen in Europa: Eine Bestandsaufnahme, in: RuF 1998, S. 24-57.

Kloepfer, Michael, Durch pluralistische Verfassungswirtschaft zum einseitigen Medienrechtskonzept, in: AfP 1983, S. 447-452.

Koenig, Christian/ Kühling, Jürgen, How to cut a long story short: Das Preussen Elektra-Urteil des EuGH und die EG-Beihilfenkontrolle über das deutsche Rundfunkgebührensystem, in: ZUM 2001, S. 537-546.

König, Johann-Günther, Global Player Telekom, Der Kampf um die Marktmacht: Wer verliert, wer profitiert, Reinbek bei Hamburg, 1997.

Krempel, Stephan, Rechnungshöfe und Rundfunk-Beteiligungsunternehmen, Ein Beitrag zur Finanzkontrolle im öffentlich-rechtlichen Rundfunk, Baden-Baden 1996.

Kresse, Hermann, Öffentlich-rechtliche Werbefinanzierung und Grenzen der Grundversorgung im dualen Rundfunksystem: Rechtsgutachten erstattet im Auftrag des Verbandes Privater Rundfunk- und Telekommunikation (VPRT), in: ZUM 1995, S. 67-81.

Ders., Grundversorgung und noch viel mehr? – Eckpunkte zu einer Balance zwischen öffentlich-rechtlichem Integrationsauftrag und der Entwicklung privater Programme, in: ZUM 1996, S. 59-68.

Ders./ Kennel, Tilman, Das Gebührenurteil des Bundesverfassungsgerichts – praktikable Maßstäbe zur Weiterentwicklung der dualen Rundfunkordnung?, in: ZUM 1994, S. 159-167.
Kröger, Detlef/ Moos Flemming, Regelungsansätze für Multimediadienste, – Mediendienstestaatsvertrag und Teledienstegesetz –, in: ZUM 1997, S. 462-471.
Kröger, Klaus, Vor dem Ende des Rundfunkmonopols der öffentlich-rechtlichen Rundfunkanstalten, in: NJW 1979, S. 2537-2543.
Krönig, Jürgen, „What the BBC won't tell you", Kritisiert wegen "Bias", Voreingenommenheit, in: epd medien 45/46/2003, S. 28-29.
Ders., Heikle Debatte, Die BBC: Geld, Kritik, die Zukunft, in: epd medien 3/2004, S. 7-9.
Ders., Mehr Ernsthaftigkeit, Die BBC verspricht einen radikalen Kurswechsel, in: epd medien 51/2004, S. 29-30.
Ders., Absichten und Aussichten, Der neue BBC-Chef will alte Werte beleben, in: epd medien 69/2004, S. 25-26.
Krüger, Udo Michael, Spartenstruktur und Informationsprofile im deutschen Fernsehangebot, in: Media Perspektiven 2004, S. 194-207.
Ders., Stabile Programmstrukturen trotz besonderer Fernsehereignisse, in: Media Perspektiven 1999, S. 322-339.
Kübler, Friedrich, Rundfunkauftrag und Programminformation, Zur Befugnis der Rundfunkanstalten, durch eigene Veröffentlichungen über die Rundfunkprogramme zu informieren, Frankfurt am Main, Berlin 1985.
Kuch, Hansjörg, Die Finanzierung des öffentlich-rechtlichen und des privaten Rundfunks im Lichte der Rechtsprechung des Bundesverfassungsgerichts, in: ZUM 1995, S. 161-166.
Kull, Edgar, Rundfunkgleichheit statt Rundfunkfreiheit zum dritten Fernsehurteil des Bundesverfassungsgerichts, in: AfP 1981, S. 378-385.
Ders., „Dienende Freiheit" – dienstbare Medien, in: Wege und Verfahren des Verfassungslebens, Festschrift für Peter Lerche zum 65. Geburtstag, hrsg. von Peter Badura, Rupert Scholz, München 1993, S. 663-673.
Ders., Für den Rundfunkgesetzgeber fast Pleinpouvoir, Nachlese zum 6. Rundfunkurteil des Bundesverfassungsgerichts, in: AfP 1991, S. 716-724.
Ders., Realitätsferne und dogmatische Inkonsequenz, – Bemerkungen zum 5. Rundfunkurteil des Bundesverfassungsgerichts –, in: AfP 1987, S. 568-573.
Ders., Auf dem Wege zum dualen Rundfunksystem – Das vierte Fernsehurteil des Bundesverfassungsgerichts – , in: AfP 1987, S. 365-370.
Ders., Rundfunkrecht und Rundfunkmarkt, in: ZUM 1987, S. 355-358.

Ladeur, Karl-Heinz, Grundrechtskonflikte in der „dualen Rundfunkordnung" – Grundrechtsausübung und staatliche Regulierung, in: AfP 1998, S. 141-149.

Lange, Karlheinz, Das publizistische Echo, in: Kabelpilotprojekt München, Bericht der Projektkommission, hrsg. von der Bayerischen Staatskanzlei, München 1987.

Langenbucher, Wolfgang R., Braucht eine demokratische Gesellschaft öffentlichen Rundfunk?, in: Media Perspektiven 1990, S. 699-716.

Langenfeld, Christine, Übertragungspflichten für private Netzbetreiber im digitalen Rundfunk – Zu den Must-Carry-Regelungen in § 52 Rundfunkstaatsvertrag, in: WiVerw 2003, S. 134-159.

Larenz, Karl, Methodenlehre der Rechtswissenschaft, 6. Auflage, Springer-Verlag, Berlin 1991.

Lehment, Cornelis, Das Gebührenurteil des Bundesverfassungsgerichts – Grundlagen und Konsequenzen für die Rundfunkgesetzgebung, Anmerkung zum Urteil des Bundesverfassungsgerichts vom 22. Februar 1994 – 1 Bvl 30/88, in: ZUM 1994, S. 617-624.

Lenz, Carl Otto/ Borchardt, Klaus-Dieter, EU- und EG-Vertrag, Kommentar zu dem Vertrag über die Europäische Union und zu dem Vertrag zur Gründung der Europäischen Gemeinschaft, jeweils in der durch den Vertrag von Nizza geänderten Fassung, 3. Auflage, Köln 2003. (zitiert: Bearbeiter, in: Lenz/Borchardt, EUV/EGV.)

Lerche, Peter, Presse und privater Rundfunk, Eine Auseinandersetzung insbesondere mit der verfassungsrechtlichen Konzeption von Küblers „Medienverflechtung", Berlin 1984.

Ders., Presse und privater Rundfunk: eine Auseinandersetzung insbesondere mit der verfassungsrechtlichen Konzeption von Küblers „Medienverflechtung", Berlin 1984.

Ders., Landesbericht Bundesrepublik Deutschland, in: Rundfunkorganisation und Kommunikationsfreiheit, Landesberichte und Generalbericht der Tagung für Rechtsvergleichung 1979 in Lausanne, S. 15-107, hrsg. von Martin Bullinger, Friedrich Kübler, 1. Auflage, Baden-Baden 1979.

Ders., Bemerkungen zur Auseinandersetzung um die rundfunkmäßige Grundversorgung, in: Festschrift für Martin Kriele zum 65. Geburtstag, hrgs. von Burkhardt Ziemske, Theo Langheid, Heinrich Wilms, Görg Haverkate, München 1997, S. 357-366.

Ders., Verfassungsfragen zum Entwurf der Landesregierung Nordrhein-Westfalen eines Gesetzes über den „Westdeutschen Rundfunk Köln" (WDR-Gesetz), in: AfP 1984, S. 183-200.

Libertus, Michael, Zulässigkeit und Grenzen von Online-Angeboten öffentlich-rechtlicher Rundfunkanstalten de lege lata und de lege ferenda, in: ZG 1999, S. 161-187.

Ders., Der Grundversorgungsauftrag als Grundfunktion des öffentlich-rechtlichen Rundfunks und seine dogmatische Grundlegung, in: Media Perspektiven 1991, S. 452-460.

Ders., Verfassungsrechtliche Aspekte einer Bestands- und Entwicklungsgarantie für den öffentlich-rechtlichen Rundfunk, in: ZUM 1992, S. 224-229.

Ders., Die Grundversorgung als Aufgabe des öffentlich-rechtlichen Rundfunks – Zur Darstellung von Professor Reinhart Ricker in ZUM 1989, S. 331 ff., in: ZUM 1990, S. 124-129.

Ders., Die Grundsätze von Wirtschaftlichkeit und Sparsamkeit im neuen Rundfunkgebührenfestsetzungsverfahren zwischen verfassungsrechtlichen Vorgaben und staatsvertraglicher Realität, in: ZUM 1996, S. 947-952.

Ders., Grundversorgungsauftrag und Funktionsgarantie, München 1991.

Ders., Randnutzung im öffentlich-rechtlichen Rundfunk – Rechtliche Aspekte und Erscheinungsformen, in: AfP 1992, S. 229-233.

Lilienthal, Volker, Ausverkauf, ZDF-Kooperationen mit Dritten – worum es wirklich geht, in: epd medien 19/2004, S. 3-14.

Ders., Gut gefugt, Deutschland antwortet Brüssel im ARD/ZDF-Verfahren, in: epd medien 37/2005, S. 3-4.

Ders., Um ein Ritual reicher, Die Selbstverpflichtungen von ARD, ZDF und DLR, in: epd medien 73/2004, S. 3-4.

Mahrenholz, Ernst Gottfried, Verfassungsfragen des Rundfunkfinanzausgleichs: Die Rundfunklandschaft nach dem Staatsvertragsrecht von 1996 und die kleinen Rundfunkanstalten, 1. Auflage, Baden-Baden 1997.

Ders., Die gesellschaftliche Bedeutung des öffentlich-rechtlichen Rundfunks, in: ZUM Sonderheft 1995, S. 508-513.

Manssen, Gerrit (Hrsg.), Telekommunikations- und Multimediarecht, Ergänzbarer Kommentar zum Telekommunikationsgesetz, Mediendienste-Staatsvertrag, Teledienstegesetz, Teledienstedatengesetz, Signaturgesetz, einschließlich Gesetzes- und Verordnungstexten und europäischen Vorschriften, Band 1 und 2, 15. Ergänzungslieferung, Berlin 2006.

Marko, Elisabeth, Subjektive öffentliche Rechte auf Rundfunkveranstaltung und Rundfunkempfang, Berlin 1996, zugl. Jena, Univ., Diss. 1996.

Maunz, Theodor, Die Grenzen der Betätigung öffentlich-rechtlicher Rundfunkanstalten, in: DVBl. 1974, S. 1-7.

Ders./ Dürig, Günter (Hrsg.), Grundgesetz, Kommentar, Band I: Art. 1-5, 43. Ergänzungslieferung, Februar 2004, München 2004. (zitiert: Bearbeiter, in: Maunz/Dürig, GG.)

Maurer, Hartmut, Allgemeines Verwaltungsrecht, 15. Auflage, München 2004.

Meyer, Jürgen (Hrsg.), Kommentar zur Charta der Grundrechte der Europäischen Union, 1. Auflage, Baden-Baden 2003.

Michel, Eva-Maria, Rundfunk und Internet, Die Zulässigkeit von Internet-Aktivitäten der öffentlich-rechtlichen Rundfunkanstalten, in: ZUM 1998, S. 350-357.

Moosdorf, Siegmar, Bausteine für einen Masterplan für Deutschlands Weg in die Informationsgesellschaft, Beratungsergebnis des Beirats der Friedrich-Ebert-Stiftung zur Enquête-Kommission des Deutschen Bundestages „Zukunft der Medien in Wirtschaft und Gesellschaft – Deutschlands Weg in die Informationsgesellschaft", Bonn 1998.

Müller, Friedrich/ Christensen, Ralph, Juristische Methodik, Band I: Grundlagen Öffentliches Recht, 9. Auflage, Berlin 2004.

Nauheim, Markus, Die Rechtmäßigkeit des Must-Carry-Prinzips im Bereich des digitalisierten Kabelfernsehens in der Bundesrepublik Deutschland: Illustriert anhand des 4. Rundfunkänderungsstaatsvertrages, Frankfurt am Main 2000, zugl. Mainz, Diss., Univ. 2000.

Niepalla, Peter, Die Grundversorgung durch die öffentlich-rechtlichen Rundfunkanstalten, München 1990.

Oberst, Walter, Der Kinderkanal von ARD und ZDF in der Diskussion, Dokumentation der Auseinandersetzung um ein neues öffentlich-rechtliches Programmangebot, in: Media Perspektiven 1997, S. 23-30.

Odendahl, Kerstin, Das „1. Rundfunkurteil", Grundsatzentscheidung des BVerfG zur Rundfunkfreiheit, in: JA 2002, S. 286-290.

Oppermann, Thomas, Deutsche Rundfunkgebühr und europäisches Beihilferecht, Berlin 1997.

Ders., Auf dem Wege zur gemischten Rundfunkverfassung in der Bundesrepublik Deutschland?, in: JZ 1981, S. 721-730.

Ders., Europarecht, 2. Auflage, München 1999.

Ders./Kilian, Michael, Rechtsgrundsätze der Finanzierung öffentlich-rechtlichen Rundfunks in der dualen Rundfunkverfassung der Bundrepublik Deutschland, Rechtsgutachterliche Studie erstattet dem Süddeutschen Rundfunk, Anstalt des öffentlichen Rechts, Stuttgart, Frankfurt am Main, Berlin 1989.

Ory, Stephan, Freiheit der Massenkommunikation, Am Beispiel der Progammveranstalter im Kabelprojekt Ludwigshafen, Frankfurt am Main 1987.

Ders., Marktchancen und Meinungsfreiheit, – Bemerkungen zum „5. Rundfunkurteil" –, in: ZUM 1987, S. 427-433.

Ders., Das Dilemma mit den Rundfunkgebühren, – Oder: Prozeduraler Grundrechtsschutz, in: ZUM 1994, S. 610-616.

Ossenbühl, Fritz, Rundfunkfreiheit und die Finanzierungsautonomie des Deutschlandfunks, München 1969.

Ders., Rundfunkprogramm – Leistung in treuhänderischer Freiheit, in: DÖV 1977, S. 381-389.

Pappi, Urban, Der 4. Rundfunkänderungsstaatsvertrag – Rechtsfolgen für die Praxis, Diskussionsbericht der gleichlautenden Arbeitssitzung des Instituts für Urheber- und Medienrecht am 17. Dezember 1999, in: ZUM 2000, S. 203-204.

Paschke, Marian, Medienrecht, 2. Auflage, Berlin, Heidelberg, New York 2001.

Peine, Franz-Joseph, Allgemeines Verwaltungsrecht, 7. Auflage, Heidelberg 2004.

Pestalozza, Christian, Der Schutz vor der Rundfunkfreiheit in der Bundesrepublik Deutschland, in: NJW 1981, S. 2158-2166.

Pieroth, Bodo/ Schlink, Bernhard, Grundrechte, Staatsrecht II, 20. Auflage, Heidelberg 2004.

Presse- und Informationsamt der Bundesregierung, Bonn (Hrsg.), Zum Grundkonsens über das publizistische Gleichgewicht zurückkehren, Auszug aus der Regierungserklärung des Bundeskanzlers vom 24. November 1980, in: Zur Medienpolitik der Bundesregierung, Dokumente und Materialen, Koblenz 1981.

Preuss Neudorf, Friedrich Christian, Grundversorgung und Wettbewerb im dualen Rundfunksystem, – Medienrechtliche und wettbewerbsrechtliche Aspekte –, Frankfurt am Main, Berlin, Bern, New York, Paris, Wien 1993, zugl. Bielefeld, Univ., Diss. 1992.

Pukall, Kirstin, Meinungsvielfalt im Rundfunk nach der audio-visuellen Revolution, Verfassungs-, wettbewerbs- und europarechtliche Aspekte, Frankfurt am Main 1994, zugl. Marburg, Univ., Diss. 1993.

Rath-Glawatz, Michael, Das Projekt „ZDF-Erlebnispark" im Spiegel des Rundfunk- und Wettbewerbsrechts, in: K&R 2000, S.72-78.

Ricker, Reinhart, Fragen zur Rechtmäßigkeit der Veranstaltung und Verbreitung Dritter Fernsehprogramme öffentlich-rechtlicher Rundfunkanstalten, in: ZUM 1998, S. 181-195.

Ders., Freiheit und Ordnung des Rundfunks nach dem 3. Rundfunkurteil des Bundesverfassungsgerichts, in: NJW 1981, S. 1925-1929.

Ders., Kein Standeszwang im Pressewesen, in: ZRP 1976, S. 113-115.

Ders./ Müller-Malm, Friedrich, Die Kompetenzen der Rundfunkräte im Programmbereich, München 1987.

Ders./ Müller-Malm, Friedrich, Die Vielfaltsanforderungen an den privaten Rundfunk nach dem 4. Rundfunkurteil, in: ZUM 1987, S. 208-219.

Ricker, Reinhart/ Schiwy, Peter, Rundfunkverfassungsrecht, München 1997.

Ridder, Christa-Maria, Zukunftsstrategien der BBC, Die Rolle des öffentlich-rechtlichen Rundfunks im kommerzialisierten Mediensystem, in: Media Perspektiven 1993, S. 150-158.

Ring, Wolf-Dieter, Der 4. Rundfunkänderungsstaatsvertrag – Rechtsfolgen für die Praxis, in: ZUM 2000, S. 177-183.

Ders./ Kreile, Johannes, Medienrecht, Bundes- und Landesrecht, EU-Recht, Europäisches Recht, Internationale Rechtsquellen, Vorschriftensammlung, Ordner I: Stand: November 2004 mit 87. Aktualisierung, Heidelberg, München, Berlin 2004.

Roßnagel, Alexander (Hrsg.), Recht der Multimedia-Dienste, Kommentar zum IuKDG und zum MDStV, Stand: April 2005, München 2005.

Ruck, Silke, Zur Unterscheidung von Ausgestaltungs- und Schrankengesetzen im Bereich der Rundfunkfreiheit, in: AöR 117 (1992), S. 543-566.

Rudolf, Walter, Aufsicht bei Funk und Fernsehen, in: ZRP 1977, S. 213-217.

Rüggeberg, Jörg, Rechtsschutz öffentlich-rechtlicher Rundfunkanstalten und privatrechtlicher Rundfunkunternehmen gegen Rechtsaufsichtsmaßnahmen, in: Beiträge zum Medienprozessrecht, S. 109-132, Festgabe für Carl Hermann Ule zum 80. Geburtstag, Baden-Baden 1988.

Rühl, Ulli F. H., Die Finanzierung des öffentlich-rechtlichen Rundfunks in der Rechtsprechung des Bundesverfassungsgerichts, in: ZUM 1995, S. 167-172.

Ruhrmann, Georg/ Nieland, Jörg-Uwe, Interaktives Fernsehen, Entwicklung, Dimensionen, Fragen, Thesen, Opladen, Wiesbaden 1997.

Sachs, Michael, Grundgesetz, Kommentar, 3. Auflage, München 2003. (zitiert: Bearbeiter, in: Sachs, GG.)

Schäfer, Hans Felix, Neue Betätigungsfelder des öffentlich-rechtlichen Rundfunks, Entwicklung und rechtliche Bewertung, München 2004, zugl. Köln, Univ., Diss. 2004.

Scheble, Roland, Perspektiven der Grundversorgung, Baden-Baden 1994.

Schellhaaß, Horst-Manfred, Ist die Rundfunkgebühr eine unzulässige Beihilfe?, Eine ökonomische Analyse, Köln, im Juni 1998.

Scheuer, Alexander/ Strothmann, Peter, Europäisches Medienrecht – Entwicklung – 2000/2001, in: MMR 2001, S. 576-586.

Scheuner, Ulrich, Das Grundrecht der Rundfunkfreiheit, Berlin 1987.

Schiphorst, Bernd, Online-Fernsehen – Vision und Wirklichkeit, in: Fernsehplattformen der Zukunft, hrsg. von der Bayerischen Landeszentrale für neue Medien (BLM), München 1998, S. 111-120.

Schmalz, Dieter, Methodenlehre für das juristische Studium, 4. Auflage, Baden-Baden 1998.

Schmidt, Walter, „Kultureller Auftrag“ und „kulturelle Verantwortung“ des Rundfunks, in: ZUM 1989, S. 263-267.

Schmidt-Bleibtreu, Bruno/ Klein, Franz, Kommentar zum Grundgesetz, 10. Auflage, Neuwied 2004. (zitiert: Bearbeiter, in Schmidt-Bleibtreu/Klein, GG.)
Schmitt Glaeser, Walter, Bestands und Entwicklungsgarantie für den öffentlich-rechtlichen Rundfunk, in: BayVBl. 1985, S. 97-105.
Ders., Das duale Rundfunksystem: Zum „4. Fernseh-Urteil des Bundesverfassungsgerichts vom 4.11.1986, DVBl. 1987, S. 30 ff., in: DVBl. 1987, S. 14-21.
Schoch, Friedrich, Öffentlich-rechtliche Rahmenbedingungen einer Informationsordnung, in: VVDStRL 57 (1998), S. 158-215.
Scholz, Rupert, Rundfunkeigene Programmpresse?, Berlin 1982.
Ders., Das dritte Fernsehurteil des Bundesverfassungsgerichts, – Zugleich Anmerkung zum Urteil des Bundesverfassungsgerichts v. 16.6.1981, JZ 1981, 581 –, in: JZ 1981, S. 561-568.
Ders., Zukunft von Rundfunk und Fernsehen: Freiheit der Nachfrage oder reglementiertes Angebot?, in: AfP 1995, S. 357-362.
Schrape, Klaus, Digitales Fernsehen: Marktchancen und ordnungspolitischer Regelungsbedarf, München 1995.
Schreier, Torsten, Das Selbstverwaltungsrecht der öffentlich-rechtlichen Rundfunkanstalten, Frankfurt am Main 2001, zugl. Mainz, Univ., Diss., 2000.
Schulz, Wolfgang/ Held, Thorsten/ Kops, Manfred, Perspektiven der Gewährleistung freier öffentlicher Kommunikation, Ein interdisziplinärer Versuch unter Berücksichtigung der gesellschaftlichen Bedeutsamkeit und Marktfähigkeit neuer Kommunikationsdienste, 1. Auflage, Baden-Baden 2002.
Ders./ Kühlers, Doris, Konzepte der Zugangsregulierung für digitales Fernsehen, Was können telekommunikationsrechtliche Erfahrungen zur satzungsmäßigen Konkretisierung und zur Weiterentwicklung der §§ 52, 53 RStV beitragen?, Berlin 2000.
Schulz, Wolfgang/ Seufert, Wolfgang/ Holznagel, Bernd, Digitales Fernsehen, Regulierungskonzepte und -perspektiven, Opladen 1999.
Schwarzkopf, Dietrich, Programmstrategien des öffentlich-rechtlichen Rundfunks im dualen System, in: Media Perspektiven 1990, S. 681-688.
Ders., Bindungsmuster, Selbstverpflichtungen: Erwartungen und Perspektiven, in: epd medien 58/2004, S. 3-6.
Seemann, Klaus, Das „5. Rundfunkurteil" des Bundesverfassungsgerichts – Thesen und Perspektiven –, in: DÖV 1987, S. 844-850.
Ders., Das 4. Rundfunkurteil des Bundesverfassungsgerichts im Lichte der Rechtsauffassung der Bundesregierung, in: DÖV 1987, S. 129-138.
Ders., Ordnungspolitische Perspektiven eines dualen Rundfunksystems, in: ZUM 1987, S. 255-269.
Selmer, Peter, Bestands- und Entwicklungsgarantien für den öffentlich-rechtlichen Rundfunk in einer dualen Rundfunkordnung, Eine verfas-

sungsrechtliche Untersuchung ihrer Zulässigkeit und Reichweite, Berlin 1988.
Ders./ Gersdorf, Hubertus, Die Finanzierung des Rundfunks in der Bundesrepublik Deutschland auf dem Prüfstand des EG-Beihilferegimes, Berlin 1994.
Sporn, Stefan, Vielfalt im digitalen Rundfunk, Eine Untersuchung zur Problematik der Sicherung von Programmangebotsvielfalt bei T-DAB du T-DVB sowie generell im digitalen Rundfunk, München, Berlin 1999.
Starck, Christian, Autonomie und Grundrechte – Zur Regelungsbefugnis öffentlich- rechtlicher Autonomieträger im Grundrechtsbereich, in: AöR 92 (1967), S. 449-478.
Ders., Zur notwendigen Neuordnung des Rundfunks, in: NJW 1980, S. 1359-1363.
Ders., „Grundversorgung“ und Programmauftrag des öffentlich-rechtlichen Rundfunks, in: Verfassungsstaatlichkeit, Festschrift für Klaus Stern zum 65. Geburtstag, hrsg. von Joachim Burmeister, München 1997, S. 777-797.
Ders., „Grundversorgung“ und Rundfunkfreiheit, in: NJW 1992, S. 3257-3263.
Steemers, Jeanette, Der terrestrische Fernsehsektor in Großbritannien, Gesetzliche Rahmenbedingungen, Angebot und Marktposition von BBC, ITV, Channel 4 und Channel 5, in: Media Perspektiven 1998, S. 287-297.
Steinwärder, Philipp, Die Arbeitsgemeinschaft der öffentlich-rechtlichen Rundfunkanstalten der Bundesrepublik Deutschland, Entstehung, Tätigkeitsfelder und Rechtsnatur, Eine rechtswissenschaftliche Untersuchung zur Entwicklung, den Aufgaben und der Organisation der ARD, 1. Auflage, Baden-Baden 1998, zugl. Hamburg, Univ., Diss. 1998.
Stern, Klaus, Das Staatsrecht der Bundesrepublik Deutschland, Band I: Grundbegriff und Grundlagen des Staatsrechts, Strukturprinzipien der Verfassung, 2. Auflage, München 1984, Band III: Allgemeine Lehren der Grundrechte (1. Halbband), mitbearbeitet von Michael Sachs, München 1988.
Ders., Föderative und unitarische Aspekte im deutschen Rundfunkwesen, in: Rundfunkrecht und Rundfunkpolitik, Referate und Reden aus wissenschaftlichen Veranstaltungen des Instituts für Rundfunkrecht, hrsg. von Hans Richard Klecatsky, Klaus Stern, Ulrich Weber, Svante Bergström, München 1969.
Stettner, Rupert, Rundfunkstruktur im Wandel, Rechtsgutachten zur Vereinbarkeit des Bayerischen Medienerprobungs- und -entwicklungsgesetzes mit der Bayerischen Verfassung, München 1988.
Stock, Martin, Zur Novellierung des § 21 RuStV – Diskussionsbeiträge, in: AfP 1995, S. 550-551.
Ders., EU-Medienfreiheit – Kommunikationsgrundrecht oder Unternehmerfreiheit, in: K&R 2001, S. 289-302.

Ders., Medienpolitik auf neuen Wegen – weg vom Grundgesetz?, in: RuF 1997, S. 141-172.
Ders., Konzentrationskontrolle in Deutschland nach der Neufassung des Rundfunkstaatsvertrages (1996), in: Medienmarkt und Meinungsmacht, Zur Neuregelung der Konzentrationskontrolle in Deutschland und Großbritannien, von Martin Stock, Horst Röper, Bernd Holznagel, Berlin, Heidelberg 1997.
Ders., Medienfreiheit als Funktionsgrundrecht, Die journalistische Freiheit des Rundfunks als Voraussetzung allgemeiner Kommunikationsfreiheit, München 1985.
Ders., Das 4. Rundfunkurteil des Bundesverfassungsgerichts: Kontinuität oder Wende?, in: NJW 1987, S. 217-224.
Stolte, Dieter, Fernsehen am Wendepunkt. Meinungsforum oder Supermarkt?, 1. Auflage, München 1992.
Ders., Aufgabe und Wert des öffentlich-rechtlichen Rundfunks für die Gesellschaft, Am Beispiel des ZDF, Mainz 1998.
Ders., Was andere nicht haben; der spezifische Funktionsauftrag des ZDF, in: Funkkorrespondenz 2000, S. 3-8.
Ders., Bleibt Fernsehen Fernsehen?, Ein Diskussionsbeitrag zu den Veränderungen in einem sich verschärfenden multimedialen Wettbewerb, Mainz 1997.
Streinz, Rudolf, EUV/EGV, Vertrag über die Europäische Union und Vertrag zur Gründung der Europäischen Gemeinschaft, München 2003. (zitiert: Bearbeiter, in: Grabitz/Hilf, EUV/EGV.)
Ders., Der Vertrag von Amsterdam, in: EuZW 1998, S. 137-147.
Ders., Europarecht, 6. Auflage, Heidelberg 2003.

Tettinger, Peter J., Aktuelle Fragen der Rundfunkordnung, in: JZ 1986, S. 806-813.
Thierfelder, Jörg, Zugangsfragen digitaler Fernsehverbreitung, München 1999, zugl. München, Univ., Diss. 1998.
Trute, Hans-Heinrich, Öffentlich-rechtliche Rahmenbedingungen einer Informationsordnung, in: VVDStRL 57 (1998), S. 216-273.
Trzaskalik, Christoph, Transparenzpflichten des öffentlich-rechtlichen Rundfunks, Die Rechtsstellung des deutschen Rundfunks im Lichte der EG-Richtlinie über die Transparenz der finanziellen Beziehungen zwischen den Mitgliedstaaten und den öffentlichen Unternehmen, Berlin 2000.

Ukrow, Jörg, Der Funktionsauftrag des öffentlich-rechtlichen Rundfunks, in: WiVerw 2003, S. 160-176.
Ulbrich, Martin, Konvergenz der Medien auf europäischer Ebene, Das Grünbuch der Europäischen Kommission, in: K&R 1998, S. 100-105.

Ule, Carl Hermann, Rechtsstaat und Verwaltung, in: VerwArch 76 (1985), S. 1-23.
Ders., Zur Anwendung unbestimmter Rechtsbegriffe im Verwaltungsrecht, in: Forschungen und Berichte aus dem öffentlichen Recht, Gedächtnisschrift für Walter Jellinek, hrsg. von Otto Bachof, Martin Drath, Otto Gönnenwein, Ernst Walz, München 1955, S. 309-330.

van Eimeren, Birgit/ Gerhard, Heinz/ Frees, Beate, Internetverbreitung in Deutschland: Potential vorerst ausgeschöpft?, in: Media Perspektiven 2004, S. 350-370.
von Koenig, Christian/ Haratsch, Andreas, Europarecht, 4. Auflage, Tübingen 2003.
von Mangoldt, Hermann/ Klein, Friedrich/ Starck, Christian (Hrsg.), Das Bonner Grundgesetz, Kommentar, Band 1: Präambel, Artikel 1-19, 4. Auflage, München 1999, Band 2: Art. 20-78, 4. Auflage, München 2000. (zitiert: Bearbeiter, in: v.Mangoldt/Klein/Starck, GG.)
von Münch, Ingo, Staatsrecht, Band 1: Einführung; Deutschland: Teilung und Vereinigung; Staatsform; Staatsorgane; Deutschland in der Europäischen Gemeinschaft, 6. Auflage, Stuttgart 2000.
Ders./ Kunig, Philipp, Grundgesetz-Kommentar, Band 1: Präambel bis Art. 19, 5. Auflage, München 2000. (zitiert: Bearbeiter, in: v.Münch/Kunig, GG.)
von Wallenberg, Gabriela, Rundfunk und EG-Beihilferecht, Kein Ende der Diskussion in Sicht?, in: Medien und Recht 1998, S. 166-171.

Wagner, Michael A., Rechtliche Aspekte elektronischer Programmführer, The Legal Dimention of EPGs, in: MMR 1998, S. 243-247.
Wahl, Rainer, Risikobewertung der Exekutive und richterliche Kontrolldichte – Auswirkungen auf das Verwaltungs- und das gerichtliche Verfahren, in: NVwZ 1991, S. 409-418.
Weber, Werner, Rundfunkfreiheit – Rundfunkmonopol, in: Festschrift für Ernst Forsthoff zum 70. Geburtstag, hrsg. von Roman Schnurr, München 1972, S. 467-493.
Weiss, Andreas/ Wood, David, Was elektronische Programmführer leisten sollen, Difficult to be easy, The Electronic Programme Guide, in: MMR 1998, S. 239-242.
Weisser, Ralf, Dienstleistungen zum Vertrieb digitaler Pay TV-Angebote, in: ZUM 1997, S. 877-898.
Werbach, Kevin, Digital Tornado: The Internet and Telecommunications Policy, Washington 1996.
Wieland, Joachim, Die Freiheit des Rundfunks: Zugleich ein Beitrag zur Dogmatik des Artikel 12 Absatz 1 GG, Berlin 1984, zugl. Freiburg, Univ., Diss. 1984.

Willke, Helmut, Supervision des Staates, 1. Auflage, Frankfurt am Main 1997.
Wolf, Joachim, Medienfreiheit und Medienunternehmen, Berlin 1985.
Wolff, Hans J./ Bachof, Otto/ Stober, Rolf, Verwaltungsrecht, Band 1, Ein Studienbuch, 11. Auflage, München 1999.
Wulka, Eduard, Die verfassungsrechtlich-dogmatischen Grundlagen der Rundfunkfreiheit, Zugleich ein Beitrag zu den Problemen der Rundfunkorganisation und Staatsaufsicht, Frankfurt am Main, Berlin 1971.

Ziemer, Albrecht, Digitales Fernsehen: Eine neue Dimension der Medienviefalt, 3. Auflage, Heidelberg 2003.

Glossar

A/D Wandler, Analog-Digital-Umsetzung, engl. A/D-Conversion. Verfahren zur Umwandlung kontinuierlicher in diskontinuierliche Signale. Der reziproke Vorgang ist die Digital-Analog-Umsetzung (D/A-Umsetzung). Die A/D-Umsetzung besteht aus folgenden Teilprozessen: Modulation (auch Abtastung), Quantisierung und Codierung. Die Digital-Analog-Umsetzung umfasst nur die Teilprozesse Decodierung und Demodulation, weil die Quantisierung nicht umkehrbar ist. (Vgl. Ziemer, Digitales Fernsehen, S. 290)

Anbieter, Ein Anbieter ist eine natürliche oder juristische Person oder Personenvereinigung, die Programme und Dienste, die in digitaler Technik unter einem elektronischen Programmführer verbreitet werden, bündelt oder die eigene oder fremde Mediendienste zur Nutzung bereithält oder den Zugang zur Nutzung vermittelt. (Vgl. § 2 Nr. 9 LMedienG)

Bit, Kurzform für „binary digit" (=Binärziffer). Ein Bit ist die kleinste digitale Informationseinheit, mit der zwei Fälle unterscheidbar sind (darstellbar durch „0" oder „1"). (Vgl. Ziemer, Digitales Fernsehen, S. 292)

Byte, Digitales Datenwort, das aus einer Gruppe von Bits besteht. In der Regel besteht ein Byte aus 8 bit. (Vgl. Ziemer, Digitales Fernsehen, S. 292)

Descramber, Elektronische Vorrichtung im Fernsehgerät (oder als Zusatzgerät zum Fernsehgerät), mit der verschlüsselt oder zerhackt gesendete Signale beim Empfang wieder richtig zusammengeführt werden. Für das Pay-TV ist ein funktionstüchtiges Scrambling/Descrambling-System eine wichtige Voraussetzung. (Vgl. FKTG/Deutsche TV-Plattform e.V., 19.1-4)

Digitaltechnik, Die analoge Technik zeichnet messbare physikalische Größen auf, beispielsweise den Schalldruck beim Ton und die Punkt für Punkt messbare Helligkeit und Farbe beim Video. Bei der digitalen Technik werden diese Größen in Zahlenwerte umgesetzt. Das erlaubt eine Signalverarbeitung, die im Gegensatz zur Analogtechnik nicht auf zeit- und wertkontinuierlichen Größen, sondern auf zeit- und wertdiskreten Zahlen aufbaut. Alle Informationen werden unabhängig vom Quellsignal (Bilder, Töne, Zeichen) mit digitalen Symbolen (Bit und Byte) beschrieben. (Vgl. Ziemer, Digitales Fernsehen, S. 293)

DVB, Digital Video Broadcasting: Internationales Projekt zur Entwicklung und Harmonisierung des digitalen Fernsehens in Europa, gegründet am 10.9.1993. Das DVB-Projekt hat heute etwa 300 Mitglieder – Gerätehersteller, Programmanbieter, Netzbetreiber, Softwarehäuser sowie Vertreter staatlicher Behörden. (Vgl. Ziemer, Digitales Fernsehen, S. 294)

DVB-T, Digital Video Broadcasting Terrestrial: Standard zur Übertragung digitaler Fernsehsignale über terrestrische Sender. In Deutschland im Herbst 2002 in Berlin in den Regelbetrieb gegangen. (Vgl. Ziemer, Digitales Fernsehen, S. 294)

Hyperband, Erweiterter Frequenzbereich in Kabelanlagen (300-450 MHz). Moderne Kabelnetze werden darüber hinaus bis 862 MHz ausgebaut. (Vgl. Ziemer, Digitales Fernsehen, S. 297)

Interaktives Fernsehen, Beim interaktiven Fernsehen wird dem normalerweise passiven Zuschauer z.B. über Fernbedienung und Bildschirmdialoge die Möglichkeit gegeben, sich an weiterführenden Lern-, Spiel- und Unterhaltungsaktivitäten zu einer Sendung zu beteiligen. (Vgl. Ziemer, Digitales Fernsehen, S. 297)

Mediendienst, Ein Mediendienst ist ein an die Allgemeinheit gerichteter Informations- und Kommunikationsdienst in Text, Ton oder Bild, der unter Nutzung elektromagnetischer Schwingungen ohne Verbindungsleitung oder längs oder mittels eines Leiters verbreitet wird. (Vgl. § 3 Abs. 1 Nr. 2 LMG NRW)

MPEG, Motion Pictures Experts Group: 1988 gegründete Arbeitsgruppe von ISO und IEC zur Erstellung eines Normenvorschlages für die Datenreduktion bei der Quellcodierung von Bewegtbildern zur Speicherung, Übertragung und Verteilung. (Vgl. Ziemer, Digitales Fernsehen, S. 299)

Multiplex, Verfahren zur Zusammenführung zunächst getrennt geführter Datenströme mit unterschiedlichen Inhalten, wie Bild, Ton, Videotext, zur gemeinsamen Übertragung in einem zusammengefassten Datenstrom. (Vgl. Ziemer, Digitales Fernsehen, S. 299)

Near-video-on-demand, Mehrfachausstrahlung ein und derselben Sendung, wobei die parallelen Programmvideos jeweils zeitversetzt zueinander gestartet werden – beispielsweise 15 Minuten-Takt. Damit wird dem Zuschauer ein weitgehend unabhängiger Einstieg in die aktuelle Sendung ermöglicht. (Vgl. Ziemer, Digitales Fernsehen, S. 299)

NTSC, National Television Systems Committee: 1. Organisation, die die amerikanischen Fernsehnormen festlegt. 2. Amerikanische Fernsehnorm seit 1953. (Vgl. Ziemer, Digitales Fernsehen, S. 299)

PAL, Phase Alternative Line: Bezeichnung des von Prof. Bruch entwickelten und 1967 eingeführten Farbfernsehverfahrens. Das Verfahren stellt eine Verbesserung des amerikanischen NTSC-Verfahrens dar. Durch die zeilenweise Umschaltung der Polarität der V-Komponente des quadraturmodulierten Farbsignals im Coder und Vergleich zweier aufeinander folgender Zeilen (Mittelung) im Decoder löschen sich Phasenfehler im Übertragungskanal dabei gegenseitig aus. (Vgl. Ziemer, Digitales Fernsehen, S. 300)

Pay-per-View, Bei Pay-per-view bezahlt der Zuschauer lediglich für eine von ihm ausgewählte Sendung, wobei der Zeitpunkt der Ausstrahlung allerdings vom Programmanbieter vorgegeben ist. (Vgl. Ziemer, Digitales Fernsehen, S. 300)

Pay-TV, Pay-TV ist eine Form der Programmausstrahlung in verschlüsselter Form, die nur von Besitzern eines entsprechenden Descramblers empfangen werden kann. Für diese Verschlüsselung wird eine besondere Gebühr erhoben. In Deutschland werden verschlüsselte Sendungen derzeit von „Premiere World“ ausgestrahlt. (Vgl. FKTG/Deutsche TV-Plattform e.V., 19.1-4)

Programmbouquet, Ein Programmbouquet ist die Bündelung von Programmen und Diensten, die in digitaler Technik unter einem elektronischen Programmführer verbreitet werden. (Vgl. § 2 Abs. 2 Nr. 9 RfStV)

Rundfunkprogramm, Ein Rundfunkprogramm ist eine planvolle und zeitlich geordnete Folge von Rundfunksendungen eines Veranstalters. (Vgl. § 2 Nr. 2 LMedienG)

Scrambling, Verwürfelung: 1. Methode zur Aufbereitung von Datenströmen, um unerwünschte Gleichstromanteile oder Energiekonzentrationen im Übertragungsband zu vermeiden – Energievermischung. 2. Umkehrbare Verschlüsselung bzw. Verfälschung von Datenströmen, um sie vor unautorisiertem Zugriff zu schützen (Pay-TV). (Vgl. Ziemer, Digitales Fernsehen, S. 302)

SECAM, Sequential Couleur avec Memoir: Französische Farbfernsehnorm, von Henry de France entwickelt. Diese beruht wie PAL im Ansatz auf NTSC, verwendet jedoch zur Übertragung der Farbdifferenzsignale FM-Modulation, wobei die Farbdifferenzsignale zeilensequentiell übertragen werden. (Vgl. Ziemer, Digitales Fernsehen, S. 302)

Sendung, Eine Sendung ist ein einzelner, in sich geschlossener, zeitlich begrenzter Teil eines Rundfunkprogramms. (Vgl. § 2 Nr. 3 LMedienG)

Set-Top-Box, Bezeichnung der Empfangsgeräte für das digitale Fernsehen. Es sind Zusatzgeräte, die zur Wiedergabe an ein Fernsehgerät angeschlossen werden. Sie wandeln den komprimierten digitalen Datenstrom wieder in ein Bildsignal um. In vielen Fällen enthält die Set-Top-Box auch einen Descrambler, damit verschlüsselte Daten empfangen werden können. (Vgl. FKTG/Deutsche TV-Plattform e.V., 19.1-4)

Spartenprogramm, Ein Spartenprogramm ist ein Rundfunkprogramm mit im Wesentlichen gleichen Inhalten. (Vgl. § 2 Abs. 2 Nr. 2 RfStV)

Teleshopping, Teleshopping ist die Sendung direkter Angebote an die Öffentlichkeit für den Absatz von Waren oder die Erbringung von Dienstleistungen, einschließlich unbeweglicher Sachen, Rechte und Verpflichtungen gegen Entgelt. (Vgl. § 2 Abs. 2 Nr. 8 RfStV)

Veranstalter, Veranstalter ist, wer ein Rundfunkprogramm oder eine Sendung unter eigener inhaltlicher Verantwortung verbreitet. (Vgl. § 2 Nr. 10 LMedienG)

Video-on-demand, Bei diesen Pay-TV-Angeboten ruft der Zuschauer aus einer Programmpalette eine bestimmte Sendung zu einer von ihm individuell bestimmten Zeit ab und bezahlt nur für diese Leistung. (Vgl. Ziemer, Digitales Fernsehen, S. 303)

Vollprogramm, Ein Vollprogramm ist ein Rundfunkprogramm mit vielfältigen Inhalten, in welchem Information, Bildung, Beratung und Unterhaltung einen wesentlichen Teil des Gesamtprogramms bilden. (Vgl. § 2 Abs. 2 Nr. 1 RfStV)

Anhang

I. Wortlaut der Regelung und Protokollerklärungen zu § 11 RfStV

1. § 11 RfStV Auftrag

(1) Der öffentlich-rechtliche Rundfunk hat durch die Herstellung und Verbreitung von Hörfunk- und Fernsehprogrammen als Medium und Faktor des Prozesses freier individueller und öffentlicher Meinungsbildung zu wirken. Er kann programmbegleitend Druckwerke und Mediendienste mit programmbezogenem Inhalt anbieten.

(2) Der öffentlich-rechtliche Rundfunk hat in seinen Angeboten und Programmen einen umfassenden Überblick über das internationale, europäische, nationale und regionale Geschehen in allen wesentlichen Lebensbereichen zu geben. Er soll hierdurch die internationale Verständigung, die europäische Integration und den gesellschaftlichen Zusammenhalt in Bund und Ländern fördern. Sein Programm hat der Information, Bildung, Beratung und Unterhaltung zu dienen. Er hat Beiträge insbesondere zur Kultur anzubieten.

(3) Der öffentlich-rechtliche Rundfunk hat bei der Erfüllung seines Auftrags die Grundsätze der Objektivität und Unparteilichkeit der Berichterstattung, die Meinungsvielfalt sowie die Ausgewogenheit der Angebote und Programme zu berücksichtigen.

(4) Die in der ARD zusammengeschlossenen Landesrundfunkanstalten, das ZDF und das Deutschlandradio erlassen jeweils Satzungen oder Richtlinien zur näheren Ausgestaltung ihres jeweiligen Auftrags. Die Satzungen und Richtlinien nach Satz 1 sind in den amtlichen Verkündungsblättern der Länder zu veröffentlichen. Die in der ARD zusammengeschlossenen Landesrundfunkanstalten, das ZDF und das Deutschlandradio veröffentlichen alle zwei Jahre, erstmals zum 1. Oktober 2004, einen Bericht über die Erfüllung ihres jeweiligen Auftrags, über die Qualität und Quantität der Angebote und Programme sowie die geplanten Schwerpunkte der jeweils anstehenden programmlichen Leistungen.

(5) Die Länder überprüfen drei Jahre nach In-Kraft-Treten des Siebten Rundfunkänderungsstaatsvertrages die Anwendung der Bestimmungen des Absatzes 4.

2. Protokollerklärungen zu § 11 RfStV

a) Protokollerklärung aller Länder zu § 11 RfStV

1. Die Länder begrüßen die Bereitschaft von ARD, ZDF und DeutschlandRadio, sich durch Selbstverpflichtungen gegenüber der Öffentlichkeit zu binden. Sie gehen mit ARD, ZDF und DeutschlandRadio davon aus, dass die Inhalte der Selbstverpflichtungen auch im Hinblick auf Qualität und quantitative Begrenzung noch weiterer Präzisierung und Konkretisierung bedürfen.

2. Sie behalten sich vor zu prüfen, ob die Praxis der Selbstverpflichtungserklärungen den Erwartungen an eine Präzisierung des öffentlich-rechtlichen Funktionsauftrages genügt.

b) Protokollerklärung des Freistaates Sachsen zu § 11:

Die Ministerpräsidenten behalten sich vor, aufgrund der Erfahrungen mit den Selbstverpflichtungserklärungen zu prüfen, ob Fernseh- und Hörfunkprogramme der in der ARD zusammengefassten Rundfunkanstalten staatsvertraglich quantitativ zu regeln sind.

c) Protokollerklärung der Länder Baden-Württemberg, Bayern, Brandenburg, Hamburg, Niedersachsen, Rheinland-Pfalz, Saarland, Sachsen, Sachsen-Anhalt und Schleswig-Holstein zu § 11:

Die Länder erwarten von den Hörfunkveranstaltern, insbesondere von den in der ARD zusammengeschlossenen Rundfunkanstalten und dem DeutschlandRadio eine stärkere Berücksichtigung von deutschsprachiger Musik und deshalb eine Förderung auch neuerer deutschsprachiger Musikangebote durch ausreichende Sendeplätze in den Programmen.

d) Protokollerklärung der Länder Baden-Württemberg, Bayern, Berlin, Brandenburg, Niedersachsen, Nordrhein-Westfalen, Rheinland-Pfalz, Sachsen, Sachsen-Anhalt, Schleswig-Holstein und Thüringen zu § 11:

Die Länder sehen in einer messbaren Selbstverpflichtung der in der ARD zusammengeschlossenen Landesrundfunkanstalten und des ZDF zur Vergabe von Auftragsproduktionen an unabhängige Produzenten einen wesentlichen Beitrag zur Sicherung der Vielfalt im Programm und in der Produktionslandschaft, wodurch unmittelbar der Wettbewerb und mittelbar die Qualität deutschsprachiger Produktionen gefördert werden.

e) Protokollerklärung der Länder Baden-Württemberg, Bayern, Berlin, Brandenburg, Mecklenburg-Vorpommern, Niedersachsen, Sachsen, Sachsen-Anhalt, Schleswig-Holstein und Thüringen zu § 11:

Die Länder gehen davon aus, dass der öffentlich-rechtliche Rundfunk sowohl bei Programmauswahl und -inhalten als auch bei innerer Organisation und Personalbesetzungen eine geschlechtersensible Perspektive entwickelt und umsetzt.

f) Protokollerklärung der Länder Baden-Württemberg, Sachsen und Thüringen zu § 11 Abs. 1:

Die öffentlich-rechtlichen Rundfunksanstalten werden aufgefordert, zur Klärung und Streitbeilegung im Einzelfall, welche Angebote im Bereich der Online-Tätigkeiten noch den staatsvertraglichen Beschränkungen entsprechen, in Anlehnung an die Zeit der Einführung des Bildschirmtextes, einen Kontaktausschuss unter Beteiligung privater Rundfunkanbieter, Vertreter der Online- und Printmedien einzurichten.

g) Protokollerklärung der Länder Baden-Württemberg und Sachsen zu § 11 Abs. 2:

Baden-Württemberg und Sachsen bevorzugen für § 11 Abs. 2 letzter Satz folgende Formulierung: „die Programme haben insbesondere Beiträge zur Kultur und Religion nach Maßgabe der verfassungsrechtlichen Grundordnung in Bund und Ländern anzubieten."

II. Einschlägige britische Regelungen:

1. Art. 3 a der Royal Charter:

To provide, as public services, sound and television broadcasting services (Whether by analogue or digital means) and to provide sound and television programmes of information, education and entertainment for general reception in Our United Kingdom of Great Britain and Northern Ireland, the Channel Islands and the Isle of Man and the territorial waters thereof, and on board of ships and aircraft (such services being hereinafter referred to as "the Home Service") and for reception elsewhere within the Commonwealth and in other countries and places overseas (such services being hereinafter referred to as "the World Service") the Home Services and the World Service together being hereinafter referred to as "the Public Services".

2. Art. 3.2. und Art. 5.1. des BBC Agreements:

3.2. The requirements to in subclause 3.1. are that the Home Services

(a) are provided as a public service for disseminating information, education and entertainment;

(b) stimulate, support and reflect, in drama, comedy, music and the visual and performing arts, the diversity of cultural activity in the United Kingdom;

(c) contain comprehensive, authoritative and impartial coverage of news and current affairs in the United Kingdom and throughout the world to support fair and informed debate at local, regional and national levels;

(d) provide wide-ranging coverage of sporting and other leisure interests;

(e) contain programmes of an educational nature (including specialist factual, religious and social issues programmes as well as formal education and vocational training programmes);

(f) include a high standard of original programmes for children and young people;

(g) contain programmes, which reflect the lives and concerns of both local and national audiences;

(h) contain a reasonable proportion and range of programmes for national audiences made in Northern Ireland, Scotland, Wales and in the English regions outside London and the South East."

5.1. The Corporation shall do all it can to secure that all programmes broadcast or transmitted by or on behalf of or under licence from the Corporation as part of the Home Services:

(a) provide a properly balanced service consisting of a wide range of subject matter;

(b) serve the tastes and needs of different audiences and, in particular, in order to show concern for the young, are placed at appropriate times;

(c) treat controversial subjects with due accuracy and impartiality, both in the Corporation's news services and in the more general field of programmes dealing with matters of public policy or of political or industrial controversy, and do not contain any material expressing the opinion of the Corporation on current affairs or matters of public policy other than broadcasting and matter contained in programmes which consist of proceedings in either House of Parliament or proceedings of a local authority or a committee of two or more local authorities;

(d) do not include anything, which offends against good taste or decency or is likely to encourage or incite to crime or lead to disorder or to be offensive to public feeling;

(e) do not involve improper exploitation of any susceptibilities of those watching or listening to its religious programmes or any abusive treatment of the religious views and beliefs of those belonging to a particular religion or religious denomination;

(f) do not include any technical device, which, by using images of very brief duration or by any other means, exploits the possibility of conveying a message to, or otherwise influencing the minds of, persons watching or listening to the programmes without their being aware, or fully aware, of what has occurred.

Studien zum deutschen und europäischen Medienrecht

Herausgegeben von Dieter Dörr und Udo Fink
mit Unterstützung der Dr. Feldbausch Stiftung

Band 1 Peter Charissé: Die Rundfunkveranstaltungsfreiheit und das Zulassungsregime der Rundfunk- und Mediengesetze. Eine verfassungs- und europarechtliche Untersuchung der subjektiv-rechtlichen Stellung privater Rundfunkveranstalter. 1999.

Band 2 Dieter Dörr: Umfang und Grenzen der Rechtsaufsicht über die Deutsche Welle. 2000.

Band 3 Claudia Braml: Das Teleshopping und die Rundfunkfreiheit. Eine verfassungs- und europarechtliche Untersuchung im Hinblick auf den Rundfunkstaatsvertrag, den Mediendienste-Staatsvertrag, das Teledienstegesetz und die EG-Fernsehrichtlinie. 2000.

Band 4 Dieter Dörr, unter Mitarbeit von Mark D. Cole: *Big Brother* und die Menschenwürde. Die Menschenwürde und die Programmfreiheit am Beispiel eines neuen Sendeformats. 2000.

Band 5 Martin Stock: Medienfreiheit in der EU-Grundrechtscharta: Art. 10 EMRK ergänzen und modernisieren! 2000.

Band 6 Wolfgang Lent: Rundfunk-, Medien-, Teledienste. Eine verfassungsrechtliche Untersuchung des Rundfunkbegriffs und der Gewährleistungsbereiche öffentlich-rechtlicher Rundfunkanstalten unter Berücksichtigung einfachrechtlicher Abgrenzungsfragen zwischen Rundfunkstaatsvertrag, Mediendienstestaatsvertrag und Teledienstegesetz. 2001.

Band 7 Torsten Schreier: Das Selbstverwaltungsrecht der öffentlich-rechtlichen Rundfunkanstalten. 2001.

Band 8 Dieter Dörr: Sport im Fernsehen. Die Funktionen des öffentlich-rechtlichen Rundfunks bei der Sportberichterstattung. 2000.

Band 9 Dieter Dörr (Hrsg.): www.otello.de. Klassik nur noch im Internet oder per pay? Symposium aus Anlass des 85. Geburtstages von Professor Dr. Heinz Hübner. 2000.

Band 10 Markus Nauheim: Die Rechtmäßigkeit des Must-Carry-Prinzips im Bereich des digitalisierten Kabelfernsehens in der Bundesrepublik Deutschland. Illustriert anhand des Vierten Rundfunkänderungsstaatsvertrages. 2001.

Band 11 Stefan Sporn: Die Ländermedienanstalt. Zur Zukunft der Aufsicht über den privaten Rundfunk in Deutschland und Europa. 2001.

Band 12 Christian Ebsen: Fensterprogramme im Privatrundfunk als Mittel zur Sicherung von Meinungsvielfalt. 2003.

Band 13 Dieter Dörr / Stephanie Schiedermair: Rundfunk und Datenschutz. Die Stellung des Datenschutzbeauftragten des Norddeutschen Rundfunks. Eine Untersuchung unter besonderer Berücksichtigung der verfassungsrechtlichen und europarechtlichen Vorgaben. 2002.

Band 14 Dieter Dörr (Hrsg.): Rundfunk über Gebühr. Die Finanzierung des öffentlich-rechtlichen Rundfunks im Zeitalter der technischen Konvergenz. 3. Mainzer Mediengespräch. 2003.

Band 15 Dieter Dörr / Stephanie Schiedermair: Die Deutsche Welle. Die Funktion, der Auftrag, die Aufgaben und die Finanzierung heute. 2003.

Band 16 Frauke Blechschmidt: Das Instrumentarium audiovisueller Politik der Europäischen Gemeinschaft aus kompetenzrechtlicher Sicht. 2003.

Band 17 Christine Jury: Die Maßgeblichkeit von Art. 49 EG für nationale rundfunkpolitische Ordnungsentscheidungen unter besonderer Berücksichtigung von Art. 151 EG. Eine Untersuchung am Beispiel öffentlich-rechtlicher Spartenkanäle. 2005.

Band 18 Sabine Groh: Die Bonusregelungen des § 26 Abs. 2 S. 3 des Rundfunkstaatsvertrages. 2005.

Band 19 Sylke Wagner: Das *Websurfen* und der Datenschutz. Ein Rechtsvergleich unter besonderer Berücksichtigung der Zulässigkeit so genannter *Cookies* und *Web Bugs* am Beispiel des deutschen und U.S.-amerikanischen Rechts. 2006.

Band 20 Stephanie Reese: Der Funktionsauftrag des öffentlich-rechtlichen Rundfunks vor dem Hintergrund der Digitalisierung. Zur Konkretisierung des Funktionsauftrages in § 11 Rundfunkstaatsvertrag. 2006.

www.peterlang.de

Peter Lang · Europäischer Verlag der Wissenschaften

Thomas Miserre

Rundfunk-, Multimedia- und Telekommunikationsrecht

Abgrenzung der Anwendungsbereiche von Art. 5 I 2 GG, Rundfunkstaatsvertrag, Teledienstegesetz, Mediendienstestaatsvertrag und Telekommunikationsgesetz

Frankfurt am Main, Berlin, Bern, Bruxelles, New York, Oxford, Wien, 2006.
XX, 373 S.
Schriften zum Wirtschafts- und Medienrecht, Steuerrecht und Zivilprozeßrecht. Herausgegeben von Jürgen Costede und Gerald Spindler. Bd. 22
ISBN 3-631-55141-X · br. € 56.50*

Eine trennscharfe und praktikable Abgrenzung der Anwendungsbereiche von Rundfunkstaatsvertrag, Teledienstegesetz, Mediendienstestaatsvertrag und Telekommunikationsgesetz ist möglich. Selbst künftige, bislang nicht absehbare Medienangebote werden sich anhand der gefundenen Abgrenzungskriterien in das bestehende Regelungssystem einordnen lassen. Die Arbeit macht darum deutlich, daß es nicht notwendig ist, dieses anhand der Kompetenzverteilung zwischen Bund und Ländern ausdifferenzierte System zugunsten einer einheitlichen Regulierung aufzugeben. Ein besonderes Gewicht liegt des weiteren auf dem verfassungsrechtlichen Rundfunkbegriff. Dabei wird unter anderem umfassend begründet, warum auch künftig nicht auf eine positive Rundfunkordnung verzichtet werden kann.

Aus dem Inhalt: Verfassungsrechtlicher Rundfunkbegriff · Exkurs: Individualisierungsstufen · Einfachgesetzlicher Rundfunkbegriff · Teledienste · Mediendienste · Telekommunikation · Rechtliche Einordnung verschiedener Dienste · Fazit/Ausblick · Thesen · Glossar